स्वातंत्र्योत्तर हिन्दी के विकास में 'कल्पना' के दो दशक

स्वातंत्र्योत्तर हिन्दी के विकास में 'कल्पना' के दो दशक

डॉ. शशिप्रकाश चौधरी

राजकमल प्रकाशन

ISBN : 978-81-267-2497-0

मूल्य : ₹895

पहला संस्करण : 2013
This book is printed on **Print on Demand** Technology : 2024

प्रकाशक : राजकमल प्रकाशन प्रा.लि.
1-बी, नेताजी सुभाष मार्ग, दरियागंज
नई दिल्ली-110 002

शाखाएँ : अशोक राजपथ, साइंस कॉलेज के सामने, पटना-800 006
पहली मंजिल, दरबारी बिल्डिंग, महात्मा गांधी मार्ग, प्रयागराज-211 001
1, अनमोल सोराबजी संतुक लेन, धोबी तलाव, मरीन लाइंस, मुम्बई-400 002

वेबसाइट : www.rajkamalprakashan.com
ई-मेल : info@rajkamalprakashan.com

SWATANTRYOTTAR HINDI KE VIKAS MEIN 'KALPANA' KE DO DASHAK
by Dr. Shashi Prakash Choudhary

गुरु माँ श्रीमती शान्ति सिंह

एवं

गुरुवर डॉ. नामवर सिंह

के लिए

निधीनं व पवत्तार, य पस्से वज्जदस्सिनं।
निग्गरूहवादिं मेधाविं, तादिसं पंडितं भजे।
तादिसं भजमानस्स, सेय्यो होति न पापियो॥

[जो छिपी हुई निधियों को बताने वाले के समान दोष दिखाने वाले हैं उसे देखना चाहिए (अर्थात् ऐसा ही व्यक्ति दर्शनीय है) दोषों को पकड़ कर कहने वाले उस प्रकार के मेधावी पंडित की सेवा करें। उक्त प्रकार के विद्वान् की सेवा करने वाले का कल्याण ही होता है, बुरा नहीं।]

[धम्मपद-पंठितवग्गो छट्ठो, स्थान-जेतवन, व्यक्ति-राध थेर]

आमुख

प्रस्तुत शोध–प्रबन्ध स्वातंत्र्योत्तर युग की प्रतिनिधि पत्रिका 'कल्पना' के आरम्भिक दो दशकों के माध्यम से हिन्दी साहित्य के एक अत्यन्त महत्त्वपूर्ण कालखंड के समग्र परिदृश्य का आलोचनात्मक आकलन है। अब यह बात मानी जाने लगी है कि हिन्दी साहित्य के बीसवीं सदी का आत्म–संघर्ष उस काल के पत्र–पत्रिकाओं के फाइलों में दबा पड़ा है। इसका मतलब यह है कि इस सदी के साहित्येतिहास की समग्र–समुचित तस्वीर तभी सम्भव है जब प्रत्येक दशक की प्रतिनिधि पत्रिकाओं की सामग्रियों का मूल्यांकन हो। इस प्राथमिक प्रक्रिया के बाद ही बीसवीं सदी के हिन्दी साहित्य के वास्तविक इतिहास का निर्माण सम्भव हो पाएगा।

जब तक हम पहले–दूसरे दशक की 'सरस्वती' एवं 'मर्यादा' को; तीसरे दशक के 'मतवाला', 'माधुरी' एवं 'सुधा' को; चौथे दशक के 'हंस' को; पाँचवें दशक के 'प्रतीक' एवं छठे–सातवें दशक की 'कल्पना' को धुरी मानकर नहीं चलेंगे तब तक हिन्दी साहित्य का वास्तविक इतिहास नहीं लिखा जा सकता है। इन पत्रिकाओं के सार को इकट्ठा करना, वास्तविक इतिहास लेखन की ओर एक सार्थक कदम बढ़ाना है।

यही कारण है कि समकालीन आलोचना के शीर्षस्थ नाम केवल आलोचना–कर्म में तल्लीन दिखायी देते हैं, इतिहास लेखन में नहीं। वे इतिहास लेखन का दुस्साहस कर ही नहीं सकते हैं, क्योंकि वे इस सीमा से परिचित हैं कि अद्यावधि हिन्दी पत्रिकाओं का कच्चा माल अविश्लेषित पड़ा है। यदि इन सामग्रियों के बिना कोई इतिहास लेखन की चेष्टा करता है तो वह इतिहास का आभास होगा, वास्तविक इतिहास नहीं।

इतिहास लेखन की आधारभूत सामग्री की जरूरत को पहचान कर जवाहरलाल नेहरू विश्वविद्यालय के भारतीय भाषा केन्द्र ने पत्रिकाओं पर केन्द्रित अध्ययन की शुरुआत की है। वास्तविक इतिहास लेखन की ओर यह एक सार्थक कदम है। इस शोध की अनुमति के लिए मैं भाषा संस्थान एवं भारतीय भाषा केन्द्र का आभारी हूँ।

प्रस्तुत अनुसंधान 'कल्पना' के सन् 1949 से 1969 तक के अंकों पर आधारित है। सन् 1950 में जिस स्वप्निल लोकतन्त्र की आधारशिला रखी जाती है वह सन् 1969 तक आते–आते मोहभंग के अँधियारे से घिर जाता है। सन् 1969 एक नये भ्रमयुग की शुरुआत है। प्रगतिशील दावों और नारों के साथ इंदिरा गांधी की राजनीतिक यात्रा शुरू होती है। इंडिकेट और सिंडिकेट के संघर्ष में बूढ़ों का दल पराजित होता है। कहना नहीं होगा कि 'कल्पना' के बीस सालों का अध्ययन सपने की सुरमई घाटी से गुजरना भी है। हालाँकि इस सपने से मुक्ति तो सन् बासठ के बाद से ही मिल जाती है लेकिन उनहत्तर तक उस सपने

की लम्बी होती छाया से मुक्ति नहीं मिलती। इसलिए उनहत्तर के बाद के 'कल्पना' में वह ऊष्मा और आस्था नहीं है जो पचास के बाद के 'कल्पना' में है। सन् 1969 के बाद 'कल्पना' फिर पहले जैसी हो नहीं सकती थी, क्योंकि समय बदल गया था। अड़तालीस के बाद बीस बरसों में हिन्दी साहित्य, भारतीय मनुष्य, उसकी अस्मिता और संघर्ष, उसके जीवन के प्रकाश और अँधेरे, उनके परिवर्तन और नैतिक चिन्ताओं, उसके सपनों और सच्चाइयों का साक्ष्य है 'कल्पना'।

'कल्पना' की इस शोध यात्रा में भटकाव तो मेरे हैं और जहाँ जो कुछ सुन्दर-शुभ बन पड़ा है वह सब कुछ श्रद्धेय गुरुवर प्रो. नामवर सिंह के निर्देश का सुफल है।

आभारी हूँ नटरंग प्रतिष्ठान और नेमिचन्द्र जैन का; 'कल्पना' के दुर्लभ अंक जिसे मैं देख पाने की आशा छोड़ बैठा था, नटरंग प्रतिष्ठान में सिलसिलेवार देखकर अचरज से भर उठा। 'कल्पना' के सम्पादक-मंडल के सदस्य प्रयाग शुक्ल ने भी 'कल्पना' के बारे में अन्तरंग जानकारियाँ दीं। उनके स्नेह का संस्पर्श भी प्रस्तुत शोध में शामिल है। डूँगरपुर जिला पुस्तकालय के नंदकिशोर गांधी ने पन्द्रह वर्षों की 'कल्पना' की फाइलें उपलब्ध कराके मुझे स्रोत सामग्री की चिन्ता से मुक्त कर दिया। उनका सहयोग मेरे शोध का सम्बल रहा है। सुदूर हिन्दी भूगोल में बिखरे सुबन्धुओं ने 'कल्पना' के बीस सालों की अन्तरिम रिपोर्ट प्रस्तुत करने में मेरी भरपूर मदद की है। विशेष तौर पर आभारी हूँ रामबक्ष (जोधपुर); सुमतिप्रकाश (डूँगरपुर) और सुरेश गोयल (बयाना) का। मेरे दिल्ली प्रवास को के.सी. रस्तोगी साहब ने जिस तरह से सुखद बनाया इसके लिए मैं उनका हृदय से आभारी हूँ। अस्तु, जो है, जैसा, है, यह अनुसंधान आपके समक्ष प्रस्तुत है।

–शशिप्रकाश चौधरी

अन्तराल आमुख

सन् 1992 के बाद बहुत सारे दिन और साल निकल गये। मैं 'कल्पना' को भुलाने की कोशिश करता रहा। 'कल्पना' के पीले पन्नों को पलटते हुए मैं उसके रचनात्मक सम्मोहन में खो जाता था। अनुसंधान के दौरान मैं विकल होकर यह अनुभव करता रहा कि 'कल्पना' का विराट सृजनात्मक आयोजन मेरे हाथ नहीं आ पा रहा है। मैं किसी नये अन्वेषी के आगमन की राह ताकता रहा कि वह आएगा और नये सिरे से 'कल्पना' के उत्खनन में संलग्न होगा। किन्तु इस दिशा में मुझे निराशा ही हाथ लगी। किसी पत्रिका का अनुसंधान-अध्ययन लम्बी अवधि तक उत्साह, धीरज एवं संकल्प की माँग करता है। कहना नहीं होगा कि हम हिन्दी के अध्येताओं में इन तत्वों का सिरे से अभाव है। मेरा यह अध्ययन सन् '69 तक के 'कल्पना' पर आधारित है। सन् '78 तक गुमनाम तरीके से 'कल्पना' की खंडित यात्रा जारी रही, लेकिन मैं 'कल्पना' के उत्कर्ष का उपसंहार जानना चाहता था।

मनुष्य की तरह पत्रिका भी जन्म लेती है, बड़ी होती है, बूढ़ी होती है और एक दिन स्मृति शेष हो जाती है। 'कल्पना' का अन्त भी अत्यन्त उदासकारी है। 'कल्पना' जब बन्द हुई तो कहीं कोई प्रतिक्रिया नहीं हुई, कोई विलाप नहीं हुआ। नवस्वाधीन भारत में एक सुबह 'कल्पना' ने अपनी यात्रा शुरू की थी। प्रवेशांक पर आजादी का महीना, अगस्त 49 अंकित है। इमर्जेंसी के बाद दूसरी आजादी के शोर में जब पूरा देश विभोर था, तब सन् '78 में 'कल्पना' ने अपनी आखिरी उड़ान भरी। पहली आजादी से दूसरी आजादी के बीच की 'कल्पना' की इस यात्रा का भारतीय जनता की नियति और संघर्ष से कुछ सम्बन्ध है? मैं इन रहस्यमय संयोगों एवं सम्बन्धों का पीछा करना चाहता था। 'कल्पना' की स्वप्न-यात्रा में जिन सम्पादकों ने अपनी कारयित्री प्रतिभा की आहुति दीं, मैं उनकी जिन्दगी के बारे में जानना चाहता था। संयोग से वह घड़ी बहुत देर से आयी।

14 फरवरी, 2008 को डॉ. नामवर सिंह कोटा आये। उन्हें बाल विद्यालय में अठारह सौ सत्तावन की डेढ़ सौवीं जयन्ती पर व्याख्यान-भाषण देना था। भाषण के उपरान्त वे मेरी कुटिया में पधारे। उन्होंने मेरी थीसिस की सोलह साल पुरानी प्रति देखी और कहा कि इसे अविलम्ब प्रकाशित कराओ। मेरी सालों पुरानी सोयी लालसा जाग उठी। 'कल्पना' केवल एक कुलीन घराने की श्रेष्ठी आयोजन नहीं थी। वह भारत के विविध भूगोल से आये समर्पित सम्पादकों के उद्यम का फलितार्थ थी। इसके सम्पादकों का नाभिनाल सम्बन्ध परिवर्तन की राजनीति एवं मनुष्य की सम्पूर्ण स्वतंत्रता से था। मेरे लेखे, 'कल्पना' के सम्पादकों की जीवनी खामोश, आत्मविज्ञापन से दूर, अपने होने को अप्रकाशित करती हुई, निस्संग कहानी है।

'कल्पना' के प्रत्येक अंक को उलटते हुए आप महसूस कर सकते हैं कि इसके सम्पादक असीम धैर्य और कौशल के धनी रहे होंगे। ऐसे गुणी सम्पादकों के जीवन प्रसंगों का पीछा करना खोये हुए समय की कथा कहना है। ये सभी सम्पादक ऐसे समय में कार्यरत थे जब राजनीति में स्वप्न देखने की अनुमति थी और कुछ कर गुजरने की लालसा मरी नहीं थी। इनके जीवन संघर्षों की कथा भारत के टूटते-बिखरते सपनों की दास्तान भी है। अँधेरों में घिरी यह कैसी जनसत्ता है जिसमें हमने अपने निर्माताओं को ही भुला दिया है।

हैदराबाद की सड़कों पर 13 जून से 30 जून 2008 तक भटकते हुए और इन सम्पादकों के जीवन प्रसंगों को बटोरते हुए मैं प्रत्येक पल अग्निपथ पर चलता रहा। मैं सवालों से बिंधता रहा और घायल होता रहा। हिन्दी भारत की विस्मृति एवं कृतघ्नता पर आँसू बहाता रहा। जब 'कल्पना' निकली थी तब हैदराबाद की आबादी केवल तीन लाख थी। आज इस शहर की आबादी अस्सी लाख हो गयी है। यहाँ के नागरिक समाज में 'कल्पना' किंवदन्ती की तरह जीवित हैं। लेकिन 'कल्पना' के होने का तरतीबवार कोई संग्रहालय या सबूत यहाँ उपलब्ध नहीं है। 'कल्पना' जिस बेगम बाजार और सुल्तान बाजार से निकलती थीं, वे जगहें अब बड़े व्यावसायिक केन्द्रों में रूपान्तरित हो चुकी है। 'कल्पना' के सुख-दुःख, उत्कर्ष-अपकर्ष की सबसे प्रामाणिक कथा मुनीन्द्र जी से ज्ञात हुई। वे 'कल्पना' की सगुण स्मृति हैं, सागर संगम पर पहुँची हुई डेल्टाई नदी की तरह।

'कल्पना' के कला सम्पादक जगदीश मित्तल से भी इस पत्रिका के कला सरोकारों की अन्तरंग सूचनाएँ मिलीं। कल्पनाकालीन मनोभूमि के बाद जब मैं सम्पादकों की तस्वीर जुटाने में संलग्न हुआ तब मुझे सर्वाधिक मशक्कत करनी पड़ी। इस दिशा में जब मैं हार कर निराश हो चला था तब मुझे संकटमोचक की तरह 'कल्पना' के मुद्रक-मैनेजर स्व. केदारनाथ शर्मा के पुत्र डॉ. महेश शर्मा का अचानक सहारा मिला। इन्होंने 'कल्पना' की छपाई मशीन के शोर में अपने होश सँभाले हैं। इनके पास कॉमर्शियल प्रिंटिंग प्रेस में काम करने वाले कर्मचारियों की आत्मीय एवं अनौपचारिक सैकड़ों जानकारियाँ हैं। इनकी मदद से ही मैं 'कल्पना' के प्रवेशांक से मुद्रण कार्य करने वाले दिनकर जी से मिल पाया। मराठी भाषी दिनकर को 17 वर्ष की कच्ची उम्र में प्रो. रंजन, वर्धा से लेकर आये थे। इनके पास भी कल्पनाकालीन लेखकों, सम्पादकों की यादों का खजाना है।

'कल्पना' के प्रधान सम्पादक आर्येन्द्र शर्मा की तस्वीर जुटाने में मुझे चार दिन लग गये। उस्मानिया विश्वविद्यालय में भाषा विज्ञान के प्राध्यापक अरुण शर्मा उनके पुत्र थे। पता चला उनकी मृत्यु हो गयी है। पौत्र की मृत्यु भी अमेरिका में एक दुर्घटना में हो गयी है। अन्ततः उस्मानिया विश्वविद्यालय के संस्कृत विभाग की दीवार ने मेरी मदद की। एक स्वतंत्र फोटोग्राफर को वहाँ मैं ले गया। पंडित जी की एक बड़ी तस्वीर वहाँ टँगी थी। उस फोटो से मैं उनकी तस्वीर हस्तगत कर पाया। यही स्थिति वृन्दावनबिहारी मिश्र के प्रसंग में घटित हुई। पंडित जी निःसन्तान गुजरे। वे बसीरबाग के हनुमान मन्दिर में पुजारी थे। पता चला उनकी मृत्यु के बाद उनकी विधवा मोहिनी देवी की बड़ी अधोगति हुई। फिलहाल मन्दिर की जमीन आवासीय फ्लैट में तब्दील हो गयी है। उनकी विधवा ने बाद में एक पुत्र राजेश मिश्र को गोद लिया। यह दत्तक पुत्र ही उस मन्दिर की अब सेवा करते हैं। उस

मन्दिर की दीवार पर वृन्दावनबिहारी मिश्र जी की एक छोटी-सी तस्वीर लगी हुई थी। फोटोग्राफर से उसकी प्रतिकृति बनवायी एवं जगदीश मित्तल जी से उस चित्र की प्रामाणिकता सत्यापित करवायी।

अब मधुसूदन चतुर्वेदी की तस्वीर प्राप्त होने की कथा सुन लीजिए। पंडित जी आगरा के वाह तहसील के रहने वाले थे। ये भी निःसन्तान थे। ये राजा बहादुर सर बंसीलाल बालिका विद्यालय में प्रिंसिपल थे। संस्थापक प्राचार्य की हैसियत से उनकी तस्वीर वहाँ लगी हुई थी। दीवार पर लगी उस तस्वीर को उतारने में दिनकर जी के पुत्र अरविन्द ने मेरी मदद की। दिनकर जी की पत्नी यानी अरविन्द की माँ और मुनीन्द्र जी की पत्नी करुणा जी बंसीलाल बालिका विद्यालय में अध्यापिका रहीं। इस तरह दीवारों ने 'कल्पना' के सम्पादकों के चित्रों की सुरक्षा की। सईद-बिन-मुहम्मद की तस्वीर उसकी सामाजिक सक्रियतावादी पुत्री जमीला निशात से प्राप्त हुई। जमीला निशात जी का ठिकाना मृत्युमुख कवि वेणु गोपाल जी से प्राप्त हुआ। ओमप्रकाश 'निर्मल' के पुत्र राजेश निर्मल से शशिनारायण स्वाधीन ने मुलाकात करवायी।

स्वाधीन के व्यक्तिगत संग्रह से राजा दुबे की तस्वीर मिली। स्वाधीन ने ही मुझे कोंडलराव तक पहुँचाया। जहाँ से मैं राममनोहर लोहिया के अन्तरंग साथी जुवाड़ा गौतम राव की जीवनी एवं चित्र प्राप्त कर सका। शशिनारायण स्वाधीन हैदराबाद के 'मूविंग एनसाइक्लोपीडिया' हैं। प्रोफेसर आलम खुंदमीरी के भाँजा मजहर मेंहदी तक पहुँचने का जरिया भी स्वाधीन ही बने। उनसे मुझे खुंदमीरी साहब की जीवनी एवं तस्वीर मिली। राजा दुबे के व्यक्तित्व की अन्तरंग जानकारियाँ डॉ. अहिल्या मिश्र से मिली। हैदराबाद से लौटने के बाद उनकी पत्नी भाषा दुबे एवं अनुज आग्नेय, भोपाल से भी उनकी जीवन कथा जाना। मख़्दूम मोहियुद्दीन के पुत्र नुसरत ने मकबूल फिदा हुसैन के संघर्षकाल की जानकारियाँ दीं। नेहपालसिंह वर्मा ने बदरीविशाल पित्ती पर केन्द्रित 'गोलकोंडा दर्पण' का एक अंक मुझे उपलब्ध कराया। डॉ. रंजन की तस्वीर मैं हैदराबाद से चलने के पहले आखिरी क्षणों तक तलाशता रहा, लेकिन मैं उसे पाने में नाकामयाब रहा।

खोज एक अन्तहीन सिलसिला ही तो है। एक समग्र पत्रिका की यह अधूरी अन्तरिम रपट आपके समक्ष रखते हुए संकुचित हूँ। 'कल्पना' जैसी सजीव एवं व्यापक नवलेखन की पत्रिका पर कार्य करते हुए अधूरेपन की भावना शायद वर्ण्य विषय की बहुमुखी विशालता के कारण भी है। पत्रिका का बहुआयामी चरित्र देखकर ही भारत भारद्वाज ने जुलाई 2007 के 'वागर्थ' की एक चिट्ठी में 'कल्पना' पर पी-एच.डी. नहीं, डी.लिट्. की अपेक्षा की होगी। वात्स्यायन जी ने 'तार सप्तक' के दूसरे संस्करण के पुनश्च में कहा है कि "जीवन के अन्तिम क्षणों के प्रत्यवलोकन में मनुष्य उन्हीं सब पापों का अनुतप्त स्मरण करता है जिन्हें वह कर सकता था लेकिन जिन के लिए वह साहस नहीं जुटा पाया।" नवसाम्राज्यवादी घटकों ने हमारे साहस का आकाश इतना धुँधला कर दिया है कि हम अपने अग्रज पुरखों के कीर्ति कर्मों के संकलन-विश्लेषण से भी विमुख हो गये हैं। यह अध्ययन अपने यशस्वी पुरखों का अनुतप्त स्मरण ही तो है। 'कल्पना' के उपसंहार नौ वर्षों के योगदान के आकलन की नैतिक जिम्मेदारी भी मेरी ही बनती है। इस फिसलन भरे समय में दुआ करें कि मैं पुनः 'कल्पना' के शेष बचे अंकों की गोताखोरी कर सकूँ।

प्रो. नामवर सिंह के प्रति कृतज्ञता ज्ञापित करते हुए नतशिर हूँ। यह उन्हीं का दिया हुआ सबक है। अक्तूबर 1988 की शरद की ढलती हुई एक शाम थी। नवरात्रि की छुट्टी में मैं डूँगरपुर से दिल्ली आया था। एम.फिल. के पश्चात् मैं दादू के शिष्य सुन्दरदास पर अनुसंधान करना चाहता था। 109 दक्षिणापुरम्, के जेएनयू स्थित आवास पर सर्वप्रथम गुरुजी के मन में 'कल्पना' पर अनुसंधान की योजना अंकुरित हुई। बस, मैंने उनके ख्यालों और सपनों का पीछा किया है और एक प्रारूप में ढाल दिया है। हैदराबाद की पिछली यात्रा में प्रत्येक पल उनके नाम का मुझे सहारा मिला। मुझे पहली बार यशस्वी गुरु के शिष्य होने का दर्प और सुख मिला।

निशा इस अनुसंधान में छाया की तरह शामिल है। तुलसीदास की अर्धाली उधार लेकर कहूँ तो 'जानत प्रिया एकु मनु मेरा।' और अनुजवत् गोविन्दकृष्ण के लिए क्या कहूँ–एक हाथ दूसरे हाथ से उऋण हो सकता है भला। ज़िन्दगी बहुत सारे खोये-पाये ऋणों की किताब ही तो है।

201, नानक पैलेस, कोटा

–शशिप्रकाश चौधरी

अनुक्रम

कल्पना की विकास-यात्रा

'कल्पना' बीसवीं सदी के उत्तरार्ध की पत्रिका है। हालाँकि इसका द्वैमासिक प्रवेशांक दिसम्बर 1949 में ही निकल जाता है, लेकिन असल रंग तो सन् 1952 के मासिक कलेवर के बाद ही खिलता है। 'कल्पना' ने अपने आरम्भ के तीसरे वर्ष ही अपनी श्रेष्ठता की सत्ता स्वीकार करवा ली थी। इतने कम समय में स्थापित होने का सौभाग्य 'सरस्वती' को भी नसीब नहीं हुआ था। 'सरस्वती' के भूतपूर्व सम्पादक श्रीनारायण चतुर्वेदी ने 'सरस्वती' के प्रारम्भकालीन संघर्ष को याद करते हुए लिखा है कि महावीरप्रसाद द्विवेदी के सम्पादन-भार सँभालते ही भारतेन्दु युग के लेखकों ने परोक्ष असहयोग का अभियान चलाया। रचना की किल्लत पड़ने लगी। ऐसे में महावीरप्रसाद द्विवेदी के पास नये लेखकों को तैयार करने के अलावा और कोई रास्ता नहीं था। इसलिए 'सरस्वती' का मौलिक व्यक्तित्व 1908 के बाद ही निखर पाता है। यानी महावीरप्रसाद द्विवेदी जैसे धाकड़ सम्पादकाचार्य के अध्यवसाय के बावजूद 'सरस्वती' के व्यक्तित्व निर्धारण में छह साल का लम्बा समय लग जाता है। ऐसे में बिना किसी नामवर सम्पादक के 'कल्पना' का वर्चस्व हिन्दी-भारत में स्वीकार्य हो जाना अचरज भरा प्रसंग है। ठीक वैसा ही जैसे जोत के बाद जमीन में पड़ा हुआ बीज पहली बरसात की प्रतीक्षा कर रहा हो। 'कल्पना' ने अपने द्वैमासिक स्वरूप का परित्याग कर मासिक आयोजन की शुरुआत इसी रुझान को पहचान कर किया होगा।

हिन्दी में 1942 की क्रान्ति के बाद से ही सांस्कृतिक एवं साहित्यिक चेतना का जो विकट ध्रुवीकरण हुआ था, उसने रचनात्मकता पर ग्रहण लगा दिया था। हिन्दी के लेखकों को अपने अस्तित्व की रक्षा के लिए किसी न किसी राजनीतिक शिविर से सम्बद्ध होना पड़ा था—चाहे वह प्रगतिशील लेखक संघ हो या फिर मानवेन्द्रनाथ राय की रैडिकल पार्टी हो। स्वतंत्र चिंतन एवं विवेचन के असंगत माहौल में निरूपाय हिन्दी बुद्धिजीवियों के लिए 'कल्पना' ने तटस्थ मंच का काम किया। गतिरोध के अविश्वसनीय माहौल में 'कल्पना' ने डायनामाइट के पलीते का काम किया। ध्रुवों के बीच बँटे अवांछित अवरोध को ध्वस्त कर दिया। तनाव रीसने लगा और नवलेखन की एक सर्वथा नयी पीढ़ी ने मोर्चा सँभाला। आजादी के बाद जो भी स्मरणीय लेखन हुआ है उसका श्रेय नयी पीढ़ी को है और प्रकारान्तर से उसका नाभिनाल सम्बन्ध 'कल्पना' से है।

आजादी के बाद के माहौल में हिन्दी साहित्य सम्मेलन, नागरी प्रचारिणी सभा, राष्ट्रभाषा प्रचार सभाओं ने अपनी प्रगतिशील भूमिका भुला डाली थी। या यह भी कहा जा सकता है कि आजादी के बाद इन संस्थाओं ने अपनी प्रासंगिकता खो दी थी। कारण कि प्रत्येक काल

की प्रवृत्ति को प्रकट करने के लिए समुचित संस्था का जन्म होता है। समय का समीकरण बदलने के साथ ऐसी संस्थाएँ अपनी प्रासंगिकता गँवा बैठती हैं। यह एक विस्मयकारी सच है कि नागरी प्रचारिणी सभा जैसी संस्था भी पचास साल में कालवाह्य हो जाती है। हिन्दी जातीय चेतना का प्रतिनिधित्व किसी एक शहर या एक संस्था या किसी एक केन्द्र से अधिक दिनों तक सम्भव नहीं है। ऐसे धुँधलके में भटकती हुई नयी पीढ़ी को 'कल्पना' ने दुर्लभ मंच प्रदान किया।

'कल्पना' का प्रस्थान केवल नयी पीढ़ी में बद्धमूल नहीं है। 'कल्पना' के आरंभिक अंकों में बिचली पीढ़ी की ही प्रमुखता है। एक तरफ वासुदेवशरण अग्रवाल, भगवतशरण उपाध्याय, राहुल सांकृत्यायन, अंचल, बच्चन, दिनकर, निराला, माखनलाल चतुर्वेदी, रामवृक्ष बेनीपुरी, जानकीवल्लभ शास्त्री, मन्मथनाथ गुप्त, यशपाल आदि के दर्शन होते हैं लेकिन इसके साथ ही केदारनाथ सिंह, अजितकुमार, कीर्ति चौधरी, कमलेश्वर, मार्कंडेय, शेखरजोशी, रेणु, धर्मवीर भारती, नामवर सिंह, लक्ष्मीकान्त वर्मा, हरिशंकर परसाई, निर्मल वर्मा की भी रचनाएँ सन् 1952 से मिलने लगती हैं। इसका मतलब यह हुआ कि पीढ़ियाँ जो समानान्तर चल रही थीं, वह 'कल्पना' में एक साथ दिखाई पड़ने लगीं। इसलिए 'कल्पना' में उगती पीढ़ी की उष्मा भी है और बिचली पीढ़ी का ताप भी। 'कल्पना' के अज्ञात कुलशील सम्पादक मंडल की भूमिका यह थी कि उन्होंने बिखरी हुई रचनाशक्ति को पत्रिका के माध्यम से एकताबद्ध कर दिया।

'कल्पना' की रचनानीति में यह विशेषता आजीवन दिखाई देती है कि वह रचनाकारों की मुख्यधारा में नये लेखकों की फसल मिलाती हुई चलती है। इस नये खून के मिश्रण से 'कल्पना' की ताजगी एवं स्तरीयता में स्थिरता बनी रहती है। फरवरी 1961 की एक प्रतिनिधि–मुद्रा द्रष्टव्य है :

" 'कल्पना' के लेखक वर्ग में हम सर्वश्री श्रीराम वर्मा, जगदीश चतुर्वेदी, काशीनाथ सिंह, शालिग्राम शुक्ल और चलसानि सुब्बाराव (जिनकी मातृभाषा तेलुगू है) और मनोज का स्वागत करते हैं। इनकी रचनाएँ 'कल्पना' में पहली बार इस अंक में प्रकाशित हुई है।" सम्पादक इस तरह की घोषणा प्राय: प्रत्येक अंक में करते हुए मिलते हैं। इसलिए 'कल्पना' का व्यक्तित्व नयी एवं बिचली दोनों पीढ़ी के रचनात्मक सम्मिश्रण से निर्मित होता है।

'कल्पना' की एक और उल्लेखनीय विशेषता यह है कि उसके प्रधान सम्पादक डॉ. आर्येन्द्र शर्मा विश्वविद्यालय की हिन्दी परम्परा का अतिक्रमण करते हैं। वे भाषाविज्ञान तथा संस्कृत की परम्परा के विद्वान है। इस दृष्टि से वे 'हिन्दीप्रदीप' के सम्पादक 'बालकृष्णभट्ट', 'समालोचक' के सम्पादक चन्द्रधर शर्मा गुलेरी तथा महावीरप्रसाद द्विवेदी की परम्परा के नजदीक बैठते हैं। इसका स्वाभाविक परिणाम यह हुआ कि हिन्दी की यांत्रिक एकरसता से 'कल्पना' कोसों दूर है। इसी कारण 'कल्पना' हिन्दी के लेखकों–पाठकों के आंचलिक रुचि को विश्वबोध में बदल डालने का युगान्तरकारी अभियान चला पाती है। 'कल्पना' के परिवर्तनशील सम्पादक–मंडल का भी इसमें योगदान रहा हो तो अचरज नहीं।

दकन के सांस्कृतिक केन्द्र हैदराबाद से निकलने के कारण भी 'कल्पना' का व्यक्तित्व एवं आचरण अलग तरह का होता है। हैदराबाद एक संगम शहर है तथा दकनी–उर्दू का केन्द्र

है। दूसरी तरफ यह तेलुगू–भाषी प्रांत की राजधानी है। पड़ोस में मराठी, कन्नड़, तमिल एवं मलयालम बोली जाती है। ऐसे संक्रमण भूगोल से 'कल्पना' के सम्पादक–संचालक भली प्रकार समझ पाते हैं कि भारतीय भाषाओं का मुख्य संघर्ष औपनिवेशिक भाषा अंग्रेजी से है। इसीलिए वे हिन्दी भाषियों की सूत्रधार भावना का विरोध करते हैं। इसी क्रम में वे भारतीय भाषाओं के सहअस्तित्व का सिद्धान्त विकसित करते हैं तथा 'कल्पना' को भारतीय भाषाओं के अधिकार के लिए संघर्ष करने वाली पत्रिका की छवि देते हैं।

भारतेन्दु युग की विवेचना के क्रम में डॉ. रामविलास शर्मा ने लाहौर, कलकत्ता एवं बम्बई के त्रिकोण की अवधारणा प्रस्तुत की है, जिसकी धुरी काशी है। हिन्दी की साहित्यिक पत्रकारिता में जो कुछ भी स्मरणीय है वह इसी त्रिकोण के घेरे के भीतर है। लेकिन 'कल्पना' ने परम्परागत उद्गम क्षेत्र की मान्यता को ध्वस्त कर दिया और हैदराबाद से निकलकर असम्भव संभावना को साकार किया। इसलिए 'कल्पना' भक्ति द्राविड़ उपजी की परम्परा की उत्तराधिकारिणी है। हिन्दू देवमालाओं में उत्तर से दक्षिण की यात्रा वर्जित है। गुरु अगस्त्य एवं आज्ञाकारी शिष्य विन्ध्य की पुराकथा से यह सिद्ध है। लेकिन व्यवहार में किसी चीज के दक्षिण से उत्तर आगमन को शुभ ही पाते हैं। 'कल्पना' हिन्दी की उत्तर–यात्रा है जो मलयानिल की तरह हिन्दी की तन्द्रा को झकझोर डालती है। नलिन विलोचन शर्मा ने 'कल्पना' की खूबियों के बारे में जनवरी 1953 के 'साहित्य' में लिखा :

सहयोगी 'कल्पना' सुदूर दक्षिण हैदराबाद को केन्द्र बनाकर हिन्दी भाषा और साहित्य की सर्वांगीण अभिवृद्धि के लिए जिस तत्परता और अध्यवसाय से कार्य कर रही है उससे वे भी बहुत कुछ सीख सकते हैं जिन्हें हिन्दी के केन्द्र में रहने का सौभाग्य प्राप्त है और जो इसे हिन्दी का दुर्भाग्य बना डालने में कोई कसर नहीं छोड़ रहे हैं।

यानी 'कल्पना' के दक्षिणात्य व्यक्तित्व ने उसे समग्र पत्रिका की सम्पन्नता प्रदान की।

'कल्पना' के सम्पादक आत्मश्लाघा के प्रसंगों से बचते हैं। इसलिए 'कल्पना' का विधिवत इतिहास एवं आन्तरिक संघर्ष सम्पादकीय पृष्ठों पर बिखरे–फैले, आधे–अधूरे सांकेतिक कथनों को मिला–जुलाकर अनुमान के आधार पर ही तैयार किया जा सकता है। हैदराबाद से 'कल्पना' का प्रवेशांक किस तरह सम्भव हुआ इसकी संक्षिप्त–चर्चा सतरहवें वर्ष के सितम्बर 1966 के अंक में दर्ज है। प्रसंग वासुदेवशरण अग्रवाल की श्रद्धांजलि का है। सम्पादक लिखते हैं :

1949 में 'कल्पना' का पहला अंक हम अगस्त में निकाल देना चाहते थे, किन्तु सरकारी इजाजत में विलम्ब के साथ–साथ 'कल्पना' के लिए आवश्यक सामग्री जुटाने में भी बहुत–सी कठिनाइयों का सामना करना पड़ा। परिणामस्वरूप, 'कल्पना' का पहला अंक अगस्त 49 में निकलने के बजाय दिसम्बर में निकला।

''हैदराबाद से, सो भी 'कल्पना' जैसी पत्रिका निकालने की कल्पना शायद कइयों को न रही हो। फिर इसके सम्पादक–मंडल में ऐसे नाम भी न थे जिनको देखते ही लेखक अपनी रचनाएँ भेज दिया करते हैं। कई लेखकों को रचनाएँ भेजने के लिए पत्र लिखे गये। उस निवेदन को दुबारा, तिबारा भी दुहराया गया मगर अक्सर लोगों के जवाब नदारत। ऐसी अवस्था में हमारी उत्सुकता और परेशानी का अंदाज लगाया जा सकता है। लेकिन, कुछ लोग

ऐसे भी थे, जिन्होंने पत्र लिखते ही अपनी रचनाएँ भेजीं और हमें परेशानी से उबारा ही नहीं, हमें हतोत्साह नहीं होने दिया और उन्हीं के कारण 'कल्पना' निकली। ऐसे ही चन्द लोगों में एक थे श्री वासुदेवशरण अग्रवाल हमारे पत्र के जवाब के साथ ही उनका लेख भी हमें मिला 'भारतीय ललित कला की परम्पराएँ'। वासुदेवशरण जी का 27 जुलाई को देहान्त हो गया, तो पुरानी यादें ताजा हो आयीं और उनका उपकार प्रत्यक्ष नजर आने लगा।''

यानी 'कल्पना' का प्रवेशांक दिसम्बर 1949 में निकला। वर्ष एक-दो में यह पत्रिका द्वैमासिक है। तीसरे वर्ष जनवरी 1952 से यह मासिक हो जाती है। कुछ पाठक 'कल्पना' के द्वैमासिक कलेवर एवं सामग्री का समर्थन करते हैं। इसके स्पष्टीकरण में दिसम्बर 1953 में सम्पादक लिखते हैं :

''द्वैमासिक रूप बदल कर 'कल्पना' जनवरी 52 से मासिक पत्रिका के रूप में निकलने लगी। तब कुछ पाठकों को ऐसा लगा कि 'कल्पना' का स्तर द्वैमासिक जैसा नहीं रहा। कुछ पाठकों ने द्वैमासिक रूप ही कायम रखने पर जोर दिया। जहाँ तक स्तर का प्रश्न है, हम इस नतीजे पर पहुँचे हैं कि 'कल्पना' का द्वैमासिक रूप थोड़े लोगों की रुचि के अनुरूप पड़ता था, सामान्य पाठकों के लिए वह रूप बहुत भारी पड़ता था। दो वर्षों के अनुभव से अब तो यह स्पष्ट हो गया है कि 'कल्पना' मासिक रूप में अधिक रुचिकर और उपयोगी बन रही है।''

'कल्पना' की आत्मा स्तम्भों में बसती है। बदलते समय की धारा एवं रुचि को पहचान कर वह नये-नये स्तम्भों का आयोजन करती चलती है। आज हिन्दी के तथाकथित राष्ट्रीय पत्रों में अंग्रेजी स्तम्भकारों के जूठन परोसने का अन्तहीन दुष्चक्र जारी है, ऐसे में उन्हें 'कल्पना' के स्तम्भों एवं स्तम्भकारों से बहुत कुछ सीखने की जरूरत है। फरवरी 1964 के 'यह अंक' में सम्पादक लिखते है :

''एकाध मित्रों ने मजाक ही में सही, पर कहा था कि 'कल्पना' स्तम्भों की पत्रिका बन गयी। किसी भी इमारत में बहुत ज्यादा स्तम्भ अच्छे नहीं लगते। किन्तु शायद पत्रिका की तुलना इमारत से करना तर्कसंगत नहीं है। 'कल्पना' के ये स्तम्भ आवश्यक हैं, ऐसा हम सोचते हैं।''

यानी स्तम्भों के उदयास्त में भी 'कल्पना' का इतिहास निहित है। आलोच्य अवधि में जो स्तम्भ प्रायोजित किये गये हैं उसकी संक्षिप्त जानकारी जरूरी है।

'सांस्कृतिक टिप्पणियाँ', 'कल्पना' के प्रारंभिक स्तम्भों में से एक है। यह स्तम्भ पहली बार जुलाई-अगस्त 1952 में दिखाई पड़ता है। प्रारम्भ से ही 'कल्पना' ने कला के सम्बन्ध में अधिकारी विद्वानों की सामग्री प्रस्तुत करने में रुचि ली है। हिन्दी में तब न तो कला सम्बन्धी पुस्तकें थीं और न ही कला अकादमी। ऐसे में इस स्तम्भ द्वारा बम्बई, कलकत्ता, दिल्ली की ललितकला गतिविधियों को प्रामाणिक कला लेखकों द्वारा लिखवाया जाता था। इस स्तम्भ के स्तम्भकार थे—दिनकर कौशिक, अयाज़ पीरभाई, एस्पर, रायकृष्णदास तथा मक़बूल फ़िदा हुसैन। यह स्तम्भ नवम्बर 1955 तक दिखाई देता है।

'साहित्यधारा' स्तम्भ मई 1952 के अंक से शुरू किया गया है। पाँचवें वर्ष के जनवरी-फरवरी संयुक्तांक तक यह पाठकों लेखकों का साझा मंच है। 'साहित्यधारा' में बड़ी कोष्ठक में यह टिप्पणी छपती थी—''यह स्तम्भ पाठकों और लेखकों के लिए हैं। संस्कृति और साहित्य

की गतिविधि से संबंधित वे सभी विषय जिनकी ओर साहित्य के निर्माताओं और साहित्य प्रेमियों का ध्यान आकर्षित करना आवश्यक हो, इस स्तम्भ के अन्तर्गत आएँगे। इस स्तम्भ के लिए भेजी जाने वाली सामग्री संक्षिप्त और तथ्यपूर्ण हो। व्यर्थ की भूमिका या आक्षेप उनमें नहीं होना चाहिए।—सम्पादक''

कहना नहीं होगा कि यह स्तम्भ शुद्ध पाठकीय प्रतिक्रियाओं का होकर रह गया। आगे चल कर मार्च 1954 से 'साहित्यधारा' का स्वरूप बदल कर बीते मास की साहित्यिक प्रगति का ब्यौरा देने वाला हो जाता है। इसमें 'कल्पना', 'हमारी पीढ़ी', 'पाटल', 'अवन्तिका', 'नवनीत', 'कहानी', 'आजकल' की अच्छी सामग्रियों की विवेचना की जाती थी। नवम्बर 1957 तक इसके स्तम्भकार छद्मनामी चक्रधर हैं। दिसम्बर 1957 से इसके स्तम्भकार रसिकलाल पाठक हो जाते हैं। 'चक्रधर' हिन्दी के यशस्वी कथाकार मार्कंडेय हैं तथा 'रसिकलाल पाठक' रघुवीर सहाय। अप्रैल 1958 से इस स्तम्भ को पुनः 'चक्रधर' लिखने लगते हैं। जून 1959 से इसके स्तम्भकार 'चक्रांग' हो जाते हैं। दिसम्बर 1959 में यह स्तम्भ संक्षिप्त सूचना के बाद बन्द कर दिया जाता है। जुलाई 1960 में 'साहित्यधारा' स्तम्भ पुनः शुरू कर दिया जाता है। इस बार स्तम्भकार हैं—'चक्रपाणि', लेकिन अप्रैल 1961 में कमलेश इस स्तम्भ को लेकर उपस्थित होते हैं। दिसम्बर 1961 में साहित्यधारा के स्तम्भकार 'चेतन' हो जाते हैं। सन् 1962 में यह स्तम्भ बन्द हो जाता है। 'कल्पना' का यह बहुचर्चित स्तम्भ 'साहित्यधारा' नये ढंग से फरवरी 1968 में एक बार पुनः शुरू किया जाता है। इस बार इसके स्तम्भकार कान्ता, ओमप्रकाश दीपक एवं प्रयाग शुक्ल हैं।

छठे वर्ष में प्रकाशित होने वाला यशस्वी स्तम्भ 'यह बेचारी हिन्दी' है। इसके स्तम्भकार छद्मनामी 'कात्यायन' और कोई नहीं स्वयं 'कल्पना' के प्रधान सम्पादक डॉ. आर्येन्द्र शर्मा थे।

'कल्पना' के नवें वर्ष यानी जून 1958 में शिवप्रसाद सिंह 'निर्बंध चिन्तन' स्तम्भ लेकर उपस्थित होते हैं। लेकिन अक्टूबर में यह स्तम्भ बन्द हो जाता है।

जून 1958 में कमलाकान्त जी ने कहा...''स्तम्भ की शुरुआत होती है। हँसोड़ कमलाकान्त जी के मुँहजोर लिपिक थे बालकृष्ण राव। यह हास्य का साहित्यिक स्तम्भ था। जुलाई 1960 में आखिरी बार कमलाकान्त जी के दर्शन होते हैं।

'कल्पना' के दसवें वर्ष में एक और नया स्तम्भ 'सभा-प्रसंग' शुरू होता है। इसकी पहली कड़ी जनवरी 1959 में लिखी जाती है। स्तम्भकार हैं—श्री सच्चिदानन्द वात्स्यायन। किन कारणों से यह स्तम्भ शुरू किया गया है इस पर कोई टिप्पणी सम्पादक ने नहीं की है। 'कल्पना' के सम्पादक-गण शब्दों के मामले में बड़े मितव्ययी हैं। पाठक अनुमान के अँधेरे में टटोलते रहते हैं कि कौन-सा स्तम्भ किस प्रयोजन से समाप्त या प्रारम्भ कर रहे हैं। 'सभा-प्रसंग' दीर्घायु स्तम्भ नहीं है। फरवरी 1961 एवं मार्च 1961 में यह स्तम्भ अन्तिम बार दिखता है।

जून 1958 में 'आकाशवाणी' स्तम्भ का प्रस्थान किस्त छपता है। यह रेडियो कार्यक्रमों की समीक्षा का स्तम्भ है। इसके स्तम्भकार हैं—श्रुतिमान। दिसम्बर 1961 में इसकी उपसंहार कड़ी छपती है। मई 1962 में यह सम्पादकीय टिप्पणी आ जाती है कि 'आकाशवाणी' स्तम्भ फ़िलवक्त बन्द किये गये हैं।

बारहवें वर्ष में नवागत संचार माध्यम दूरदर्शन के कार्यक्रमों की विवेचना का स्तम्भ 'टेलीविजन' शुरू होता है। सम्पादक ने फरवरी 1961 के 'यह अंक' में टिप्पणी की है। ''टेलीविजन भारत के लिए बिल्कुल नया माध्यम है। इस माध्यम में महान् शैक्षणिक और कलात्मक संभावनाएँ हैं और रेडियो की तरह यह देश के कोने-कोने में फैल सकता है। प्रारम्भ से ही इस माध्यम के विकास के लिए उचित दृष्टि आवश्यक है। स्तम्भकार इस विषय के प्रवीण ज्ञाता हैं। इसलिए हमें आशा है कि टेलीविजन के कर्ताधर्ता भी इनकी टिप्पणियों से लाभ उठाएँगे।'' इसके स्तम्भकार 'चक्षुमान' हैं। अक्टूबर 1961 तक मात्र पाँच किस्त निकाल कर यह स्तम्भ बन्द कर दिया जाता है।

'कल्पना' के बारहवें वर्ष में हरिशंकर परसाई 'और अन्त में...' लेकर उपस्थित होते हैं। पहली कड़ी अप्रैल 1961 में प्रकाशित होती है। देखते ही देखते यह स्तम्भ पाठकों में लोकप्रिय हो उठता है। सितम्बर 1961 में सम्पादक यह स्वीकार करता है कि '' श्री हरिशंकर परसाई...सामयिक समस्याओं पर अनेक पाठकों की राय में बड़े प्यारे ढंग से लिख रहे हैं। इस स्तम्भ के बारे में हमारे पास जितने पत्र आये हैं, उतने 'सभा-प्रसंग' को छोड़कर, शायद किसी पर नहीं आये।'' नवम्बर 1965 में यह स्तम्भ एक अंक के बाद छोड़कर दिया जाने लगा। 1965 एवं 1966 में यह स्तम्भ काफी अनियमित रहता है। जुलाई 1966 के बाद यह स्तम्भ दिखाई नहीं देता है। सितम्बर 1968 में 'यह अंक' के अन्तर्गत एक बार फिर 'और अंत में...' के बारे में यह सूचना छपती है : ''लम्बे अरसे बाद श्री हरिशंकर परसाई का स्तम्भ 'और अंत में...' इस अंक से फिर से प्रारम्भ करते हुए हमें खुशी हो रही है। श्री परसाई ने आश्वासन दिया है कि वे अब इसे नियमित रखेंगे।'' यह स्तम्भ आज भी श्रेष्ठ व्यंग्य का प्रतिमान है।

बारहवें वर्ष यानी फरवरी 1961 से 'यह अंक' नामक स्तम्भ शुरू किया जाता है। 'कल्पना' में जनवरी 1956 तक अबाध सम्पादकीय लिखा जाता रहा है। लेकिन उसके बाद यह सिलसिला टूट जाता है। 'यह अंक' सम्पादकीय वक्तव्य का पृष्ठ है। इसमें सम्पादक छोटे-छोटे उपबिन्दुओं में अंक की सामग्री की सूचना देते हैं, नये लेखकों का स्वागत तथा वैचारिक बहस की शुरुआत करते हैं। सन् 1968 के दिसम्बर से 'यह अंक' की जगह 'सूचनाएँ एवं टिप्पणियाँ' छपने लगती हैं।

पन्द्रहवें वर्ष में यानी सन् 1964 में चार नये स्तम्भ दिखाई देते हैं—'अनमोल बोल', 'दीवारों के दोनों ओर से', 'दूसरी पत्रिकाओं में' और 'प्रोफेसरी हिन्दी'।

'अनमोल बोल' अंग्रेजी मिश्रित अटपटी हिन्दी के नमूने का प्रदर्शन नियमन प्रयास था। जनवरी 1964 से फरवरी 1965 तक यह स्तम्भ चलता है। मार्च 1965 में सम्पादक की यह टिप्पणी आ जाती है : ''अनमोल बोल स्तम्भ का प्रकाशन 'कल्पना' 147 से प्रारम्भ हुआ और 160 वें अंक तक, वह 14 अंकों में छपा। 'अनमोल बोल' के 14 दस्तावेज, लगता है, अब काफी से ज्यादा हो गये हैं; इसलिए उस स्तम्भ को बन्द कर दिया गया है।''

'दीवार के दोनों ओर से' स्तम्भ जनवरी 1964 में आरम्भ होता है। इसी अंक में सम्पादक इस स्तम्भ की प्रकृति के बारे में लिखते हैं, ''अन्य देशों की साहित्यिक गतिविधि में हमारे ज्ञान की पैठ नहीं है। श्री निर्मल वर्मा इसी अंक से एक नया स्तम्भ शुरू कर रहे हैं—'दीवार के दोनों ओर से'। हमें आशा है इस स्तम्भ के सहारे पाठक दीवार के दोनों ओर—

यूरोपीय साहित्य कुछ तो देख सकेंगे।'' जुलाई 1964 तक छह किस्तें प्रकाशित होकर यह स्तम्भ बन्द हो गया।

अक्तूबर 1964 में 'प्रोफेसरी हिन्दी' स्तम्भ शुरू किया जाता है। लेखनशैली में प्रोफेसरों के लापरवाही के उदाहरण इसमें दिये जाते थे। स्तम्भकार थे श्री शालग्राम उपाध्याय। इसकी अन्तिम किस्त जुलाई 1965 में जाती है।

फरवरी 1964 से 'दूसरी पत्रिकाओं में' स्तम्भ शुरू किया जाता है। यह एक उपयोगी स्तम्भ था जिसमें विविध पत्रिकाओं की उल्लेखनीय रचनाओं का ब्यौरा रहता था।

फरवरी 1965 में एक नया स्तम्भ 'दृष्टिकोण' शुरू किया जाता है। स्तम्भकार हैं 'कल्पना' के पूर्व सम्पादक रघुवीर सहाय। लेकिन यह स्तम्भ भी ज्यादा नहीं चल पाता है। अक्टूबर 1965 तक चल कर यह स्तम्भ सदा के लिए बन्द हो जाता है।

मई 1965 से एक स्तम्भ 'प्रादेशिक साहित्य' शुरू होता है। स्तम्भकार प्रभाकर माचवे हैं। यह एक ऐसा स्तम्भ है जो बिना चूके चलता है। दिसम्बर 1965 में इस सम्पादकीय घोषणा के साथ यह स्तम्भ बन्द किया जाता है, ''श्री प्रभाकर माचव ने 'प्रादेशिक साहित्य' नामक स्तम्भ कल्पना 153 से लिखना शुरू किया था, वह नियमित रूप से बिना कोई अंक चूके इस अंक तक प्रकाशित हुआ। श्री माचवे के हम आभारी हैं।''

सतरहवें वर्ष यानी सितम्बर 1966 से 'फिल्म' स्तम्भ इस टिप्पणी के साथ शुरू किया जाता है ''कई वर्षों से चाह रहे थे कि 'कल्पना' में नियमित रूप से फिल्मों के बारे में कुछ सामग्री दें। अब जाकर यह सम्भव हुआ है, लिहाजा फिल्म स्तम्भ इस अंक से प्रारम्भ किया है।'' शुरू में इस स्तम्भ के नीचे किसी का नाम नहीं जाता है। 1968 से इस स्तम्भ के स्तम्भकार 'नचिकेता' हो जाते हैं। उन्नीसवें वर्ष में भी इस स्तम्भ के दर्शन होते हैं।

पुस्तक समीक्षा का स्तम्भ शुरू से अंत तक दिखायी देता है। इसी तरह पत्र स्तम्भ भी नियमित चलता है।

'कल्पना' अपने समय की नियमित निकलने वाली पत्रिका है। शुरू के दस सालों में केवल चार अंकों के संयुक्तांक निकले हैं। 1952 में जुलाई-अगस्त; 1954 में जनवरी-फरवरी; 1956 में जुलाई-अगस्त एवं 1958 में भी जुलाई-अगस्त के संयुक्तांक दिखाई देते हैं। इन चार अंकों को छोड़कर 'कल्पना' नियमित समय से निकलती रही। सन् 1960 में यानी ग्यारहवें साल भी इसके सभी अंक समय पर निकले हैं। तेरहवें वर्ष में 'कल्पना' के केवल सात अंक निकल पाते हैं। फरवरी-मार्च-अप्रैल 1962 के अंक एक जिल्द में समाहित हैं। इसी तरह जुलाई-अगस्त का अंक भी एक साथ मिला कर प्रकाशित किया गया है। यह 'कल्पना' के प्रकाशन के बाद के सबसे बुरे वर्षों में से एक है। 'कल्पना' के बन्द किये जाने तक पर विचार किया जाता है। फरवरी-मार्च-अप्रैल 1962 के 'यह अंक' में सम्पादक भारी मन से यह घोषित करता है : 'कल्पना' का प्रकाशन हो और बन्द कर दिया जाए—इन दो विकल्पों में से हमने पहले को चुना और हमें विश्वास है कि हमारे पाठक भी हमारे चुनाव का अनुमोदन करेंगे। 'कल्पना' की आर्थिक कठिनाइयों को दृष्टिगत रखते हुए 'कल्पना' की पृष्ठ संख्या आगामी अंक से कुछ कम की जाएगी। परिणामस्वरूप कुछ स्तम्भ भी स्थगित किये जा रहे हैं।

लेकिन चौदहवें वर्ष में 'कल्पना' सभी संकटों से उबर कर निकलती है। जनवरी 1963 का अंक समय पर पाठकों तक पहुँचाया जाता है। 1962 की अभूतपूर्व अनियमितता को याद करते हुए सम्पादक लिखते हैं–'कल्पना' को समय पर न निकाल सकने की असमर्थता के कारण कभी-कभी हमने यह अवश्य सोचा कि हर एक चीज का समय आता है, और 'कल्पना' का भी अब समय आ गया है इसलिए उसका प्रस्थान स्थगित ही नहीं, बन्द कर देना चाहिए। परन्तु 'कल्पना' के पाठक वर्ग से हमेशा हमें बल मिलता रहा और यह उन्हीं की प्रेरणा का फल है कि 'कल्पना' का प्रकाशन न सिर्फ जारी है, बल्कि इस अंक के साथ-साथ वह नियमित भी हो गया है। अतएव 1963 के सभी अंक समय पर निकले हैं।

सन् 1964 में यानी पन्द्रहवें वर्ष में भी सभी बारह अंक समय पर दिखाई पड़ते हैं। सोलहवें वर्ष में भी 'कल्पना' नियमित प्रकाशित होती रही है। सतरहवें वर्ष (1966) में भी 'कल्पना' के प्रकाशन में कोई बाधा नहीं आती है। अपने प्रकाशन के अठारहवें साल (1967) में फिर एक बार 'कल्पना' का प्रकाशन रुक-रुक कर होता है। जनवरी-फरवरी एवं मार्च-अप्रैल 1967 के अंक संयुक्तांक बन कर निकलते हैं। उन्नीसवें वर्ष के शुरू के अंक फिर संयुक्तांक बन कर निकलते हैं। जुलाई 1968 के 'यह अंक' में संक्षिप्त टिप्पणी प्रकाशित होती है–"जुलाई अंक आपके हाथों में है। इसके बाद 'कल्पना' के प्रकाशन की अनियमितता का सिलसिला खत्म हो जाता है।"

इस तरह हम देखते हैं कि समीक्ष्य दो-दशक (49-69) की अवधि में अन्तिम तीन सालों को छोड़कर 'कल्पना' की निरन्तरता बनी रहती है। हालाँकि 'कल्पना' 1969 के बाद भी निकलती रही है लेकिन उसका महत्त्व वही है जो सन् 20 के बाद की 'सरस्वती' का है या मिर्जापुर से निकलने वाली 'मतवाला' का है। अपने प्रकाशन के तीसवें साल यानी सन् 1978 में 'कल्पना' बन्द हो जाती है।

शुरू में प्रकाशित 1950-51 के द्वैमासिक 'कल्पना' की कीमत दो रुपये है। 1952 से मासिक 'कल्पना' के प्रत्येक अंक का मूल्य एक रुपया रखा गया है। फरवरी 1971 के सूचना और टिप्पणी से पता चलता है कि मार्च 1971 से 'कल्पना' सवा रुपये की हो जाएगी।

'कल्पना' के मुखपृष्ठ भी समय-समय पर बदलते रहे हैं, 1949 से 1951 तक की 'कल्पना' में मुखपृष्ठ पर सरस्वती का स्थायी ब्लॉक छपता रहा है। 1952 से प्रत्येक अंक के मुखपृष्ठ पर किसी न किसी समकालीन चित्रकार के चित्र छपे हैं। 1953 में भी एम.एफ. हुसैन के लोकशैली के कई महत्त्वपूर्ण चित्र छपे हैं। 1954 में मुखपृष्ठ एक ही प्रारूप का छपने लगता है। जुलाई 1954 से 'कल्पना' के मुखपृष्ठ पर संस्कृति-साहित्य-कला छपने लगता है। लेकिन नवम्बर से संस्कृति-साहित्य-कला हटा दिया जाता है। मार्च 1956 तक एक ही प्रारूप का मुखपृष्ठ छपता है। केवल हरेक बार उसका रंग अलग होता है। मई 1956 से अल्पना शैली का मुखपृष्ठ हो जाता है जो हरेक बार रंग बदल-बदल कर प्रयुक्त किया जाता है। जनवरी 1958 में एक बार फिर मुखपृष्ठ में बदलाव लाया जाता है। ऊपर से नीचे की ओर हस्तलिखित शिल्प में 'कल्पना' छपता है। मुखपृष्ठ पर ही अंक के प्रमुख आकर्षण की चर्चा होती है। दसवें साल यानी जनवरी 1959 से फिर मुखपृष्ठ पर किसी प्रमुख चित्रकार का चित्र छापा जाता है तथा उसका परिचय भीतर के पृष्ठ पर दिया जाता

है। हुसैन एवं रामकुमार के चित्र इस वर्ष के मुखपृष्ठ को नयनाभिराम बनाते हैं। 1960 में भी यही तर्ज लागू रहती है। 61 के सभी मुखपृष्ठ एक से बढ़ कर एक हैं। पेंटिंग्स की अनुकृति मुखपृष्ठ पर चिपकायी जाती है। इसमें राग-रागिनियों पर आधारित-जैसे अगस्त 1961 में राग ललित, सितम्बर में रागिनी-गूजरी, अक्टूबर में गुजराती शैली के जैन चित्र दिये गये हैं। जनवरी 1962 में अकबर पद्मसी का शबीह अंकित है। 1962 में 'कल्पना' के प्रकाशन में पर्याप्त व्यवधान रहा है उसके बावजूद चित्राकृति चिपकाये जाने का प्रयोग निर्बाध चलता रहता है। चिपकाये गये चित्रों की विस्तृत व्याख्या भी जारी रहती है। इसमें कई बार बिनोद बिहारी मुखर्जी के 'एचिंग' तथा 'कल्पना' के कला सम्पादक जगदीश मित्तल के 'वुडकट' भी होते हैं।

चौदहवें वर्ष अर्थात् 1964 में फिर 1952-53 की तर्ज पर मुखपृष्ठ बनाये जाने लगते हैं। चित्र चिपकाये जाने के बजाय सीधे उसे छाप दिया जाता है। चित्र परिचय भी नहीं दिया जाता है। सूची-पृष्ठ पर केवल चित्रकार का नामोल्लेख कर दिया जाता है। 64-65 में भी यही ढब कायम रहता है। जून 1965 का मुखपृष्ठ सर्वथा अलग है। इलाहाबाद से निकलने वाली पत्रिका 'क ख ग' के पोस्टेज का लिफाफा छपा है। कलकत्ता से यह लिफाफा हिन्दी में लिखे होने के कारण लौटा दिया गया है—इस टिप्पणी के साथ कि पता अंग्रेजी में लिखें। 'कल्पना' के सम्पादकों ने इस घातक प्रवृत्ति का विरोध किया है। 1966 में फिर मुखपृष्ठ में परिवर्तन लाया जाता है। निचले हिस्से में 'कल्पना' छपता है। शेष ऊपरी हिस्से में चित्र छापे जाते हैं। 1967 में भी खूबसूरत दृश्यांकन से मुखपृष्ठ सँवारने का सिलसिला जारी रहता है। उन्नीसवें वर्ष में भी प्रयोगधर्मी चित्रों से मुखपृष्ठ मनोरम बनाने की चेष्टा बनी रहती है। इस तरह 'कल्पना' के दो दशकों के मुखपृष्ठ से गुजरना तत्कालीन चित्र जगत की खूबियों से परिचित होना है। 'कल्पना' के 'साहित्यधारा' में तत्कालीन पत्रिकाओं के मुखपृष्ठ की सूक्ष्म समीक्षा भरी पड़ी हैं।

'कल्पना' कार्यालय का पता भी समीक्ष्य अवधि में दो बार बदलता है। प्रारंभिक पाँच वर्ष में पता है : 831, बेगम बाज़ार, हैदराबाद दक्षिण। छठे वर्ष में जुलाई 1955 से ठिकाना बदल जाता है। यह आवश्यक सूचना निकली है—'कल्पना' कार्यालय का नया पता—516, सुलतान बाज़ार, हैदराबाद, दक्षिण होगा। अब से सारा पत्र-व्यवहार आदि उपर्युक्त पते से किया जाए। असुविधा के लिए क्षमा कीजिए। 1969 तक की 'कल्पना' में यही पता अंकित मिलता है।

'कल्पना' नागरी अंकों का व्यवहार ही पृष्ठ संख्या से लेकर कीमतों तक के लिए करती है। 50 से 53 तक 'कल्पना' के सालभर के सभी अंकों को मिलाकर पृष्ठ संख्या दी जाती है। महावीरप्रसाद द्विवेदी द्वारा सम्पादित 'सरस्वती' में भी यही तरीका दिखायी पड़ता है। जैसे दिसम्बर 1953 की 'कल्पना' के आखिरी पन्ने का क्रम 1056 है। यानी एक साल के सभी अंक एक क्रम संख्या में गूँथे होते थे। 1954 में पृष्ठ निर्धारण की यह पद्धति समाप्त कर दी जाती है और हरेक अंक पृष्ठ-1 से शुरू होता है।

सितम्बर 1958 से पहले 'कल्पना' में अंकों की संख्या नहीं दी जाती थी। सितम्बर 1958 की अंक संख्या 89 पहली बार दी जाती है।

'सरस्वती' पं. महावीरप्रसाद द्विवेदी के एकाकी अध्यवसाय एवं उद्यम का प्रतिफल है। लेकिन 'कल्पना' के सम्पादक-मंडल में महावीरप्रसाद द्विवेदी-जैसा केन्द्रीय व्यक्तित्व नहीं है। यह एक उदार सम्पादक-मंडल का संयुक्त अभियान है। आलोच्य अवधि में सम्पादक-मंडल की गतिशीलता बनी रहती है। प्रवेशांक में पाँच सम्पादकों के नाम हैं। प्रधान सम्पादक डॉ. आर्येन्द्र शर्मा का नाम सबसे नीचे है। शेष चार सम्पादक हैं—डॉ. रघुवीर सिंह, प्रो. रंजन, मधुसूदन चतुर्वेदी तथा बद्रीविशाल पित्ती। सन् पचास में सम्पादक-मंडल में कोई परिवर्तन नहीं होता है। अप्रैल 1951 में बतौर कला-सम्पादक जगदीश मित्तल का सम्पादक-मंडल में प्रवेश होता है। तीसरे वर्ष जनवरी 1952 से डॉ. रघुवीर सिंह का नाम सम्पादक-मंडल से गायब है लेकिन इसी अंक में मुनीन्द्र के प्रथम दर्शन होते हैं। अप्रैल 1952 में प्रोफेसर रंजन सम्पादक-मंडल से अलग हो जाते हैं तथा वृन्दावन बिहारी मिश्र का मंडल में प्रवेश होता है। जुलाई-अगस्त 1952 के संयुक्तांक में भवानीप्रसाद मिश्र सम्पादक-मंडल से जुड़ते हैं। अब सम्पादक-मंडल की संख्या फैल कर सात हो जाती है। क्रम इस प्रकार छपता है—डॉ. आर्येन्द्र शर्मा (प्रधान) भवानीप्रसाद मिश्र, मधुसूदन चतुर्वेदी, बद्रीविशाल पित्ती, वृन्दावन बिहारी मिश्र, मुनीन्द्र, जगदीश मित्तल (कला सम्पादक)। जनवरी 1953 से दिसम्बर 1953 तक सम्पादक-मंडल उपरिवत् अपरिवर्तनीय है। वर्ष 5 में जून 1954 से भवानीप्रसाद मिश्र सम्पादक-मंडल से हट जाते हैं तथा जून 1954 में श्री वृन्दावन बिहारी मिश्र की असामयिक मृत्यु हो जाती है। जुलाई 1954 में काले हाशिये के बीच इनकी मृत्यु की सूचना छपती है। इसलिए सम्पादक-मंडल सात से सिकुड़ कर पाँच तक सिमट जाता है। वर्ष 6 में भी पाँच ही सदस्य दिखायी देते हैं—डॉ. आर्येन्द्र शर्मा (प्रधान); मधुसूदन चतुर्वेदी, बद्रीविशाल पित्ती, मुनीन्द्र और जगदीश मित्तल। वर्ष 7 यानी 1956 में सम्पादक-मंडल में पाँच ही सदस्य बने रहते हैं। वर्ष 8 में अक्टूबर 1957 से सम्पादक-मंडल में रघुवीर सहाय का प्रवेश होता है। इस तरह सम्पादकों की संख्या बढ़ कर छह हो जाती है। वर्ष 9 में जून 1958 से रघुवीर सहाय सम्पादक-मंडल से हट जाते हैं तथा जुलाई-अगस्त के संयुक्तांक से गौतम राव का सम्पादक-मंडल में आगमन होता है। सदस्य संख्या पूर्ववत् छह बनी रहती है। वर्ष 10 में जनवरी 1959 से दिसम्बर 1959 तक सम्पादक-मंडल के सदस्य पूर्ववत् बने रहते हैं। कोई परिवर्तन नहीं होता है। वर्ष 12 में अक्टूबर 1961 से सदस्यों की संख्या बढ़कर सात हो जाती है, नये सदस्य हैं राजा दुबे। वर्ष तेरह में (1962) सम्पादक-मंडल में सातों सदस्य पूर्ववत् बने रहते हैं। चौदहवें वर्ष यानी 1963 में तीन महत्त्वपूर्ण परिवर्तन दिखाई देते हैं। 'कल्पना' के संस्थापक सम्पादक डॉ. आर्येन्द्र शर्मा, नवम्बर 1963 से अवकाश ग्रहण करते हैं; अगस्त 1963 में राजा दुबे भी सम्पादक-मंडल से विदाई लेते हैं तथा नवम्बर 1963 में प्रयाग शुक्ल का सम्पादक-मंडल में आगमन होता है। पन्द्रहवें वर्ष में जुलाई 1964 से प्रयाग शुक्ल सम्पादक-मंडल से अलग होते हैं तथा इसी मास ओमप्रकाश निर्मल सम्पादक-मंडल में शामिल होते हैं। सम्पादक-मंडल का क्रम इस प्रकार जाता है—मधुसूदन चतुर्वेदी, बदरीविशाल पित्ती, मुनीन्द्र, जगदीश मित्तल (कला) गौतम राव, ओमप्रकाश निर्मल। सोलहवें वर्ष में सम्पादक-मंडल उपरिवत् रहता है। सत्रहवें वर्ष में दिसम्बर 1966 से मणिमधुकर सम्पादक-मंडल के नये सदस्य बनाये जाते हैं, इस तरह सम्पादक-मंडल की

संख्या बढ़ कर सात हो जाती है। अठारहवें वर्ष में नवम्बर 1967 से मणिमधुकर सम्पादक-मंडल से अलग हो जाते हैं तथा दिसम्बर 1967 में पहली बार एक महिला सम्पादक-मंडल से जुड़ती है, ये हैं कान्ता। उन्नीसवें वर्ष में नवम्बर 1968 से दो और सदस्यों के नाम सम्पादक-मंडल से जुड़ जाते हैं, ये हैं—आलम खुंदमीरी, सईद बिन मोहम्मद। ये दोनों ही उर्दू के साहित्यकार हैं। पहली बार सम्पादकों की टीम बढ़कर नौ तक पहुँच गयी है। लेकिन बीसवें वर्ष में जनवरी 1969 से ओमप्रकाश निर्मल सम्पादक-मंडल से त्याग-पत्र देकर अलग हो जाते हैं।

साथ ही, पहली बार अतिथि सम्पादक की परम्परा 'कल्पना' में दिखायी देती है। अगस्त-सितम्बर 1969 तथा अक्टूबर-नवम्बर-दिसम्बर 1969 के संयुक्तांक नवलेखन का विशेषांक भाग-1 तथा भाग-2 है। इसके अतिथि सम्पादक हैं—शिवप्रसाद सिंह। 'कल्पना' का नवलेखन विमर्श अंक एक कीर्तिमान आयोजन है। इसमें हिन्दी के पुरानी, बिचली, नयी और अद्यतन युवापीढ़ी के, पक्ष-विपक्ष, प्रतिपक्ष, सरकारी, गैरसरकारी, प्रतिबद्ध-अबद्ध-सुबद्ध, सभी साहित्यकार 'कल्पना' के मंच पर उपस्थित होते हैं। इस अंक में 'कल्पना', 'माध्यम', 'ज्ञानोदय', 'धर्मयुग', 'हिन्दुस्तान', 'लहर', 'अकथ' आदि पत्रिकाओं के सम्पादकों ने अपनी प्रतिक्रियाएँ प्रकट की हैं।

पहले वर्ष से लेकर बीस वर्ष के अन्तराल में मात्र दो ही नाम उभयनिष्ठ हैं—मधुसूदन चतुर्वेदी एवं बद्रीविशाल पित्ती। बारहवें वर्ष यानी 1962 से बद्रीविशाल की जगह बदरीविशाल पित्ती छपने लगा है।

खड़ी बोली हिन्दी का मानकीकरण

स्वतंत्रता को लेकर हिन्दी बुद्धिजीवियों की मनोदशा उलझी हुई थी। लम्बे संघर्ष के बाद स्वाधीनता जिस रूप में मिली थी उसे लेकर न तो अस्वीकार का भाव था और न ही सम्पूर्ण स्वीकार का भाव था। एक दुविधा की मन:स्थिति थी। सद्य:प्राप्त स्वाधीनता ने लम्बे समय से चले आ रहे स्वाधीनता संघर्ष को एकाएक समाप्त कर दिया था। वहीं दूसरी ओर नये राष्ट्र के जन्म के साथ नयी चुनौतियाँ भी जन्म ले रही थीं। यानी पन्द्रह अगस्त सैंतालीस एक महत्त्वपूर्ण मोड़ है। ऐसी ही संक्रमणशील मनोदशा में नवलेखन की प्रतिनिधि पत्रिका 'कल्पना' का जन्म होता है।

हिन्दी व्यक्तित्व का मध्यान्तर

'कल्पना'–कालीन स्तब्ध मनोदशा की झलक 'मैला आँचल' में साफ उभर कर सामने आयी है। प्रसंग सुराज उत्सव का है। नारों–कीर्तनों–वाद्यवृन्दों के बीच मेरीगंज गाँव में जुलूस निकला है :

''महातमा गांधी की जै।''
''जमाहिर लाल नेहरू की जै।''
''रजिन्नर बाबू जै।''
''जय परगास जिन्दाबाध।''
''यह आजादी झूठी है।''
''देश की जनता भूखी है।''...यह नया लारा कौन लगाता है?[1]

उद्धृत अंश से हिन्दी भारत के अधूरे चित्त का पता चलता है। 'मैला आँचल' आजादी के बाद के नवलेखन का दस्तावेज़ ग्रन्थ है। सन् 54 में जब 'मैला आँचल' की धूम मची थी तब नवलेखन के ही एक हस्ताक्षर ने इस कृति के विशिष्ट व्यक्तित्व की चर्चा की थी। संयोगवश यह पंक्ति भी सन् 54 में लिखी गयी है। 'समाज साहित्य और लेखक का व्यक्तित्व' शीर्षक निबन्ध में डॉ. नामवर सिंह लिखते है :

''अभी–अभी एकदम नये लेखक फणीश्वरनाथ 'रेणु' का उपन्यास 'मैला आँचल' निकला है। उपन्यास पढ़ते ही कौतुकी लोग चौंक उठे और विस्मयादि बोधक स्वर में 'प्रतिभा–प्रतिभा' चिल्लाने लगे।...लेखक ने इसमें मिथिला के एक गाँव का सर्वांगीण जीवन इतने सजीव रूप में उपस्थित किया है कि हम दंग रह जाते हैं।...रेणु का आविर्भाव एक निश्चित ऐतिहासिक परिस्थिति का परिणाम है।''[2] इसीलिए हिन्दी–भारत की 'ऐतिहासिक

परिस्थिति' की परख के लिए 'मैला आँचल' का साक्ष्य ऊपर उद्धृत किया गया है। 'मैला आँचल' के 'स्थान' की खूब चर्चा हुई, लेकिन विवेचक बहुधा यह भूलते रहे हैं कि एक बेहतरीन कृति काल से होकर ही स्थान में प्रवेश करती है। इसलिए भी, स्वाधीनताकालीन मनोभूमि के संधान में 'मैला आँचल' का साक्ष्य जरूरी मालूम पड़ा। क्योंकि 'कल्पना' का प्रस्थान भी उसी काल में दबा पड़ा है।

'मैला आँचल' के साहित्यिक साक्ष्य से आकस्मिक तौर पर मिलता-जुलता एक दूसरा साक्ष्य भी यहाँ प्रस्तुत है। 'मैला आँचल' के उद्धृत अंश में जिन चार व्यक्तिवाचक नामों का उल्लेख हुआ है, वे हैं–'महातमा गांधी', 'जमाहिर लाल नेहरू', 'राजिन्नर बाबू' एवं 'जय परगास'। संयोगवश इन चारों का सम्बन्ध हिन्दी की नियति से नाभिनाल की तरह जुड़ा हुआ है। अंग्रेजी पत्रकार दुर्गादास ने अपनी चर्चित पुस्तक 'भारत: कर्जन से नेहरू और उसके पश्चात' में 15 अगस्त, 1947 के बाद के संक्रान्तिकालीन सालों के लिए लिखा है :

"30 जनवरी 1948 को गांधी युग का अन्त हुआ।...नेहरू के लिए गांधीवाद का अर्थ था स्वदेश में धर्म-निरपेक्षता का और अन्तर्राष्ट्रीय क्षेत्र में शांति और अहिंसा का प्रचार। पटेल के लिए इसका अर्थ था एकता और सुदृढ़ता के लिए राष्ट्र के आत्मबल को संगठित करना तथा पूँजीपतियों तथा श्रमिकों के बीच सद्‌भावनापूर्ण सम्बन्धों के द्वारा देश की स्थिति को सँभालना। राजेन्द्रप्रसाद और पुरुषोत्तमदास टंडन समझते थे कि गांधीवाद का अर्थ है भारतीय संस्कृति को पुनर्जीवित करना (जिसका सबसे महत्त्वपूर्ण साधन था हिन्दी भाषा का अपनाया जाना) और सरल जीवन के आदर्श का पालन करना। विनोबा भावे तथा जयप्रकाश नारायण के लिए गांधीवाद का दूसरा नाम था सर्वोदय–एक ऐसा सामाजिक दर्शन जिसके अनुसार व्यक्ति दूसरे के हित के लिए काम करता है और अपने श्रम का फल दूसरों के साथ मिलकर भोगता है।"[3]

यानी कि गांधी के अवसान के बाद उनके अनुयायियों के बीच भी वैचारिक धरातल पर काफी मतभेद थे। लेकिन गांधी की आकस्मिक मृत्यु ने उनके अनुयायी सहकर्मियों को विभेद भुला कर साथ-साथ चलने के लिए मजबूर किया। 'कल्पना' ने ऐसे राजनीतिक मतभेदों के बीच ही अपनी यात्रा शुरू की थी।

हिन्दी के आत्मसंघर्ष के दो वृत्त

आजादी से पहले हिन्दी औपनिवेशिक शासन से संघर्ष का माध्यम थी। यह संघर्ष दो धरातलों पर सम्पन्न हुआ था। एक तो हिन्दी भूगोल का आन्तरिक संघर्ष का धरातल है, दूसरा हिन्दी-वृत्त से बाहर का आत्मसंघर्ष है। भारतेन्दु से लेकर 1947 तक के हजारों साहित्यिकों, पत्रकारों ने हिन्दी के निर्माण में जो अविस्मरणीय भूमिका निभायी थी; वह हिन्दी जातीय जनता का आन्तरिक संघर्ष है। यह संघर्ष हिन्दी भूगोल में ही सम्पन्न होता है।

हिन्दी घेरे से बाहर का संघर्ष राजनीतिक स्तर पर सम्पन्न होता है। अखिल भारतीय स्वतंत्रता संग्राम ने अहिन्दी भाषी अग्रणी नेताओं को राष्ट्रीय सम्पर्क भाषा के रूप में हिन्दी की उपयोगिता समझा दी थी। गुजरात से स्वामी दयानन्द सरस्वती और महात्मा गांधी ने, महाराष्ट्र से तिलक एवं सावरकर ने; बंगाल से राममोहनराय एवं केशवचन्द्र सेन ने; तमिलनाडु

से सी. राजागोपालाचारी ने – पूरे देश में हिन्दी की पैरवी की। इसलिए स्वाधीनता आन्दोलन ने हिन्दी को अनीर्ष्य राष्ट्रीय प्रतीक के रूप में उभारा था। लेकिन आजादी ने हिन्दी को सर्वथा नवीन समीकरण के सम्मुख ला खड़ा किया। अब हिन्दी के लिए एक निर्णय लेने की जरूरत थी। राष्ट्रभाषा की अवधारणा को ठोस रूप देने की जरूरत थी। स्वाधीनता आन्दोलन के आरंभिक दौर में संघर्ष के सूत्रधार हिन्दी-वृत्त से बाहर के थे। लेकिन आजादी के उपसंहार दौर में आन्दोलन के सूत्रधार हिन्दी-वृत्त के हैं। इस विषय पर तनिक ठहर कर विचार करना अनुचित नहीं होगा, क्योंकि इस समीकरण से ही स्वातंत्र्योत्तर हिन्दी का स्वरूप निर्धारित होता है और जिससे नवलेखन की पत्रिका 'कल्पना' का गहरा सरोकार है।

उन्नीसवीं सदी के उत्तरार्ध में हिन्दी का आत्मसंघर्ष भारतेन्दु युग के रूप में इतिहास का चिरपरिचित प्रसंग है। यह हिन्दी-वृत्त के अन्दर का संघर्ष है। लेकिन हिन्दी भाषा के विकास का एक पृथक पहलू भी है। हिन्दी का स्वरूप हिन्दी-वृत्त के बाहर भी निर्धारित होता चलता है। सुविधा के लिए इसे सांस्कृतिक-राजनीतिक मोर्चा कह सकते हैं। यदि हिन्दी-वृत्त के बाहर की अन्तर्यात्रा दृष्टि से ओझल रही तो हिन्दी के विकास का सही 'ग्राफ' का पता ही नहीं चल सकता है।

हिन्दी-वृत्त के भीतर जब महावीरप्रसाद द्विवेदी खड़ी बोली का परिष्कार कर रहे थे उसी समय महात्मा गांधी दक्षिणी अफ्रीका में 'इंडियन ओपीनियन' साप्ताहिक में हिन्दी अंश का सम्पादन कर रहे थे। 'कल्पना' एवं सम्पूर्ण गांधी वाङ्मय के सम्पादक भवानीप्रसाद मिश्र ने गांधी जी की हिन्दी सेवा पर विचार किया है। वे लिखते हैं : " 'इंडियन ओपीनियन' के सम्पादकों में दो नाम जाते थे, एक सुखलाल नाजर का और दूसरा मदनजीत का। किन्तु इसमें सम्पादकीय आदि लिखने का ज्यादा काम गांधी करते थे। हिन्दी का लेखन 1903 से लेकर 1914 तक ज्यादातर गांधी जी ने किया। गांधी जी ने उतने पुराने जमाने में समझ लिया था कि यदि किसी दिन भारत भर की एक सामान्य भाषा निश्चित करनी है तो वह हिन्दी ही होगी। भाषा की शुद्धता पर गांधीजी बहुत जोर देकर भी स्वयं हिन्दी शुद्ध रूप से बोल या लिख नहीं पाये। उन्होंने 1903 में जैसी हिन्दी लिखी 'इंडियन ओपीनियन' के 1914 के अंकों में भी वैसी ही हिन्दी दिखायी पड़ती है। 1914 के बाद तो बापू भारत चले आये और भारत में जो उनके हिन्दी पत्र निकले उनमें सहयोगियों ने बापू के मूल लेखन को भाषा की दृष्टि से परिमार्जित करके लिखा।"[4]

यहाँ हमारा ध्यान सहसा एक विचित्र संयोग पर जा रहा है। 'सरस्वती' का प्रकाशन इंडियन प्रेस, प्रयाग से 1900 में शुरू हुआ और रामचन्द्र शुक्ल के अनुसार "द्विवेदी जी ने सन् 1903 में 'सरस्वती' के सम्पादक का भार लिया।"[5] यानी जिस साल 'इंडियन ओपीनियन' की शुरुआत होती है उसी साल बतौर सम्पादक महावीरप्रसाद द्विवेदी 'सरस्वती' में नियुक्ति पाते हैं। इसे मात्र संयोग कहकर नहीं टाला जा सकता है। सुदूर विदेश में गांधीजी का हिन्दी लेखन तथा महावीरप्रसाद द्विवेदी का हिन्दी-वृत्त के अन्तर्गत लेखन-सम्पादन परस्पर पूरक कार्य हैं। हिन्दी के वाह्य वृत्त का संघर्ष हिन्दी के आन्तरिक-वृत्त में चल रहे संघर्ष को बल प्रदान कर रहा था। इसीलिए बहुधा 'सरस्वती' के अनुसंधायकों को महावीरप्रसाद द्विवेदी की समकालीन राजनीति विषयक उदासीनता खलती है। अन्य भारतीय

भाषाओं से हिन्दी की विकास कहानी अलग तरह की रही है। बँगला, मराठी, गुजराती को विकसनशील दौर में राममोहनराय, तिलक, गांधी सरीखे अग्रणी नेताओं का संस्पर्श मिला, वे सभी अपनी-अपनी मातृभाषाओं में पत्रकार-कर्म का निर्वाह कर रहे थे। लेकिन हिन्दी के विशाल भू-भाग में कोई राय, तिलक या गांधी नहीं थे। 1857 के विद्रोह की विफलता के बाद हिन्दी पट्टी में मरघट का सन्नाटा था।

भारतेन्दु युग के साहित्यकार साहित्य एवं संस्कृति के मोर्चे पर ही जूझते हैं। इसे मध्य देश की विसंगति कह कर नजरअन्दाज करने की जरूरत नहीं है। चूँकि हिन्दी भू-भाग का एक 'कॉमनवेल्थ' सदियों से चला आ रहा था। उसमें कई जनपदीय बोलियों का प्रचलन था। कुछ तो मात्र बोली नहीं थी, बल्कि वे साहित्यिक भाषा की हैसियत रखती थीं। ऐसे में इस विशाल भू-भाग को खड़ी बोली के द्वार पर ला खड़ा करना एक कठिन कार्य था। ऐसे में राजनीति के लिए अवकाश सम्भव नहीं था। भारतेन्दु युग से लेकर महावीर प्रसाद द्विवेदी तक का काल-यानी सन् 1868 के 'कविवचनसुधा' के प्रकाशन वर्ष से लेकर महावीरप्रसाद द्विवेदी के 1920 तक 'सरस्वती' से अवकाश ग्रहण करने तक का समय हिन्दी जाति के पुनर्निर्माण का दौर है। पचास साल की अल्पावधि में भारतेन्दु मंडल के लेखकों एवं द्विवेदी युग के साहित्यकारों ने जो कार्य किया वह विश्व साहित्येतिहास की विलक्षण घटना है।

यहाँ एक और तथ्य ध्यान में रखने योग्य है। भारतेन्दु युग एवं द्विवेदी युग के बीच तुलना करते हुए बहुधा हम यह निष्कर्ष निकाल बैठते हैं कि भारतेन्दु युग अधिक साम्राज्यवाद विरोधी चेतना से युक्त था जबकि द्विवेदी युग में यह चेतना मद्धिम पड़ जाती है। ऐसे निष्कर्ष समस्या को पूर्णता में नहीं देखने के कारण ही निकाले गये हैं। जबकि वास्तविकता यह है कि द्विवेदी युग भारतेन्दु-युग का ही विस्तार है। भारतेन्दु हरिश्चन्द्र एवं महावीरप्रसाद द्विवेदी एक ही प्रवृत्ति के प्रस्तोता हैं। दोनों ही प्रच्छन्न राजनीतिज्ञ हैं। अँगरेजी शासन पर सीधा हमला दोनों ही नहीं करते हैं। दोनों साहित्यिक सीमा में ही मोर्चाबन्दी करते हैं। वे हिन्दी प्रदेश की विसंगतियों के कारण ही साहित्यिक एवं सांस्कृतिक मुखौटे का आविष्कार करते हैं। हिन्दी 'कॉमनवेल्थ' के आन्तरिक अन्तर्विरोधों ने हिन्दी जातीय साहित्यकारों को प्रच्छन्न राजनीतिक रहने पर मजबूर किया। भारतेन्दु युग से लेकर द्विवेदी युग तक का सारा बल हिन्दी प्रदेश के आविष्कार में जाता है। द्विवेदी युग के बाद हिन्दी प्रदेश एक सुगठित इकाई के रूप में उभरता है। कहना नहीं होगा कि उसके बाद स्वतंत्रता आन्दोलन में बढ़-चढ़ कर हिस्सा लेने में हिन्दी पट्टी का कोई सानी नहीं है।

भारतेन्दु एवं महावीरप्रसाद द्विवेदी युग के साहित्यकार गृह मोर्चे पर ही हिन्दी को साबित करने में व्यस्त रहते हैं। यह आगे चलकर दूरदर्शिता ही साबित हुई। यदि हिन्दी को राजनीतिक मन्तव्यों की उठापटक में धकेल दिया जाता तो हिन्दी जाति का निर्माण तथा हिन्दी भाषा का परिष्कार दोनों ही अधूरा रह जाता। इसलिए हिन्दी अनीर्ष्य रहकर अपने निर्माण की पटरी पर निरन्तर गतिशील रही। इसीलिए सन् 47 के बाद जब संघ की राजभाषा का सवाल उठा तो हिन्दी एक परिनिष्ठित एवं साहित्यिक भाषा के रूप में तैयार मिली। हिन्दी के स्वरूप का निर्धारण एक निरन्तर प्रक्रिया है। खड़ीबोली हिन्दी के मानकीकरण की लम्बी प्रक्रिया चलती रही है। हिन्दी-वृत्त के बाहर हिन्दी को 'नेशनल लैंग्वेज' के रूप में देखने की जो अवधारणा

चल पड़ी, तद्नुकूल बनने की चेष्टा में खड़ी बोली का साहित्य एवं भाषा दोनों निर्मित हुए। तीसरे दशक में जब निराला और पन्त छायावाद की जिरह के लिए 'परिमल' एवं 'पल्लव' की लम्बी ऐतिहासिक भूमिका लिखते हैं तो उसमें तत्कालीन नयी कविता को साबित करने के साथ-साथ आधी ऊर्जा हिन्दी भाषा के रूप एवं विन्यास की चर्चा में खर्च करते हैं। यानी मानकीकरण हिन्दी की निरन्तर चल रही प्रक्रिया थी।

'कल्पना' ने नव-स्वाधीन भारत में हिन्दी के मानकीकरण का जो बीड़ा उठाया वह 'सरस्वती' के भाषा परिष्कार अभियान से अलग तरह का था। द्विवेदी जी की भाषा सुधार की प्रकृति भारतेन्दु युग में ही अपनी जड़ें जमायी हुई हैं। नवम्बर 1905 की सरस्वती में द्विवेदी जी ने 'भाषा और व्याकरण' शीर्षक आलेख में हिन्दी के प्रयोगों में एकरूपता लाने पर जोर दिया और हिन्दी में किसी अच्छे सर्वसम्मत व्याकरण के अभाव पर अफसोस प्रकट किया। इस लेख में उन्होंने भाषा के चिन्त्य प्रयोगों के उदाहरण अनेक नये-पुराने लेखकों से दिये और इसमें उन्होंने सबसे पहले एक वाक्य भारतेन्दु हरिश्चन्द्र का भी दिया। इस पर कलकत्ता से निकलने वाले दैनिक 'भारतमित्र' के सम्पादक बालमुकुन्द गुप्त ने 'आत्माराम' के नाम से द्विवेदी जी की तीखी आलोचना की और द्विवेदी जी के लेख में आये 'अनस्थिरता' शब्द को सिद्ध करने को कहा। 'भाषा और व्याकरण' वाले लेख में शेष जो उदाहरण लिए गये वे सभी उदाहरण भी भारतेन्दुकालीन लेखकों से थे। इस प्रसंग में महत्त्वपूर्ण बात यह है कि भारतेन्दुयुगीन सभी लेखकों के लिए बालमुकुन्द गुप्त उठ खड़े हुए। बालमुकुन्द गुप्त भारतेन्दु युग के दीक्षित पत्रकार-साहित्यकार थे। उन्हें लगा कि 'सरस्वती' के सम्पादक भारतेन्दुकालीन साहित्यिकों पर हमला कर रहे हैं। पचासी वर्ष पूर्व हुए इस विवाद को बीसवीं सदी की ढलान से देखने पर कई महत्त्वपूर्ण निष्कर्ष निकलते हैं। पहला तो यह कि 'सरस्वती' पत्रिका का 1907 तक का स्वरूप भारतेन्दु युग में बद्धमूल हैं। इसके कारण भी साफ हैं। जिस 'सरस्वती' पत्रिका के सम्पादक 1903 में द्विवेदी जी बनते हैं उस पत्रिका की शुरुआत नागरीप्रचारिणी सभा के तत्वावधान में 1900 में होती है और यह नागरीप्रचारिणी सभा 1893 में स्थापित होती है। यानी 'सरस्वती' भारतेन्दु युग के सीमान्त पर खड़ी पत्रिका है। इस सम्बन्ध में पं. श्रीनारायण चतुर्वेदी के मन्तव्य विचारणीय हैं जो स्वयं स्वातंत्र्योत्तर भारत की 'सरस्वती' के सम्पादक थे :

"द्विवेदी जी ने उस समय की खड़ी बोली गद्य को जितना प्रभावित किया, उतना शायद और किसी ने नहीं। इसके कई कारण थे। पहला कारण तो ये था कि उन दिनों की सर्वश्रेष्ठ, बहुचर्चित तथा प्रभावशाली पत्रिका 'सरस्वती' उनके हाथ में आ गयी थी। यह समझना भूल होगी कि सरस्वती की रूपरेखा या उसकी विषयवस्तु को उन्होंने निर्धारित किया। वह तो पहले पाँच व्यक्तियों के सम्पादक-मंडल ने और फिर बाबू श्यामसुन्दर दास के सम्पादन काल में ही निर्धारित हो गयी थी। इन पहले दो वर्षों की 'सरस्वती' में विषयों की जो विविधता है, लेखों का जो चयन है वह मोटे तौर से द्विवेदी जी के समय में भी रहा।"[6] ऊपर के कथन से साफ है कि 'सरस्वती' पत्रिका और उसके नियामक महावीरप्रसाद द्विवेदी की मनोभूमि एवं चेष्टाएँ भारतेन्दु युग की चौहद्दी में ही हैं। उस युग से अलगा कर द्विवेदी जी को नहीं समझा जा सकता है। 1905 के 'अनस्थिरता' विवाद पर भारतेन्दु युग की ढलती छाया लम्बी

होकर पड़ रही है। 1907 तक के महावीरप्रसाद द्विवेदी, भारतेन्दु युग के प्रभा–मंडल में हैं। लेकिन 1908 से 'सरस्वती' में भाषाविषयक एकरूपता दिखने लगती है। स्वयं महावीरप्रसाद द्विवेदी की भाषा में भी निखार आ जाता है। शायद इसीलिए श्रीनारायण चतुर्वेदी द्विवेदी युग की शुरुआत 1908 से मानते हैं। इसलिए 'सरस्वती' पत्रिका का व्यक्तित्व दो हिस्सों में बँटा हुआ है। स्वयं द्विवेदी जी का व्यक्तित्व इस प्रक्रिया में बदलता है। पुराने लेखकों का सहयोग बन्द हो जाता है। इस असहयोग से आपात मुकाबले का परिणाम यह हुआ कि उन्हें नये लेखकों को लाना पड़ा। नवागत लेखकों की भाषा के कच्चेपन एवं अनगढ़पन को सुधारने के क्रम में वे पूरा का पूरा आलेख ही पुनः लिख डालते थे। इसका सहज परिणाम यह हुआ कि सभी लेखों की भाषा एवं शैली भी एक होने लगी। बहुत दिनों तक ऐसा होने से वही भाषा परिनिष्ठित मानी जाने लगी। किन्तु इसमें सन्देह नहीं कि उन्होंने खड़ी बोली गद्य का एक मानक रूप बनाने में बड़ा परिश्रम किया। यह सब उनके एकाकी अध्यवसाय का परिणाम था। ऊपर के विवेचन से स्पष्ट है कि भारतेन्दु मंडल ने धूमधाम से जो हिन्दी की परम्परा शुरू की, उसी का उत्तरपक्ष द्विवेदी जी हैं। पहले रचना बनती है फिर नियामक पैदा होते हैं। पहले गद्य बनता है फिर उसका परिष्कार होता है। अर्थात् भारतेन्दु युग का सहज विस्तार है द्विवेदी जी का भाषा परिष्कार अभियान। इस दोनों विवेच्य युग में कार्यकारण सम्बन्ध हैं। आचार्य रामचन्द्र शुक्ल ने 'हिन्दी साहित्य के इतिहास' में इसी तथ्य की ओर इशारा किया है :

"...भारतेन्दु जी और उनके सहयोगी लेखकों की दृष्टि व्याकरण के नियमों पर अच्छी तरह जमी नहीं थी। वे 'इच्छा किया', 'आशा किया' ऐसे प्रयोग भी कर जाते थे और वाक्य विन्यास की सफाई पर भी उतना ध्यान नहीं रखते थे।...व्याकरण की शुद्धता और भाषा की सफाई के प्रवर्तक द्विवेदी जी ही थे। 'सरस्वती' के सम्पादक के रूप में उन्होंने आई हुई पुस्तकों के भीतर व्याकरण और भाषा की अशुद्धियाँ दिखाकर लेखकों को बहुत कुछ सावधान कर दिया।"[7] 'सरस्वती' और 'कल्पना' में एक बुनियादी अन्तर है। 'सरस्वती' पं. महावीर प्रसाद द्विवेदी के एकाकी अध्यवसाय एवं उद्यम का प्रतिफल है। 'कल्पना' के सम्पादन में महावीरप्रसाद द्विवेदी जैसा केन्दीय व्यक्तित्व नहीं है। यह एक उदार सम्पादक–मंडल का संयुक्त अध्यवसाय है। इसीलिए 'कल्पना' ने बड़े लेखक समुदाय का समर्थन प्राप्त किया। जबकि द्विवेदी जी ने 'सरस्वती' के लिए नये लेखक तैयार किए। भारतेन्दु युग के लेखकों ने 'सरस्वती' का बहिष्कार कर रखा था। जबकि 'कल्पना' ने बिचली पीढ़ी का भी समर्थन उसी तरह प्राप्त किया जिस तरह से नयी पीढ़ी का।

'कल्पना' की भाषानीति नव–स्वाधीन भारत की परिस्थितियों से निर्धारित होती है। सन् 47 से पूर्व गांधी जी अनेक अन्तर्विरोधों के बीच देश की राजनीति का संचालन करते रहे थे। वे करोड़ों किसानों को देश की शक्ति एवं सत्ता का प्रस्थान बिन्दु मानते थे। उनका स्वदेशी का आग्रह जनसत्ता पर आधारित था।

आजादी के बाद देश के सत्ता नियामकों में चिन्तनहीनता की प्रवृत्ति बढ़ती चली गयी। आजादी से पहले भाषा के प्रसंग में देश की जनता को मानदंड मान कर नीति निर्धारित होती थी। इसके विपरीत आजादी के बाद जनता के जीवन, उसकी महत्त्वाकांक्षाओं, भावनाओं और मानसिक स्तर के स्थान पर सरकारी नौकरों की कार्यक्षमता केन्द्रीय बात हो गयी।

हमारे मन में जनता या राष्ट्र की भाषा का स्वरूप आने के बजाय सरकारी भाषा की स्थिति सामने आती रही।

'कल्पना' ने राष्ट्रभाषा हिन्दी को परिभाषित करने का साहसिक प्रयास किया। भाषा के मुद्दे पर केन्द्रीय सत्ता विचारहीन थी। केन्द्र की महिमामयी नौकरशाही ने किस तरह हिन्दी एवं भारतीय भाषाओं को बेदखल किया यह सब सन् 1957 के बाद 'कल्पना' की चिन्ता का विषय बनता है। फिर तो 'कल्पना' राजनीतिक मोर्चे पर हिन्दी के छिछालेदर का जमकर प्रतिकार करती है। इस संघर्ष में वह हिन्दी के प्रश्न को तमाम भारतीय भाषाओं से जोड़कर देखती है। इसी सन्दर्भ में वह भारतीय भाषाओं के सहअस्तित्व के सिद्धान्त का आविष्कार करती है। यह सब तो 'कल्पना' की भाषानीति का दूसरा दौर है। पहला दौर तो हिन्दी को राष्ट्रभाषा के दायित्व के निर्वहन के योग्य बनाने का है। यह सुखद भुलावे का भी दौर है। डॉ. नामवर सिंह ने स्वातंत्र्योत्तर भारत के समय को 'तारसप्तक' के सन्दर्भ में समझाने की कोशिश की है। वे लिखते हैं:

"सन् 1951 से 59 के बीच नयी कविता के रूप में सर्जनात्मक संभावनाओं का जो अभूतपूर्व आवेश दिखायी पड़ता है उसका श्रेय समकालीन परिवेश के साथ कवि की इस रागात्मक संगति को देना अनुचित न होगा। इस वातावरण में जो भी विसंवादी स्वर निकला अपने आप डूब गया। सृजनशीलता का ऐसा जादू चला कि किसी भी प्रकार के 'आलोचनात्मक' स्वर के लिए गुंजाइश न रही। केदारनाथ अग्रवाल, नागार्जुन, त्रिलोचन ही नहीं मुक्तिबोध की आवाज भी इस सृजनक्षण में डूब गयी। स्वाधीनता की पहली लहर में कुछ ऐसा लगा जैसे नवरोमान का पुनरुत्थान हो रहा है।"[8]

'कल्पना' के भाषा-परिष्कार की कोशिश 'नवरोमान' का ही हिस्सा है। जब आलोचनात्मकता के लिए गुंजाइश सर्वाधिक कम बचती है तो स्वाभाविक तौर पर भाषा-विन्यास का कलावाद जन्म लेता है। इसलिए राजनीति का जो नेहरू-युग है वह नवनिर्माण का भ्रम युग भी है। हिन्दी भाषा भी राष्ट्रभाषा एवं राजभाषा के सुखद भ्रम में डूब जाती है। 'मैला आँचल' के जिस उद्धरण की चर्चा इस अध्याय के शुरू में की गयी है, वह विभ्रमपूर्ण स्थिति 1947 से 1950 तक बनी रहती है। फिर 1951 तक आते-आते दुविधा का कुहरा छँटने लगता है। डॉ. नामवर सिंह ने इस समय की परिस्थितियों के लिए लिखा है : "किन्तु तीन-चार वर्षों की कशमकश और ऊहापोह के बाद 1951 के आसपास वातावरण में स्थिरता आयी। संविधान निर्माण, गणतंत्र की घोषणा, बालिग मताधिकार के आधार पर प्रथम आम चुनाव, केन्द्र तथा राज्यों में जनतांत्रिक सरकारों के गठन के साथ देश में कांग्रेस शासन का वह दौर शुरू हुआ जिसे वर्णन की सुविधा के लिए संक्षेप में 'नेहरू युग' कहते हैं।"[9]

यानी सन् 1949 में जब द्वैमासिक 'कल्पना' शुरू होती है तब वातावरण में एक दुविधाजन्य स्थिति घुली मिली थी लेकिन कुछ मास बाद ही संविधान में हिन्दी को चमकीला स्थान प्रदान किया गया है। भारत के संविधान भाग-17 में यह घोषित किया जाता है कि- "संघ की राजभाषा हिन्दी और लिपि देवनागरी होगी।" यानी हिन्दी को संविधान प्रदत्त आलंकारिक स्वीकृति ने एक तथाकथित प्रतिष्ठा से विभोर कर दिया। हालाँकि औपचारिक तौर पर अंग्रेजी राजभाषा रही। लेकिन हिन्दी के साथ एक आशावादी दायित्व जुड़ गया कि

'उसका विकास करें'। 'कल्पना' ने इस दायित्व को बतौर चुनौती उठाया। जनवरी 1953 में साढ़े तीन पृष्ठों के सम्पादकीय में हिन्दी के विशिष्ट हैसियत को समझाते हुए 'कल्पना' के सम्पादक ने लिखा :

"हिन्दी के राज्यभाषा स्वीकृत हो जाने के कारण हिन्दी पत्रकारों पर एक विशेष दायित्व आ पड़ा है। राज्यभाषा प्राय: राष्ट्रभाषा होती है—और हिन्दी को तो राष्ट्रभाषा होने का पहले से ही गौरव प्राप्त है। इस कारण हिन्दी को जहाँ देशव्यापी क्षेत्र मिला है, वहाँ देश की चिन्तन शैली और ज्ञानराशि को प्रकाश में लाने का दायित्वपूर्ण कार्य उसे करना है।"[10] अप्रैल 1955 में 'ललित साहित्य के उपेक्षित अंग' सम्पादकीय में लिखा गया :

"अब हिन्दी के राष्ट्रभाषा बन जाने से हिन्दी साहित्य की प्रगति को प्रेरणा भी मिल रही है।...हम बात ललित साहित्य की कर रहे हैं। जहाँ तक गम्भीर अथवा शास्त्रीय साहित्य का सम्बन्ध है, हिन्दी का राष्ट्रभाषा बन जाना उसकी प्रगति के लिए नि:सन्देह असामान्य और प्रेरक सिद्ध होगा।"[11] कहना नहीं होगा कि नवस्वाधीन भारत के आशावाद तथा राष्ट्रभाषा हिन्दी के बहुआयामी व्यक्तित्व के निर्माण की चेष्टा ने 'कल्पना' को हिन्दी के मानकीकरण के लिए प्रेरित किया।

'कल्पना' के प्रारंभिक (अप्रैल, जून तथा अगस्त, अक्टूबर 1950) अंकों में हिन्दी के कुछ शब्दों और रूपों के विषय में सम्पादकीय लिखे गये थे। तब 'कल्पना' का स्वरूप द्वैमासिक था। पत्रिका की प्रसार संख्या भी कम थी। इसलिए अक्टूबर 54 में पत्रिका के बदले मासिक स्वरूप एवं बढ़ी प्रसार संख्या के बाद 'कल्पना' ने एक बार फिर 'कुछ सुझाव' शीर्षक से सम्पादकीय लिखकर हिन्दी के व्याकरण, मुहावरे, शब्दों, हिज्जे को सुनिश्चित करने की ओर ध्यान आकर्षित किया। अक्टूबर 1954 से लेकर फरवरी 1955 तक के पाँच अंकों में हिन्दी के मानकीकरण की दिशा में मौलिक प्रयास किये गये हैं। अतीत में भी हिन्दी पत्रकारिता में व्याकरण-विषयक-वितण्डा होते रहे थे। लेकिन किसी पत्रिका ने अपने सम्पादकीय स्तम्भ को 'कल्पना' की तरह व्याकरण के लिए समर्पित नहीं किये थे। 'कल्पना' के छठे वर्ष के सम्पादकीय में यह घोषणा की गयी कि :

"हिन्दी भाषा और व्याकरण से संबंधित हमारे सम्पादकीयों के विषय में कुछ आलोचकों का कहना है कि ये अनावश्यक हैं; राष्ट्रभाषा अभी बन रही है, इसे अभी से सुव्यवस्थित रूप देने की चेष्टा व्यर्थ है, इत्यादि। किन्तु हम इससे सहमत नहीं। हमारा विचार है कि हिन्दी की वर्तमान अव्यवस्थाएँ न केवल हिन्दी भाषियों के लिए लज्जाजनक है, राष्ट्रभाषा के प्रचार में रोड़ा अटकाने वाली है। इसका अनुमान हिन्दी प्रदेश के निवासियों को नहीं होता। पर हिन्दी सीखने वाले अहिन्दी भाषियों से तो पूछिए। हिन्दी का अखिल-भारतीय रूप पचास या सौ वर्ष के बाद क्या होगा, यह कोई समस्या नहीं है, है भी तो बहुत दूर की। हिन्दी का सुनिश्चित वर्तमान रूप क्या है, यह बताना पहले आवश्यक है, और इसके लिए अव्यवस्थाएँ दूर करना अनिवार्य है।"[12]

ऊपर के सम्पादकीय से पता चलता है कि 'कल्पना' के भाषा सुधार अभियान को आलोचना का सामना करना पड़ रहा था। इसके साथ ही हिन्दी की अव्यवस्थाएँ दूर करने के तीन महत्त्वपूर्ण कारण थे। पहला हिन्दी का राष्ट्रभाषा के रूप में उदय, दूसरा कारण हिन्दी

की अव्यवस्थाएँ हिन्दीभाषियों के लिए लज्जाजनक हैं, तीसरा कारण अहिन्दीभाषियों को हिन्दी सीखने में कठिनाई का सामना करना पड़ता है।

'कल्पना' ने अहिन्दीभाषियों की कठिनाई को गहराई से महसूस किया था। चूँकि यह पत्रिका हैदराबाद से निकलती थी इसलिए हिन्दी की त्रुटियों को वह अहिन्दीभाषी की दृष्टि से भी परखती थी। 'कल्पना' की यह विलक्षण खूबी अन्ततः भारतीय भाषाओं के सहअस्तित्व के सिद्धान्त के रूप में विकसित होती है।

अक्टूबर 1954 के सम्पादकीय में खड़ी बोली की दो समस्याओं को उठाया गया है। एक तो विभक्तियों की समस्या और दूसरी पूर्वकालिक क्रियाओं की समस्या।

विभक्ति के सम्बन्ध में विचार करते हुए लिखा : "कुछ लोग विभक्तियों को शब्दों से सटा कर लिखते हैं (रामने) कुछ अलग रखते हैं (राम ने)। श्रीरामचन्द्र वर्मा ने 'अच्छी हिन्दी' में (पृ.–361) इन दोनों मतों का उल्लेख मात्र किया है, अपनी सम्मति नहीं दी। विभक्तियों के सम्बन्ध में पहले हिन्दी विद्वानों में विवाद हो चुका है, किन्तु उसके फलस्वरूप कोई सिद्धान्त स्थिर नहीं किया जा सका, इसका उल्लेख भी 'अच्छी हिन्दी' में है। इस विवाद में दोनों पक्षों ने क्या-क्या युक्तियाँ दी थीं, यह हमें विदित नहीं हो सका।"[13]

हिन्दी में विभक्ति सटा कर लिखनी चाहिए या हटा कर इस पर भारी बाबेला हिन्दी विद्वानों के बीच मच चुका था। किन्तु सटाऊ एवं हटाऊ समर्थकों ने क्या तर्क दिए थे यह 'कल्पना' के सम्पादक को ज्ञात नहीं हो सका। महावीरप्रसाद द्विवेदी ने विभक्ति की लड़ाई का संचालन 'सरस्वती' के माध्यम से 1909 में किया था। लेकिन यह विभक्ति-विमर्श अनिर्णित ही समाप्त हुआ था। इसका पता बाबू शिवपूजन सहाय के 'हंस', 1933, जून के लेख से चलता है। विभक्ति की समस्या ने किस तरह हिन्दी लेखकों को उद्वेलित कर रखा था, इसकी झलक उद्धृत आलेख में है :

"हिन्दी में विभक्ति को सटाकर लिखना चाहिए या हटाकर, इसका झगड़ा सन् 1909 में उठा था। सटाऊ और हटाऊ सिद्धान्त की इस लड़ाई में कई अखबारों ने भाग लिये थे। वेंकटेश्वर-समाचार (बम्बई), अभ्युदय (प्रयाग), भारतजीवन (काशी), भारतमित्र और हितवार्ता (कलकत्ता) के उन सब अंकों का संग्रह द्विवेदी जी के एक बन्डल में है। जिनमें पक्ष-विपक्ष के लेख छपे थे। पंडित रामचन्द्र शुक्ल, लाला भगवानदीन, बाबू भगवानदास हालना आदि अलगाऊ सिद्धान्त के समर्थक थे। पंडित गोविन्दनारायण मिश्र, पंडित अमृतलाल चक्रवर्ती, पंडित अम्बिकाप्रसाद वाजपेयी, पंडित जगन्नाथप्रसाद चतुर्वेदी आदि सटाऊ सिद्धान्त के पक्ष लिये हुए थे।

द्विवेदी जी के संग्रह में उपर्युक्त साप्ताहिकों के जितने अंक सुरक्षित हैं, उनकी तालिका यहाँ दी जाती है। जब कभी इस साहित्यिक विवाद के सम्बन्ध में कोई सिद्धान्त स्थिर किया जाएगा, तब इनकी खोज जरूर होगी–

1. 'वेंकटेश्वर समाचार' 4, 18, 25 जून, 23, 30 जुलाई; 6, 13, 20, 27 अगस्त और 3 सितम्बर (1909)
2. अभ्युदय (सम्पादक सत्यानन्द जोशी बी.ए.) 2, 3, 30 जुलाई; 6 अगस्त; 10, 17, 24 सितम्बर (1909)

3. भारत जीवन – 31 मई; 7, 14 जून (1909)
4. भारतमित्र (सम्पादक पंडित अमृतलाल चक्रवर्ती) – 31 जुलाई; 7, 21 अगस्त; 4 सितम्बर (1909)
5. हितवार्ता 3, 24 जून; 1, 8, 15, 22, 29 जुलाई; 5, 12, 19, 26 अगस्त; 2, 16, 23, 30 सितम्बर; 7, 14, 21 अक्टूबर (1909)

'हितवार्ता' में निन्नानबे फीसदी लेख वाजपेयी जी के हैं। उन्होंने लालाजी, शुक्लजी और हालना जी के लेखों का खंडन किया है। विभक्ति मिलाकर लिखने के पक्ष में सम्पादकीय लेख भी लिखे हैं। कई अंकों में विभक्ति विचार विषयक स्वतंत्र लेखमाला हैं। उसमें वाजपेयी जी की गम्भीर विचार शैली और विद्वत्ता दर्शनीय है।

'भारतमित्र' में चक्रवर्ती जी ने भी इस विषय पर सम्पादकीय लेख लिखे हैं। उन्होंने विभक्ति सम्मेलन करने का प्रस्ताव किया है। ता. 7 अगस्त के अंक में स्वर्गीय अंबिकादत्त व्यास के लिखे हुए पोस्टकार्ड का ब्लॉक छपा है, जिसमें विभक्ति सटी हुई है। ता. 31 अगस्त के अंक में मिरजापुर-निवासी साहित्योपाध्याय बदरीनाथ शर्मा वैद्य ने व्यास जी के पोस्टकार्ड का खंडन किया है।

'अभ्युदय' के 23 और 30 जुलाई तथा 6 अगस्त के अंकों में पंडित रामचन्द्र शुक्ल का लेख छपा है। वह बड़ा युक्तिपूर्ण और संग्रहणीय है। सितम्बर के तीन अंकों में हालनाजी का लेख छपा है। पंडित गोविन्दनारायण मिश्र को खूब उत्तर मिला है। युक्तियाँ हृदय ग्राहिणी है।

इसी प्रकार 'वेंकटेश्वर समाचार' में भी पक्ष-विपक्ष में कई लेख छपे हैं। इस सब पत्रों के लेखों में कटुता की मात्रा भी काफी है। आक्षेपों की विशेष कमी नहीं है। लेखकों की मनोवृत्ति कहीं छिपने नहीं पाई है। उस युग के साहित्यिक वायुमंडल का आभास मिल ही जाता है।

कहने की आवश्यकता नहीं कि कलकत्ता और बम्बई के सिवा सब जगह के अखबारों और किताबों में आजतक विभक्ति अलग ही देखने में आती हैं। इस प्रकार ये स्पष्ट है कि आचार्य द्विवेदी जी की विजय सर्वोपरि है। संस्कृत के प्रखर विद्वान और अनन्य अनुरागी होते हुए भी द्विवेदी जी हिन्दी के पक्के हिमायती रहे। उन्होंने हिन्दी को स्वतंत्र भाषा बनाया और उनके परिष्कृत रूप को स्थिरता एवं सजीवता प्रदान कर वह अलभ्य यश लूटा, जिसके लिए देवता भी ईर्ष्या करते होंगे।''[14]

उद्धृत 'हिन्दी-विभक्ति-वितंडा' आलेख का ऐतिहासिक महत्त्व है। इस आलेख से यह पता चलता है कि विभक्ति के लिए इस सदी के पहले दशक में जोरदार बहस हुई थी। हिन्दी पत्रकारिता के तत्कालीन सभी दिग्गज हस्ताक्षरों ने इस विवाद में खुलकर भाग लिये थे। लेकिन महावीरप्रसाद द्विवेदी, रामचन्द्र शुक्ल प्रभृति विभक्ति–हटाऊ समर्थकों की बात अन्ततः कलकत्ता एवं बम्बई के पत्रकारों के गले नहीं उतरी थी। यह पूरा प्रकरण 1909 के जून-जुलाई-अगस्त-सितम्बर माह तक चलता रहा था। जब 1933 में शिवपूजन सहाय ने महावीरप्रसाद द्विवेदी के अभिनन्दन ग्रन्थ के प्रसंग में 'सरस्वती' के बंडल खोले थे तब उन्हें यह विभक्ति-विवाद विषयक कतरन देखने को मिले थे। प्रेमचन्द ने आग्रहपूर्वक उद्धृत

आलेख 'हंस' में छपा था। लहेरिया सहाय के 'बालक' में सन् 1939 में एक संस्मरण लिखते हुए शिवपूजन सहाय ने लिखा था :

"जिस समय मैं अभिनन्दन ग्रन्थ का काम कर रहा था उसी समय राय साहब ने श्रीमान् बाबू श्यामसुन्दर दास जी से अनुमति दिला दी कि सभा में द्विवेदी जी का जो निजी संग्रहालय है उसमें से कुछ खास चीजें मैं देख सकूँ। खेद है, मुझे एक पखवारे से अधिक अवकाश नहीं मिल सका। वहाँ महीनों 'रिसर्च' (अनुसंधान) करने की जरूरत है। हरेक बंडल से एक-एक लेख तैयार हो सकता है। मैं थोड़े समय के अन्दर जो कुछ नोट कर सका, उससे एक बड़ा लम्बा-सा लेख तैयार हो गया जो प्रेमचंद जी के 'हंस' में दो-तीन महीने तक छपता रहा। उसे पढ़कर द्विवेदी जी ने बड़े खेद के साथ मुझे एक पत्र लिखा कि हमारे जीते जी वह लेखमाला न छपती तो हम बड़ी शांति से अपने जीवन का अन्तिम भाग बिता पाते। मैंने अपने नोटों को रद्दी कागजों की बंडल में डाल दिया—लेखमाला यहीं समाप्त हो गयी।"[15]

'बालक' के संस्मरण से साफ है कि 'हंस' की लेखमाला अधूरी रह गयी। महावीरप्रसाद द्विवेदी अपने जीवनकाल में निजी प्रशक्ति के प्रसंगों से बचते थे। 'विभक्ति-विचार-वितण्डा' आलेख महावीरप्रसाद द्विवेदी की नजर से भी गुजरी थी। उद्धृत आलेख का एक महत्त्वपूर्ण पक्ष यह भी है कि अपने समय के सबसे सुलझे हुए हिन्दी बुद्धिजीवी प्रेमचन्द ने आग्रहपूर्वक इसे 'हंस' में छापा था। यानी हिन्दी-विभक्ति प्रकरण में प्रेमचन्द एवं उनका पत्र 'हंस' भी आगे बढ़े हुए समय में महावीरप्रसाद द्विवेदी एवं 'सरस्वती' की परम्परा में खड़ा नजर आता है। 1933 तक कलकत्ता एवं बम्बई के पत्रकारों ने विभक्ति को सटा कर लिखने का क्रम जारी रखा था। महावीरप्रसाद द्विवेदी एवं उनके मंडल के लेखकों के प्रयास से हिन्दी क्षेत्र में विभक्ति को हटा कर लिखने का अभ्यास हो गया था। लेकिन कलकत्ता हिन्दी पत्रकारिता का पुराना प्रतिष्ठित केन्द्र था। आजादी के वर्षों बाद तक वहाँ के पत्रों में विभक्ति सटा कर लिखने का क्रम बना हुआ था। 'विशाल भारत' के जनवरी 1960 के अंक से एक अंश उद्धृत है, यह अंश 'विशाल भारत' के संस्थापक-सम्पादक बनारसीदास चतुर्वेदी का है। 'तुर्गनेव-साधनाभूमि की तीर्थ यात्रा' में चतुर्वेदी जी लिखते हैं :

"तुर्गनेवके जन्मस्थान और तपोवनकी तीर्थ यात्रा मेरे जीवनकी एक साध थी। उनकी अनेक रचनाओंके अनुवादोंको 'विशालभारत' में सर्वप्रथम छापनेका गौरव मुझे प्राप्त हुआ था। जहाँ तक मुझे पता है तुर्गनेवको हिन्दी जगत में प्रविष्ट करानेका श्रेय विशाल भारतको ही है और उनकी एक रचना 'फास्ट' का अनुवाद 'प्रेमप्रपंच' खुद पाँच सौ रुपये उधार लेकर छपवाया था, पर अपने प्रमाद और अनुभवहीनताके कारण वह पुस्तक जहाँ की तहाँ पड़ी रह गयी और इस प्रकार काफी आर्थिक हानि भी उठानी पड़ी। आज इस घाटेके लिए मुझे बिलकुल भी रंज नहीं है क्योंकि तुर्गनेवके देशवासियों ने सात-आठ हजार रुपये खर्च करके मुझे उस महान कलाकार की साधनाभूमिकी तीर्थयात्रा करा दी। रूस से लौटने के बाद मैंने एक बार फिर तुर्गनेव ग्रंथोंको पढ़ना प्रारम्भ कर दिया है और उसमें मुझे अद्भुत आनन्द आ रहा है। अपने यहाँ बन्धुवर श्रीराम शर्मा ही एक ऐसे लेखक हैं जिनके रेखाचित्र तुर्गनेवके शिकारके रेखाचित्रोंकी याद दिला देते हैं और वे भी तुर्गनेवके भक्त रहे हैं। विश्वविख्यात

कलाकार तुर्गनेवके नामके साथ अपने नामको लाना वे कुफ्र समझेंगे। पर सच बात यह है कि उनके कुछ रेखाचित्र लाजवाब बन पड़े हैं।

अपने आराध्य साहित्य देवताके जन्मस्थल और साधनाभूमिकी यात्रा करनेका सौभाग्य प्रत्येक साहित्यसेवीको प्राप्त हो, यही मेरी कामना हैं।''[16]

विभक्ति की अव्यवस्था का उद्धृत-अंश प्रतिनिधि नमूना है। 'विशाल भारत' हिन्दी की यशस्वी मासिक पत्रिका थी। 1960 में इसके सम्पादक पं. श्रीराम शर्मा हैं। उद्धृत अंश में विभक्ति की त्रुटियाँ इतनी प्रत्यक्ष हैं कि उसके बारीक विश्लेषण की जरूरत नहीं है। मात्र एक त्रुटि की ओर संकेत करना पर्याप्त होगा। बनारसीदास चतुर्वेदी के यात्रा-संस्मरण का शीर्षक है : 'तुर्गनेव-साधनाभूमि की तीर्थ यात्रा'। शीर्षक मोटे टाइप में छपा है तथा उसमें पूर्ण विराम भी लगा है। 'तुर्गनेव एवं साधनाभूमि के बीच योजक चिह्न है। 'तीर्थ' एवं 'यात्रा' अलग-अलग है। लेकिन आलेख अंश में 'तीर्थयात्रा' मिला कर छापा गया है। शीर्षक में 'साधनाभूमि' और 'की' अलग है लेकिन आलेख के अन्तिम वाक्य में 'साधनाभूमि की यात्रा' छपा है। तो हिन्दी में 1960 तक भी विभक्ति की विसंगति भयानक रूप में उपलब्ध थी। विभक्ति की समस्या आज भी उपलब्ध है। उत्तरप्रदेश एवं बिहार के नौ स्थानों से प्रकाशित दैनिक 'आज' अभी भी विभक्ति सटा कर लिखता है। 6 फरवरी 92 का एक समाचार अंश उद्धृत है : काशी हिन्दू विश्वविद्यालयके कौस्तुभ जयन्ती वर्षका समापन समारोह 6 से 8 फरवरी तक आयोजित है। प्रथम दिन छह फरवरीको सायंकाल पाँच बजे मालवीय भवन में विश्वविद्यालयकी प्रदर्शनीका शुभारम्भ होगा। सायंकाल छह बजे मालवीय भवन में समापन समारोहका उद्घाटन होगा। तत्पश्चात् डॉ. कर्णसिंहका अरविन्द स्मारक व्याख्यान होगा। कार्यक्रमकी अध्यक्षता चांसलर डॉ. विभूति नारायण सिंह करेंगे। रात्रि साढ़े आठ बजे एम्फीथियेटर मैदान में राष्ट्रीय कवि सम्मेलनका आयोजन किया गया है। कवि सम्मेलनमें सर्वश्री नीरज, कैफीआजमी, सोमठाकुर, बेकलउत्साही, वीरेन्द्र मिश्र, अशोक चक्रधर आदि प्रमुख कवि भाग लेंगे।''[17]

ऐसे में विभक्ति संकट से 'कल्पना' का मुठभेड़ काफी दिलचस्प है। बिना किसी लाग लपेट के विभक्ति-समर में 'कल्पना' कूदती है। इसका नमूना जुलाई, 1961 की 'कल्पना' में देखने को मिलता है। देवीशंकर अवस्थी ने अज्ञेय के 'आत्मनेपद' की पुस्तक-समीक्षा लिखी। इस समीक्षा के अन्त में सम्पादक की साढ़े नौ पंक्तियों की संक्षिप्त टिप्पणी छपी है। उसकी अविकल नकल यहाँ प्रस्तुत है :

"अज्ञेय हिन्दी के उन कतिपय लेखकों में हैं, जिन्होंने अन्य लेखकों को काफी प्रभावित किया है और वे ऐसे सशक्त लेखक हैं कि हिन्दी साहित्य के इतिहास में उनका अपना स्थान अवश्यंभावी है। किन्तु ऐसे सशक्त लेखक भी प्रकाशक के शब्दों के साथ विभक्तियों को मिलने के दुराग्रह के सामने जब झुक जाते हैं तो औरों का क्या कहना। अज्ञेय जी से आशा की जा सकती है कि भविष्य में वे अपने प्रकाशकों से वर्तनी के सम्बन्ध में भी अपनी शर्त रखेंगे - सम्पादक।''[18]

विनम्र ढंग से 'कल्पना' के सम्पादक ने 'अज्ञेय' की खबर ली है। सच्चिदानन्द हीरानन्द वात्स्यायन ने अपना पत्रकार जीवन कलकत्ते के 'विशाल भारत' से शुरू किया था। वे

बनारसीदास चतुर्वेदी के सहकारी थे। जनवरी 1938 से फरवरी 1939 तक बनारसीदास चतुर्वेदी छुट्टी पर चले गये थे। इस बीच की अवधि में 'विशालभारत' के सम्पादक 'अज्ञेय' बनाये गये थे। इसलिए आकस्मिक नहीं कि बनारसीदास चतुर्वेदी की तरह 'अज्ञेय' भी विभक्ति सटा कर लिखते रहे हों। लेकिन साठोत्तरी दौर में हिन्दी के कई प्रकाशक विभक्ति को सटाकर ही पुस्तक छापते थे। विभक्ति प्रसंग में 'कल्पना' ने एक निर्णायक लड़ाई छेड़ी। 'कल्पना' के सम्पादक ने विभक्ति हटाकर लिखने के बारे में पाँच युक्तियाँ दीं। अक्टूबर 1954 के सम्पादकीय में छपे इन विभक्ति अलगाऊ तर्कों की सार-संक्षेप में समीक्षा अनुचित नहीं होगी। 'कल्पना' के तर्क थे:

(अ) ऐतिहासिक दृष्टि से, को, ने, से, में, पर, का, की, के तथा, के लिए – सभी विभक्ति चिह्न स्वतंत्र शब्द हैं जो परिवर्तित होते-होते वर्तमान रूप में आ गये हैं।

(आ) हिन्दी-भाषी इन चिह्नों के स्वतंत्र अस्तित्व का अनुभव करते हैं। यह इसी से सिद्ध है कि शब्द और विभक्ति के बीच में 'ही' का प्रयोग बेखटके किया जाता है– इसी से, इसीलिए, रात ही में, लड़के ही को।

(इ) इन चिह्नों की स्वतंत्र सत्ता इससे भी सिद्ध है कि सविशेषण संज्ञा के साथ हम एक ही विभक्ति चिह्न का प्रयोग करते हैं–अच्छे लड़के ने कहा, उस आदमी को बुलाओ। इन वाक्यों में ने और को का सम्बन्ध अच्छे और उस से भी है और लड़के और आदमी से भी।

(ई) को, ने आदि विभक्तियाँ लगाने पर भी शब्दों के अपने रूप ऐसे विकृत नहीं हो जाते कि उनका पृथक अस्तित्व पहचानने में किसी प्रकार की कठिनता होती हो।

(उ) कोई भाषा जितनी अधिक अश्लिष्ट अथवा अयोगात्मक होती है उतनी ही वह सरल होती है। अर्थ-तत्व (मूल शब्द) और सम्बन्धतत्व (विभक्तियाँ, प्रत्यय आदि) एक दूसरे से जितने अधिक स्वतंत्र रहें उतना ही अच्छा है। हिन्दी अभी सर्वथा अयोगात्मक नहीं है, किन्तु उसका रुझान इसी ओर है। हम उसे जितना अधिक अयोगात्मक बना सकेंगे, उतनी ही अधिक सरलता से अ-हिन्दी भाषी उसे सीख सकेंगे।''[19]

उपर्युक्त पाँच युक्तियों के बाद सम्पादक ने लिखा है कि–''विभक्तियों को शब्दों के साथ मिला कर लिखने में क्या औचित्य, क्या लाभ है हम नहीं जानते, इतना अवश्य है कि उनके बीच का 'स्पेस' निकल जाने से कागज की कुछ बचत हो जाती है, किन्तु दूसरी और गड़बड़ें इतनी आ जाती हैं कि काग़ज़ का 'अपव्यय' करना ही अधिक उचित प्रतीत होता है।''[20]

विभक्ति के नियमन के प्रसंग में सर्वनाम को 'कल्पना' के सम्पादक ने पूर्ववत् चलने दिया–''उस, उन, उन्हों, तथा इस, इन इन्हों, का सम्बन्ध न वह और यह से जुड़ता है न वे और ये से, इसके अतिरिक्त इसे, इन्हें, उसे, उन्हें, मेरा, मुझे, हमारा, हमें, तेरा, तुझे, तुम्हारा, तुम्हें आदि रूपों की विभक्तियाँ सर्वथा भिन्न हैं और इन विभक्तियों को मूलतत्व से अलग भी नहीं किया जा सकता। इन भेदों के आधार पर सर्वनामों की सभी विभक्तियों को मिला कर लिखना न्याय संगत माना जा सकता है।''[21]

यानी संज्ञा में विभक्ति सदैव अलगा कर रखी जाएगी और सर्वनाम में वह सटा कर रखी जाएगी।

इसके अलावा इसी सम्पादकीय आलेख में पूर्वकालिक क्रिया 'कर' पर भी विचार किया गया है। पूर्वकालिक क्रिया कर का भी दो रूपों में प्रचलन था चलकर, जाकर, खाकर भी प्रचलन में थे और चल कर, जा कर, खा कर भी। 'कल्पना' ने इस द्विरूपता पर चिन्ता प्रकट करते हुए लिखा–"भाषा इतिहास की दृष्टि से यह कर एक स्वतंत्र शब्द है।" फिर संस्कृत, प्राकृत और हिन्दी में कृ – करिय – करिअ कर का स्वाभाविक विकास सिद्ध किया। सटाकर लिखने के सम्बन्ध में दूसरी आपत्ति यह जतायी कि "आकर (खान) और आ कर; पाकर (वृक्ष) और पा कर; जलाकर (जलाशय) और जला कर; सीकर (जलकण) और सी कर इत्यादि में परस्पर भेद रखने के लिए भी पूर्वकालिक क्रियाओं के कर को अलग लिखना ही उचित है।"[22]

इस तरह 'कुछ सुझाव' शीर्षक सम्पादकीय के अन्तर्गत अक्टूबर 1954 में विभक्ति एवं पूर्वकालिक क्रिया कर पर सांगोपांग विचार किया गया। अगले माह नवम्बर 1954 में 'कुछ सुझाव (2)' शीर्षक से सम्पादकीय लिखे गये। हिन्दी लेखन जगत में कई शब्दों के वैकल्पिक रूप प्रचलित थे। लेखक मनमर्जी के मुताबिक सुविधानुसार इसका प्रयोग करते थे। 'कल्पना' ने इन वैकल्पिक प्रयोगों को हिन्दी के मानकीकरण की राह में रोड़ा समझा।

सबसे पहले उन्होंने "गये–गए, गयी–गई, आये–आए (भूतकाल), आयी–आई, नये–नए, नयी–नई, पराये–पराए, परायी–पराई, लिये–लिए (क्रिया) इत्यादि" पर एकरूपता की दृष्टि से विचार किया।

'कल्पना' काल में ही नहीं आधुनिक हिन्दी में उपर्युक्त दोनों रूप आज भी प्रचलित हैं। नए–नये, नई–नयी के प्रचलन की द्विरूपता की जगह नये–नया–नयी को उपयुक्त बताया। हरेक समय अपनी प्रकृति को प्रकट करने के लिए कुछ बीज शब्द गढ़ता है। बौद्ध चिन्तकों का प्रिय शब्द 'महा' था। 'महा' के बिना वे किसी पारिभाषिक शब्द की कल्पना ही नहीं कर पाते थे–महाभिनिष्क्रमण, महाप्रस्थान, महायान आदि। उसी तरह चौथे, पाँचवें और छठे दशक के हिन्दी संसार में 'नया' एक अनिवार्य शब्द हो गया था। उस काल के पत्रिकाओं के नाम से ही यह साफ है–'नया अदब', 'नया खून', 'नया पथ', 'नया सबेरा', 'नया समाज', 'नयी धारा', 'नई चेतना', 'नयी कहानियाँ', 'नयी कविता' आदि। छायावादी दौर का 'नव' अब 'नया' हो गया था। ऐसे में नया–नये–नयी का प्रावधान 'कल्पना' ने सुझाया। 'कल्पना' का यह सुझाव आंशिक रूप में मान्य भी हुआ। इसका प्रमाण 'नयी कविता' (सं. डॉ. जगदीश गुप्त, विजयदेवनारायण साही) एवं नयी कहानियाँ (सं.–भैरवप्रसाद गुप्त) पत्रिका के नाम से जाहिर है।

गया–गये–गयी के सम्बन्ध में 'कल्पना' ने यह सुझाव दिया–"गया का बहुवचन गये और स्त्रीलिंग गयी ही होना चाहिए, गए और गई नहीं। यह ठीक है कि आजकल गयी और आयी की अपेक्षा गई और आई का प्रयोग अधिक होने लगा है, किन्तु – य वाले रूप व्याकरण की दृष्टि से भी मान्य है और इसलिए भी कि वे अपने मूल रूपों (पु.एक.) से स्पष्ट समानता

रखने के कारण अहिन्दी भाषियों के लिए सुबोध हैं—जैसे लड़का—लड़के—लड़की, ठीक वैसे ही गया—गये—गयी और आया—आये और आयी। हिन्दी भाषियों को गयी, आयी आदि के प्रयोग में, प्रारम्भ में कुछ असुविधा हो तो भी इन्हें अपना लेना उचित होगा।''[23]

इसी तरह 'कल्पना' ने 'लिये' और 'लिए' को क्रमशः अलग-अलग उद्देश्य के लिए रूढ़ किया। ''यदि हम लिया का बहुवचन केवल लिये स्थिर कर दें तो लिए को केवल विभक्ति-चिह्न मानकर इन दोनों रूपों का प्रयोग विभाजन कर सकते हैं, जो स्पष्ट ही उपयोगी सिद्ध होगा। (लिया का स्त्रीलिंग लियी होता तो अच्छा ही था, किन्तु विवशता है : ली को हटाया नहीं जा सकता।)''[24]

'आदरार्थक आज्ञा' के रूपों में भी हिन्दी में द्विरूपता थी। इसीलिए आइये-आइए, सुनिये-सुनिए के सम्बन्ध में सुझाव दिया कि टाइपिस्टों और कम्पोजिटरों की दृष्टि से य के बजाय ए को मान्यता देना समुचित है। इसी तरह चाहिये और चाहिए में चाहिए को ग्राह्य बताया।

संस्कृत के कुछ शब्द हिन्दी से दो रूपों में प्रचलित थे। इसके लिए 'कल्पना' ने सुझाव दिया कि सरल रूप का ही लेखन में प्रयोग किया जाना चाहिए। ''धर्म—धर्म्म; परिवर्तन—परिवर्त्तन; मूर्ति—मूर्त्ति; सौन्दर्य—सौन्दर्य्य; अर्ध—अर्द्ध; वर्धन—वर्द्धन; मूर्छा—मूर्च्छा'' में पहले प्रयोग को ही सीधा एवं उच्चारण की दृष्टि से अपनाने का सुझाव रखा।

वह—वे; यह—ये के सम्बन्ध में सुझाव दिया, ''जहाँ वह का बहुवचन वे प्रायः सर्वमान्य हो चुका है, यह का बहुवचन ये बहुत कम लिखा जाता है : अधिकांश लेखक यह ही लिखते हैं। वास्तव में यह केवल एकवचन का रूप है, बहुवचन के लिए सदा ये ही प्रयोग करना चाहिए।

एँ—यें के सम्बन्ध में सुझाव दिया, ''इकारान्त और ईकारान्त (तथा कुछ या कारान्त) शब्दों को छोड़कर प्रायः समस्त स्त्रीलिंग शब्दों के प्रथमा बहुवचन का चिह्न हिन्दी में एँ है।...कविताएँ आदि में इस प्रकार का—य आगम अनावश्यक है। उच्चारण की दृष्टि से भी कविताएँ लिखना ही अधिक शुद्ध है।''[25]

किसी भी अर्थ के सादृश्य या परिणाम निर्धारण में सा-से-सी प्रत्यय के प्रयोग से पहले योगचिह्न (हाइफन) का सुझाव दिया। इसी तरह 'मात्र' प्रत्यय से पहले हाइफन का प्रयोग जरूरी बताया यानी नाम-मात्र, संकेत-मात्र लिखने का प्रस्ताव रखा। साथ ही 'मात्र' प्रत्यय के सम्बन्ध में यह हिदायत दी कि ''मात्र को हिन्दी ही का पर्याय मानकर उसी की तरह प्रयोग करना भूल है। किन्तु इससे भी बढ़ कर भूल है—मात्र का केवल की तरह प्रयोग करना। —'केवल उसकी उदासी दूर नहीं हुई' के स्थान पर 'मात्र उसकी उदासी दूर नहीं हुई'', लिखना बिलकुल अक्षम्य है। —मात्र का यह प्रयोग हिन्दी में सम्भवतः बंगला के प्रभाव से आया है। जो भी हो, है यह सर्वथा त्याज्य ही।''[26]

नाम या पद से पहले आदर सूचक 'श्री' शब्द के प्रयोग की प्रथा हिन्दी में हैं इस सम्बन्ध में 'कल्पना' ने विवेच्य सम्पादकीय में सुझाव दिया कि—'श्रीगुरुभ्योनमः, श्रीकालिदासः कवि' तदनुसार हिन्दी में भी श्रीसुमित्रानन्दन पन्त और श्रीगुरुजी लिखना उचित ही है। किन्तु ऐसा करने में दो गड़बड़ें आ जाती हैं। एक तो जिन नामों का प्रारम्भ ही श्री से हो, जैसे श्रीराम,

श्रीनाथ, श्रीपति आदि उनमें आदरसूचक श्री जोड़ने पर भी श्रीश्रीनाथ लिखना, पड़ता है। जो स्पष्ट ही भद्दा लगता है। इसकी अपेक्षा श्री श्रीराम, श्री श्रीनाथ लिखना कहीं अधिक समंजस है। दूसरे, अब श्री का प्रयोग मिस्टर (Mr.) के स्थान पर किया जाने लगा है, और मिस्टर अथवा मि. को सदा अलग लिखा जाता है, इसलिए श्री को भी नाम या पद से अलग लिखना ही उचित प्रतीत होता है।''[27]

अभी तक 'जी' के सम्बन्ध में हिन्दी-संसार में भारी दुविधा विद्यमान है। इस सम्मान सूचक शब्द को सटा कर लिखा जाय या अलगा कर यह अभी तक विवादास्पद है। हिन्दी साहित्य के इतिहास में आचार्य शुक्ल ने सर्वत्र जी सटा कर लिखे हैं। निराला जी ने विवादास्पद आलेख लिखा था, 'पंतजी और पल्लव'। निराला की साहित्य साधना के पहले भाग के समर्पणपृष्ठ पर रामविलास शर्मा ने लिखा है-''शिवपूजन सहाय की पुण्य स्मृति को सादर समर्पित-निराला के इन शब्दों के साथ-'शिवपूजनजी को समर्पण बहुत अच्छा है, बड़े सज्जन और चारु साहित्यिक हैं।' (2-2-43), 'आचार्य रामचन्द्र शुक्ल और हिन्दी आलोचना' नामक पुस्तक के समर्पण पृष्ठ पर डॉ. रामविलास शर्मा ने लिखा है-'शुक्लजी के योग्य (?) शिष्य डॉ. शिवमंगल सिंह सुमन को-' यह पुस्तक पहली बार 1973 में छपी है। नामवर सिंह की पुस्तक 'दूसरी परम्परा की खोज' का पहला वाक्य है-''1930 की 7 नवम्बर को पंडितजी शान्ति निकेतन पहुँचे और 8 नवम्बर से उन्होंने अध्यापन कार्य शुरू किया।''

अब 8 अप्रैल, 1984 की रविवारी 'जनसत्ता' से प्रभाष जोशी का एक आलेखांश उद्धृत है। शीर्षक है, ''निरभय, निरगुण गुण रे गाऊँगा...। यह आलेख कुमार गन्धर्व के षष्ठिपूर्ति के अवसर पर लिखा गया है। प्रस्तुत हिस्से में जी का धड़ल्ले से प्रयोग है।

''मोतियों के चौक पर बैठे हैं-भेरू जी। भेरू जी यानी मालवा के ग्राम देवता-शिव। भेरू जी यानी शिवपुत्र सिद्धरामैया कोमकाली यानी कुमार गंधर्व। कुमार गंधर्व यानी कर्णाटक बेलगाँव के सुलेभावी गाँव में जन्मे, बम्बई और पुणे में गाना सीखे और देवास आकर संगीत के नीले अनंत आकाश में कबीर की तरह अपना चिमटा गाड़ देने वाले हमारे भेरू लाल सिन्दूर बिन्दी वाले। भेरू जी बालक तमारो बेस। ओ लम्बा तमारा केस। ओ भवरे पटा पर मरवो मोगरो जी।''[28]

'जनसत्ता' के मुख्य सम्पादक प्रभाष जोशी सर्वत्र जी का अलगा कर प्रयोग करते हैं। जबकि हिन्दी की साहित्यिक परिपाटी में आचार्य शुक्ल, निराला, डॉ. रामविलास शर्मा एवं डॉ. नामवर सिंह 'जी' का प्रयोग नाम से सटा कर करते हैं। ऊपर के सभी प्रतिनिधि उदाहरण इस सदी के फैलाव को ध्यान में रख कर जुटाये गये हैं। इस सम्बन्ध में 'कल्पना' का मत है :

''गुरु जी, पिताजी, माताजी लिखने की प्रथा हिन्दी में चल पड़ी है; इनके स्थान पर गुरु जी, पिता जी, माता जी लिखने में प्रारम्भ में कुछ असुविधा जान पड़े तो भी इन्हें ऐसा ही लिखना इसलिए आवश्यक है कि नामों के आगे आने वाले जी को मिला कर लिखने पर गड़बड़ें हो जाती हैं। रामनाथजी चल सकता है, पर गोवर्धनदास-द्वारिकादासजी या कन्हैयालाल माणिकलालजी में जी का सम्बन्ध नाम के दूसरे अंश के साथ अविभाज्य रूप

से जुड़ जाता है और पहला (प्रधान) अंश असम्मानित ही रह जाता है। जी को अलग रखने पर यह गड़बड़ नहीं होती, वह दोनों अंशों के साथ समान रूप से संबंधित रहता है। जी का प्रयोग प्राय: अंग्रेजी के मि. के स्थान पर किया जाता है, इस दृष्टि से भी और स्पष्टता के लिए भी इसे अलग लिखने में ही अधिक सुविधा और व्यवस्था है।''[29]

इसलिए हम कह सकते हैं कि 'कल्पना' द्वारा जी अलग लिखने के प्रस्ताव को साहित्यिकों में मान्यता नहीं मिली। मात्र 'जनसत्ता' के प्रधान सम्पादक प्रभाष जोशी जैसे अपवाद हस्ताक्षर ही जी का नाम से हटा कर प्रयोग करते हैं। लेकिन उन्हीं के अखबार में अन्य लोग जी सटा कर लिखते हैं। यानी जी के विषय में अराजकता बनी हुई है।

हिन्दी के अनेक शब्दों की वर्तनी निर्धारित कर 'कल्पना' ने उसे व्यवहार में मान्यता दिलाने की भी कोशिश की। विवेच्य सम्पादकीय में हिज्जे की अव्यवस्था को दूर कर प्रचलन में एकरूपता लाने की कोशिश के बाद 'कल्पना' ने हिन्दी लेखकों को शुद्ध लेखन के लिए प्रेरित किया। इसी प्रसंग में 'यह बेचारी हिन्दी !' स्तम्भ उल्लेखनीय है। जुलाई 1955 की 'कल्पना' में इसी शीर्षक से सम्पादकीय प्रकाशित हुआ था। सम्पादक ने हिन्दी के देशव्यापी प्रचार के लिए केन्द्रीय सरकार, विभिन्न राज्य सरकारों और छोटी-बड़ी संस्थाओं के ताबड़तोड़ प्रयासों की आलोचना की थी। सम्पादकीय के अनुसार :

''लगता है कि जैसे हिन्दी की 'सर्वतोमुखी अभिवृद्धि' की इस घुड़दौड़ में स्वयं हिन्दी ही जमीन पर गिर कर सबके पैरों के नीचे रौंदी जा रही है। आश्चर्य तो यह है कि हिन्दी के विख्यात आचार्य और संरक्षक जहाँ किसी अहिन्दी भाषी विद्वान द्वारा हिन्दी के सरलीकरण की माँग पर उबल पड़ते हैं और हिन्दी को राष्ट्रभाषा के पद से हटा लेने तक की बात करने लगते हैं, वहाँ हिन्दी भाषियों द्वारा ही की जाती हुई हिन्दी की छीछालेदर को या तो देखते ही नहीं या देख कर चुप रह जाते हैं। हिन्दी में नये लेखकों की संख्या दिन-दूनी रात चौगुनी बढ़ रही है, और उन्हें प्रोत्साहन भी मिलना चाहिए, पर इसका मतलब यह तो नहीं है कि कोई भी साक्षर हिन्दी भाषी जो कुछ, जैसा कुछ लिख दे उसे स्टैंडर्ड हिन्दी मान लिया जाए। क्या हिन्दी में शुद्ध-अशुद्ध, शिष्ट-अशिष्ट प्रयोग, परम्परा, मुहावरा, व्याकरण-यह सब कुछ भी नहीं है? क्या केवल छाया-, प्रगति-, प्रयोग-, स्वच्छन्दता-, वादों में से किसी का पल्ला पकड़ कर चलने लगना ही हिन्दी साहित्यकार बनने के लिए पर्याप्त है?''[30]

आजादी के बाद जो हिन्दी-स्फीति आयी, उसने 'कल्पना' के नियामकों को गम्भीरता से सोचने के लिए विवश किया। हिन्दीभाषी यह सोचते थे कि व्याकरण पढ़ना, सोच-विचार कर सँभल कर लिखना अहिन्दीभाषियों के लिए आवश्यक है। ऊपर से यह कुतर्क भी दिया जा रहा था कि अभी राष्ट्रभाषा के भंडार को ज्ञान-विज्ञान, दर्शन, शास्त्र, कला, संस्कृति, साहित्य की उत्कृष्ट कृतियों से भरना है। भाषा पर ध्यान देने का यह कोई अवसर है। हिन्दी भाषा अभी बन रही है। कुछ दिनों में सब कुछ आप ही ठीक हो जाएगा। इसका दुष्परिणाम यह हुआ कि दर्जनों द्विरूप शब्द प्रचलन में आ गये। व्याकरण और मुहावरे के संदिग्ध प्रयोग चल पड़े। ऐसी अराजक स्थिति में 'यह बेचारी हिन्दी' के कात्यायन ने हिन्दी के अनेक धुरन्धर विद्वानों और प्रतिष्ठित पत्र-पत्रिकाओं की खबर ली।

कुछ ऐसी ही चिन्ताओं और आशंकाओं का आभास द्विवेदी युग के शुरू में पाते हैं। हिन्दी साहित्य के इतिहास में आचार्य शुक्ल ने लिखा है, "...बहुत से लोगों ने हिन्दी आने के पहले ही काम शुरू कर दिया। उनकी भाषा में जो दोष रहते थे उनकी खातिर से दरगुजर कर दिए जाते थे।" इसी क्रम में आचार्य शुक्ल ने हिन्दी के लिए बेचारी विशेषण का प्रयोग किया, "पर 'अँगरेजी में विचार करने वाले' जब आप्टे का अँगरेजी संस्कृत कोश लेकर अपने विचारों का शाब्दिक अनुवाद करने बैठते थे तब तो हिन्दी बेचारी कोसों दूर जा खड़ी होती थी।"

द्विवेदी-युग में भाषा की अस्थिरता पर द्विवेदी जी की क्रुद्धदृष्टि पड़ी और उन्होंने व्याकरण और भाषा की अशुद्धियाँ दिखा कर लेखकों को सावधान किया। आजादी के बाद यही कार्य 'कात्यायन' ने किया। 'कात्यायन' के लेखे भी हिन्दी बेचारी थी। 'कात्यायन' की आत्मस्वीकारोक्ति बहुत स्पष्ट है :

"कोई यह न समझे कि यह सब छिद्रान्वेषण करने या कीचड़ उछालने के लिए लिखा गया है। और न हम यह कहेंगे कि हम स्वयं त्रुटिहीन, सर्वथा निर्दोष हैं। उपर्युक्त त्रुटि-प्रदर्शन यदि किसी को चुभे तो उसका फल अच्छा ही होगा। लेखक और सम्पादक कुछ सतर्क रहने की चेष्टा तो करेंगे।

आशा है, ऊपर उद्धृत उदाहरणों को पढ़ने के बाद हमारे निष्पक्ष पाठक इस सम्पादकीय की व्यंग्योक्तियों और अभद्रताओं को क्षम्य समझेंगे। शेष फिर"।[31]

जुलाई 1955 के सम्पादकीय का संयोगवश ही शीर्षक 'यह बेचारी हिन्दी' रहा होगा। लेकिन बाद में यह स्थायी स्तम्भ का शीर्षक हो गया है। 'कात्यायन' ने निर्मम एवं निर्मोही होकर हिन्दी के मानमानी प्रयोगों पर ध्यान देना शुरू किया। प्रहार का आलम्बन ख्यातनाम हस्ताक्षरों को बनाया जाता था। शुरू में इस स्तम्भ को पढ़ कर लेखक एवं सम्पादक बहुत बिगड़े। कहा, 'कल्पना' का महज स्टंट है। नवम्बर 1955 से यह बेचारी हिन्दी नियमित छपने लगी थी। अपनी सीमा एवं उड़ान की हदबन्दी करते हुए छद्मनामी 'कात्यायन' ने लिखा था :

"हिन्दी में आज कोई महावीरप्रसाद द्विवेदी नहीं है, यह खेद की और दुर्भाग्य की बात है। न 'कल्पना' के सम्पादक द्विवेदी जी का स्थान ग्रहण करने की धृष्टता कर सकते हैं। पर 'कल्पना' को इतना अधिकार तो है ही कि वह हिन्दी के लेखकों और सम्पादकों से भाषा के सम्बन्ध में सावधानी रखने का आग्रह करें। साथ ही, हमें इसका भी अनुभव है कि सामान्य रूप से आग्रह करने का कोई फल नहीं होता, किसी के कानों पर जूँ नही रेंगती। इसलिए व्यक्तिगत आग्रह करना आवश्यक है और वह भी निवेदन के रूप में नहीं निःसंकोच आलोचना के रूप में।

अपने उपर्युक्त विचारों के ही आधार पर हमने 'यह बेचारी हिन्दी' के नाम से एक नया स्तम्भ प्रतिमास प्रकाशित करने की व्यवस्था की है। इस स्तम्भ में केवल ऐसे साहित्यकारों द्वारा प्रणीत, अथवा ऐसी पत्र-पत्रिकाओं में प्रकाशित रचनाओं की भाषा सम्बन्धी त्रुटियों का दिग्दर्शन किया जाएगा, जो हिन्दी संसार में किसी हद तक सुपरिचित हैं। पत्र-पत्रिकाओं में प्रकाशित रचनाओं की आलोचना में स्पष्ट ही, लेखक के साथ-साथ पत्रिका के सम्पादक

भी आलोच्य होंगे। क्योंकि हम यह नहीं मानते कि बड़े-बड़े साहित्यकारों की कृतियाँ सदा स्वभावतः त्रुटिहीन होती हैं और इसलिए उन्हें सम्पादित करना वांछनीय, आवश्यक और सम्भव नहीं होता। सम्पादक में इतना साहस और इतनी योग्यता होनी चाहिए कि वह बड़ों की भी त्रुटियों को देख सके और सुधार सके।

इस स्तम्भ में जिन त्रुटियों का निर्देश किया जाएगा, उनके विषय में मतभेद हो सकता है। न 'कात्यायन' सर्वज्ञ है, न उनका दृष्टिकोण स्वयंसिद्ध रूप से सर्वमान्य। इसलिए निर्दिष्ट त्रुटियों के सम्बन्ध में यदि कोई लेखक, सम्पादक या पाठक कुछ कहना चाहे तो उनके वक्तव्य को हम सहर्ष प्रकाशित करेंगे।—बशर्ते कि वह वक्तव्य वितंडामात्र न हो। कोई यह न समझे कि केवल अन्यों के दोष दर्शन के लिए स्तम्भ की व्यवस्था की गयी है। हमने 'कात्यायन' को पूरी छूट दे दी है कि वे 'कल्पना' की भी त्रुटियों का निःसंकोच निर्देश करें। हम सम्पादन में यथाशक्य सावधानी रखते हैं; अपनी त्रुटियाँ जानने पर और भी अधिक सावधान रहने का प्रयत्न करेंगे।

बहुत सम्भव है कि इस स्तम्भ में प्रकाशित आलोचनाएँ अनेक लेखकों और सम्पादकों को कटु लगें, उनसे हमारी अग्रिम प्रार्थना है कि वे इन आलोचनाओं को परिमार्जित और व्यवस्थित भाषा में लिखने का आग्रह मात्र समझें।

'कात्यायन' प्रूफ की सामान्य अशुद्धियों पर ध्यान नहीं देंगे—ये अभी तक हिन्दी का 'जन्मसिद्ध अधिकार' मानी जाती है। किन्तु अर्थ को अनर्थ में परिणत कर देने वाली, अथवा अन्य किसी कारण से चिन्तनीय, प्रूफ की अशुद्धियों का भी दिग्दर्शन किया जाएगा—सम्पादक''।[32]

'कल्पना' में किसी स्तम्भ की शुरुआत पर इतना बड़ा औचित्य वक्तव्य नहीं दिया जाता था। लेकिन अपवाद स्वरूप, 'यह बेचारी हिन्दी' के लिए नवम्बर 1955 में उपर्युक्त लम्बी भूमिका दी गयी। यह इस स्तम्भ की गम्भीरता का द्योतक है।

स्तम्भ के लिए जो विधान निर्धारित किये गये थे उसका पालन 'कात्यायन' निष्पक्षतापूर्वक करता था। 'कल्पना' भी 'कात्यायनी प्रहार' से अपने को नहीं बचाती थी। साथ ही इस स्तम्भ को केवल विवाद खड़ा करने के लिए प्रस्तुत नहीं किया गया, बल्कि संवाद के लिए चलाया गया। आलोच्य कृतिकार या सम्पादक को यह छूट थी कि वे 'कात्यायन' के आरोप को निर्मूल साबित करें। 'कल्पना' के इस प्रयास के सुखद परिणाम निकले। हिन्दी को व्याकरण से जोड़कर लिखने की आदत चल पड़ी।

अब 'कात्यायन' के त्रुटि निर्देश की चर्चा संक्षेप में करने से पहले यह बता दूँ कि 'कात्यायन' के स्तम्भ से कुछ उदाहरणों को प्रतिनिधि नमूना मान कर छा¡ट पाना अत्यन्त कठिन है। बिचली पीढ़ी एवं नवलेखन के स्वनामधन्य हस्ताक्षरों पर 'कात्यायन' की कोपदृष्टि समान भाव से पड़ती रही।

'कल्पना' नवम्बर, 1955 के अंक में 'कात्यायन' ने सितम्बर—'आजकल' के चिन्तनीय प्रयोगों की चर्चा की है।

(1) पृष्ठ 26 पर प्रकाशित उद्धरण 'हमारा देश'—''देश : पृथवी। देश का अर्थ हैं पृथवी या भूमि। इस पृथवी पर...हमारा चक्रवर्ती देश है...।''

'पृथवी' स्पष्ट ही प्रूफ की भूल है। पर तीन-तीन बार? भारत सरकार द्वारा प्रकाशित पत्र में जिसकी मुद्रण व्यवस्था आदर्श होनी चाहिए?

(4) पृष्ठ 63 पर प्रकाशित, श्री चन्द्रगुप्त विद्यालंकार द्वारा लिखित 'मैला आँचल' की आलोचना-" 'मैला आँचल' एक आँचलिक उपन्यास है..."

उपन्यास का नाम 'मैला आँचल' है, इसलिए 'आञ्चलिक' को भी अपना रूप बदल कर 'आँचलिक' हो जाना पड़ा। दूसरे कालम की अन्तिम पंक्ति में भी "आँचलिक" ही छपा है। सम्भवतः प्रूफ का दोष है। या लेखक ही अनुस्वार और अनुनासिक के भेद को व्यर्थ समझते हैं?...यों आञ्चलिक के बदले आंचलिक भी शुद्ध नहीं है।

इसी पृष्ठ पर तीसरे पैराग्राफ में दो बार 'सैंकड़ों' छपा है-'सैकड़ों' के बदले।

(5) पृष्ठ 67 पर प्रकाशित सम्पादकीय-'आशा के चिन्ह' (शीर्षक) क्या एक संस्कृतज्ञ सम्पादक से यह आशा नहीं की जा सकती कि उसके द्वारा सम्पादित पत्र में 'चिन्ह' शब्द शुद्ध रूप में छपे?..."

'आजकल' के साथ 'कल्पना' की अशुद्धियों की भी खबर ली गयी है। 'कल्पना' के अक्टूबर अंक में श्री देवराज उपाध्याय की 'मेरी दिल्ली यात्रा' छपी थी अक्टूबर 1955 के 'यह बेचारी हिन्दी' में कात्यायन लिखते हैं-

(1) श्री देवराज उपाध्याय की 'मेरी दिल्ली यात्रा' (पृ. 24-33)-" ...मैं इस अफ़साना को बड़े ध्यान से समझने का प्रयत्न कर रहा था।" (पृष्ठ 27 दूसरे कालम में 16वीं पंक्ति) भाषा की शुद्धता की गाथा गाने वाली 'कल्पना' भी नये युग की 'भौंचाल' में आ ही गयीं श्रीमान् जी 'अफसाने को' 'अफसाना को' नहीं।

(3) पृष्ठ 31 के पहले कालम में भवभूति के सुप्रसिद्ध श्लोकार्ध को जिस विकृत रूप में छापा गया है, उसे देखकर दिल जल उठा। 'कल्पना' के प्रधान सम्पादक संस्कृतज्ञ बताये जाते हैं, उन्होंने भवभूति की हत्या कैसी निर्दयता से की है, ज़रा देखिए-

उत्पत्स्यते रोऽपि समान धर्मा,
काश्लच निरवयिः विपुलाच पृथ्वी।

जिस सुन्दर श्लोकार्ध का यह भस्मावशेष या भग्नावशेष है, वह इस प्रकार है-

उत्पत्स्येते च मम कोऽपि समानधर्मा,
कालोह्ययं निरवधिर्विपुला च पृथ्वी।

(अगली बार कुछ दूसरे पत्रों से भी 'आग्रह' किया जाएगा कि हिन्दी में अराजकता न फैलने दें।)-कात्यायन[33]

नवम्बर 1955 में 'यह बेचारी हिन्दी' शुरू होती है। पहली किस्त में ही सरकारी पत्रिका 'आजकल', 'अवन्तिका' एवं 'कल्पना' की भाषा विषयक त्रुटियों की पहचान की जाती है। 'कल्पना' स्वयं पर भी निर्धारित विधान को कड़ाई से लागू करती है। 'कात्यायन', 'कल्पना' के संस्कृज्ञ सम्पादक डॉ. आर्येन्द्र शर्मा की भी खबर लेते हैं। आगे चल कर यह रहस्य खुलता है कि छद्मनामी 'कात्यायन' और कोई नहीं स्वयं 'कल्पना' के प्रधान सम्पादक डॉ. आर्येन्द्र शर्मा ही थे।

आगे चल कर प्रायः हरेक अंक में 'आजकल' एवं 'त्रिपथगा' के भूलों की चर्चा 'यह बेचारी हिन्दी' में मिलती है। दिसम्बर, 1958 में अध्यात्म त्रिपाठी ने इस स्तम्भ पर आरोप

लगाया कि 'कल्पना' अपनी त्रुटियाँ नहीं देखती और किसी खास को लक्ष्य बनाकर बराबर चोट करते रहना उचित नहीं।

जनवरी, 1959 की 'कल्पना' में कात्यायन ने अध्यात्म त्रिपाठी के लिए कहा, "कल्पना की त्रुटियों का निर्देश करता रहा हूँ और करता रहूँगा।" दूसरे आरोप के लिए कहा, "मैं क्यों बराबर 'आजकल' और 'त्रिपथगा' पर आक्रमण करता हूँ? उत्तर में निवेदन है कि मैं इनको 'लक्ष्य बनाकर' चोट नहीं करता, प्रत्युत इन पत्रिकाओं के अंक स्वयं ही मेरा आह्वान करते हैं (यह मैं पहले ही कह चुका हूँ) दूसरे ये दोनों पत्रिकाएँ सरकारी हैं; साधन सम्पन्न हैं; इनकी त्रुटियों का कारण अज्ञान है, या असावधानी। तीसरे, इन पत्रिकाओं पर जो पैसा लगता है, वह किसी एक व्यक्ति की जेब से अथवा किसी निजी-संस्था के कोष से नहीं आता, सरकारी कोष से अर्थात् करदाता की जेब से जाता हैं इन पत्रिकाओं के सम्पादकों का उत्तरदायित्व अन्य (गैर सरकारी) पत्रिकाओं के सम्पादकों से कुछ अधिक हैं।"[34]

और अन्त में, चलते-चलते 'कात्यायन' ने 'आजकल' के नवम्बर 1958 अंक की शब्द-त्रुटि की चर्चा कर डाली :

"पृ. -14 पर प्रकाशित चित्रों में पहले चित्र का शीर्षक दिया गया है—'डूमर—टर्रा कोटा' terracotta का उच्चारण 'टर्रा कोटा' नहीं है टेराकोटा है। यह एक ही शब्द है।

'आजकल' में अनुनासिक-चिह्न शायद ही कभी छपते हों इसके बदले प्राय: अनुस्वार दिखाई देता है—लहंगा, आंखों, हंसकर, रेस्त्रां—जैसे सैकड़ों शब्द आपको इसी अंक में मिल जाएँगे जिनमें अनुस्वार के बदले अनुनासिक-चिह्न अपेक्षित है। क्या 'आजकल' के सम्पादक अनुस्वार और अनुनासिक को बिलकुल अभिन्न समझते हैं?[35]

साहित्य के तत्कालीन शिखरपुरूषों को कात्यायन ने भाषागत त्रुटियों के लिए कठघरे में खड़ा किया। ऐसे कुछ चुने हुए स्थल यहाँ प्रस्तुत हैं।

दिसम्बर 1958—'कल्पना' के नवम्बर अंक में कमलाकान्त जी ने कहा स्तम्भ के अन्तर्गत बालकृष्णराव ने लिखा—"अच्छी चीज है, लोक-संस्कृति सरकारी ग्रांट लोकने के लिए।" 'लोकना' इलाहाबाद में प्रचलित है सही स्टैंडर्ड हिन्दी नहीं है। पश्चिमी उत्तर प्रदेश में भी इसे कोई नहीं समझेगा। हाँ, उक्ति कमलाकान्त जी की हैं, इसलिए यह प्रादेशिक प्रयोग किसी तरह निगला जा सकता है।"

'तत्सम्' अक्टूबर के 'समालोचक' में छपा है—विषय-सूची में और पृष्ठ 33 पर लेख के शीर्षक में—'अर्द्धतत्सम्' शब्द क्या चीज है? लेख पं. किशोरीदास वाजपेयी का है, गलती सम्पादक (डॉ. रामविलास शर्मा) की।

नवप्रकाशित 'कृति' के पहले अक्टूबर 1958 के अंक में श्री नामवर सिंह का 'शमशेर की कविताएँ' लेख छपा है। प्रारम्भ में ही not meant to be heard but overheard का अनुवाद किया गया है—"वह सुनने की नहीं, बल्कि ऊपर से सुनने की चीज है।" over ऊपर, hear = सुनना, overhear = 'ऊपर से सुनना' का अर्थ क्या हुआ? वक्ता के बिना जाने कोई बात सुन लेना (पाना) overhear का यह अर्थ क्या 'ऊपर से सुनना' से अभिव्यक्त होता है?

आगे चलकर (चौथे पैरा में) श्री नामवर सिंह ने लिखा है–"बड़ा से बड़ा अन्तर्मुखी कवि भी अपने को रोक नहीं पाता।" क्या 'बड़े से बड़ा' पुराना प्रयोग होने के कारण अग्राह्य हो गया? या छापे की गलती है?" (पृ. –95)

'नयी धारा' के अक्टूबर के अंक में सम्पादकीय में हिन्दी साहित्यकारों की निरंकुशता पर चिन्ता प्रकट की गयी है और पं. महावीरप्रसाद द्विवेदी तथा पं. जगन्नाथप्रसाद चतुर्वेदी को इसलिए याद किया गया है कि ये "एक शब्द के गलत प्रयोग पर जमीन आसमान के कुलाबे" मिला देते थे। 'कात्यायन' की क्या बिसात है कि वह द्विवेदी जी अथवा चतुर्वेदी जी के पदचिह्नों पर भी चल सकने का दावा करे। पर उसे भी प्रेरणा इन्हीं महारथियों से मिली है। बेनीपुरी जी हिन्दी के नियमों के आकांक्षी हैं, यह भी 'कात्यायन' के लिए एक प्रोत्साहन है। नियमन ही तो 'यह बेचारी हिन्दी' का एकमात्र लक्ष्य है। फलतः बेनीपुरी जी के इसी सम्पादकीय की दो भाषा सम्बन्धी त्रुटियों का निर्देश करना अनुचित नहीं होगा।

–क्षमा किया जाय यह कहने को (पृ.–94 पहला पैरा) क्या यहाँ को अपेक्षित है, ठीक है? क्षमा किसे किया जाए? स्पष्ट ही 'मुझे'–'कहने को' नहीं। 'यह कहने के लिए'–कहना उचित होगा।

"किन्तु सम्मेलन को इस स्थिति में लाने के लिए क्या एकमात्र उत्तरदायित्व जयचंद जी पर ही थोपा जा सकता है?" (वही दूसरा पैरा).

इस वाक्य में 'एकमात्र' शब्द अस्थानस्थ है। 'उत्तरदायित्व' एकमात्र थोड़े ही है। 'एकमात्र' जयचंद जी से सम्बद्ध है, इसे उसी के पहले रखना चाहिए। 'लाने के लिए' भी चिन्त्य है 'लाने का' चाहिए। 'क्या' भी स्थानच्युत है। 'ही' अनावश्यक है शुद्ध वाक्य यों बनेगा–"किन्तु सम्मेलन को इस स्थिति में लाने का उत्तरदायित्व क्या एकमात्र जयचन्द जी पर थोपा जा सकता है?"

आशा है बेनीपुरी जी बुरा न मानेंगे।[36] अगस्त 1959–

"हस्ताक्षर करके साँस ली ही थी कि एक मित्र का भेजा हुआ एक 'कटिंग' मिला। छोटी-सी पर अच्छी चीज है। आप भी देखिए। 'कटिंग' उत्तरप्रदेश सरकार के सूचना विभाग द्वारा प्रकाशित 'ग्राम्या' नामक साप्ताहिक पत्रिका का है। इस पत्रिका के सम्पादक हैं श्री ठाकुरप्रसाद सिंह और प्रकाशक भगवतीशरण सिंह। जिस लेख का कटिंग है, उसके लेखक हैं श्री ब्रह्मानन्द तिवारी शास्त्री। शास्त्री जी ने लिखा है–इस (अल्मोड़ा) जिले में अनेक ऐतिहासिक पुनीत एवं दर्शनीय स्थान हैं जिनमें से यहाँ पर कुछ मुख्य दर्शनीय स्थानों का वर्णन किया जा रहा है।"

ठीक है। पर इस लेख का शीर्षक यह है–'अल्मोड़ा जिले के दार्शनिक स्थान'।

शास्त्री जी ने शायद न्याय या वेदान्त दर्शन पढ़ते-पढ़ते यह लेख लिखा होगा। उन्हें दोष क्यों दिया जाए? पर हमारे दोनों सिंह (सम्पादक और प्रकाशक) क्या किसी गुफा में जाकर सो गये थे?[37]

'कल्पना' के मई-जून-जुलाई-अगस्त 1959 के अंकों में 'हिन्दी शब्दानुशासन' की चर्चा कात्यायन जी ने की थी। जब पं. किशोरीदास वाजपेयी की यह पुस्तक नागरी प्रचारिणी

सभा से छपी थी तो हिन्दी जगत में इस व्याकरण की खूब चर्चा हुई थी। 'चक्रांग' ने जुलाई 1959 की 'साहित्यधारा' में लिखा :

"सम्मेलन पत्रिका, 45/2 के सम्पादकीय में इसी शब्दानुशासन को 'युगप्रवर्तक', 'हिन्दी के व्याकरण, हिन्दी के भाषा विज्ञान का उद्धार करने वाला', 'इस शताब्दी को महती बौद्धिक देन प्रदान करने वाला', 'स्यमन्तक मणि' और 'कोहेनूर' माना गया है। इस पुस्तक के सम्बन्ध में कात्यायन जी के तर्क पढ़ने और समझने के बाद प्रश्न उठता है कि क्या 'सम्मेलन पत्रिका' सम्पादक ने अपनी 'सामान्य बुद्धि' से यह सब लिख दिया या असामान्य बुद्धि से?"[38]

सामयिकता पक्षधरता देती है। लेकिन 'कात्यायन' ने कम पक्षधर होते हुए वस्तुनिष्ठ ढंग 'हिन्दी शब्दानुशासन' की समीक्षा की। 'कात्यायन' ने पूछा :

"हिन्दी का खड़ी बोली नाम यदि जैसा कि वाजपेयी जी कहते हैं, इसमें खड़ी पाई अर्थात्–आ की प्रचुरता के कारण पड़ा है, तो हिन्दी में खड़ी से कहीं अधिक पड़ी पाई (शिरोरेखा) लगती है, फिर पड़ी बोली नाम क्यों नहीं पड़ा?"

"वाजपेयी जी का कहना है कि 'खड़ी पाई' मूलतः संस्कृत के विसर्गों का विकास है प्रमाण? उषः को उषा होते देखा ही है और 'विदेशी', 'ज्यादह', 'तमन्नह' आदि शब्द ज्यादा 'तमन्ना' बन जाते हैं। वैदिक युग के 'उषः' को मुगलयुग के ज्यादह-तमन्नह-तर्जुमह को वाजपेयी जी ने एक ही गठरी में बाँध दिया है। यह भी नहीं सोचा कि यहाँ बात हो रही है पुलिंग शब्दों में लगने वाले 'आ' की और उषः उषा स्त्रीलिंग शब्द है।"

"जब किसी तद्भव पुलिंग शब्दों में संस्कृत विसर्ग के स्थान पर सर्वत्र आ कर देती है तो संस्कृत के मनः, तेजः, नभः, पयः आदि का हिन्दी में मना, तेजा, नभा, पया क्यों नहीं हो गया। वाजपेयी जी हिन्दी के 'मन' आदि शब्दों को तत्सम मानते हैं या तद्भव?"

'कात्यायन' ने पूछा था, "अचूक, अछूत, ऊसर, पूत, लोग आदि सैकड़ों पुलिंग शब्दों के अन्त में आ क्यों नहीं है जबकि वाजपेयी जी के अनुसार–"हिन्दी अपने तद्भव शब्दों में यह विभक्ति जरूर लगा देती है।"

'कल्पना' 98 में कात्यायन ने पूछा था–वाजपेयी जी आपने 'पुल्लिंग' किस आधार पर लिखा है? क्या यह शब्द तत्सम नहीं है और क्या इसका संस्कृत में मान्य रूप पुलिंग नहीं है?

दुर्योग से 'कात्यायन' का 'वाद-विवाद' संवाद में नहीं बदल पाया। वाजपेयी जी ने 'आज' एवं 'हिन्दुस्तान' दैनिक के माध्यम से प्रतिउत्तर देने की चेष्टा की। उत्तर-प्रतिउत्तर की पड़ताल से यह भी पता चलता है कि वाजपेयी जी से कात्यायन के प्रश्नों का जवाब देते नहीं बन पड़ा रहा था। वाजपेयी जी ने अखबारों के माध्यम से विवाद में हिस्सा तो लिया लेकिन कुल मिलाकर उन्होंने इस गम्भीर विवाद को जाम करने की ही कोशिश की। वे विवाद को व्यक्तिगत पाले में खींच लाए। 'कात्यायन' के बदले उस्मानिया विश्वविद्यालय के संस्कृत विभाग के अध्यक्ष डॉ. आर्येन्द्र शर्मा की आलोचना की। फिर भी, नवलेखन के हस्ताक्षरों ने दो वैयाकरणों के घमासान से बहुत कुछ सीखा। साहित्यिकों के लिए व्याकरण अस्पृश्य वस्तु नहीं रही। 'कात्यायन' एवं पं. किशोरीदास वाजपेयी के विवाद ने यह रहस्य

भी अनावृत्त किया कि छद्मनामी कात्यायन और कोई नहीं–'कल्पना' के प्रधान सम्पादक डॉ. आर्येन्द्र शर्मा थे।

'कल्पना' के अन्य स्तम्भ लेखकों को यह पता नहीं चलता था कि 'कात्यायन' या 'रसिकलाल पाठक' या 'चक्रांग' या 'चक्रधर' कौन है? 'कल्पना' अपने स्तम्भ लेखकों की गोपनीयता की गम्भीरता से रक्षा करती थी। कमलेश्वर ने 18 मार्च 1990 के 'संडेमेल' के संस्मरण में लिखा है :

'कल्पना' का एक नियमित स्तम्भ 'साहित्यधारा' मार्कंडेय लिखते थे। चक्रधर नाम से और यह बात नितांत गोपनीय थी। मुझे और दुष्यन्त को भी पता नहीं था कि चक्रधर नाम से 'साहित्यधारा' मार्कंडेय लिखता है। यह नाम छद्म है यह अहसास सभी को था। शायद इसीलिए बदरीविशाल पित्ती मुझसे और दुष्यन्त से मिलने के बाद अलग से मार्कंडेय से मिला करते थे।

यह भी एक अलग प्रसंग है कि काफी बाद में मार्कंडेय के कमरे में ही उसके तख्त पर दुष्यन्त ने मार्कंडेय को गिरा लिया था और मजाक-मजाक में उसकी छाती पर चढ़कर पूछा था–बता चक्रधर कौन है? और तब मार्कंडेय ने स्वीकार किया था कि चक्रधर वही है।[39]

गोपनीयता का उत्कृष्ट नमूना 'कात्यायन' ने भी प्रस्तुत किये। वे स्वयं 'कल्पना' के प्रधान सम्पादक थे लेकिन उन्होंने स्वयं-निर्मित विधान का कभी उल्लंघन नहीं किया। 'कात्यायन' की ओट में 'कल्पना' के संस्कृतज्ञ सम्पादक को भी खरी-खरी सुना डाली। स्वयं की आलोचना का अपार साहस लेकर डॉ. आर्येन्द्र शर्मा खड़ी बोली हिन्दी के मानकीकरण के मैदान में उतरे थे। उनका 'कल्पना' के 144 अंकों तक सक्रिय सम्बन्ध बना रहा। उनके त्याग-पत्र देने पर 'कल्पना' ने मोटे टाइप में साढ़े सात पंक्तियों में 'सम्पादकीय घोषणा' छापी तथा शेष सारा पृष्ठ उनके सम्मान में खाली छोड़ दिया गया है।

"डॉ. आर्येन्द्र शर्मा ने कुछ वैयक्तिक कारणों से 'कल्पना' के प्रधान सम्पादक पद से और सम्पादक-मंडल से त्याग-पत्र दे दिया है। 'कल्पना' के जन्मदाता और पोषक के रूप में उनके योगदान के प्रति आभार प्रकट करना केवल औपचारिकता ही कहलाएगी। हमें विश्वास है कि 'कल्पना' के सम्पादक-मंडल से प्रत्यक्षतया सम्बद्ध न रहते हुए भी हमें उनका मार्ग निर्देशन व आशीर्वाद बराबर मिलता रहेगा।"[40]

'कल्पना' का डॉ. आर्येन्द्र शर्मा से नाभिनाल सम्बन्ध था। इसीलिए उनसे आशीर्वाद की आकांक्षा ही समुचित थी। 'कल्पना' में उनकी हैसियत का पता इस बात से चलता है कि उनके नाम के बाद सदैव कोष्ठक में (प्रधान) छपता था। इनके त्यागपत्र के बाद सम्पादक-मंडल के किसी सदस्य के आगे प्रधान नहीं जोड़ा गया–जिसमें बद्रीविशाल पित्ती भी शामिल थे। नवलेखन की पीढ़ी से उभरे सुधी-समालोचक डॉ. नामवर सिंह ने 'कल्पना' से डॉ. आर्येन्द्र शर्मा की विदाई के लगभग सत्ताईस वर्षों के बाद 'समकालीन भारतीय साहित्य' के एक साक्षात्कार में स्वीकार किया :

"मेरी दृष्टि में 'कल्पना' स्वाधीन भारत की 'सरस्वती' है। एक मुकम्मल पत्रिका। उसमें भाषा, साहित्य, संस्कृति के साथ कला का भी समावेश था। मकबूल फिदा हुसैन के

अनेक चित्र 'कल्पना' में ही पहले पहल छपे। और हिन्दी भाषा के बारे में 'बेचारी हिन्दी' वाला वह स्तम्भ आज भी याद आता है। हिन्दी के प्रयोगों पर गम्भीर विचार महावीरप्रसाद द्विवेदी की 'सरस्वती' के बाद 'कल्पना' में ही दिखाई पड़ा। जिसका श्रेय निश्चय ही 'कल्पना' के प्रधान सम्पादक आर्येन्द्र शर्मा को है।''[41]

'कल्पना' के योजना विश्वासी सम्पादक डॉ. आर्येन्द्र शर्मा के प्रति डॉ. नामवर सिंह के उद्गार का महत्त्व इसलिए बढ़ जाता है क्योंकि उस पीढ़ी ने कात्यायनी प्रहार से भाषा का परिष्कार सीखा था। मार्च 64 की 'कल्पना' में अन्तिम बार कात्यायन के दर्शन 'यह बेचारी हिन्दी' के अन्तर्गत होते हैं। इस तरह खड़ी बोली हिन्दी के मानकीकरण का एक और अध्याय पूरा होता है।

अनमोल बोल

'कल्पना' जिस समस्या के पीछे पड़ती है उसकी दूर एवं देर तक पीछा करती है। 'बेचारी हिन्दी' स्तम्भ के बन्द होते ही एक नये स्तम्भ 'अनमोल बोल' की घोषणा की जाती है। आजादी के बाद हिन्दी लेखन में अंग्रेजी के शब्द निर्बाध गति से घुल-मिल रहे थे। 'कल्पना' ऐसे अंग्रेजी-आक्रांत लेखन को अवांछनीय मानती थी। जनवरी, 1964 के 'यह अंक' में सम्पादक ने यह घोषणा की :

''श्री सच्चिदानन्द वात्स्यायन ने 'कल्पना' 146 के सभाप्रसंग में कहा है, ''केवल अंग्रेजी और संस्कृत कुछ अधिक बराबर है—एक प्रभुभाषा है और एक देवभाषा।'' लेकिन हिन्दी? कात्यायन जी तो उसे बेचारी कहते हैं, किन्तु नहीं, उसकी अपनी विशेषताएँ हैं उसमें कुछ ऐसे अनमोल बोल लिखे-बोले जाते हैं कि अन्यत्र आप नहीं ही पा सकते। 'कल्पना' के पाठक इन ''अनमोल बोलों से वंचित न रहें इसलिए 'अनमोल बोल' के नाम से एक स्तम्भ इसी अंक से शुरू कर रहे हैं। अपने पाठकों से हम निवेदन करेंगे कि वे भी ऐसे अनमोल बोल इकट्ठा करके हमें भेजें।''[42]

'अनमोल बोल' स्तम्भ के दर्शन 'कल्पना' के पन्द्रहवें साल में होता है। सर्जनात्मक लेखकों के अंग्रेजी मिश्रित हिन्दी पर नियंत्रण ही इस स्तम्भ का प्रधान प्रयोजन है। स्तम्भ की संरचना बहुत सरल है। नामवर नामों के सृजन अंशों को उद्धृत कर दिया जाता था। 'बेचारी हिन्दी' में कात्यायन को त्रुटि की विवेचना करनी पड़ती थी। लेकिन 'अनमोल बोल' में किसी व्याख्या की जरूरत नहीं थी। कविवर शमशेरबहादुर सिंह के शब्दों में कहें तो 'अनमोल बोल' स्तम्भ का स्वरूप—'बात बोलेगी, हम नहीं, राज खोलेगी, बात ही' की तरह की थी। देखते ही देखते यह एक लोकप्रिय स्तम्भ हो गया। मई 1964 के 'यह अंक' में सम्पादक लिखते हैं :

''अनमोल बोल इस बार बहुत हो गये। वैसे, जितनी भारी मात्रा में ये मिल जाते हैं उतने दिये जाएँ तो एक पत्रिका अलग से निकालनी पड़ेगी। इसके अतिरिक्त जो भी 'अनमोल बोल' दिये जा रहे हैं वे केवल पत्रिकाओं से लेकर, पुस्तकों को अभी नहीं छुआ है। 'अनमोल बोल' का प्रयोजन किसी का मजाक उड़ाना नहीं है। ऐसे भस्मासुरी भाषा प्रयोगों से लेखकों और सम्पादकों को विमुख करना ही उसका ध्येय है।''[43]

'अनमोल बोल' में रचनाकार का नाम तथा जहाँ से वह अंश उठाया जाता था उसका उल्लेख जरूर किया जाता था। उद्धृत ज्यादातर लेखक उदीयमान नवलेखन के सशक्त हस्ताक्षर थे। नमूने के तौर पर कुछ 'अनमोल बोल' उद्धृत हैं :

फरवरी 1964 में पाँच अनमोल बोल हैं जिसमें से तीन प्रभाकर माचवे के हैं। माचवे के लेखन में अंग्रेजी शब्दों का धड़ल्ले से प्रयोग होता था। माचवे 'कल्पना' के लेखक ही नहीं, स्तम्भ लेखक भी हैं। लेकिन 'कल्पना' के सम्पादकों ने उनकी खबर लेने में तनिक भी झिझक नहीं दिखाई।

''न्यूयार्क
सीमेन्ट–इस्पात घटाटोप कानन
जहाँ लुप्त मानव–संस्पर्श–मात्र प्यार
सेक्स–सप्राण–कोणार्क
सेन्ट्रल पार्क
दुनिया की सबसे भव्य इमारत से–
विश्व–छत से हलके सस्ते रिमार्क
यही फिक्र सताएँगे इन्कम टैक्स वाले शार्क
व्यापार का भविष्य डार्क

: प्रभाकर माचवे, 'नयी कविता'–7, पृ.–73, मार्च 64–

तब भी व्याख्याकार उसकी व्याख्या एक शोषक स्त्री और एक 'मेल प्रस्तिट्यूट' की कहानी के रूप में कर सकते हैं। आलोचक का स्थान शौकीन स्त्री का 'वारड्रीव' नहीं होना चाहिए।...साहित्य चित्रकला से अधिक इंट्यूटिव है...मगर प्रेम की अपनी एनाटमी है...। यह निष्क्रियता, यह निरर्थकता, यह एबसर्डिटी मनुष्य को कहाँ ले जाएगी।

–श्रीकान्त वर्मा; 'नयी कहानियाँ'; दिसम्बर 1963, पृ.–55, 56, 57

अप्रैल–64 : वहाँ बाँस की कुरसियाँ थीं सो उनकी वह हालत हो गयी थी कि रोना आता था। 'बुनाई टूट कर ऐसी दुर्गति हो गयी...कलकत्ते में तो फर्निचर बड़ा तेज होगा।...एक नाटकीय 'क्लाइमैक्स देने की कोशिश की। आज तो ज्वाइन करना नहीं है न...ट्रायल के वक्त ही समझे...सफर करना भी अनसेफ हो गया है...मेरा पेट निकल गया था...मुझे ऐसा कांशस कर दिया है–फालतू और इंट्रूडर।

–राजेन्द्र यादव, सारिका

मार्च–जून–1964 : अब वह मस्तिष्कीय एडवेंचर है–निहायत 'बैकवार्ड' और निहायत लिजलिजा लगता है...।

–शैलेश मटियानी; 'आजकल', मई

बारिश में भूरी पहाड़ी उँघती हुई रिद्म में लिपटी...मौसम की आग लपेटे हमारी यातनाओं के डिवीजन मार्च कर रहे हैं–इस दिल्ली इस इलाहाबाद, इस कलकत्ते में साइक्लोन चल रहा है...।

–दूधनाथ सिंह, 'लहर', अप्रैल

जुलाई–1964 : एक 'ग्रिमलुक' डालते हुए गुजर गया। वातावरण एक खास निरूत्साह को विस्पर कर रहा है...स्लीपिंग-कम-स्टडी रूम बन गया है...टाट की सीलिंग से...लकड़ी का पार्टीशन...साउण्डप्रूफ दीवाल नहीं है...पिता की वजह से डिस्टर्ब है...लड़कों को प्रोटेक्ट करती है...जनरल नालेज से आक्रान्त करती है...माँ को नये मैनर का नहीं पता...।

–ज्ञानरंजन, 'धर्मयुग', 21 जून

अगस्त–1964 : 'सूडो' विचारकों और 'सूडो' साहित्यिकों की...उसके ट्रिटमेण्ट के नहीं...उसमें इनवाल्व है...यहाँ रेणु का एप्रोच...लोगों के मानसिक एटीट्यूड...आधुनिक बोध के प्रोपेगेटर नहीं...विभाजन की क्राइसिस ने...पोलिटिकल बातें हैं...।

–नित्यानन्द तिवारी, 'धर्मयुग', 5 जुलाई

निस्संगता का एटीट्यूड सर्वत्र और सदा 'केलसनेस' का एटीट्यूड नहीं होता...।

–मलयज, 'लहर', जुलाई

सितम्बर–1964 : लिखने के थ्रिल से बृहद 'मोनोटोनी' को नहीं समझा जा सकता... 'ब्रिलियन्सी' भी नहीं बल्कि स्थाम (स्टेमिना) है...लेखक कितना 'इक्विप्ड' है।

–नरेश मेहता, 'धर्मयुग', 16 अगस्त

अक्टूबर–1964 : एब्सट्रैक्ट नहीं ठोस...प्रिय 'इमेज' है...विस्तृत केन्वास लेता है...एक 'हॉरर' है...रेटारिक से भर देता है...'मिथ' के प्रवाह में...शैली का रेटरिक योग।

–शमशेरबहादुर सिंह, 'धर्मयुग', सितम्बर–20

नवम्बर–1964 : पूरे ट्रीटमेंट में...जो इस विषय को ट्रीट करना चाहते हैं...उन्हें इस चैलेंज को स्वीकार करना पड़ेगा...बिल्डिंग की साईट की तरह बोर्ड लगाने की आवश्यकता...।

–गिरिराज किशोर, 'आजकल', अक्टूबर

फरवरी–1965 : मिसेज चोपड़ा...डियर –...एड्रेस नो पोजीशन...समय फिक्स, चोपड़ा की कंपनी...चलने का 'प्रपोजल' एक्सक्यूज मी...किसी बंजारे...सीरियसली लागू...और 'बाई एयर'।

–शैलेश मटियानी, 'युगप्रभात', 16 जनवरी

जनवरी 1964 में 'अनमोल बोल' की पहली कड़ी छपी थी और फरवरी 1965 में इस स्तम्भ की आखिरी कड़ी छपी। मार्च 1965 में इस स्तम्भ के बन्द होने की सूचना छपी :

"भोंडे, अपमानजनक और बेमतलब ढंग से हिन्दी लेखन में अंग्रेजी के शब्दों के अन्धाधुन्ध प्रयोग के सम्बन्ध में 'कल्पना' ने अपना मत व्यक्त किया और 'कल्पना' 152 में इसी विषय पर आठ लेखकों के अभिमत भी प्रकाशित किये गये। हालत में कुछ तो सुधार हुआ है और हमें आशा है हिन्दी लेखक इस रोग से जल्दी ही छुटकारा पा लेंगे।...'अनमोल बोल' के 14 दस्तावेज़ लगता है, अब काफी से ज्यादा हो गये हैं; इसलिए उस स्तम्भ को बन्द कर दिया गया।"[44]

समापन वक्तव्य से साफ है कि 'कल्पना' ने अन्धाधुन्ध अंग्रेजी की मिलावट पर लेखकों से उसके मतसंग्रह भी किये। 'कल्पना' सम्पादक के अनुसार :

"हमने जनवरी में 22 जाने-माने साहित्यकारों से निवेदन किया था कि वे इस विषय पर वक्तव्य के रूप में अपने विचार व्यक्त करें। इसमें से सर्वश्री विजयदेव नारायण शाही, कृष्ण बलदेव वैद, धर्मवीर भारती, नेमिचन्द्र जैन, प्रभाकर माचवे, बालकृष्ण राव, मोहन राकेश और आचार्य हजारीप्रसाद द्विवेदी ने ही अपने वक्तव्य भेजने की कृपा की।"...[45]

विजयदेवनारायण शाही ने विस्तार से नवलेखन की मनोभूमि की पड़ताल की। उन्होंने जुलाई 1963 की 'कल्पना' का सन्दर्भ देते हुए शमशेर बहादुर सिंह की कविता का उदाहरण देकर यह समझाने की चेष्टा की है कि "अंग्रेजी शब्दों के प्रयोग की दृष्टि से प्रयोगवादी तथा प्रगतिवादी दोनों ही छायावादी मनोभूमि से अलग है।" उनका मत है कि आहूत-अनाहूत अतिथि की तरह नवलेखन के लेखक के समक्ष अंग्रेजी शब्द आ जाते हैं। इस दृष्टिकोण से उन्होंने 'महानगरी आंचलिकता' की अवधारणा का आविष्कार किया। अज्ञेय के 'नदी के द्वीप' को इसका प्रतिनिधि उदाहरण बताया तथा इस कृति की संरचना को रेणु के उपन्यास 'मैला आँचल' के समतुल्य बताया। अन्त में, शाही ने शमशेर के प्रसंग से ही विश्लेषण का समापन किया तथा निष्कर्ष निकाला कि "विदेशी शब्दों का प्रयोग अवांछनीय है। जहाँ कृतिकार को उनकी खास जरूरत महसूस होने लगे तो उसे फौरन चौकन्ना हो जाना चाहिए कि कहीं वह दिमागी काहिली और सृजनात्मक कायरता का शिकार तो नहीं हो रहा है...प्रश्न शब्दों को खपा ले जाने का नहीं है, इस खपाने के दौरान में सृजनात्मक शक्ति को क्षति पहुँचाने की जो कीमत अदा करनी पड़ती है, उसका मोल समझने का है।"[46]

इस लम्बे आलेख में विययदेव नारायण शाही ने भाषा की मनोभूमि के अन्वेषण के क्रम में जो निष्कर्ष निकाले हैं उसका तो ऐतिहासिक मूल्य है ही, लेकिन उससे भी बढ़कर उन्होंने अज्ञेय, रेणु, शमशेर एवं लक्ष्मीकान्त वर्मा के सृजन-संसार को समझने के लिए जो कुछ मौलिक टिप्पणियाँ की हैं, वे भी महत्त्वपूर्ण हैं। "लघु मानव के बहाने हिन्दी कविता पर बहस" के बाद शाही का यह शायद सर्वाधिक महत्त्वपूर्ण निबन्ध है।

कृष्ण बलदेव वैद ने सृजनात्मक हिन्दी लेखन में अंग्रेजी के प्रयोग को 'आदत, मजबूरी या फैशन?' के रूप में परखा है। अपने लघु वक्तव्य में ये विश्लेषण की बजाय आत्म स्वीकृति से काम लेते हैं। वेद स्वीकार करते हैं कि "मुझे अंग्रेजी शब्दों के ऐसे प्रयोग से सख्त चिढ़ है, यह दूसरी बात है कि मैंने भी अपनी एक कहानी का शीर्षक शायद फैशन और आदत के मिले-जुले प्रभाव में आकर ही अंग्रेजी में दिया था-शैडोज। मैं अपनी गलती को स्वीकार करता हूँ।"[47]

'अनमोल बोल' में जिस पत्रिका से सर्वाधिक उदाहरण जुटाए गये हैं, वह 'धर्मयुग' थी। इसलिए उस पत्रिका के सम्पादक धर्मवीर भारती का स्पष्टीकरण महत्त्वपूर्ण माना जाना चाहिए। भारती कहते हैं :

1. "जहाँ कोई सशक्त हिन्दी बदल मौजूद हो वहाँ अंग्रेजी शब्द का प्रयोग नितान्त अनावश्यक है;
2. किसी पूर्व प्रचलित हिन्दी शब्द को अर्थ विकास देकर यदि अंग्रेजी शब्द के स्थान पर व्यवहृत किया जा सकता है तो हिन्दी शब्द को ही तरजीह देनी चाहिए;

3. यदि आसानी से नया शब्द निर्माण किया जा सके तो कोष्ठक में मूल अंग्रेजी शब्द देकर नये पारिभाषिक शब्द को आजमाया जा सकता है;
4. यदि एक ही शब्द के कई पारिभाषिक शब्द प्रस्तावित होते हैं तो उनमें से कौन अन्त में प्रतिष्ठित होता है, इसका निर्णय समय और लोक व्यवहार ही कर सकेगा;
5. इस सबके बाद तब यदि कोई ऐसा अंग्रेजी शब्द है जिसे ज्यों का त्यों लिये बिना काम नहीं चल सकता या जो समकालीन लोक व्यवहार के द्वारा स्वीकृत कर लिया गया है तो उसे अपनी भाषा की प्रकृति के अनुरूप ढाल लेना चाहिए और अपने शब्द समूह का अंग बनाकर अपने व्याकरण के नियमों के अनुसार उसका व्यवहार करना चाहिए।''[48]

यानी कि धर्मवीर भारती भी नयी पीढ़ी के लेखन में अंग्रेजी शब्दों के धड़ल्ले से व्यवहार के विरुद्ध थे।

नेमिचन्द्र जैन ने बहस में हिस्सा लेते हुए कहा कि–''पिछले दिनों धड़ल्ले से बेशुमार अंग्रेजी शब्दों का प्रयोग होने लगा है। यह चाहे यथार्थवाद के नाम पर हो चाहे सुनिश्चित सूक्ष्म विचारों, मनःस्थितियों या भावदशाओं के विश्लेषण और अंकन के नाम पर हो, वास्तव में लेखकों की बौद्धिक और कलात्मक शिथिलता का ही सूचक है...।''[49]

प्रभाकर माचवे 'अनमोल बोल' स्तम्भ के स्थायी शिकार थे। उनके गद्य एवं पद्य दोनों में अंग्रेजी का प्रचुर प्रयोग होता था। उन्होंने अन्य भागीदारों के विपरीत अंग्रेजी शब्दों की पैरवी की है। मौलिक अन्दाज में उन्होंने कहा :

'' ...नयी पीढ़ी में अंग्रेजी बिलकुल न जानते हों या पढ़ न सकते हों ऐसे लेखक बहुत थोड़े हैं। सो 'कल्पना' के अधिकांश लेखक और पाठक अंग्रेजीदाँ हैं; कई तो अंग्रेजी के एम.ए. हैं जो हिन्दी में लिखते हैं ('तार सप्तक' के चार कवि अंग्रेजी के एम.ए. थे, एक बी.एस.सी. और एक बी.ए. और एक अंग्रेजी के डॉक्टर)।''[50]

माचवे की तरह मोहन राकेश ने भी अंग्रेजी शब्दों की पैरवी की। उन्होंने हिन्दी को एक संघर्षशील भाषा बताया तथा 'बेचारी हिन्दी' के नाम पर अंग्रेजी को बुहाड़ देने की प्रवृत्ति के प्रति असहमति व्यक्त की।

बालकृष्ण राव ने अपनी छोटी टिप्पणी में कहा कि, ''अंग्रेजी के उद्धरणों के बिना समीक्षात्मक लेख न लिख पाना समीक्षक की विद्वत्ता प्रमाणित करता हो न करता हो...हीन ग्रंथि का ही प्रमाण है।''[51]

आचार्य हजारी प्रसाद द्विवेदी इस आयोजन के अन्तिम मन्तव्यदाता हैं। उन्होंने साफ शब्दों में स्वीकारा है कि ''यह ठीक है कि अंग्रेजी भाषा के साथ हमारी भाषा का सम्बन्ध बहुत गाढ़ा हो गया है। इसके ऐतिहासिक कारण हैं और इतिहास को अस्वीकार नहीं किया जा सकता। परन्तु साथ ही, यह भी ठीक है कि हिन्दी को हिन्दी ही होना चाहिए। अंग्रेजी न जानने वाला पाठक भी जब उस भाषा को समझ लें और उसके विचारों को ग्रहण करने में समर्थ हो तभी वह भाषा हिन्दी कही जाएगी।''[52]

आजादी के बाद हिन्दी के सृजनात्मक लेखन में चिन्तनीय स्तर तक अंग्रेजी के शब्द मिल रहे थे। 'अनमोल बोल' ने निश्चय ही उस स्तर को नियंत्रित किया होगा। खड़ी बोली

हिन्दी के मानकीकरण की दिशा में यह 'कल्पना' की उल्लेखनीय कोशिश थी। अक्टूबर 1981 के 'साक्षात्कार' में 'कल्पना' के दिन याद करते हुए प्रयाग शुक्ल ने लिखा है :

"एक स्तम्भ हमलोगों ने और शुरू किया था : 'अनमोल बोल'। हिन्दी पत्रिकाओं में प्रकाशित रचनाओं से इसमें वे अंश लिए जाते थे जिनमें बिलावजह अंग्रेजी शब्दों की भरमार होती थी। मैं समझता हूँ यह भी अच्छा स्तम्भ था। अंग्रेजी शब्दों के बीच-बीच में अनावश्यक मोह से हिन्दी आज भी कहाँ उबर पाई है।"[53]

प्रोफेसरी हिन्दी

'कल्पना' के सम्पादकों की सजग दृष्टि उन सभी जगहों पर जाती है जहाँ से हिन्दी लेखन का कार्य सम्पन्न होता है। विश्वविद्यालय की दुनिया से हिन्दी का गहरा जुड़ाव रहा है। स्वाधीनता से पहले एवं उसके बाद से आजतक हिन्दी लेखकों की बड़ी संख्या विश्वविद्यालय में अध्यापन कार्य से जुड़ी रही है। इस समूह के हिन्दी लेखन की समीक्षा 'प्रोफेसरी हिन्दी' स्तम्भ के अन्तर्गत की जाती थी। अक्टूबर 1964 से यह विशेष स्तम्भ चलाया जाता है। स्तम्भ की प्रकृति बतलाते हुए सम्पादक कहते हैं :

"लेखन शैली में कृमित्रता आदि और लापरवाही के अनेकानेक उदाहरण राह चलते मिल जाते हैं और हिन्दी के प्रोफेसर इसमें विशेष रूप से योगदान करते हैं। 'प्रोफेसरी हिन्दी' के नाम से एक नया स्तम्भ इसी अंक से शुरू किया गया है। हमें आशा है इस स्तम्भ को मजाक का सामान न समझा जाएगा और कि यह हमारे प्रोफेसरों को ज्यादा सहजता की ओर अभिमुख करेगा।"[54]

इस स्तम्भ की शैली 'बेचारी हिन्दी' की तरह व्याख्यात्मक नहीं थी। 'शालग्राम उपाध्याय' इसके प्रस्तोता थे। यह नाम भी 'कात्यायन' की तरह छद्म प्रतीत होता है। इसमें स्तम्भकार किसी हिन्दी प्रोफेसर की शोध कृति से दस-बीस लद्धड़ गद्यांश पाठकों के लिए संकलित कर देते थे। सागर से प्रेमशंकर ने लिखा :

कुछ समय से 'प्रोफेसरी हिन्दी' स्तम्भ देखता आ रहा हूँ। हिन्दी के प्राध्यापकों का ध्यान सम्भवत: इस तथ्य की ओर दिलाया जाता है कि वे व्याकरण की दृष्टि से शुद्ध भाषा प्रयोग करें। इस विषय में मेरा कथन है कि कभी-कभी व्याकरण का पूर्ण अनुमोदन न करते हुए भी भाषा का वैभव समाप्त नहीं होता। हिन्दी के विस्तार के साथ यह भी सम्भव है कि उसमें कतिपय प्रादेशिक प्रभाव भी प्रवेश पा जाएँ। अभी-अभी 'कल्पना' के फरवरी अंक में डॉ. नगेन्द्र के कतिपय वाक्य उद्धृत किये गये हैं। अधिक उपयोगी होता यदि विद्वान संकलनकर्ता ने यह भी निर्देश किया होता कि इनमें दोष क्या है? पाठक और समीक्षक का एक अन्तर यह भी है कि समीक्षक वह जागृत पाठक है जो वस्तु के गुण-दोष का विवेचन सतर्क रीति से प्रामाणिक पद्धति से करता है। मेरा सुझाव है कि इस स्तम्भ में यह भी संकेत किया जाए कि अशुद्धि क्या है ऐसी स्थिति में यह अधिक उपयोगी होगा।"[55]

कहना नहीं होगा कि स्तम्भकार 'शालग्राम उपाध्याय' ने श्री प्रेमशंकर के सुझाव को अमान्य कर दिया। प्रोफेसरों की गलतियों की निशानदेही 'कल्पना' के साहस की ही बात थी। छठे दशक के हिन्दी विभागाध्यक्षों की सम्प्रभु दुनिया में 'कल्पना' की सेंध हिन्दी के

मानकीकरण की दिशा में उपयोगी पहल साबित हुई होगी। इस स्तम्भ के आलोच्य विभागाध्यक्षों के नामों की चर्चा चलते-चलते करना अनावश्यक नहीं होगा।

अक्टूबर 1964 में श्री विजयपालसिंह, अध्यक्ष तथा प्रो. वेंकटेश्वर विश्वविद्यालय तिरुपति की कृति 'केशव और उनका साहित्य' से गद्यांश लिये गये हैं।

नवम्बर 1964 में डॉ. रामसिंह तोमर, अध्यक्ष हिन्दी विभाग शांतिनिकेतन की रचना 'प्राकृत और अपभ्रंश साहित्य तथा उनका हिन्दी साहित्य पर प्रभाव' से गद्यांश उद्धृत है।

फरवरी 1965 में प्रो. डॉ. नगेन्द्र, अध्यक्ष दिल्ली विश्वविद्यालय के गद्यांश की त्रुटि दिखाई गयी है।

मार्च 1965 में प्रो. दीन दयाल गुप्त, अध्यक्ष हिन्दी विभाग लखनऊ की किताब 'अष्टछाप और वल्लभ सम्प्रदाय' के नमूने लिये गये हैं।

अप्रैल 1965 में प्रो. डॉ. रामनिरंजन पांडेय, अध्यक्ष उस्मानिया विश्वविद्यालय, हैदराबाद की कृति 'रामभक्ति शाखा' से गद्य अंश उद्धृत है।

मई 1965 में प्रो. आचार्य विनय मोहन शर्मा, अध्यक्ष हिन्दी विभाग, कुरुक्षेत्र विश्वविद्यालय की शोध कृति से उदाहरण जुटाए गये हैं।

जून 1965 में डॉ. भागीरथ मिश्र, अध्यक्ष हिन्दी विभाग, पूना विश्वविद्यालय की पुस्तक 'हिन्दी रीति साहित्य' से नमूने इकट्ठे किये गये हैं।

जुलाई 1965 में प्रो. डॉ. उदयनारायण तिवारी, अध्यक्ष सागर विश्वविद्यालय के ग्रन्थ 'भोजपुरी भाषा और साहित्य' से उदाहरण परोसे गये हैं।

जुलाई 1965 में 'प्रोफेसरी हिन्दी' की आखिरी कड़ी छपी। इस स्तम्भ का तात्पर्य प्रोफेसरों की खिल्ली उड़ाना नहीं था। 'कल्पना' की केवल इतनी कोशिश थी कि मानदंड-प्रोफेसर अपने लेखन के दायित्व को समझें।

'कल्पना' ने हिन्दी हिज्जे के सम्बन्ध में वैज्ञानिक नियम बनाये तथा उसे हिन्दी संसार में लागू कराने की भी कोशिश की। स्वाधीनता के बाद राष्ट्रभाषा के लेखन स्वरूप में एकरूपता लाना नितान्त आवश्यक था। 'कल्पना' ने इस अराजकता के दूरगामी प्रभाव की कल्पना की और अच्छी हिन्दी के लेखन का नमूना प्रस्तुत किया। हिन्दी भाषी समुदाय 'कल्पना' के इस योगदान के लिए कृतज्ञ है। डॉ. नामवर सिंह ने 'कल्पना' को स्वातंत्र्योत्तर काल की 'सरस्वती' कहा है। 'कल्पना' के लिए यह उपाधि सर्वथा उचित है।

सन्दर्भ सूची

1. फणीश्वरनाथ रेणु – मैला आँचल, पृ.-181, पन्द्रहवाँ संस्करण, राजकमल प्रकाशन, दिल्ली।
2. नामवर सिंह – इतिहास और आलोचना, पृ.-40, दूसरा संस्करण, राजकमल प्रकाशन, दिल्ली।
3. दुर्गादास – भारत : कर्जन से नेहरू और उनके पश्चात, पृ.-293, प्रथम संस्करण, मैकमिलन प्रकाशन।
4. भवानीप्रसाद मिश्र – कुछ नीति : कुछ राजनीति, पृ.-115, प्रभात प्रकाशन, दिल्ली, प्रथम संस्करण, 1983।

5. रामचन्द्र शुक्ल – हिन्दी साहित्य का इतिहास, पृ.–346, नागरी प्रचारिणी सभा, सातवाँ संस्करण।

6. श्रीनारायण चतुर्वेदी – आधुनिक हिन्दी साहित्य का आदिकाल, पृ.–121, प्रभात प्रकाशन दिल्ली, प्रथम संस्करण 1987।

7. रामचन्द्र शुक्ल – हिन्दी साहित्य का इतिहास, पृ.–334, नागरी प्रचारिणी सभा, सातवाँ संस्करण।

8. नामवर सिंह – कविता के नये प्रतिमान, पृ.–87 तीसरा संस्करण, राजकमल प्रकाशन, दिल्ली।

9. नामवर सिंह – उपरिवत पृ.–86.

10. कल्पना – जनवरी 1953, पृ.–97.

11. कल्पना – अप्रैल 1955, पृ.–01.

12. कल्पना – जनवरी 1955, पृ.–02.

13. कल्पना – अक्टूबर 1954 पृ.–2–3.

14. शिवपूजन ग्रंथावली – पृ.–186–187, बिहार राष्ट्रभाषा परिषद्; पटना।

15. शिवपूजन ग्रंथावली – उपरिवत पृ.–179.

16. विशालभारत – जनवरी 1960, पृ.–35–36

17. आज – 6 फरवरी, 1992, पृ.–3, कॉलम–1.

18. कल्पना – जुलाई 1961, पृ.–9.

19. कल्पना – अक्टूबर 1954, पृ.–3.

20. कल्पना – अक्टूबर 1954, पृ.–4.

21. कल्पना – अक्टूबर 1954, पृ.–4.

22. कल्पना – अक्टूबर 1954, पृ.–4.

23. कल्पना – नवम्बर 1954, पृ.–1.

24. कल्पना – नवम्बर 1954, पृ.–1.

25. कल्पना – नवम्बर 1954, पृ.–5.

26. कल्पना – नवम्बर 1954, पृ.–6.

27. कल्पना – नवम्बर 1954, पृ.–6.

28. जनसत्ता – 8 अप्रैल, 1984, पृ.–1.

29. कल्पना – नवम्बर 1954, पृ.–6–7.

30. कल्पना – जुलाई 1955, पृ.–1.

31. कल्पना – जुलाई 1955, पृ.–4.

32. कल्पना – नवम्बर 1955, पृ.–81–82.

33. कल्पना – नवम्बर 1955, पृ.–82–83–84.

34. कल्पना – जनवरी 1959, पृ.–88.

35. कल्पना – जनवरी 1959, पृ.–88.

36. कल्पना – दिसम्बर 1958, पृ.–36–94–95.

37. कल्पना — अगस्त 1959, पृ.–99.
38. कल्पना — जुलाई 1959, पृ.–4, 5.
39. संडेमेल — 18 मार्च 1990, पृ.–10.
40. कल्पना — नवम्बर 1963, पृ.–21.
41. समकालीन साहित्य — अक्टूबर–दिसम्बर 1990.
42. कल्पना — मई 1964, पृ.–3.
43. कल्पना — मार्च 1965 पृ.–2.
44. कल्पना — जून 1964, पृ.–2.
45. कल्पना — जून 1964, पृ.–2.
46. कल्पना — जून 1964, पृ.–43.
47. कल्पना — जून 1964, पृ.–45.
48. कल्पना — जून 1964, पृ.–47.
49. कल्पना — जून 1964, पृ.–48.
50. कल्पना — जून 1964, पृ.–50.
51. कल्पना — जून 1964, पृ.–50.
52. कल्पना — जून 1964, पृ.–53.
53. साक्षात्कार — अक्टूबर 1981, पृ.–44.
54. कल्पना — अक्टूबर 1964, पृ.–04.
55. कल्पना — मार्च 1965, पृ.–10.

पाठक मंच का निर्माण

'कल्पना' जनवरी 1952 से पहले तक द्वैमासिक रूप में निकलती रही। जनवरी 1952 से यह मासिक हो गयी। तब कुछ पाठकों को ऐसा लगा कि 'कल्पना' का स्तर द्वैमासिक जैसा नहीं रहा। कुछ पाठकों ने तो 'कल्पना' के द्वैमासिक स्वरूप ही कायम रखने पर जोर दिये। 'कल्पना' के चार साल पूरे होने पर जो सम्पादकीय लिखा गया है उससे पता चलता है कि :

"जहाँ तक स्तर का प्रश्न है, हम इस नतीजे पर पहुँचे कि 'कल्पना' का द्वैमासिक रूप केवल थोड़े लोगों की रुचि के अनुरूप पड़ता था, सामान्य पाठक के लिए वह रूप बहुत भारी पड़ता था। दो वर्षों के अनुभव से अब तो स्पष्ट हो गया है कि 'कल्पना' मासिक रूप में अधिक रुचिकर और उपयोगी बन रही है।"[1]

ऊपर के उद्धरण से साफ है कि 'कल्पना' का मूल लक्ष्य मात्र कुछ विशिष्ट जनों की पत्रिका बन कर रह जाने की नहीं थी। वह पूरे हिन्दी जगत में रुचिकर और उपयोगी बनना चाहती थी। इसीलिए 'कल्पना' ने सर्वथा नयी सूझ का इस्तेमाल किया। उसने हिन्दी की साहित्यिक पत्रकारिता के इतिहास में पहली बार लेखकों एवं पाठकों को समवेत एक मंच पर ला खड़ा किया। लेखकों एवं पाठकों का आमने-सामने आ खड़ा होना एक दुर्लभ आयोजन था। इस प्रक्रिया ने लेखकों को उत्तरदायित्व के कठघरे में ला खड़ा किया। पाठक जिरह की मुद्रा में आ गये। विचारों में डूबे ऐसी सैकड़ों बहस 'कल्पना' के पत्र स्तम्भ में भरी पड़ी हैं। कुछ के सन्तोषप्रद नतीजे निकले हैं। कुछ बहसों के परिणाम अनिर्णीत रहे हैं।

शीतयुद्ध के वैचारिक घमासान के बीच 'कल्पना' ने 'तटस्थता' के पथ को अपनाया था। अपनी मौलिक राह अपनाने के कारण 'कल्पना' पर कलावाद का आरोप भी लगाया गया। लेकिन 'कल्पना' पर कलावाद का आरोप बे-बुनियाद है। सामयिक सन्दर्भों से 'कल्पना' टकराती है और प्रत्येक विषय पर स्वतंत्र मन्तव्य कायम करती है। इतना जरूर है कि उसके हस्तक्षेप का तरीका प्रचलित शैली से अलग है। 'कल्पना' किसी दलगत राजनीतिक मुखपत्र की तरह हमला नहीं करती। वह संयत ढंग से विषय का आयोजन मात्र करती है। किसी विवादास्पद विषय को वह सीधे पाठकों के हवाले कर देती है। दो-चार अंकों तक पाठकों के बीच वैचारिक उठा-पटक चलती रहती है। जिरह-बहस होते हैं। अन्त में, सर्वमान्य मन्तव्य स्वयं निथर कर सामने आ जाता है। चूँकि विचारों के घमासान में लेखक और पाठक दोनों टकराते हैं इसलिए निष्कर्ष एकांगी भी नहीं होते थे।

इस प्रक्रिया में पाठकों का स्तर भी ऊपर उठता है और लेखक स्वयं भी पाठक की तरह सोचने के लिए विवश होता है। इसलिए 'कल्पना' ने पाठक एवं लेखक की अलग-अलग

दुनिया को एकाकार कर दिया। लेखक अजनबी लोक के प्राणी नहीं रहे और पाठक भी हाशिये पर खड़ा जीव नहीं रहा। वह हस्तक्षेप करने वाला और प्रश्न उठाने वाला एक संवेदनशील इकाई के रूप में प्रकट हुआ। हिन्दी पाठकों का यह नवनिर्माण 'कल्पना' की अद्वितीय देन है। पाठकों के आविष्कार प्रसंग को रेखांकित करना ही इस अध्याय का मूल लक्ष्य है।

कल्पना की निर्गुट छवि

'कल्पना' का प्रारम्भ सन् 49 में होता है, हिन्दी साहित्य में यह दौर चरम संक्रमण का था। नवस्वाधीन देश में आजादी को लेकर साहित्यिकों के रुझान साफ नहीं थे। कुछ लेखक जनवादी खेमे में थे। दूसरी तरफ उन लेखकों का समूह था जो आजाद भारत के नवनिर्माण में नवगठित सरकार की सहायता कर रहे थे। तीसरी तरफ विशुद्ध साहित्य एवं कला से सम्बन्ध रखने वाले साहित्यकार थे। ऐसे विकट चौराहे पर 'कल्पना' ने अपने लिए यह विधान निर्धारित किया कि :

''सब प्रकार के राजनीतिक, साहित्यिक आदि वादों और प्रोपेगेंडा से 'कल्पना' दूर रहेगी–उसका लक्ष्य किसी व्यक्ति, संस्था अथवा दल को लाभ पहुँचाना या उसका प्रचार करना नहीं है–'कल्पना' अपनी इस पूर्व प्रकाशित नीति पर चलती रही है। कुछ लोग यह कहते हैं कि 'कल्पना' का व्यक्तित्व नहीं बन पा रहा है। यदि व्यक्तित्व का मतलब किसी व्यक्ति, संस्था, दल अथवा किसी एक विशिष्ट राजनीतिक मत का अनुसरण-अनुमोदन करना ही है तो हम यह मानते हैं कि 'कल्पना' का व्यक्तित्व नहीं है और हमें वैसा व्यक्तित्व अभीष्ट भी नहीं। साहित्य और कला की सुन्दर रचनाएँ प्रस्तुत करना हमारा ध्येय है और यही हमारा व्यक्तित्व भी। इससे केवल हमें ही नहीं, बहुतों को सन्तोष है।''[2]

उपर्युक्त प्रतिज्ञा का कठोर निर्वाह सन् 1957 तक की 'कल्पना' में साफ देखा जा सकता है। यह प्रतिज्ञा लोहिया के सन्दर्भ में टूटती है। लोहिया ने आजाद भारत में प्रतिपक्ष की जो नयी भूमिका शुरू की उसने हिन्दी भारत के बुद्धिजीवियों को गहराई तक प्रभावित किया था। वे भारतीय भाषाओं के प्रखर प्रवक्ता थे। संसद से सड़क तक उन्होंने व्यावहारिक हिन्दी का नमूना प्रस्तुत किया था। ऐसे में 'कल्पना' का झुकाव राममनोहर लोहिया की तरफ होना, सहज था। लोहिया मनोवृत्ति का विश्लेषण करते हुए 'कल्पना' के लोकप्रिय स्तम्भ लेखक हरिशंकर परसाई ने ठीक ही लिखा है :

लोहिया का समाजवादी आन्दोलन में चाहे जो योग हो–मेरा ख्याल है वह नकारात्मक और 'सिनिकल' थे–पर एक नयी हिन्दी–तेज मुहावरे वाली, ओजस्वी शक्तिवाली, नयी अदा की भाषा का श्रेय उन्हें है। बहुत लेखकों ने विशेषकर 'परिमल' गुट वालों ने यह जानदार भाषा उनसे सीखी। 'दिनमान' में आरम्भ से ही लोहिया से प्रभावित लेखक सम्पादक-मंडल में थे। 'दिनमान' की भाषा लोहिया से सीखी हुई भाषा थी। लोहिया का सकारात्मक, मूल्यवान योग भाषा में था, राजनीति में नहीं।''[3]

हरिशंकर परसाई ने लोहिया के सन्दर्भ में सर्वथा उचित टिप्पणी की है। आगे बढ़े हुए समय में 'दिनमान' निश्चित रूप से लोहिया के राजनीतिक मन्तव्यों से सहानुभूति रखने वाली

पत्रिका थी। लेकिन 'कल्पना' जिस महान् उत्तरदायित्व की टेक लेकर चल रही थी, उसमें किसी राजनीतिक महारथी के 'हीरो' बनने की संभावना नहीं बनती थी। 'कल्पना' तो सर्वात्मना हिन्दी के लिए समर्पित पत्रिका थी। किस तरह हिन्दी एक सम्पूर्ण, स्वयंनिर्भर भाषा के रूप में विकसित हो यही 'कल्पना' की केन्द्रीय चिंता थी।

"सामाजिक, आर्थिक और राजनीतिक प्रश्नों पर सम्पादकीय लिखना हमें अभीष्ट नहीं, न किसी नेता अथवा प्रतिष्ठित व्यक्ति के भाषण की प्रशंसात्मक या निन्दात्मक आलोचना करना और न किसी वाद का प्रचार करना। इस प्रकार के चटपटे सम्पादकीय अपेक्षाकृत सरलता से लिखे जा सकते हैं। किन्तु जिस पत्र ने हिन्दी की सेवा को अपना उद्देश्य माना हो और जो स्थायी महत्त्व के साहित्य का निर्माण चाहता हो, उसे इस सुविधा के लाभ से वंचित ही रहना पड़ेगा।"[4]

ऊपर के सम्पादकीय अंश से स्पष्ट है कि 'कल्पना' स्थायी महत्त्व के साहित्य का निर्माण करना चाहती थी। किसी राजनीतिक व्यक्ति का प्रचार उसे अभीष्ट नहीं था। रेखा अवस्थी ने 'प्रगतिवाद और समानांतर साहित्य' नामक पुस्तक में 'कल्पना' के सम्बन्ध में जो राय व्यक्त की है वह तथ्यों पर आधारित नहीं है :

"हैदराबाद के स्थानीय पूँजीपति पित्ती परिवार के संरक्षण में सन् 48 में 'कल्पना' नामक पत्रिका के प्रकाशन द्वारा गैर-मार्क्सवादी लेखकों को मंच प्रदान किया गया।"[5]

दूसरा आरोप रेखा अवस्थी ने यह लगाया है कि "एक तरफ अज्ञेय और उनकी मंडली के साहित्यकार थे, 'प्रतीक', 'कल्पना'—जैसे उनके पत्र थे, परिमल नामक साहित्यिक संगोष्ठी थी...साहित्य से 'यथार्थ दर्शन' को हटा कर आत्मान्वेषण को प्रतिष्ठित करने वाला नारा था, व्यक्ति स्वातंत्र्य का राजनीतिक-दार्शनिक सिद्धान्त था, दूसरी तरफ प्रगतिशील लेखक संघ और प्रगतिशील साहित्यिक आन्दोलन था। ये दोनों प्रवृत्तियाँ सन् 1947 के बाद से पूरी तरह एक दूसरे के विरुद्ध युद्ध की घोषणा कर देती हैं।"[6]

'कल्पना' के सम्बन्ध में रेखा अवस्थी का आरोप निराधार है। 'कल्पना' पूँजीपति संचालित है। लेकिन पूँजी एवं पत्रकारिता का जो तात्पर्य साहू जैन घराने से या बिड़ला घराने से है वैसा 'कल्पना' एवं पित्ती परिवार का सम्बन्ध नहीं है। पित्ती परिवार की नीयत पर शक करना उचित नहीं क्योंकि किसी पत्रकारिता उद्योग की आधारशिला इस घराने के नाम दर्ज नहीं है। यदि जोड़तोड़ कर किसी पूँजीपति प्रकाशक से बदरीविशाल पित्ती तुलनीय हैं तो 'मतवाला' के प्रकाशक-सम्पादक सेठ महादेव प्रसाद से। हालाँकि यह तुलना भी उपयुक्त नहीं है। रेखा अवस्थी ही नहीं राजेन्द्र यादव जैसे साहित्यकार को भी यह भ्रम है कि 'कल्पना' एक व्यावसायिक आयोजन थी। 'हंस' अगस्त 1989 के सम्पादकीय में राजेन्द्र यादव लिखते हैं :

"जिस पत्रिका के पीछे न देशव्यापी पत्रिका समूह हो, न भारत भवन, साहित्य अकादमी या ज्ञानपीठ जैसा संस्थान, वह इस प्रस्तुतीकरण की हिमाकत करे—यह सचमुच गले उतरने वाली बात नहीं है। जरूर कोई हाजी मस्तान है या बदरीविशाल पित्ती...।"[7]

ऊपर की बात 'हंस' पत्रिका के सन्दर्भ में लिखी गयी है। यह राजेन्द्र यादव जैसे दुस्साहसिक साहित्यकार ही कर सकते हैं कि हाजी मस्तान और 'कल्पना' के यशस्वी संचालक सम्पादक बदरीविशाल पित्ती को एक ही तराजू में तौल दें। कहना नहीं होगा कि

'कल्पना' का स्वतंत्र मूल्यांकन पूँजीपति घराने के आरोप में ढक गया। लेकिन 'कल्पना' ने अपने समय और मुहावरे से जुड़कर जो देशव्यापी संसार बसाया वह इसलिए सम्भव हो सका कि वह मात्र पूँजीपति आयोजन नहीं थी। 'कल्पना' एक दुर्लभ मिशनरी भावना से संचालित पत्रिका थी। इसलिए वह पाठकों और लेखकों के संवाद और प्रतिक्रिया की उपलब्धि का दस्तावेज बन सकी। सामयिक पक्षधरता और पूँजी से 'दिनमान' या 'ज्ञानोदय' सम्भव है, 'कल्पना' नहीं।

रेखा अवस्थी का दूसरा आरोप 'कल्पना' के सम्बन्ध में यह है कि वह "गैर मार्क्सवादी लेखकों को मंच प्रदान" करती थी। इस आरोप को भी गहराई से देखें तो बेबुनियाद साबित होता है। 'कल्पना' ने रचना की श्रेष्ठता को चयन का मानदंड माना था। इस टेक के निर्वाह में वह अडिग रहती है। छठवें साल के सम्पादकीय में सम्पादक दुहराते हैं; "लेखों, कविताओं और कहानियों के चुनाव में जैसा हम पहले भी निवेदन कर चुके हैं, हमने साहित्यकार के व्यक्तित्व की अपेक्षा उसकी रचना को ही मूल्यांकन का अधिक प्रामाणिक मानदंड माना है। हिन्दी के अनेक महारथियों की रचनाएँ हमने अस्वीकृत की हैं और प्रायः अज्ञात व्यक्तियों की रचनाओं को स्वीकृत किया है।"[8]

कहते हैं, कई स्थापित लेखकों की रचनाएँ 'कल्पना' ने लौटा दी थी। अजित कुमार का पत्र भी इसका प्रमाण है :

"दिसम्बर अंक के सम्पादकीय में आपने लिखा है कि अक्सर प्रतिष्ठित लेखकों की रचनाएँ भी आप लौटा देते हैं। मैं समझता हूँ कि यह नीति ठीक नहीं है क्योंकि जो लेखक किसी भी कारण से सही, प्रतिष्ठित हो गये हैं उनकी रचनाओं का सामाजिक महत्त्व है। उनकी रचनाएँ सामने आनी ही चाहिए। पत्रिका तो ऐसे लेखकों की कृतियों को पाठकों के सम्मुख ले आने के लिए माध्यम-मात्र है।"[9]

साथ ही कई नये अज्ञात लेखकों को 'कल्पना' ने हिन्दी-संसार में प्रवेश दिलाया है। निर्मल वर्मा ने स्वीकार किया है :

"...पहली कहानी जो किसी अच्छी पत्रिका में प्रकाशित हुई वह 'कहानी' थी जो भैरवप्रसाद गुप्त इलाहाबाद से निकालते थे। 'कल्पना' में 1954-55 में बद्रीविशाल पित्ती ने मेरी दूसरी कहानी प्रकाशित की।"[10]

'कल्पना' नये लेखकों का सपना थी। रामदरश मिश्र ने एक संस्मरण में लिखा है :

"'कल्पना' एक ऐसी पत्रिका थी जिसमें छपने की हसरत हर एक नये लेखक को होती थी। शिवप्रसादजी की कहानियाँ छपने लगी थी। शम्भुनाथ जी भी छपते थे। आखिर मेरी एक रचना छपी किन्तु वह कविता नहीं थी, कहानी थी।"[11]

जहाँ तक गैर मार्क्सवादियों को मंच प्रदान करने की बात है तो हरिशंकर परसाई जैसे घोषित प्रतिबद्ध लेखक की रचनाएँ शुरू से ही 'कल्पना' में स्थान पाती रही हैं। 1961 से 'कल्पना' में 'और अन्त में' स्तम्भ लेखन भी करते रहे हैं। मन्मथनाथ गुप्त 'कल्पना' के चौथे अंक से ही जुड़े लेखक हैं। एक सौ तक के अंको में उनकी चौदह रचनाएँ छपी हैं। कुछ रचनाओं के शीर्षक से साफ है कि उन्होंने प्रगतिवाद का स्पष्टीकरण 'कल्पना' के माध्यम से किया है। शीर्षक है-'प्रतिवाद : आक्षेपों का उत्तर', 'प्रगतिवाद का स्पष्टीकरण'

ये दोनों आलेख 1953 की 'कल्पना' में छपे हैं। 'कल्पना' के दसवें वर्ष अर्थात् सौवें अंक में अनेक लेखकों की सम्मतियाँ छपी हैं। मन्मथनाथ गुप्त लिखते हैं :

"मैं बराबर 'कल्पना' का प्रशंसक रहा हूँ। यह आपके साहित्य प्रेम और त्याग का प्रतीक होने के साथ ही हिन्दी की एक श्रेष्ठ पत्रिका के रूप में स्वीकृत हो चुकी है। 'कल्पना' नये विचार वालों का पत्र होने के साथ ही निष्पक्ष भी है, यह तो कई साल पहले मुझमें और डॉ. आर्येन्द्र शर्मा में जो वाद-विवाद चला था उससे प्रकट हो गया था। अब आपने इस अंक में यशपाल का जो लेख छापा है उससे भी यह प्रमाणित होता है।"[12]

क्रान्तिकारी एवं साहित्यकार मन्मथनाथ गुप्त के पत्र से साफ है कि 'कल्पना' एक निष्पक्ष पत्रिका थी। इतना ही नहीं भगवतशरण उपाध्याय; हंसराज रहबर, राहुल सांकृत्यायन, शमशेरबहादुर सिंह, यशपाल, मार्कंडेय, भीष्म साहनी, प्रकाशचन्द्र गुप्त, नागार्जुन, नामवर सिंह, रांगेय राघव जैसे प्रगतिशील लेखकों की रचनाएँ सादर 'कल्पना' में जगह पाती रही हैं। अतः रेखा अवस्थी ने जो 'मताग्रह' का सवाल उठाया है, सर्वथा निराधार है। सहिष्णुता 'कल्पना' की आत्मा है। वह विशुद्ध साहित्यिक पत्रिका है और सर्वात्मना साहित्यकारों के प्रति समर्पित है।

मुक्तिबोध की बीमारी से लेकर मृत्यु तक की सूचना को जिस ढंग से 'कल्पना' के सम्पादक पाठकों तक पहुँचाते हैं, वह इस बात का प्रमाण है कि प्रतिबद्ध साहित्यकार के आत्मसंघर्ष की 'कल्पना' कद्र करता है। अप्रैल 1964 के अंक में सम्पादक लिखते हैं :

"श्री गजानन माधव मुक्तिबोध की एक कविता 'भूल गलती' इस अंक में जा रही है। कुछ दिन हुए श्री मुक्तिबोध को पक्षाघात हो गया था किन्तु यह सन्तोष और प्रसन्नता की बात है कि उनका स्वास्थ्य सुधर रहा है।"[13]

अगस्त 1964 में सम्पादक पुनः लिखते हैं :

"श्री गजानन माधव मुक्तिबोध की, जिनकी आजकल दिल्ली के एक अस्पताल में पक्षाघात चिकित्सा हो रही है और ताजा खबरों के मुताबिक उनकी स्थिति चिन्ताजनक है, एक लम्बी कविता 'चम्बल की घाटी में' इस अंक में प्रकाशित है।"[14]

आगे अक्टूबर 1964 में यह दुःखद सूचना छपती है कि :

"सितम्बर की ग्यारह तारीख को दिल्ली में हिन्दी के प्रख्यात साहित्यकार, मराठीभाषी श्री गजानन माधव मुक्तिबोध का एक लम्बी और कष्टप्रद बीमारी के बाद देहान्त हो गया। 'कल्पना' परिवार उनकी मृत्यु से दुःखी है। सुख-दुःख में साहित्य आदमी को बड़ा सहारा देता है; आदमी को आदमी बनने की उससे प्रेरणा मिलती है। श्री मुक्तिबोध ने साहित्य सृजन किया था। जिन लोगों को उनके साहित्य ने प्रेरित किया, उनका कर्तव्य है कि वे केवल मौखिक श्रद्धांजलि देकर ही हाथ पर हाथ धर कर न बैठें। दो काम करने होंगे : एक तो उनके साहित्य का पुस्तकाकार प्रकाशन और दूसरा उनके परिवार के भरण-पोषण और उनके बच्चों की शिक्षा-दीक्षा का प्रबन्ध। यही सही मानी में श्रद्धांजलि होगी। आगामी अंक में श्री मुक्तिबोध की कविता 'आशंका के द्वीप : अँधेरे में' प्रकाशित होगी।"[15]

नवम्बर 64 में मुक्तिबोध की सार्वकालिक कालजयी कविता 'अँधेरे में' प्रकाशित होती है। 'यह अंक' में शमशेरबहादुर सिंह की लिखी लम्बी टिप्पणी, 20 सितम्बर के 'धर्मयुग' से उद्धृत है।

''श्री गजानन माधव मुक्तिबोध की एक लम्बी कविता 'आशंका के द्वीप : अँधेरे में' इस अंक में प्रस्तुत है। यह विलक्षण प्रतिभा निःसन्देह कामायनी की प्रतिभा का विस्तार ही नहीं करती, भारतीय काव्य परम्परा को भी नया आयाम दे सकती थी और कुछ दिया भी है, किन्तु...। हम खुश हैं कि ऐसी अनुपम कृति को छापने का गौरव मिला।''[16]

अतः रेखा अवस्थी का यह आरोप निराधार है कि 'कल्पना' ने गैर-मार्क्सवादियों को मंच प्रदान किया। उद्धृत प्रसंगों से स्पष्ट है कि 'कल्पना' को हिन्दी के सबसे अधिक समर्थ लेखकों का सहयोग प्राप्त था। 'कल्पना' ने बिना किसी पूर्वाग्रह के मंच का कार्य किया। हाँ, यह अवश्य है कि 'कल्पना' के इर्द-गिर्द कुछ लेखकों का समूह था। लेकिन हिन्दी की साहित्यिक-परम्परा को देखें तो यह सही है कि भारतेन्दु-मंडल था; सरस्वती के इर्द-गिर्द द्विवेदी मंडल था। 'विशालभारत' में बनारसीदास चतुर्वेदी ने लेखकों का एक समूह विकसित किया था। मतवाला-मंडल का योगदान हिन्दी साहित्य के इतिहास का बहुत परिचित प्रसंग है। डॉ. नामवर सिंह ने ऐसे लेखक-मंडलों की निर्णायक भूमिका की ओर संकेत करते हुए लिखा है :

अपनी साहित्यिक परम्परा में मैं देखता हूँ तो यह सही है कि भारतेन्दु-मंडल होता था, द्विवेदी-मंडल था, सरस्वती के इर्द-गिर्द कुछ लेखकों का समूह था। यह सही है कि साहित्य के विकास में ऐसे संस्थान, चाहे पत्रिका के अन्तर्गत हो, किसी संगठन के अन्तर्गत हो, कुछ लेखकों की मंडली हो, इनका योगदान रहा है। बावजूद इसके, उसमें एक ऐसा लचीलापन रहा है जिसके कारण हमारी सांस्कृतिक परम्परा में मुक्ति का वह अवकाश बना रहा है, जिसका जिक्र 'आलोचना की स्वतंत्रता की बात' करते हुए मैं कर रहा था। कदाचित् इसी कारण सर्जना और चिन्तन का विकास होता रहा।''[17]

'कल्पना' के पृष्ठों पर 'परिमल मंडल' के लेखकों की रचनाएँ हरेक अंक में छपती रही हैं लेकिन उसके रचनात्मक स्तर से कोई समझौता 'कल्पना' के सम्पादकों ने नहीं किया है।

रेखा अवस्थी का तीसरा आरोप है कि 'कल्पना' व्यक्ति स्वातंत्र्य को प्रतिष्ठित करने वाली तथा साहित्य से यथार्थ दर्शन को हटाने वाली पत्रिका है। अक्टूबर 1955 में 'साहित्यकार का वैयक्तिक स्वातंत्र्य और सामाजिक दायित्व' शीर्षक सम्पादकीय प्रकाशित हुआ है। उसका अन्तिम पैराग्राफ इस प्रकार है :

''साहित्यिक का वैयक्तिक स्वातंत्र्य और उसका सामाजिक दायित्व-दोनों एक ही हैं, साहित्यकार जो कहना चाहे कहे—यह उसका वैयक्तिक स्वातंत्र्य है। वह समाज के कल्याण की बातें कहे—यह उसका सामाजिक दायित्व है। पर समाज के कल्याण के लिए जो सुधार, परिवर्तन या क्रान्ति वस्तुतः अपेक्षित है, उसका संकेत स्वयं जीवन ही देता है। उस संकेत को साहित्यकार औरों से (राजनीतिज्ञों से भी) पहले समझ लेगा—वह औरों से अधिक संवेदनशील है। और समझ लेने पर उसके सम्बन्ध में स्वयं ही अपनी वैयक्तिक स्वतंत्रता को अक्षुण्ण रखते हुए कुछ कहना चाहेगा। सुधार परिवर्तन या क्रान्ति समाज के लिए वस्तुतः अपेक्षित हो, और साहित्यकार उसके सम्बन्ध में मौन रहे, यह हो ही नहीं सकता। जो मौन रहेगा, वह साहित्यकार नहीं होगा। अर्थात् साहित्यकार का सामाजिक दायित्व केवल 'घूँघट का पट' खोलने से निभ जाता है, और 'घूँघट का पट' खोलना जीवन

का प्रत्यक्षीकरण, उसका सहज कर्म है जिसका दूसरा नाम वैयक्तिक स्वातंत्र्य है। फलत: वैयक्तिक स्वातंत्र्य और सामाजिक दायित्व के पारस्परिक विरोध अथवा सन्तुलन की चर्चा ही बे–मतलब है। इस प्रश्न की सार्थकता केवल वादों द्वारा अपेक्षित रेजिमेंटेशन के सन्दर्भ में मानी जा सकती है।''[18]

ऊपर के सम्पादकीय में स्पष्ट शब्दों में स्वीकार किया गया है कि जो मौन रहेगा वह साहित्यकार नहीं होगा। यहाँ तक कि क्रान्ति शब्द से भी 'कल्पना' के सम्पादकों को परहेज नहीं है। मूल बात है कि 'कल्पना' किसी प्रकार के रेजिमेंटेशन के विरुद्ध है। वह साफ घोषित करती है कि 'सुधार, परिवर्तन या क्रान्ति' के संकेत को सबसे पहले साहित्यकार ही समझता है। प्रेमचन्द के प्रथम प्रलेस के अध्यक्षीय भाषण का मन्तव्य यहाँ साफ मुखर है कि साहित्य राजनीति के आगे चलने वाली मशाल है अर्थात् 'कल्पना' सामाजिक दायित्व से विमुख पत्रिका नहीं है। रेखा अवस्थी का आरोप कोई अकेला नहीं है, 'कल्पना' के जीवनकाल में बार–बार यह प्रश्न उठाया जाता रहा है कि 'कल्पना' जनसाहित्य का विरोध करती है। इस सम्बन्ध में 'कल्पना' का अधोलिखित स्पष्टीकरण पठनीय है :

''एक आध सज्जन यह भी कहते हैं कि 'कल्पना' जनसाहित्य का विरोध करती है। साहित्य को समाज और आदमीयत से परे स्वप्नकुसुम समझती है तथा शोषक–शोषित का साहित्य रचे जाने का विरोध करती है। हमारा निवेदन है कि ऐसा कहना भ्रांति अथवा झूठा प्रचार है। भ्रांति दूर हो सकती है और झूठा प्रचार चल नहीं सकता। हमने पहले एक बार स्पष्ट किया है कि साहित्य में वह सभी यथार्थ है जिसके पीछे साहित्यकार की अपनी अनुभूति है और जिसे वह दूसरों को अनुभूत करा सकता है।...फिर आज का यथार्थ केवल आर्थिक तथा वर्गिक संघर्ष है, जो हमें अमान्य है। यह ठीक है कि भीषण विषमता—एक तरफ बहुत, बहुत अधिक तथा दूसरी तरफ कुछ नहीं, अशिक्षा और निरूत्साह आदि के कारण कुछ यथार्थ जैसे आर्थिक तथा वर्गिक संघर्ष बड़े यथार्थ हैं।''[19]

हालाँकि साम्यवादी विचारधारा के कुछ पहलुओं से 'कल्पना' असहमत थी। लेकिन वह यह स्वीकार करती थी कि आर्थिक और वर्गिक संघर्ष बड़े यथार्थ हैं। 'कल्पना' में छपी रचनाओं से जनविरोधी घटकों को शक्ति नहीं मिलती। आजादी के बाद जो सत्ता प्रतिष्ठान स्थापित हुआ 'कल्पना' उसके सामने नहीं झुकी। स्वाधीनता संग्राम के दिनों में साहित्यकारों और राजनीतिज्ञों के बीच अच्छे सम्बन्ध थे। वे संघर्ष के दिन थे। लेकिन स्वाधीनता के बाद 'कल्पना' ने अच्छी तरह समझ लिया था कि राजनीतिज्ञों का साहित्यकारों से वैसा सम्बन्ध सम्भव नहीं जैसा औपनिवेशिक ताकतों से प्रतिकार के दिनों में था। इसलिए नवलेखन के मुखपत्र 'कल्पना' ने स्वाधीन भारत में प्रतिरोध का साहित्य प्रस्तुत किया। यह एक कठिन काम था। आज यह तथ्य असंदिग्ध रूप से उभर कर सामने आया है कि पचास और साठ के दशक में 'कल्पना' ने हिन्दी साहित्य को नयी दिशा दी। अज्ञेय ने मनोहरश्याम जोशी के संग एक साक्षात्कार में स्वीकार किया कि :

जोशी : हिन्दी में जो है सो 'कल्पना' है।

अज्ञेय : हाँ और इसके नाम के साथ अनायास ही 'जो है सो' या 'ले देकर' जैसे विशेषण निकल आते हैं।''[20]

लेकिन इससे भी अधिक मुखर ढंग से सुधी आलोचक डॉ. नामवर सिंह ने कवि-आलोचक विश्वनाथ त्रिपाठी के समक्ष स्वीकार किया कि :

"...सन् सैंतालीस के बाद हिन्दी में अनेक नई पत्रिकाएँ निकलीं। जैसे 'कल्पना' और 'प्रतीक'।

'कल्पना' के बारे में विशेष रूप से उल्लेखनीय बात यह है कि वह एक अहिन्दी क्षेत्र से निकली। हैदराबाद से। मेरी दृष्टि में 'कल्पना' स्वाधीन भारत की 'सरस्वती' है। एक मुकम्मल पत्रिका। उसमें भाषा, साहित्य संस्कृति के साथ कला का भी समावेश था।...'कल्पना' इस काल के साहित्य की प्रतिनिधि पत्रिका थी। संकीर्णता से सर्वथा मुक्त।"[21] अज्ञेय एवं डॉ. नामवर सिंह के स्वीकृति का प्रतीकात्मक महत्त्व है। उभयनिष्ठ रूप से यह बात सामने आयी है कि 'कल्पना' संकीर्णता से मुक्त पत्रिका थी। 'कल्पना' ने एकांगिता अथवा मताग्रह के भ्रमजाल में पड़ जाने की बनिस्वत जो रास्ता अपनाया, समय की दूरी ने उसे सही साबित किया है। अब 'कल्पना' के सम्बन्ध में धुंध छँट गयी है। 'कल्पना' सम्पादक का दावा सही साबित हुआ है कि "भ्रांति दूर हो सकती है और झूठा प्रचार चल नहीं सकता।" 'कल्पना' के बारे में भ्रांति दूर हुई है और मिथ्या प्रवाद चल नहीं पाया है। इसीलिए 'कल्पना' ने निर्गुट रह कर दुर्लभ पाठक मंच की संभावना को साकार किया।

'कल्पना' के 'पत्र स्तम्भ' की विशेषताओं को समझने के लिए कुछ सम्पादकीय उद्धरणों को देखना अनुचित नहीं होगा। अप्रैल 64 में 'यह अंक' में सम्पादक लिखते हैं :

"पत्र स्तम्भ के लिए इस बार कोई मतलब का पत्र नहीं आया इसलिए इस अंक में यह स्तम्भ नहीं जा रहा है। वैसे खानापूरी करने के लिए की जा सकती थी, किन्तु इसी प्रवृत्ति ने बहुत नुकसान पहुँचाया है।"[22]

फरवरी 1961 की 'कल्पना' के 'यह अंक' में सम्पादक घोषित करते हैं:

ऐसा प्रतीत होता है कि यहाँ क्रिया की कमी के साथ-साथ प्रतिक्रिया भी नहीं हैं, और यदि है तो तीव्र नहीं है, यदि तीव्र है तो व्यक्त करने का आलस्य है। अपने पाठक वर्ग में हिन्दी के प्रायः सभी लेखकों का होना 'कल्पना' के लिए गौरव की बात है। इसके बावजूद पत्र स्तम्भ जितना जीवन्त होना चाहिए, नहीं है। और इस अंक में तो एक भी पत्र नहीं जा रहा है।"[23]

आगे, अप्रैल 1961 में सम्पादक लिखते हैं, पत्र आते हैं तो इतने लम्बे और इतने कि इस बार यह स्तम्भ काफी दीर्घकाय हो गया, लेकिन फिर भी चुस्त और सुन्दर है। हमें आशा है कि भविष्य में भी पत्रों का, जानदार पत्रों का टोटा नहीं पड़ेगा।[24]

सितम्बर 1961 में सम्पादक लिखते है : " 'पत्र' में श्री नागानन्द मुक्तिकंठ ने कविता के भाषा के सम्बन्ध में जो लिखा है, उस पर हम और पत्र या टिप्पणियाँ आमंत्रित करते हैं। इसके साथ ही श्री मलयज के पत्र पर और विचार विनिमय अपेक्षित है।"[25]

दिसम्बर 1961 के 'यह अंक' में सम्पादक लिखते हैं : "कुछ लोग कहते हैं कि जबसे टाइप रायटर का इजाद हुआ और चलन हुआ, तब से पत्र लेखन कला का चरित्र या तो बदल गया है या फिर उसमें गुणात्मक कमी आ गयी है। अब पत्रों के स्वभाव में न पहले जैसी आत्मीयता ही रह पायी है और न व्यक्ति के 'स्व' की गरमाई। श्री इलाचन्द्र जोशी के इस अंक में प्रकाशित पत्र का अपना एक व्यक्तित्व है और है एक पूरी पीढ़ी के प्रति सचेष्ट भाव।"[26]

पत्र स्तम्भ की विशेषताओं के उद्‌घाटन के लिए सम्पादकीय मन्तव्यों की पड़ताल आवश्यक है। 'कल्पना' का पत्र स्तम्भ खातापूर्ति मात्र नहीं है। योजनाबद्ध ढंग से इस स्तम्भ को जीवन्त बनाया गया है। इस स्तम्भ में मन्तव्यहीन, कमजोर पत्र के लिए कोई जगह नहीं है। अधिकतर पत्रों का स्वरूप विवेचनात्मक है। यह स्तम्भ हिन्दी पाठकों की स्तरीयता का ऊँचा 'ग्राफ' भी बतलाता है। प्रत्येक पत्र लेखक का एक व्यक्तित्व है। 'कल्पना' उस व्यक्तित्व को उभारने में भरपूर योग देती है। 'सरस्वती' के सम्बन्ध में यह कहा जाता है कि उसने हिन्दी पाठकों की रुचि का परिष्कार किया था। 'कल्पना' उससे एक कदम आगे बढ़कर परिष्कृत रुचि वाले पाठकों को लेखक बना देती हैं अजितकुमार, केदारनाथ सिंह, हरिशंकर परसाई, नागानन्द मुक्तिकंठ–जैसे लेखकों के पत्र पहले छपे हैं; रचनाएँ बाद में। यह स्तम्भ नये लेखकों का प्रवेश द्वार है। प्रशंसात्मक पत्र बिलकुल नहीं छपे हैं। 'कल्पना' के लिए 'जानदार' पत्र का मतलब है तीव्र प्रतिक्रिया व्यक्त करने वाला पत्र। पत्र लेखकों को इतनी गम्भीरता से उद्धृत करना सर्वथा नयी घटना थी। पत्र-विधा को समुन्नत करने में 'कल्पना' के पाठकों का अविस्मरणीय योगदान है। 'कल्पना' के पन्नों पर इतने विविधवर्णी पत्रों के दर्शन होते हैं कि उसके लिए नितान्त नवीन पुस्तक की आवश्यकता पड़ेगी।

जनवरी 1961 में एक भी पत्र नहीं आता है। पत्रों की कमी पर 'कल्पना' के सम्पादक उदास होते हैं। हिन्दी पाठकों की प्रतिक्रिया नहीं करने की आदत पर खीझते हैं। हिन्दी भारत के विशाल भूभाग पर बसने वाली हिन्दी जाति को सक्रिय करने का धीमा लेकिन दुष्कर आयोजन भी यह स्तम्भ है। पाठकों के विशाल बीहड़ से संवाद कायम कर लेना 'कल्पना' की एक दुर्लभ उपलब्धि रही है। प्रायद्वीपीय भारत के एक अहिन्दी भाषी शहर से यह सम्पूर्ण आयोजन आज विस्मयकारी प्रतीत होता है। आज जबकि हिन्दी की साहित्यिक पत्रिकाओं को अपने पाठक की खोज करनी पड़ रही है, तब 'कल्पना' के पत्र आयोजन की दुर्लभता एवं निरन्तरता भली तरह समझ में आती है। इस स्तम्भ ने जहाँ एक तरफ लेखकों में आत्मविश्वास का संचार किया, वहीं दूसरी तरफ उसे सार्थक संवाद के यथार्थ धरातल पर उतरने के लिए विवश किया। हमारा पाठक कौन है, कहाँ है, यह लेखकों को पता चला। कहना नहीं होगा, 'कल्पना' ने जिस पाठक मंच का निर्माण किया, उसने लेखकों को अपने पाठकों से साक्षात्कार कराया। लेखक निराधार भविष्य के लिए नहीं, बल्कि संक्रमणशील वर्तमान के लिए सक्रिय हुआ। लेखक का अस्तित्व इस स्तम्भ से प्रमाणित हुआ। दूर-दराज में बसे हिन्दी पाठकों को झिंझोड़ कर जगा डालना एक रोमांचक प्रयास था।

पाठक एवं लेखक अलग-अलग इकाई नहीं बल्कि एक ही सिक्के के दो पहलू हैं। ये परस्पर प्रतिद्वन्द्वी नहीं बल्कि साझीदार हैं, इस बात को 'कल्पना' ने अपने पाठक-मंच से समझाया। बहुधा पत्र स्तम्भ सम्पादकों की नीति एवं नीयत से निर्धारित होता है। लेकिन 'कल्पना' का सम्पादक-मंडल असंग होकर विविध विरोधी विचारों को प्रस्तुत होने देता है। इसीलिए सामयिक विचारों की सभी धाराएँ 'कल्पना' के पत्र पृष्ठ पर मौजूद हैं। इसीलिए 'कल्पना' का यह दावा कि हिन्दी के प्राय: सभी लेखकों का होना 'कल्पना' के लिए गौरव की बात है, अक्षरश: सही है। कई बार 'कल्पना' में छपे पत्रों से लेखकों ने नाराजगी जतायी

है। लेकिन 'कल्पना' ने तर्कपूर्वक वस्तुस्थिति को साफ करने की कोशिश की है। अगस्त 1963 की 'कल्पना' में इस स्तम्भ की सार्थकता एवं स्वरूप पर प्रकाश डाला गया है :

'कल्पना' में प्रकाशित रचनाओं के सम्बन्ध में आलोचनात्मक अथवा विरोधात्मक प्रतिक्रियाएँ 'पत्र' स्तम्भ में प्रकाशित करने की नीति के बारे में प्राय: सन्देह किया जाता है कि हम पहले उस चीज को क्यों छापते हैं। कई बार तो यह भी ख्याल किया जाता है, गलत आरोप लगाया जाता है कि हम छापते हैं और फिर प्रयत्न करके उसके विरोध में लिखवाते हैं और प्रकाशित करते हैं। पर हम मानते हैं कि 'पत्र स्तम्भ' एक ऐसा मंच है जिस पर आकर पाठक को अपना मत व्यक्त करने की आजादी होनी चाहिए। हाँ, यदि कोई हमसे पूछता है कि हम अमुक रचना अथवा विचार के विरोध में कुछ लिखना चाहते हैं, उसे आप प्रकाशित करेंगे। हम समझते हैं यह दृष्टिकोण स्वस्थ, तर्कसंगत और वस्तुपरक है। अपनी पत्रिका में प्रकाशित रचना के प्रति यह दृष्टिकोण रचनाकार, पत्रिका और पाठक और कुल मिलाकर साहित्य के लिए श्रेयस्कर होता है।''[27]

इस सम्बन्ध में सर्वाधिक महत्त्वपूर्ण बात यह है कि 'कल्पना' स्वयं की आलोचना का भी भरपूर अवसर देती है। ऐसे अप्रीतिकर पत्र को भी सहर्ष छापती है जिसमें 'कल्पना' की नीयत पर ही सवाल उठाया जाता है। 'कल्पना' के स्थायी लेखकों में से एक दुष्यन्त कुमार, सन् 1963 के तीन कविता संग्रह की पुस्तक समीक्षा के बाद भारी नाराज हो उठे। उन्होंने आक्रोश भरा पत्र लिखा तथा 'कल्पना' सम्पादकों पर अल्पज्ञता एवं रुचिहीनता का आरोप लगाया। अक्टूबर 1963 में दुष्यन्त कुमार का पत्र छपा है!

''मैं 'कल्पना' से एक विशिष्ट साहित्यिक स्तर की अपेक्षा रखता आया हूँ न कि भगवतशरण उपाध्याय से। अत: मेरी धारणा 'कल्पना' से टूटी है उपाध्यायजी से नहीं। उपाध्याय जी का क्या, वे तो कल को कपड़े झाड़ कर अलग हो जाएँगे कि साब मुझे तो कविता समझ आती नहीं। पर 'कल्पना' सम्पादक तो सम्पादन से मुक्त नहीं हो सकते।...मैं भी 'परशुराम की प्रतीक्षा' को मामूली किताब से अधिक महत्त्व नहीं देता। मगर उपाध्याय जी ने दिनकर को श्री दिनकर सोनवलकर और श्री सन्तोष कानोड़िया के साथ रख कर एक ऐसी टुच्ची हरकत की है जो कि उन्हीं की पीढ़ी के योग्य है। नयी पीढ़ी का कोई भी लेखक उपाध्याय जी पर लिखते समय उन्हें दिलबाग सिंह जख्मी और रंगीराय मस्ताना के साथ ब्रैकेट करने की हिमाकत नहीं करेगा।''

पत्र छापने के साथ सम्पादक ने 'यह अंक' में घोषणा की : ''इस अंक में प्रकाशित अपने पत्र में श्री दुष्यन्त कुमार ने 'कल्पना' सम्पादकों पर रुचिहीनता और अल्पज्ञता का आरोप लगाया है। इस सम्बन्ध में हमें सिर्फ यह कहना है कि जिन कारणों से हमने श्री भगवतशरण उपाध्याय की 'उर्वशी' समीक्षा और 'सन् 1963 के तीन कविता संग्रह' शीर्षक समीक्षा प्रकाशित की है, ठीक उन्हीं कारणों से हमने दुष्यन्त जी का यह पत्र भी प्रकाशित किया है। श्री दुष्यन्त 'कल्पना' से 10 वर्षों का अपना घनिष्ट सम्बन्ध मानते हैं, इतने दिनों में सिर्फ एक बार हमारी 'रुचिहीनता' और 'अल्पज्ञता' उन पर प्रकट हुई।''

दुष्यन्त के आक्रोश को विनम्र स्वरों में 'कल्पना' ने स्वीकार किया। दस साल पुराने सम्बन्ध का वास्ता दिया। लेकिन परोक्ष रूप से अपने दावे पर कायम रहे कि जिन कारणों

से उपाध्याय जी की समीक्षा छापी उन्हीं कारणों के अन्तर्गत दुष्यन्त का पत्र भी छाप रहा हूँ। 'कल्पना' की न किसी से दोस्ती है, न किसी से वैर। वह निर्मोही होकर आयोजन मात्र करती है। यही कारण है कि लेखकों का उससे तनिक भी विवाद नहीं होता। 'कल्पना' ने जिस लेखक परिवार का निर्माण किया था वह अभिव्यक्ति की ईमानदारी पर आधारित था। इसीलिए जब दुष्यन्त की असामयिक मृत्यु होती है तो सम्पूर्ण सम्पादकीय उन्हीं को समर्पित होता है।

''लहूलुहान नजारों का जिक्र आया तो/शरीफ लोग उठे दूर जाके बैठ गए।–'सूर्य का स्वागत', 'आवाजों के घेरे', 'जलते हुए वन का वसन्त' (कविता संग्रह), 'एक कंठ विषपायी' (कल्पना में प्रकाशित काव्य नाटक), 'छोटे–छोटे सवाल', 'आँगन में एक वृक्ष', 'दुहरी जिन्दगी' (उपन्यास), 'मन के कोण', 'मसीहा मर गया', (नाटक) और 'साये में धूप' (नवीनतम गजलों का संग्रह) जैसी अनेक पुस्तकों के रचयिता दुष्यन्त कुमार त्यागी की आवाज 30 दिसम्बर 1975 को 42 वर्ष की उम्र में भोपाल में सदा के लिए खो गयी। गत वर्ष मई के अन्तिम सप्ताह में वह हैदराबाद आये थे। उन्होंने अपनी गजलें तरन्नुम के साथ सुनायी थीं। क्या पता था वह आवाज फिर सुनाई नहीं देगी। एक मस्तमौजी, हट्टा–कट्टा साहित्यकार बहुत–सी संभावनाओं को अपने साथ लिये चल दिया–

यहाँ दरख़्तों के साये में धूप लगती है
चलो यहाँ से चलें और उम्र भर के लिए।

और वह सचमुच चला गया। जहाँ दरख़्तों के साये में रहने पर भी धूप लगती हो, वहाँ रहने से क्या फायदा? वे 'कल्पना' परिवार के अभिन्न अंग थे। हम उनके निधन से अत्यन्त दुखी हैं।''[28] यह है 'कल्पना' का लेखकों से अन्तिम क्षणों तक का निबाह। दुष्यन्त कुमार की मृत्यु के बाद 'सारिका' का विशेषांक कमलेश्वर ने निकाला था। लेकिन यहाँ जिस मार्मिक अंदाज में दुष्यन्त कुमार को श्रद्धांजलि दी गयी है, साहू जैन निलय के 'सारिका' का आयोजन फीका लगने लगता है। दुष्यन्त कुमार की मृत्यु आपात्काल में हुई थी। अभिव्यक्ति पर पाबन्दी लगी हुई थी। 'कल्पना' के जो छिटपुट अंक निकलते रहे हैं उससे पता चलता है कि 'कल्पना' के सम्पादक का मन कितना भारी है। ऐसे दुर्दिन में दुष्यन्त कुमार के लिए यह कहना कि ''जहाँ दरख़्तों के साये में रहने पर भी धूप लगती हो वहाँ रहने से भी क्या फायदा?''

अतः 'कल्पना' ने लेखकों का मनुहार किया, चिरौरी की, लेकिन सम्बन्धों में कटुता नहीं आने दी।

नीचे दो और समकालीन लेखकों के पत्रांश विश्लेषण के लिए प्रस्तुत हैं। 'कल्पना' ने जिस तरह से पाठकों की स्तरीयता का विकास किया उसका नमूना निर्मल वर्मा एवं कुँवर नारायण के पत्रों से जाहिर है। 'दीवार के दोनों ओर से' स्तम्भ निर्मल वर्मा लिखते थे। यह पश्चिमी कला, साहित्य, नाटक, सिनेमा की जानकारियों का स्तम्भ था। वीरेन्द्र सिंह, लखनऊ ने निर्मल वर्मा की तथ्यगत त्रुटि की ओर ध्यान दिलाया। जून 64 के पत्र स्तम्भ में वीरेन्द्र सिंह लिखते हैं :

'' ...अप्रैल की 'कल्पना' में आर्थर मिलर के नाटक 'आफ्टर दि फॉल' के निर्देशक एल्फ्रक्ड कजान नहीं, एलिया कजान हैं। जिन्हें मार्लिन ब्रान्डो और जेम्सडीन जैसे अभिनेताओं को प्रकाश में लाने का श्रेय है...।''

लगता है कि सम्पादक ने तथ्यगत त्रुटि के स्पष्टीकरण के लिए पत्र निर्मल वर्मा के हवाले कर दिया। उसी जून 1964 के पत्र स्तम्भ में निर्मल वर्मा नयी दिल्ली का स्पष्टीकरण छपा है।

"आर्थर मिलर के नाटक 'आफ्टर दि फॉल' के निर्देशक एलिया कजान ही हैं। जिस समय मुझे अपनी गलती का एहसास हुआ, उसे ठीक करवाने का समय बीत चुका था। फिर भी मैं भूल सुधार के लिए श्री वीरेन्द्रसिंह का आभारी हूँ।"

'कल्पना' के दिसम्बर 1961 के अंक में कुँवरनारायण की टिप्पणी 'विदेशी साहित्य : नयी पीढ़ी की विद्रोह भावना' छपी थी। गलती से उसमें अल्फ्रेड प्रूफाक की जगह 'वेस्टलैंड' छप गया था। राजीव सक्सेना, नयी दिल्ली से लिखते हैं :

"आश्चर्य है, भाई कुँवरनारायण को उनकी स्मृति धोखा कैसे दे गयी? इलियट की पंक्तियाँ–"इन द रूम वीमेन कम एंड गो। टाकिंग आव माइकल एन्जेलो" लम्बी कविता 'वेस्टलैंड' में नहीं 'लव सांग आव जे प्रूफ्राक' में गीत की टेक की भाँति आती है, खेद है इस मामले में सम्पादक-मंडल ने अपना दायित्व नहीं निभाया।"

मई 62 के उसी अंक में कुँवरनारायण, लखनऊ का पत्र छपा है। "दिसम्बर 1961 की 'कल्पना' 127 में पृष्ठ 23 प्रथम की अन्तिम पंक्ति में 'वेस्टलैंड' के स्थान पर 'द लव सांग आव जे प्रूफ्राक' होना चाहिए, जिससे उद्धरण लिया गया है। असावधानी के लिए क्षमाप्रार्थी हूँ।"

राजीव सक्सेना का पत्र 16 जनवरी, 1962 का है। कुँवरनारायण के पत्र के नीचे अप्रैल 24, 1962 लिखा है।

जनवरी से अप्रैल के बीच पत्र अलग-अलग स्थानों तक पहुँचाया जाता रहा होगा। पत्र 'कल्पना' कार्यालय हैदराबाद से कुँवरनारायण के पास लखनऊ पहुँचाया गया होगा। फिर कुँवरनारायण का स्पष्टीकरण हैदराबाद लौटकर आने के बाद उसे पत्र स्तम्भ में छापा गया होगा। यह लेखकों को सीधे पाठकों के प्रति जिम्मेवार बनाने की प्रक्रिया का दो नमूना-मात्र है।

'कल्पना' ने धीरज के साथ पाठक और लेखक के बीच हरकारे का दायित्व निभाया। इस सम्बन्ध में महत्त्वपूर्ण बात यह भी है कि 'कल्पना' के अधिकांश पाठक अपने समय के प्रबुद्ध लेखक हैं। पत्र स्तम्भ को जीवन्त बनाने में समकालीन लेखकों का भरपूर योगदान रहा है। ऐसे ही कुछ प्रतिनिधि बहसों का मूल्यांकन नीचे प्रस्तुत है।

नवम्बर 58 में अज्ञेय की चर्चित विवादास्पद कविता 'नये कवि के प्रति' छपी। इस कविता ने उस समय के कविता जगत को बेतरह आन्दोलित कर दिया। इसकी प्रारंभिक पंक्तियाँ थी :

आ, तू आ/हाँ, आ/मेरे पैरों की छाप-छाप पर रखता पैर/मिटाता उसे/मुझे मुँह भर-भर कर गाली देता/आ, तू आ।" कविता के अन्त में अज्ञेय ने 'नये कवियों की भर्त्सना करते हुए उसे 'दर्पस्फीतजयी' और 'गतानुगामी' घोषित किया। इस कविता में अज्ञेय ने जिन आवेशों को अभिव्यक्ति दी है उससे आज भी सहमति सम्भव नहीं। 'चक्रधर' ने 'साहित्यधारा' में लिखा :

"क्या इतने छिछले आवेशों की अभिव्यक्ति का माध्यम बनाना कविता के साथ बलात्कार नहीं है। नयी कविता में कौन सी ऐसी घटना हो गयी कि बीहड़ झारखंड से पथ बनाने वाले अ-गतानुगामी अज्ञेय का सन्तुलन भंग हो गया?"[29] साथ ही नयी कविता के

सशक्त हस्ताक्षर सर्वेश्वरदयाल सक्सेना की पंक्तियाँ उद्धृत करते हुए उन्होंने कहा कि पिछले दिनों ऐसी ही प्रतिक्रिया की कविताएँ और भी निकली हैं। 'अपरम्परा' में प्रकाशित सर्वेश्वर की कविता से उस समय के काव्य वायुमंडल का पता भी चलता है।

चुप रहो
हाँ, चुप रहो।
पराजित सूरज
क्षितिज की ओर झुकने लग गया
शोर यह कुछ देर का था
आप रुकने लग गया।

सर्वेश्वर की कविता में प्रयुक्त 'पराजित सूरज' एक निहितार्थ लिये हुए है तथा यह अज्ञेय के प्रति एक प्रतिक्रिया भी है। नयी कविता अज्ञेय से छुटकारा पाकर एक नयी दिशा की ओर चल पड़ी थी। नये कवियों का पीढ़ी संघर्ष इस कविता विवाद में साफ उभर कर सामने आया है।

जनवरी 1959 की 'कल्पना' में राजेन्द्र किशोर ने अज्ञेय की कविता का जोरदार विरोध किया। उन्होंने 'नये कवि का वक्तव्य' शीर्षक कविता लिखी। महत्त्वपूर्ण बात यह है कि राजेन्द्र किशोर की कविता 'पाठकों के पत्र' स्तम्भ के अन्तर्गत छपी है। कविता इस प्रकार है :

हमें प्रतीक्षा न थी तुम्हारे आवाहन की
हम आये आवाहन के पूर्व ही
नये भिन्नपथ से, जो तुम्हें अज्ञात था।
हमने नहीं रखे चरण तुम्हारे पद चिह्नों पर।
हमने तुम्हें गाली नहीं दी,
तुम्हें खंडित नहीं किया;
यह हमारी आकृति की महिमा थी, तुम बौना स्वयं लगे
...हमें आहूत करने वाले पितर
(कैसी विडम्बना है संबोधन की)
सुनो, हम दुखित हैं
तुम्हारे स्वर से अब तुम्हारा ही प्रेत जागता है।
किन्तु हम क्या करें? इस छोटी वय में,
सोचो, हम सचमुच विवश हैं।

राजेन्द्र किशोर की कविता के नीचे कृष्णनन्दन 'पीयूष' का पत्र छपा है। पत्र खासा लम्बा है। उन्होंने लिखा है :

"अज्ञेय को आजतक मैं एक कर्मनिष्ठ दृढ़प्रतिज्ञ एवं उदारता को प्रश्रय देने वाला सोचता रहा हूँ। 'नये कवि के प्रति' कविता मेरी पूर्व की धारणाओं के प्रतिकूल सिद्ध होती है।...'आ, तू आ' में नयी पीढ़ी के पथ अनुगामी कवि को जो संबोधन किया गया है, उसकी सार्थकता की पहचान आवश्यक है। मैं नयी कविता के उन आन्दोलनकर्ताओं से यहाँ विनम्र निवेदन करना चाहूँगा जो 'धुरीहीनता' की चर्चा करते हुए जिस धुरी की सार्थकता प्रकट करना

चाहते थे वे आँखें खोलकर देख सकते हैं कि उस धुरी के नीचे स्वयं का उनका ही सिर कुचलने का यह कितना बड़ा लोमहर्षक प्रयत्न है। नयी पीढ़ी के कथित दो–चार सप्तकों की सेना के कविगण भले ही गुमराह हो जाएँ पर नयी कविता का सम्पूर्ण प्रतिनिधित्व उन लोगों को नहीं मिलेगा यह स्पष्ट है।...यदि नयी कविता की प्रतिभाएँ साहित्य के मानदंड को नवीन रूप में उपस्थित कर सकते हैं, तो क्या यह सम्भव नहीं, हम स्वयं अपना नेतृत्व भी कर सकें।''

जनवरी 1959 में ही अज्ञेय की कविता के विरोध में सियारामशरण का पत्र छपा है। ''श्री अज्ञेय की निम्न पंक्तियाँ–

'आ तू
दर्पस्फीतजयी
मेरी तो
तुझे पीठ ही दीखेगी
ठोकर मार मिटाता अनगढ़
...इन
मर्यादा चिह्नों को,
आ, तू आ।

निश्चय ही सत्य और यथार्थ को उपस्थित करती है, परन्तु माफ करें–इसकी प्रेरणाभूमि में बहुत अंशों तक 'अज्ञेय' की सर्वथा नवीन राहों के अन्वेषण की प्रक्रिया ही सहयोग देती रही है। उन्होंने जिस तीर से अपने पूर्वजों को बेधवा डालने का प्रयत्न किया था–वह तीर आज उन्हें ही बेध रहा है।''

सन् साठ के ठीक पहले नये कवियों की जो पीढ़ी सामने आती है वह आश्चर्यजनक रूप से अज्ञेय की उपेक्षा करती है। राजेन्द्र किशोर की कविता : हम आये आवाहन से पूर्व ही, नये भिन्न पथ से, जो तुम्हें अज्ञात था–नये कवियों की बदली मानसिकता का आभास देती है। यह सच है कि अज्ञेय की आरंभिक कविता में विद्रोह के तत्व का आभास था। लेकिन धीरे–धीरे कलात्मक प्रौढ़ता के साथ वे तत्व कम होते चले गये। सन् साठ तक नयी कविता की जो नयी पीढ़ी सामने आती हैं वे जीवनानुभव की समस्याओं को कविता में प्रतिष्ठित करती है। खोखले काव्यात्मक आदर्शों को यह पीढ़ी नकार देती है। नयी कविता की भूमि पर मुक्तिबोध की तीव्र उपस्थिति अनवरत विरोध के बाद मान ली जाती है। इसलिए 'कल्पना' के पत्र स्तम्भ में हुए इस विवाद का दस्तावेजी महत्त्व है। युगान्तर के हलके संकेत को भी 'कल्पना' के पाठक संवेदनशील ढंग से ग्रहण करते हैं।

'कल्पना' ने भारतीय भाषाओं के यशोवर्धन में कोई कमी नहीं रखी। प्रत्येक अंक इसका जीवन्त सबूत है। सन् 1963 तक यह बात साफ हो गयी थी कि हिन्दी अनन्तकाल के लिए संवैधानिक रूप से अंग्रेजी की दासी बना दी गयी है। ऐसे में 'कल्पना' ने तत्कालीन सत्ता के प्रति तीव्र प्रतिरोध प्रकट करते हुए धर्मवीर भारती का लेख प्रकाशित किया। इस आलेख के माध्यम से 'कल्पना' ने हिन्दी बुद्धिजीवियों से साहसिक प्रतिक्रिया की अपील की। जुलाई 1963 के 'यह अंक' में सम्पादक ने लिखा :

"सन् 1962 चीनी आक्रमण के लिए और 1963 भारतीय भाषाओं का निरादर करके अंग्रेजी भाषा को अनिश्चितकाल तक प्रतिष्ठित रखने के शासकीय कुचक्र के लिए इतिहास में याद किये जाएँगे। जिस तरह से चीनी आक्रमण को हमारे सत्ताधारी पी कर रह गये, उसी तरह हमारे देश में बुद्धजीवी भी शासन के कठोराघात (भाषा विधेयक) को अब किसी तरह पचा लेने के प्रयास में हैं। असल में, हम जिन्हें अपने देश में बुद्धिजीवी कहते हैं, वह तबका इतना अस्थाहीन, निष्प्राण, पंगु और साथ ही चापलूस शासनमुखापेक्षी हो गया है कि उससे स्वतंत्र चेतना और निष्कलुष क्रियाशीलता की अपेक्षा रखना निरर्थक है। ऐसी अवस्था में इस अंक में प्रकाशित श्री धर्मवीर भारती का लेख, लेख में विचारों के महत्त्व के अतिरिक्त, एक साहस का प्रदर्शन है, आशा की किरण है—सभी दीप बुझ नहीं गये हैं, बची जोतें बुझी जोतों को न सही, नयी जोतें जलाएँगी और फिर अन्धकार में से रास्ता निकलेगा।"[30]

सन् 1963 तक आते-आते 'कल्पना' ने हिन्दी निर्माण या भाषा सुधार के स्तम्भों को तो जारी रखा; साथ ही, हिन्दी का जो राजनीतिक विरोध हो रहा था, उसका भी प्रतिउत्तर देना शुरू किया। हिन्दी के लिए जो आशावादी उत्साह सन् सत्तावन तक देखने को मिलता है, बाद के अंकों में वह समाप्त होता चला जाता है। बदले माहौल में 'कल्पना' अपनी नयी भूमिका निर्धारित करती है। वह हिन्दी के लिए आक्रामक तेवर लेकर प्रकट होती है। हिन्दी के लिए यह मोर्चाबन्दी बदली हुई स्थिति में जरूरी भी थी। संसद में भाषा विधेयक के पारित होने के बाद 'कल्पना' की सम्पादकीय-भाषा तीखी हो जाती है। यह नेहरू युग का उतार है। 'कल्पना' लिखती है :

"कल तक जो लोग त्यागी, तपस्वी, मार्गदर्शक थे वही जब भोगी और मार्ग अवरोधक बन जाते हैं तो उनके इस रूपान्तरण को समझने में समय लगता है, किन्तु इतना समय नहीं लगता है, नहीं लगना चाहिए कि जितना इस देश को लगा और लग रहा है।"[31]

आजादी के बाद जो सपना 'कल्पना' ने संजोए थे, वह भंग हो गया। ऐसे मोहभंग के क्षणों में 'कल्पना' ने हिन्दी भारत की जनता को नये कार्यक्रम की रूपरेखा दी :

"हिन्दी वालों का, हिन्दी हिन्दुस्तान की राजभाषा होगी, महज इस घोषणा से माथा फिर गया है। अगर समस्त राष्ट्र की राजभाषा की फिकर छोड़कर हम सब यानी हिन्दी के नेता, संसद सदस्य, विधायक, लेखक और सर्वोपरि साधारण आदमी, इस रचनात्मक काम में जुट जाएँ कि उत्तरप्रदेश, मध्यप्रदेश, बिहार और राजस्थान में इसी क्षण सारा प्रादेशिक काम और केन्द्र से उनका सारा काम हिन्दी में हो, तो यह भाषा विवाद समाप्त हो जाएगा। फिलवक्त हिन्दी वालों को अपने ही प्रदेशों की चिन्ता करनी चाहिए। यही आज एकमात्र रचनात्मक काम हो सकता है, इतना महान रचनात्मक काम कि देश के इतने बड़े क्षेत्र की जनता को उसकी वाणी मिल सकती है। असल में आज उसकी वाणी छीनकर हम उसे बन्दर, पशु बनाये हुए हैं। जब तटीय प्रदेश के लोग देखेंगे कि उसे अपनी वाणी मिल जाने के कारण मध्य के प्रदेशों की जनता बन्दर से आदमी बन गयी है तो वह भी अपनी वाणी अपने आप माँगने लगेंगे।"[32]

'कल्पना' ने बदली हुई परिस्थितियों में सभी देशी भाषाओं के प्रतिष्ठा के प्रश्न को स्थगित कर, सारा ध्यान हिन्दी पर केन्द्रित कर लिया। इसी पृष्ठभूमि में धर्मवीर भारती के

लेख : 'भाषा का प्रश्न और कुछ बुद्धिजीवियों का रुख : एक सर्वेक्षण' छपा। हिन्दी की अधोगति के लिए भारती ने हिन्दी बुद्धिजीवियों को जिम्मेवार ठहराया। भारती ने भावावेश में लिखा :

"हिन्दी के प्रति जिन लोगों ने इस विश्वासघाती विधेयक का आयोजन किया उन्होंने शुरुआत की जुडास की चुम्बन पद्धति से। अभी शायद वे वाक्य लोगों को भूले नहीं होंगे जो विधेयक पेश होने के कुछ ही पहले हिन्दी के एक बड़े आयोजन में कह गये थे–"मैं हिन्दी का पक्षधर हूँ। विश्वास कीजिए, मेरे हाथों हिन्दी का अहित नहीं होने का।" मद्रास से लेकर दिल्ली तक विधेयक बनाने वालों की दौड़ लग रही थी और हर जगह हिन्दी के मस्तक पर आदर–सूचक चुम्बन अंकित किया जा रहा था। लेकिन अन्दर–अन्दर तैयार हो रहा था वह विधेयक जिसके द्वारा विदेशी शासक की भाषा को फिर बुलाकर हम पर अनिश्चित काल तक लादने की जयचन्दी योजना बन रही थी, ताकि हिन्दी का बलिदान कर एक टूटती हुई सत्ता को किसी तरह बटोर कर रखा जा सके। मुँह में हिन्दी स्तुति, बगल में अंग्रेजी लादो विधेयक का प्रारूप। पद्धति जुडास की, इरादे जयचन्द के।"[33]

इस पूरे आलेख में संसद में विराजमान श्रद्धास्पद राष्ट्रकवियों की भी तीव्र आलोचना की गयी है। हिन्दी–हित का मुखौटा लगा कर इस ऐतिहासिक विधेयक के पारित होने के अवसर पर दिनकर की भूमिका साफ नहीं रही थी। दिनकर ने डॉ. केसकर पर संसद में फब्ती कसी थी। केसकर की छवि हिन्दी बुद्धिजीवियों में हिन्दी हितैषी की थी। लेकिन नेहरू की मौजूदगी में डॉक्टर केसकर की यह आलोचना की गयी कि आकाशवाणी की हिन्दी संस्कृतनिष्ठ होती जा रही है लेकिन उस समय तमाम अंग्रेजी अखबारों ने केसकर की आकाशवाणी भाषा–नीति की सराहना की थी।

"केसकर जी हिन्दी के हितैषी हैं, इसमें रत्ती भर किसी को सन्देह नहीं। केसकर जी को जो आदर हिन्दी जगत देता रहा है तथा अब भी उनके लिए हिन्दी भाषियों के हृदय में जो सम्मान की भावना है, वे उसके तब भी उपयुक्त थे और अब भी उपयुक्त हैं। भाषानीति की कसौटी पर जाँचने से पं. नेहरू के बजाय केसकर जी सही उतरेंगे।"[34]

भारती ने आलेख में हिन्दी के उन धुरंधर पक्षधरों को याद किया है जो हिन्दी की कीमत पर पार्टी की प्रतिबद्धता की परवाह नहीं करते थे। तत्कालीन गृहमंत्री के सन्दर्भ में सेठ गोविन्ददास को याद करते हुए भारती ने लिखा, "सवाल यह है कि क्या उनमें इतना आत्मबल है कि वह सेठ गोविन्ददास की तरह अपने दल की गलत नीति के विरुद्ध हिन्दी के पक्ष में खड़े हो सकें।"[35]

राहुल जी की भी याद हिन्दी के सन्दर्भ में भारती को आती है: "राहुल जी की तरह दल से भी बड़ा हिन्दी को मानकर जन–शक्ति के बीच जाकर खड़ा हो जाने वाला, या सरकार की जन–विरोधी नीति पर उसे कस कर डाँट बताने वाला और सरकार की निरंकुशता को दबाने के लिए हिन्दी के तत्व को संगठित करने वाला टंडन जी जैसा कोई व्यक्तित्व इन बुद्धिजीवियों में से उभर कर नहीं आया।"[36]

अन्त में, भारती ने हिन्दी जनता को संघर्ष का पथ अपनाने की अपील की : "हिन्दी की स्वाभिमानपूर्ण निष्कलंक राष्ट्रीय परम्परा तुलसी की है। उनके अनुसार राम ने तीन दिन

तक उत्ताल तरंगों वाले समुद्र से विनयपूर्वक राह माँगी थी और जब समुद ने तीन दिन की विनय के बाद भी राह नहीं दी तब उन्होंने कायरता भरे स्वरों में यह नहीं कहा कि लक्ष्मण खबरदार। संघर्ष की बात अब भी मत करना नहीं तो दलदल में फँस जाओगे।''[37]

भारती के आलेख की तीव्र प्रतिक्रिया हुई। इतनी प्रतिक्रियाएँ 'कल्पना' में किसी आलेख के लिए नहीं छपी थीं।

अगस्त 1963 की 'कल्पना' में महेन्द्र कुलश्रेष्ठ, होश्यारपुर ने भारती के लेख को 'कटुता से पूर्ण बताया'। पत्र लेखक ने लोकतंत्र की ओट में भाषा विधेयक को समुचित बताया। कहा, राजा महाराजाओं के दिन लद गये। लोकतंत्र में किसी नेता के अनौपचारिक वक्तव्य को नज़ीर नहीं माना जा सकता। अन्त में, पत्र लेखक ने भारती के आलेख पर आरोप लगाया:

''शेष लेख भी गालियों से भरपूर है और सेंटीमेंट की शराब को बड़ा तेज भपका देकर उठाया गया है। यह कड़वाहट हिन्दी वालों के विरोध में ही जाएगी, गयी है, और इसकी आग में वे खुद ही जलेंगे, जल रहे हैं, दूसरा कोई नहीं जलेगा।''[38]

अगस्त 1963 के अंक में ही गिरवरधारी महतो, पुनाडीह का पत्र छपा है। भारती ने कहीं भी दिनकर का नाम 'एक सर्वेक्षण' में नहीं लिया है। लेकिन प्रतिक्रियात्मक पत्रों से ज्ञात होता है कि पाठकों ने संकेत समझने में कहीं भूल नहीं की है। महतो ने अपने पत्र में लिखा है :

''भाषा विधेयक का काला कानून पास हो गया। हिन्दी की छाती पर मूँग दलने के लिए 15 सालों तक अंग्रेजी सौत के आसन पर बैठा दी गयी। लेकिन हमारे बुद्धिजीवियों के कान पर जूँ तक नहीं रेंगी। 'भारतभारती' के कवि शीर्ष आसन पर निश्चेष्ट बैठे रहे—न्यायार्थ अपने बंधुओं को दंड देना धर्म है' के सिद्धान्त को अमल में नहीं ला सके। दिनकर जी की 'हुँकार' न मालूम कहाँ गायब हो गयी। वे तो 'परशुराम की प्रतीक्षा' करते रह गये।''[39]

नवम्बर अंक में सम्पादक लिखते हैं कि ''धर्मवीर भारती के लेख 'भाषा का प्रश्न और कुछ बुद्धिजीवियों का रुख : एक सर्वेक्षण' पर हमें और स्वयं लेखक को पाठकों की बहुत सी प्रतिक्रियाएँ प्राप्त हुई हैं, जिनमें से कुछ हम इस अंक में दे रहे हैं। हमें इस बात की खुशी है कि हमारे पाठकों ने इन सवालों पर कुछ तो चर्चा की है।''

पहला पत्र मन्मथनाथ गुप्त जी का है। वे लिखते हैं, '' 'कल्पना' में आपका लेख पढ़ा। ओज और पौरुष से भरा। आप आम जनता की गरीबी और उसके शोषण पर कब ऐसा लेख लिखेंगे जो हिन्दी से कहीं बड़ी और सबको छूने वाली समस्या है। बधाई...।''[40]

प्रशंसा की ओट में श्री गुप्त ने भारती की प्रच्छन्न आलोचना ही की है। उस समय के वाम बुद्धिजीवियों ने हिन्दी के सवाल पर चुप्पी की नीति अपनायी थी। डॉ. रामविलास शर्मा ने वाम बुद्धिजीविगों की इस नीति की आलोचना की थी और भारती द्वारा सम्पादित 'धर्मयुग' के भाषा आन्दोलन के अभियान की प्रशंसा की थी।

लक्ष्मीकांत वर्मा ने आलेख की प्रशंसा में एक पत्र सीधे भारती को तथा एक पत्र कल्पना-सम्पादक को भेजा है। 'कल्पना' को भेजा गया पत्र लम्बा तथा विश्लेषणात्मक है। अगस्त 1963 में छपे महेन्द्र कुलश्रेष्ठ के पत्र की भी खबर ली है।

''मुझे प्रसन्नता होती यदि श्री महेन्द्र कुलश्रेष्ठ भी भारती के लेख पर उसी प्रकार विश्लेषणात्मक शैली में विचार करते जिस प्रकार धर्मवीर भारती ने अपने लेख में तथाकथित

अंग्रेजी समर्थकों की व्याख्या और आचरण की खंडित मर्यादाओं को उधेड़कर रखा है। मेरा तो भारती के लेख के प्रति यह आरोप रहा है कि उसे और तेज होना चाहिए था। भाषा की समस्या को मात्र–'विनय न मानत जलधि जड़ गये तीन दिन बीति' के पुट से समाप्त नहीं होना चाहिए था। तीन दिन बीते तो चौदह वर्ष हो गये। चौदह वर्ष की वनवासिनी हिन्दी, तमिल, तेलुगू, बंगला आदि को इतनी अग्निपरीक्षाओं के बाद भी यदि स्थान नहीं मिला और वे प्रतिष्ठित नहीं हो सकी। तो यह हम सबके माथे पर ऐसा कलंक है जो धोया नहीं जा सकता।''[41]

लक्ष्मीकांत वर्मा का सत्ता प्रतिष्ठान के प्रति तीव्र आक्रोश रहा है। अवसरवादियों से भी उन्हें चिढ़ रही है। इसीलिए 'कल्पना' के पन्नों पर ऐसे धुरीहीन व्यक्तियों की उन्होंने जमकर खिंचाई की है। हरेक अतिरेक की एक सीमा होती है और अगर उसे नजरअन्दाज कर दिया जाए तो पचास और साठ के दशक में लक्ष्मीकान्त वर्मा ने हिन्दी को तीव्र विश्लेषण की भाषा बनने में भरपूर योग दिया है।

कृष्णनन्दन 'पीयूष' जो 'कल्पना' के नियमित पत्र-लेखक हैं, लिखते हैं, भारती का आलेख भाषा-समस्या का मार्मिक विश्लेषण था। रवीन्द्रभ्रमर ने अलीगढ़ से लिखा–''लेख की प्रतिक्रिया व्यापक रूप से हुई है।'' सन्हैयालाल ओझा ने कलकत्ता से लिखा–''लेख अच्छा बन पड़ा है और विचार के लिए प्रेरित करता है।'' राजकमल चौधरी के भी लक्ष्मीकान्त वर्मा की तरह दो पत्र छपे हैं। एक पत्र आलेख लेखक भारती के मार्फत आया है तथा दूसरा सीधे 'कल्पना' के सम्पादकीय दफ्तर पर डाला गया है। हैदराबाद डाले गये पत्र में राजकमल चौधरी ने गया से लिखा है :

''श्री धर्मवीर भारती का लेख हमारी भाषा की एक स्थिति के विषय में स्पष्ट संकेत है। लेख विचारोत्तेजक है, लेकिन इसमें कहीं निर्णय नहीं है। हिन्दी के सरकारी-अर्धसरकारी लेखकों के लिए राज्याश्रय और राजहित अवश्य ही हिन्दी के हित से अधिक सुखकारी है–पिछले तीन-चार महीने अकारण दिल्ली में रहकर यह बात मैं अनुभव कर चुका हूँ। लेकिन, हमलोग जो हिन्दी लेखक हैं, और न तो सरकारी नौकर हैं, न सरकारी, अर्ध-सरकारी संस्थाओं से आर्थिक सहायता पाते हैं–यानी जिनके पास सरकार के प्रति आभार अतएव संकोच प्रकट करने का कोई कारण नहीं है–क्या करें? संघर्ष? तो कैसा संघर्ष? इस संघर्ष का रूप क्या हो?

जितने दैनिक अखबार हैं, अधिक बिकनेवाली पत्रिकाएँ हैं–सबके मालिक देश के बड़े उद्योगपति हैं, जिन्हें हिन्दी के हित से कोई मतलब नहीं है। हिन्दी का आन्दोलन अखबारों के माध्यम से चलाया जा सकता है–हमारे पास अखबार नहीं है। सिवा अपने मनोबल और हिन्दी प्रेम के हमारे पास कुछ नहीं है। आकाशवाणी हिन्दी विरोधी सरकार की है, अखबार तटस्थ पूँजीपतियों के हैं–और हिन्दी बोलने-लिखने वाली जनता अपनी दैनन्दिन समस्याओं में इस कदर जकड़ी है भाषा तो दूर की बात रोटी की लड़ाई तक नहीं लड़ना चाहती है। तब? 'कल्पना' को चाहिए कि हिन्दी के सारे लेखकों से इस बात का जवाब पूछे।''[42]

राजकमल चौधरी के मन्तव्य को केवल 'सिनिकल', 'बिटनिक' कह कर दर-किनार नहीं किया जा सकता। उनके विचार अपने बहुत सारे समकालीनों से अधिक बेबाक और

ईमानदार हैं। अकविता के इस कवि में सत्ता प्रतिष्ठान एवं पूँजीवाद के प्रति तीव्र घृणा थी। पूरा पत्र एक जिरह प्रतीत होता है। राजकमल चौधरी ने हिन्दी समुदाय की निरूपायता को बहुत पहले पहचाना था। पत्र में बार–बार प्रश्न उठाये गये हैं जो इस बात का सबूत है कि भाषा ही नहीं रोटी तक की लड़ाई के प्रति वे सचेत हैं। यह पत्र राजकमल चौधरी के गैर–जिम्मेदार 'वोहेमियन' छवि को भी ध्वस्त करता है।

मदनमोहन तरुण, गया से लिखते हैं–''यह भाषा और संस्कृति का संक्रान्ति काल है।...अपने को मौलिक और अनूठा बनाने की चेष्टा में हिन्दी के जिन कुछ लेखकों ने अपने विलक्षण प्रमाद का परिचय दिया है उनमें से महेन्द्र कुलश्रेष्ठ जी भी एक हैं।''[43]

चन्द्रदेव सिंह ने कलकत्ता से लिखा–''अगस्त की 'कल्पना' में प्रकाशित डॉ. महेन्द्र कुलश्रेष्ठ का पत्र लेखक की अज्ञानता और फतवेबाजी का अच्छा उदाहरण है।''

दिसम्बर 63 में महेन्द्र कुलश्रेष्ठ ने पुनः पत्र लिखा–''खुशी हुई कि मेरे एक छोटे से पत्र ने इतनी व्यापक लहर उठायी है।...'कल्पना' को मैंने लेख लिखना ठीक नहीं समझा क्योंकि भाषा के विषय में उनका दृष्टिकोण, राजनीतिक है (क्षमा), उन्होंने पत्र छाप दिया इसी के लिए मैं उनका कृतज्ञ हूँ।''[44]

महेन्द्र कुलश्रेष्ठ का नाम लेते हुए सम्पादक ने लिखा, ''झगड़ा हिन्दी बनाम देशी भाषाओं का नहीं है, बल्कि झगड़ा है, हिन्दी समेत देशी भाषाएँ बनाम अंग्रेजी का। अंग्रेजी का समर्थन करते हुए श्री कुलश्रेष्ठ का एक पत्र इसी अंक में प्रकाशित है। पत्र लेखक ने लिखा है कि वे अंग्रेजी के समर्थक है। इसके पहले उनका कहना है कि–''मैं अपने गुट में लगभग अकेला हूँ।'' इस कथन पर आश्चर्य स्वाभाविक है क्योंकि उनके गुट में देश के प्रधानमंत्री, भूतपूर्व गृहमंत्री से लेकर प्रायः सभी सरकारी साहित्यकार, बड़े–बड़े व्यापारी और उनकी नकल में छोटे–छोटे व्यापारी भी, नौकरशाही और, यदि संक्षेप में कहा जाए तो, हिन्दुस्तान का समूचा विशिष्ट वर्ग मौजूद है।

...जो लोग राजनीतिक प्रश्न के नाम पर उससे बचना चाहते हैं, वे देश के प्रति अपने कर्तव्य का निर्वाह नहीं कर रहे हैं। इसमें रत्तीभर भी सन्देह नहीं है। किसी को अपने पदच्युत हो जाने का डर है पर अंग्रेजी के वर्चस्व के कारण आज देश जहन्नुम की तरफ बढ़ता जा रहा है, इसका न बहुतों को डर है, न चिन्ता। सभी अवसर नहीं खोना चाहते।

राष्ट्रीय एकता के टूटने का झूठा और भोंडा डर दिखला कर अंग्रेजी के समर्थन की बात सिर्फ यही पत्र लेखक नहीं, बल्कि अनेक लोग करते हैं। ये तो सिर्फ एक उदाहरण है।''[45]

हिन्दी एवं भारतीय भाषाओं के लिए 'कल्पना' ने पत्र स्तम्भ के माध्यम से जो अभियान चलाया वह हिन्दी ही नहीं सम्पूर्ण भारतीय भाषाओं की एक दुर्लभ घटना है। 'कल्पना' ने इस प्रसंग में अपने ऊपर लगाये गये राजनीतिक दृष्टिकोण का भी खंडन नहीं किया। जुलाई से दिसम्बर 1963 तक हिन्दी के पाठकों–लेखकों ने अपने मन्तव्य भेजे। अँगरेजी राज में, हिन्दी ने अपनी जमीन शासकीय दुष्चक्र के बीच तैयार की थी। स्वाधीन भारत में अंग्रेजी समर्थक अभिजनों ने हिन्दी के विरुद्ध दुष्प्रचार का लगातार अभियान चलाए रखा है। हिन्दी भाषा अभी भी अन्तहीन संघर्षों से गुजर रही है। भारतेन्दु, अयोध्याप्रसाद खत्री, महावीरप्रसाद द्विवेदी से होती हुई यह संघर्ष परम्परा 'कल्पना' तक पहुँचाती है। आजाद भारत में 'कल्पना'

ने हिन्दी के संघर्ष को जनता के बीच उतार दिया। पत्र मंच पर आयोजित उपर्युक्त विवाद इसका प्रतिनिधि सबूत है।

'कल्पना' लघु पत्रिकाओं की बांधवी थी। कहीं भी हिन्दी की लघु-पत्रिका प्रकाशित होती है तो 'कल्पना' हुलस कर उसका परिचय हिन्दी संसार से कराती है। साहित्यिक पत्रिकाओं के बाहुल्य के पीछे नये लेखकों के अस्तित्व के संघर्ष को वह गम्भीरता से लेती है। ऐसे में जब अगस्त 1965 में रमेश उपाध्याय ने 'छोटी पत्रिकाएँ : साहित्यिक अराजकता' शीर्षक टिप्पणी लिखी तो अच्छा खासा वैचारिक बवंडर उठा। इस टिप्पणी के सम्बन्ध में सम्पादक ने लिखा :

"श्री रमेश उपाध्याय ने अपनी टिप्पणी में साहित्य में शासकीय हस्तक्षेप को उचित न मानते हुए भी यह कहा है, 'आज जैसी अराजकता अपने देश में फैली हुई है, उसमें वह अनिवार्य लगता है।' हम किसी भी हालत में शासकीय हस्तक्षेप को अवांछनीय और अनुचित ही नहीं, बल्कि साहित्य सृजन के लिए बहुत घातक मानते हैं। हस्तक्षेप के कारण साहित्य सृजन नहीं होता, बल्कि साँचे में ढली शब्दावली बनती है। अन्त में, श्री उपाध्याय ने चाहा है कि साहित्यिक अराजकता के बारे में साहित्यकारों का मत जानने की चेष्टा की जाए। सुझाव अच्छा है। साहित्यकारों के मत, संक्षेप में हम आमंत्रित करते हैं।"[46]

रमेश उपाध्याय ने अपने टिप्पणी-आलेख में लिखा कि हिन्दी में साहित्यिक पत्रिकाएँ बड़ी तेजी से निकलती हैं और थोड़े दिन चलकर बन्द हो जाती हैं। यह खाते-पीते घराने के युवकों के बचकाने प्रयास हैं। चूँकि हिन्दी के लेखकों में 'छपास' की तीव्र भूख होती है इसलिए ऐसी अनियमित पत्रिका के लिए घटिया स्तर की रचना सामग्री भी जुट जाती है। हिन्दी में प्राथमिक शाला के अध्यापक और हाईस्कूल के छात्र भी स्वयं को साहित्यकार मानते हैं। इन पत्रिकाओं के कारण साहित्य के मूल्यांकन में भी कठिनाई आती है। ऐसे अनियमित पत्रिकाओं के सम्पादक साहित्य की ओट में अपनी हित-साधना करते हैं। लेखकों को पारिश्रमिक नहीं देकर शोषण करते हैं। ऐसी पत्रिकाओं की वर्ण्य वस्तु से समाज में निराशा, कुंठा, अनास्था, अराजकता, अकर्मण्यता का निरन्तर प्रचार होता है। ऐसे में अवसरवादी ताकतों से निपटने का एक मात्र मार्ग है—शासकीय हस्तक्षेप। सार-संक्षेप में रमेश उपाध्याय के ये विचार थे।

इस आलेख की तीव्र प्रतिक्रिया हुई। रमेश उपाध्याय से असहमत होते हुए तेरह लेखकों-पाठकों ने अपनी प्रतिक्रियाएँ भेजीं। दिसम्बर 1965 के अंक में सभी पत्र छपे हैं। बीस पृष्ठों पर ये प्रतिक्रियाएँ फैली हुई हैं। इतना दीर्घ पत्र स्तम्भ 'कल्पना' में कभी नहीं गया।

कुन्तल कुमार जैन ने बम्बई से लिखा, "पूँजीपति द्वारा न संचालित होकर बुद्धिजीवी द्वारा प्रकाशित होने वाली पत्रिका को उसकी उम्र की कम संभावना जान कर छोटी मान लें। सही बात तो यह है कि हमें नयी पत्रिका के जन्मों से न घबड़ा कर श्रेष्ठ साहित्य की खोज जारी रखनी चाहिए तथा आज के प्रजातंत्र युग में विभिन्न मतों को सुनने एवं समझने के लिए हमें अपनी सहिष्णुता को विस्तार तो देना ही चाहिए।...भाई रमेश उपाध्याय साहित्य प्रकाशन पर अनुशासन की बात करते हैं और शासकीय हस्तक्षेप को उचित मानते हैं तब

आश्चर्य होता है। मैं यहाँ उनसे असहमत होते हुए, शासकीय हस्तक्षेप और किसी भी प्रकार के अनुशासन को साहित्य सृजन के लिए घातक मानता हूँ और उसकी माँग करना अपनी लेखकीय क्षमता में विश्वास खो देना ही है।''[47]

द्रोणवीर कोहली, दिल्ली को रमेश उपाध्याय की टिप्पणी 'विचारोत्तेजक' लगी। मणि मधुकर ने जयपुर से लिखा :

''आखिर हम बड़ी-बड़ी पत्रिकाओं से इस प्रकार आतंकित क्यों हैं? उनके सम्पादकों ने क्या कम धाँधली मचा रखी है? शोषण की परम्परा का सही निर्वाह तो असल में वे ही करते रहे हैं। तीन-तीन, चार-चार प्रतिष्ठित हिन्दी अंग्रेजी पत्रिकाओं का सम्पादक एक अनुत्पादक व्यक्ति है। सारा काम सह-सम्पादक करते हैं लेकिन उनके नामों का कहीं उल्लेख तक नहीं रहता।...

अन्त में, साहित्यिक अराजकता के बहुचर्चित केन्द्र तो हमारे विश्वविद्यालय हैं, जहाँ अधिकाधिक ग्रन्थों से काम चलाऊ टिप्पणियों को पुस्तकाकार रूप में प्रस्तुत करने पर 'सरनाम डॉक्टरेट' मिल जाती है।...मणि मधुकर एम.ए. हिन्दी में प्रथम श्रेणी लेकर दिनभर सड़कों पर धूल फाँकता है, रामनिवास बाग के चौराहे पर खड़ा होकर लोगों को 'भाषा वक्तव्य' समझता है। सुबह-शाम अनुवाद कार्य में जुटता है—एक पिशाच प्रकाशक के लिए।''[48]

मणि मधुकर ने मुक्त लेखन करने वाले हिन्दी लेखकों के संकट की तरफ ईमानदारी से संकेत किया है। उन्होंने अपने निजी जीवन के अनुभूत संघर्ष के वर्णन द्वारा तत्कालीन साहित्यिक परिवेश की कटुता को साहस के साथ उजागर किया है। दिनोंदिन मुक्त रह कर लिखना कितना संकटपूर्ण होता जा रहा था यह भी पत्र से साफ है। पचास-साठ के दशक में दर्जनों लेखक हिन्दी में स्वाधीन रहकर लेखन का कार्य कर रहे थे। आज हम यह गहराई से महसूस कर रहे हैं कि हिन्दी में पूर्णकालिक लेखक हैं ही नहीं। किसी भी साहित्य का विकास अंशकालिक लेखकों से सम्भव नहीं होता है। पत्र में जिस अनुत्पादक सम्पादक का उल्लेख है, वे आज भी दिल्ली में कई पत्रिकाओं के स्वामी एवं सम्पादक हैं। 'सरनाम डॉक्टरेट' से एक विश्वविद्यालय के विभागाध्यक्ष की ओर संकेत है। हिन्दी में जो एक नकारवादी दृष्टिकोण सन् साठ के बाद विकसित हुआ था, मणि मधुकर के पत्र में उस रुझान की काली छाया देखी जा सकती है।

गजेन्द्र तिवारी ने बागबहरा से पत्र लिख कर रमेश उपाध्याय के इस आशय की भर्त्सना की कि प्राथमिक शाला का अध्यापक अथवा हाईस्कूल का छात्र साहित्यकार नहीं हो सकता। पत्र लेखक ने सरकारी हस्तक्षेप को नितान्त अस्वीकार्य बताया।

गिरवरधारी महतो ने बागबहरा से लिखा : ''श्री रमेश उपाध्याय हिन्दी में निम्न स्तर की छोटी पत्रिकाओं से इतना क्षुब्ध हो उठे हैं कि समीक्षक सुलभ गांभीर्य को खोकर दाल-भात में मूसलचन्द की तरह प्राथमिक पाठशाला के अध्यापक तथा हाईस्कूल के छात्रों पर व्यर्थ ही में अवांछित आक्षेप कर बैठे हैं।''[49]

प्रदीप पंत ने नयी दिल्ली से लिखा—''जहाँ तक छोटी पत्रिकाओं के महत्त्व का प्रश्न है इस बात को अस्वीकार नहीं किया जा सकता कि आन्दोलनों का जन्म इन्हीं पत्रिकाओं

से होता है। हम अभी 'प्रतीक' को नहीं भूले हैं। व्यावसायिक पत्रिकाएँ कभी भी आन्दोलन नहीं चला सकती। हाँ, आन्दोलनों का नज़ारा जरूर पेश कर सकती हैं।" अन्त में पंत ने साहित्यिक हस्तक्षेप को 'जनसंघी ढंग की प्रतिक्रियावादी दलील' बताया।

श्यामनारायणसिंह यादव ने बालेश्वर (उड़ीसा) से प्रतिक्रिया प्रकट करते हुए लिखा– "किसी भी साहित्य में पत्रिकाओं का कुकुरमुत्ते-जैसा उगना और वादों का बरसाती मेढ़कों जैसा बढ़ना उस साहित्य के लिए शुभ है। साहित्य के नाना वाद और आन्दोलन उसकी प्रगति को प्रखरता प्रदान करता है।...साहित्य तो भावनात्मक सृष्टि है और साहित्य पर नियंत्रण का अर्थ होगा–लोगों की मानसिक चेतना, सोचने-समझने की प्रक्रिया तथा मौलिक अधिकारों पर अंकुश लगाना। लोगों को मानसिक गुलाम बनाना। स्वस्थ समाज के लिए निरंकुश, स्वच्छन्द एवं स्वतंत्र साहित्य ही वांछनीय है।"[50]

धनंजय ने बहस में हिस्सा लेते हुए इलाहाबाद से लिखा–"आज की साहित्यिक अराजकता में छोटी-बड़ी दोनों पत्रिकाओं का योगदान है, किसका कम और किसका अधिक यह बात अलग है और इस पर विचार न किया जाये तो भी कोई हानि नहीं।"[51]

घनश्याम मधुप ने रमेश उपाध्याय से सवाल पूछा कि "थोड़े समय तक प्रकाशित होकर बन्द हो जाने वाली पत्रिकाओं में 'केन्द्र', 'वासंती', 'नवलेखन', 'वसुधा', 'कालिदास', 'त्रिकोण', 'उपमा' आदि हैं। अच्छा तो यह होता कि लेखक अपने पूर्ण साहस के साथ, 'साहित्यिक अराजकता' फैलाने वाली पत्रिकाओं के नाम और स्पष्ट कर देता।..."

..."अभी-अभी 'कल्पना' 1967 में परसाई जी का 'और अन्त में' भी इसी टिप्पणी के सम्बन्ध में पढ़ा। वे लिखते हैं, "रचना करके साहित्य में प्रतिष्ठित होना कष्टकर है। पत्रिका निकाल कर ऐसा आसानी से होता है।" परसाई जी ने उदाहरण प्रस्तुत नहीं किया और न यही बताया कि 'बसुधा' से परसाई या परसाई जी ने ही 'वसुधा' का प्रकाशन संचालन किया, आज की दशा में जब हिन्दी साहित्य अपने नये स्वरूप को सुगठित बना रहे हैं, तब ऐसी पत्रिकाओं का विशेष मूल्य है।"[52]

सी. भास्कर राव ने राँची से लिखा : "रमेश उपाध्याय जी से असहमति व्यक्त करते हुए कहना चाहूँगा कि नयी पत्रिकाओं की उपेक्षा नहीं की जा सकती। प्रतिष्ठित पत्रिकाएँ अपने चारों ओर सीमा रेखाएँ बना लेती हैं। नयी पत्रिकाएँ एक ओर व्यक्ति स्वातंत्र्य को प्रश्रय देती हैं और दूसरी ओर साहित्य के क्षेत्र में नयी संभावनाओं के लिए भूमि भी प्रस्तुत करती हैं। नयी पत्रिकाओं पर अनुशासन अनपेक्षित है।"[53]

अरुण द्विवेदी ने चार पृष्ठों के लम्बे पत्र में लिखा : "आरोप है कि ये छोटी-छोटी पत्रिकाएँ बड़ी तेजी से निकलकर चलना बन्द कर देती हैं, अक्सर चार-छह अंकों बाद। सही है। 'प्रतीक', 'निकष', 'समवेत', 'परम्परा', 'कृति'–सभी का यही हश्र हुआ है। 'और-और बहुत सी' पत्रिकाएँ निकलीं और बन्द हो गयीं, अब भी निकलेंगी और बन्द हो जाएँगी। लेकिन उनका बन्द हो जाना उन्हें अमहत्त्वपूर्ण और व्यर्थ नहीं बनाता। दीर्घकाल तक प्रकाशित होकर बड़ी और प्रतिष्ठित पत्रिकाओं की पंक्ति में पहुँचने का उनका भाग्य नहीं रहा, लेकिन साहित्य की जड़ स्थिति में क्रान्तिकारी परिवर्तन और जीवन्त उत्साह की लहर पैदा करने का श्रेय उन्हें जरूर मिला।"[54]

विद्याभूषण ने राँची से लिखा–"श्री उपाध्याय ने समकालीन लेखन में अराजकता की स्थिति के लिए छोटी पत्रिकाओं को जिम्मेवार ठहराते हुए साहित्य में शासकीय नियंत्रण की अनिवार्यता के औचित्य का समर्थन किया है। उनकी टिप्पणी सही वस्तुस्थितियों की चर्चा करती हुई भी भ्रांत निष्कर्षों तक ले जाती है।"[55]

शरद जोशी ने भोपाल से इस विमर्श में हिस्सा लेते हुए कहा :

"श्री रमेश उपाध्याय के नाम से मैं किसी छोटी पत्रिका के माध्यम से ही परिचित हुआ था। अत: यह नाराजगी मुझे विचित्र लगी। मैं नहीं मानता कि हिन्दी में पिछले 10–12 वर्षों में जो अल्पजीवी पत्रिकाएँ प्रकाशित हुईं उनके पीछे कोई घटिया मकसद था जैसा श्री रमेश उपाध्याय का मत है। पिछले दिनों प्रकाशित 'प्रतीक', 'निकष', 'कृति', और वर्तमान में 'लहर', 'उत्कर्ष', 'आधार', 'अणिमा' जैसी पत्रिकाएँ सिर्फ छपास की इच्छा भर पूरी करने के लिए नहीं रहीं पर एक उद्देश्य को लेकर निकली और सफल रही। मैं नहीं मानता कि 'विहान' प्रकाशित करते समय कमलेश्वर–'निकष' " के समय भारती, 'कृति' के समय श्रीकान्त और नरेश मेहता के सामने यह समस्या रही हो कि उनकी रचनाएँ अन्यत्र प्रकाशित नहीं हो पा रही थीं।...

श्री हरिशंकर परसाई ने 'वसुधा' में श्री गजानन माधव मुक्तिबोध की 'साहित्यिक की डायरी' स्तम्भ आरम्भ किया था। कोई व्यद्मवसायिक पत्रिका मुक्तिबोध की निर्भीकता को प्रश्रय देने में शायद संकोच करती, 'वसुधा' बन्द हो गयी आर्थिक कारणों से। पर, उस माध्यम से जो मुक्तिबोध ने लिखा, वह आज हमारी पूँजी है। स्वयं मुक्तिबोध ने नागपुर में 'नयी दिशा' के प्रकाशन में सहायता दी थी। वे चाहते थे कि वह बराबर चले, जो नहीं हो सका। 'समवेत' और 'नवलेखन' का भी यही हश्र हुआ।

श्री उपाध्याय की टिप्पणी में जो सबसे चौकाने वाली बात थी ऐसी छोटी पत्रिकाओं पर बंदिश लाने के लिए सरकार से सहयोग की अपेक्षा। ऐसी प्रवृत्ति को न पूँजीवाद रोक सकता है और न साम्यवाद। अमेरिका में भी लेखक अपनी बात कहने के लिए माध्यम खोज लेते हैं और रूस में भी इसके लिए गुंजाइशें बढ़ती जा रही हैं। फिर प्रजातंत्रीय देश में यह विचारणा बेमतलब है।"[56]

तमाम पत्र लेखकों ने एक स्वर से साहित्यिक पत्रिकाओं पर नियंत्रण लादने के प्रस्ताव को खेदजनक बताया। साथ ही, सभी पत्र लेखकों ने यह अस्वीकार कर दिया कि लघु पत्रिकाएँ अराजकता फैलाती हैं। इस बहस से और भी कई पक्ष प्रकट हुए। सन् 1965 तक आते–आते भारतीय जनमानस में आजाद भारत का सुखद सपना समाप्त हो जाता है। हिन्दी बुद्धिजीवी पहली बार सेठाश्रय एवं राज्याश्रय के गम्भीर छलावे पर सोचने के लिए विवश होते हैं। मुक्त लेखन पर बहस शुरू होती है। आधुनिकतावाद का छद्म बिखरने लगता है। इस बहस में मँझली पीढ़ी के बजाय साठोत्तरी पीढ़ी ने अधिक रुचि दिखाई है। मणि मधुकर और शरदजोशी के मन्तव्य उस पीढ़ी के प्रतिनिधि स्वर हैं जिसमें तीव्र नकार के भाव हैं; साथ ही, नये पथ के पुनराविष्कार की अकुलाहट भी है।

'कल्पना' ने पत्रिका के भीतरी पन्नों के बजाय हाशिये के हिस्सों पर सैकड़ों बहसों के आयोजन–संचालन किये। सभी तरह के विचारों को निर्बाध सामने आने दिए। इसलिए

'कल्पना' ने एक जनतांत्रिक मनोभूमि के आविष्कार का दुर्लभ आयोजन किया। इससे 'कल्पना' का स्वरूप पूर्वाग्रह मुक्त और पारदर्शी होकर उभरा। जिसमें अपने समय का सच्चा चेहरा दर्ज है। ऊपर के कुछ प्रतिनिधि बहसों के वर्णन-विश्लेषण से साफ है कि 'कल्पना' को हिन्दी पाठकों के बीच संवाद कायम करने का ऐतिहासिक श्रेय प्राप्त है। इस सच्चाई को हमें स्वीकार करना ही चाहिए।

सन्दर्भ सूची

1. कल्पना	–	दिसम्बर 1953,	पृ.–1053.
2. कल्पना	–	दिसम्बर 1953,	पृ.–1055.
3. हरिशंकर परसाई के संस्मरण, गंगा	–	जून 1987,	पृ.–10.
4. कल्पना	–	जनवरी 1955,	पृ.–1.
5. प्रगतिवाद और समानान्तर साहित्य : मैकमिलन प्रकाशन,			
	–	रेखा अवस्थी,	पृ.–78.
6. उपरिवत्	–	उपरिवत्	पृ.–217.
7. हंस	–	अगस्त 1989,	पृ.–5.
8. कल्पना	–	जनवरी 1955,	पृ.–1.
9. कल्पना	–	फरवरी 1953,	पृ.–188.
10. निर्मल वर्मा	–	निर्मल वर्मा के कथादेश में, सं.–अशोक वाजपेयी	पृ.–17.
11. रामदरश मिश्र	–	गंगा, नवम्बर 1988,	पृ.–76.
12. कल्पना	–	अगस्त 1959,	पृ.–185.
13. कल्पना	–	अप्रैल 1964,	पृ.–2.
14. कल्पना	–	अगस्त 1964,	पृ.–2.
15. कल्पना	–	अक्टूबर 1964,	पृ.–2.
16. कल्पना	–	नवम्बर 1964,	पृ.–2.
17. पूर्वग्रह	–	78–79,	पृ.–96.
18. कल्पना	–	अक्टूबर 1955,	पृ.–76.
19. कल्पना	–	दिसम्बर 1953,	पृ.–1055.
20. बातों-बातों में	–	मनोहरश्याम जोशी, राजकमल प्रकाशन	पृ.–60. प्र.सं.–1982.
21. समकालीन भारतीय साहित्य	–	अक्टूबर-दिसम्बर, 1990,	पृ.–78.
22. कल्पना	–	अप्रैल 1964,	पृ.–2.
23. कल्पना	–	फरवरी 1961	पृ.–2.
24. कल्पना	–	अप्रैल 1961,	पृ.–2.
25. कल्पना	–	सितम्बर 1961,	पृ.–2.
26. कल्पना	–	दिसम्बर 1961,	पृ.–2.

27. कल्पना — अगस्त 1963, पृ.–4.
28. कल्पना — मार्च 1976, पृ.–2.
29. कल्पना — दिसम्बर 1958, पृ.–5.
30. कल्पना — जुलाई 1963, पृ.–2.
31. कल्पना — अगस्त 1963, पृ.–2.
32. कल्पना — अगस्त 1963, पृ.–3.
33. कल्पना — जुलाई 1963, पृ.–22.
34. कल्पना — जुलाई 1963, पृ.–30.
35. कल्पना — जुलाई 1963, पृ.–35.
36. कल्पना — जुलाई 1963, पृ.–34.
37. कल्पना — जुलाई 1963, पृ.–36.
38. कल्पना — अगस्त 1963, पृ.–12.
39. कल्पना — अगस्त 1963, पृ.–10.
40. कल्पना — नवम्बर 1963, पृ.–03.
41. कल्पना — नवम्बर 1963, पृ.–07.
42. कल्पना — नवम्बर 1963, पृ.–04.
43. कल्पना — नवम्बर 1963, पृ.–05.
44. कल्पना — दिसम्बर 1963, पृ.–07.
45. कल्पना — दिसम्बर 1963, पृ.–3–4.
46. कल्पना — अगस्त 1965, पृ.–2.
47. कल्पना — दिसम्बर 1965, पृ.–4–5.
48. कल्पना — दिसम्बर 1965, पृ.–5.
49. कल्पना — दिसम्बर 1965, पृ.–7.
50. कल्पना — दिसम्बर 1965, पृ.–7.
51. कल्पना — दिसम्बर 1965, पृ.–11.
52. कल्पना — दिसम्बर 1965, पृ.–13.
53. कल्पना — दिसम्बर 1965, पृ.–75.
54. कल्पना — दिसम्बर 1965, पृ.–76.
55. कल्पना — दिसम्बर 1965, पृ.–78.
56. कल्पना — दिसम्बर 1965, पृ.–81–82.

विविध विधाओं के विकास में योगदान

कविता

बदलते एवं बढ़ते हुए समय को पहचान कर 'कल्पना' अपनी कविता-नीति में परिवर्तन करती चलती है। बगैर किसी पूर्वाग्रह के वह कई पीढ़ियों के कवियों की कविताएँ पाठकों को उपलब्ध कराती है। अन्य विधाओं की तरह कविताओं के चयन का आधार भी केवल उत्कृष्टता है। 'कल्पना' की सबसे बड़ी विशेषता यह है कि वह किसी एक कविता-धारा को सम्पूर्ण मानने की भूल नहीं करती है। इसीलिए उसके पृष्ठों पर सभी सम्भवतम प्रवृत्तियों के दर्शन एक साथ होते हैं। आग्रह केवल कविता की श्रेष्ठता का है।

द्वैमासिक 'कल्पना' में बिचली पीढ़ी के कवियों की ही प्रमुखता बनी रहती है। 'कल्पना' के दूसरे अंक में जानकीवल्लभ शास्त्री की कविता 'विराट संगीत' तथा अंचल की 'शरद निशा' कविता छपी है। दूसरे वर्ष के प्रत्येक अंकों में अंचल की कविता बिना नागा मिलती है। दूसरे वर्ष में ही सरोजिनी नायडू की भी कविता दिखायी देती है। सन् 51 के दूसरे अंक में दिनकर की इतिवृत्तात्मक कविता 'मगध महिमा' का प्रकाशन हुआ है। 1951 के पहले अंक में ही 'बच्चन' के गीत छपे हैं। यानी 'कल्पना' के प्रस्थान के सालों में उत्तर छायावादी कवियों की ही कविताएँ प्रकाशित होती रही हैं। सन् बावन से 'कल्पना' मासिक हो जाती है। इसके साथ ही उसकी कविता नीति में भी परिवर्तन दिखलाई पड़ती है। नयी कविता के प्रकाशन का अबाध सिलसिला शुरू हो जाता है। सन् 53 से 'कल्पना' की कविता रुचि विविधता-युक्त हो जाती है। नयी पीढ़ी के कवियों के प्रकाशन का सिलसिला दृष्टिगोचर होने लगता है।

'कल्पना' के चौथे वर्ष में (1952) पहली बार निराला के गीत दिखायी देते हैं। निवेदनशैली की इस गीति रचना को 'कल्पना' के सम्पादकों ने प्रमुखता से प्रकाशित किया है। जनवरी के इसी अंक में शम्भुनाथ सिंह की 'तीन कविताएँ' छपी हैं। निश्चित रूप से शम्भुनाथ सिंह की 'कलम', 'गीत' और 'क्वाँर के धूप' शीर्षक रचनाएँ नये गीत के आगमन की सूचना देती हैं। जनवरी 1952 के ही अंक में अतिशय प्रयोग के आग्रही प्रभाकर माचवे की तीन कविताएँ 'नेलपॉलिश', 'शिशिर का हिमवात' एवं 'शिशिर की साँझ' छपी हैं।

इस तरह हम पाते हैं कि 'कल्पना' के सम्पादक-गण बिना किसी दुराग्रह के छायावाद के अग्रणी कवि निराला, प्रयोग के अन्वेषी प्रभाकर माचवे एवं नवोदित गीतकार शम्भुनाथ सिंह की कविताएँ छापते हैं।

फरवरी 1953 के अंक में 'बच्चन' के गीत, विजयदेव नारायण साही की 'इलाहाबाद : 12 बजे रात : आवाजें' और रामधारी सिंह दिनकर की 'नेता' शीर्षक कविता छपी है। साही की कविता में औद्योगिक शहर में फँसे मनुष्य की विडम्बना का अंकन है। फैक्टरी की बन्द दाँतों में फँसा किसान का बेटा गाँव से कोसों दूर छटपटाता रहता है और उधर उसकी नवेली दुलहिन अन्तहीन प्रतीक्षा में घुलती रहती है। लेकिन उसका परदेशी तो शहर में जाकर खो गया है। कविता के अन्त में साही लिखता हैं :

काँप उठती गाँव की दुलहन नवेली,
क्योंकि यह आवाज है
गाँव के उन अप्सराओं की,
कि जिनके पाश में बँध कर
गाँव फिर आता नहीं
परदेशिया।[1]

औद्योगिक दुनिया चुपके से हिन्दी भारत में अपनी पकड़ बना रही थी। उस समय के लगभग सभी प्रतिनिधि रचनाकारों में परम्परा एवं प्रगति का यह द्वन्द्व देखा जा सकता है। गाँव बनाम शहर की चर्चा शुरू हो गयी थी। नयी कविता में गाँव की यह पीड़ा दर्ज है।

'कल्पना' के आरंभिक दौर के प्रायः हरेक अंक में गीत मिलते हैं। मई 1953 में विद्यावती कोकिल के गीत प्रकाशित हुए हैं। छोटे-छोटे वाक्यों में गीत का कथ्य प्रभावकारी ढंग से अभिव्यक्त हुआ है।

की ये बादल पीय पठाये
सुधि दंशन की पीर छिपाये
गरजे नहीं न बरसे खुलकर
नयनों में उमगाये बादल
कौन संदेशा लाये बादल?[2]

कोकिल के गीत में जिस अनुपात में लय पर ध्यान है उस अनुपात में वस्तु पर ध्यान नहीं है। मई 1953 में ही माखनलाल चतुर्वेदी की 'भारती' शीर्षक कविता छपी है। कविता की वस्तु तो नयी है लेकिन भाषा में पुरानापन बरकरार है :

सिद्ध करो स्वातंत्र्य
आ गया, बन प्रभु का वरदान।[3]

जून 1953 में ओंकारानाथ श्रीवास्तव के 'दो सॉनेट' छपे हैं। इसी अंक में नरेश मेहता की 'जून की आँधी' कविता छपी है। कविता में आँधी दो स्तरों पर चल रही है। एक तो अन्तर्मन की आँधी और दूसरी सचमुच की मौसमी आँधी। जुलाई 1953 में केदारनाथ सिंह की कविता 'एक दिन' प्रकाशित हुई है। इस कविता से पता चलता है कि कवि एक अनौपचारिक आत्मीय भाषा के निर्माण में संलग्न है। ठेठ हिन्दी की देशज-क्रिया केदारनाथ सिंह की इस कविता में गौर किया जा सकता है :

रँग न उठो, मेरे इन भावों के गुलाल से
यह वसंत पंचमी चू रही है डाल-डाल से।[4]

नया कवि यह समझ पा रहा था कि नयी कविता को अपना शब्द भंडार लोकभाषा के सान्निध्य से भरना होगा। अगस्त 53 में नागार्जुन की 'चातकी' तथा जानकीवल्लभ शास्त्री की 'सुजाता' महत्त्वपूर्ण गीति रचना है। 'चातकी' स्वाती से कहती है :

आ गये तुम, कमी किस बात की।
किया दर्शन नयन शीतल हो गये
उपालंभक भाव थे—सब सो गये
आ गयी है जान में अब जान रे
कर लिया मैंने अमृत का पान रे।[5]

जानकीवल्लभ शास्त्री की 'सुजाता' इतिवृत्तात्मक शैली की रचना है। इसी अंक में राजनारायण बिसारिया की कविता 'गीतों की विदाई : गद्य का स्वागत' छपी है। संबोधन शैली में कवि कहता है :

मेरे गीतों सुनो।
डबडबायी आँखो से तुम्हें विदाई देता हूँ मैं
मेरा अन्तिम नमस्कार लो।
तुमने अब तक जो कुछ मुझको दिया
उसे सर माथे मैंने लिया
किन्तु अब गीतों के दिन गये
गद्य ने चरण जमाये नये।[6]

इसी अंक में प्रपद्यवाद के प्रवक्ता नलिन की एक महत्त्वपूर्ण कविता 'पछतावे की साँझ' छपी है।

सितम्बर 1953 के भवानीप्रसाद मिश्र की लम्बी कविता 'सत्यकाम' छपी है। इसी अंक में धर्मवीर भारती की 'एक मन:स्थिति' रूमान में डूबी हुई कविता प्रकाशित होती है। यह विस्मयकारी सच है कि 1952–53 की कविताओं में देशज टटकापन के साथ-साथ भावों की सहजता उपलब्ध होती है। 'एक मन:स्थिति' में धर्मवीर भारती लिखते हैं :

नयी सुबह की
पावन छाया मेरे मन पर,
मेघ-धुली कचनार किसी की पलकों का
फिर सावन छाया मेरे मन पर।[7]

भारती की कविता में विशेष तरह की कैशोर्य तरलता घुली मिली है।

अक्टूबर 1953 में निराला के 'शब्दचित्र' छपे हैं। इसी अंक में प्रभाकर माचवे के तीन सॉनेट तथा सर्वेश्वरदयाल की दो कविताएँ छपी हैं। उर्दू की नज्म परम्परा के शब्दों को पचाते हुए सर्वेश्वरदयाल की यह एक अच्छी रचना बन पड़ी है :

यह भी क्या रात, कहीं प्यार का अफसाना नहीं,
यूँ ही जलता है दीप एक भी परवाना नहीं।[8]

इस कविता को पढ़ने से यह पता चलता है कि सन् 1953 तक सर्वेश्वर भाषिक स्तर पर नये-नये प्रयोग कर रहे थे।

नवम्बर 1953 में कीर्ति चौधरी का गीत एवं दुष्यन्तकुमार की कविताएँ महत्त्वपूर्ण हैं। दिसम्बर 1953 में अजितकुमार की 'कलाकारों का संयुक्त वक्तव्य' एक नये मनोभाव की रचना है। ईमानदार आत्मस्वीकार कविता की प्रमुख विशेषता है :

नहीं कभी जागे ऊषा की स्वर्णिम बेला में,
नींद हमारी खुली हमेशा आठ बजे
नहीं कभी घूमे उपवन में, नदियों के तट पर
शामें बीती बहसें करते या पढ़ते-लिखते।[9]

इस तरह 'कल्पना' में छपी सन् 1953 की कविता को किसी एक वाद या धारा से बाँध कर नहीं देखा जा सकता है। लेकिन इतना अवश्य कहा जा सकता है कि छायावाद की अमूर्त, तरल और सीमित शब्दावली से हिन्दी कविता बहुत आगे बढ़ चुकी थी। नये कवियों में यथार्थ का आग्रह गहराता हुआ मिलता है। लोकभाषा से प्रांजलता प्राप्त करने की कोशिश भी दिखायी देती है। केदारनाथ सिंह इसके प्रतिनिधि उदाहरण के रूप में उभरते हैं। 'कल्पना' के जनवरी 1953 में प्रकाशित माचवे की कविता में अतिशय प्रयोग का आग्रह भी उल्लेखनीय है :

तनन ततन तून
खूब सुर्ख रंगे हुए नाखून
दस्ताने बुनती है।[10]

सन् 1953 की कविताओं में आस्था के स्वर भी हैं जो समाज के कुरूप मान्यताओं से जूझने की प्रच्छन्न वकालत करता है। नयी कविता के जो बहुतेरे रंग उभर रहे थे उसे भी 'कल्पना' ने अपने पन्नों पर स्थान दिए।

1954 (पाँचवे वर्ष) के जनवरी-फरवरी के संयुक्तांक में भारतभूषण अग्रवाल की 'मरण संगियों का गीत'; भवानीप्रसाद मिश्र की 'तू है एक प्रयत्न विराट विचित्र में' तथा दिनकर की 'नर्तकी' कविताएँ अत्यन्त सुरुचिपूर्ण बन पड़ी है। 'मरणसंगियों का गीत' में कवि की ईमानदारी ने सतत जागरूकता से अपने मानसिक गतिरोध का आभास दिया है। संघर्ष से पलायन करने वालों को कविता अपनी आत्मस्वीकृति लगती है :

नहीं कभी भूले संघर्ष, करते रहे विचार विमर्श,
प्रबल तर्क थे दोनों के, हम क्या करते?[11]

भवानीप्रसाद मिश्र की लम्बी कविता मन को सहलाती चलती है। कविता का विचार और अनुभूति दोनों पक्ष बँधा-सा रहता है। अदम्य आस्था कविता की शक्ति है :

किसी झाड़ की साख पकड़कर रुक रहूँ?
उससे तो अच्छा है मैं चुक रहूँ।[12]

मार्च 1954 में निराला जी के गीत छपे हैं। ये गहरी तन्मयता में डूब कर लिखे गये होली गीत हैं। इस गीत से पता चलता है कि निराला अपने कविकर्म के अन्तिम दौर में भी संवेदना के शिखर पर हैं :

लोक विशोक हुए, आँखों से
उमड़े गगन लाखों पाखों से
कोयलें मंजरी की शाखों से

गायी सुमंगल होली तुम्हारी
बरद हुई शारदा जी हमारी
पहनी वसन्त की माला सँवारी।[13]

मार्च 1954 में ही प्रभाकर माचवे की उद्धरण बहुल कविता 'अपनी माता की मृत्यु पर' छपी है।

अप्रैल 1954 की 'कल्पना' में केदारनाथ सिंह का यशस्वी गीत 'शाखों पर जमे धूप के फाहे' छपा है। उन दिनों लिखे जाने वाले गीतों से यह अलग हट कर है। शब्द चयन और लय का सुन्दर मिलन इस गीत में देखते ही बनता है। इसी अंक में विजयदेव नारायण शाही की 'सच मानो प्रिय' सुन्दर रचना बन पड़ी है। शाही की दूसरी कविता 'रात और गाँव' में सामाजिक विषमता मुखर होकर उभरी है।

जून 1954 में कीर्ति चौधरी की 'सुधि के क्षण' तथा अजितकुमार की 'मनहूस' शीर्षक कविताएँ पठनीय हैं। जुलाई 1954 में प्रभाकर माचवे की 'उज्जयिनी की याद' तथा त्रिलोचन के 'दो गीत' उल्लेखनीय रचना हैं। अगस्त 1954 में भारतभूषण अग्रवाल की 'सूखे की पुकार' महत्त्वपूर्ण कविता है। सितम्बर 1954 में कई कविताएँ छपी हैं लेकिन सर्वाधिक महत्त्वपूर्ण हरिनारायण व्यास की 'दो मानसिक स्थितियाँ' को छोड़कर एक भी कविता अच्छी नहीं है। अक्टूबर 1954 में रवीन्द्रनाथ ठाकुर की प्रसिद्ध कविता 'निर्झरेर स्वप्न-भंग' के अनुवाद भारतभूषण अग्रवाल ने किये हैं। शांति एम.ए. की कविता नवम्बर 54 में ध्यान आकृष्ट करती है :

कितने सपने?
उतने ही; जितने जीवन में
सगे सहोदर, साथी
अपने।[14]

दिसम्बर 1954 में कुर्मांचली की एक कविता 'निर्मल के नाम' प्रकाशित हुई है। सहज अनुभूति के कारण कविता ध्यान आकृष्ट करती है। मनोहरश्याम जोशी कुर्मांचली उपनाम से कविता लेखन करते थे। इसी अंक में प्रकाशित बालकृष्ण राव की कविता 'शाम तक' और निराला का गीत भी उल्लेखनीय है।

'कल्पना' के छठे वर्ष यानी 1955 के फरवरी अंक में नरेश मेहता की 'तीन कविताएँ' एवं त्रिलोचन की 'दो कविताएँ' साधारण रचना है। अप्रैल 1955 में अज्ञेय की 'टेसू' एवं केदारनाथ सिंह की 'शरद-प्रात:' कथ्य की ताजगी के कारण अच्छी रचना बन पड़ी है। 'टेसू' का फूल अज्ञेय की दृष्टि में ग्रीष्म का अकिंचन अग्रदूत है जो क्षयग्रस्त नगर में आग लगाने के लिए धधक रहा है। केदारनाथ सिंह का 'शरदप्रात:' सहज बुनावट के कारण स्मरणीय है :

सुबह उठा तो ऐसा लगा कि शरद् आ गया
आँखों को नीला-नीला आकाश भा गया।[15]

मई 1955 में शमशेर बहादुर सिंह की मर्सिया 'वह नन्ही सी गुलाबी सुबह' एक दिवंगत शिशु की याद में लिखा गया है। जुलाई 1955 में सुमित्रानन्दन पन्त की 'आ: धरती कितनी देती है' बाल मन का सहज अंकन है :

मैंने छुटपन में छिप कर पैसे बोये थे
सोचा था पैसों के पेड़ उगेंगे।[16]

इसी अंक में पहली बार भारती के दृश्यकाव्य 'अंधा युग' का एक अंक छपा है। अगस्त 1955 में फिराक गोरखपुरी का एक लम्बा नज़्म 'जुगनू' छपा है। मामूली फैलाव के बावजूद यह अच्छी रचना है। अनुभूति की सघनता रचना की शक्ति है।

1957 के जनवरी अंक में दुष्यन्तकुमार की कविता 'हम तीन दोस्त' छपती है। यहाँ कवि की आस्था एवं उत्साह देखते ही बनता है। नयी कविता केवल अनास्था एवं नैराश्य की वाहक कविता धारा नहीं थी। उसमें कोमल आस्था की अन्तर्धारा भी प्रवाहित होती रही है। दुष्यन्त सन् सत्तावन तक आते-आते अपनी सघन आस्थावाली भाषा गढ़ने में सफल होते हैं। यदि दुष्यन्त कुमार की इन कविताओं के सहज तुक एवं लय को ध्यान में रख कर उनकी कविता यात्रा को देखा जाय तो उनके गजल तक की यात्रा को समझने में सहायता मिलती है। दुष्यन्त कुमार आत्मीय स्वर में लिखते हैं :

आधे पथ से वापस फिर जाने वालों को
हम अपना यौवन अपनी बाँहें देते हैं
हम अपनी साँसें और निगाहें देते हैं
देखें...जो तम के अंधड़ से घिर जाते हैं
वे सबसे पहले दिन के दर्शन पाते हैं
देखें...जिनकी किस्मत पर किस्मत रोती है।
मंजिल भी आखिरकार उन्हीं की होती है।[17]

1957 के जनवरी अंक में ही अजित कुमार की 'दो निजी कविताएँ' भी आस्था को ही बलवती करती कविताएँ हैं।

फरवरी 1957 में बच्चन की 'तीन आवाजें' शीर्षक कविता प्रकाशित होती है। नयी पीढ़ी में जहाँ आस्था के स्वर हैं वहीं बिचली पीढ़ी की मस्ती 1957 तक आते-आते गायब हो जाती है। वे अपनी करुण कहानी सुनाने लगते हैं। कविता से शुक-सारिका गायब हो जाती हैं और वृद्ध-गिद्ध के दर्शन होने लगते हैं :

ताड़ वृक्ष के ऊपर बैठा
वृद्ध गृद्ध यह कहता है—
ओ भोले दिग्भ्रान्त बटोही
एक रास्ता अब भी है।[18]

हिन्दू देवमालाओं का सार्थक प्रयोग नये कवि कर रहे थे। राजेन्द्र किशोर की 'स्थितियाँ और अनुभव' इसका अच्छा उदाहरण है यह कविता मार्च 57 में छपी है :

"मेरा धनुष
राजा विराट के राज्य के अन्तर्गत या वहिर्गत
(यानी कहीं भी।)
किसी पेड़ पर छिपा कर टाँगे जाने के लिए है।
मेरी संस्कृति, मेरी कला, मेरी चेतना
वृहन्नला बनने के लिए है।"[19]

नये कवियों में मिथकों के प्रति अतिशय रुझान उस दौर की प्रधान विशेषता है।

अप्रैल 1957 में रघुवीर सहाय की कविता 'वसन्त' छपती है। नये कवियों के लिए वसन्त वीरता का आलम्बन नहीं है और न ही बेसुध होने का मौसम है। रघुवीर सहाय की पूरी कविता में कहीं भी वसंत के पारंपरिक अलंकरण जैसे – आम के बौर, पिकी की पुकार, फूली सरसों के रंग नजर नहीं आते हैं। उसके बावजूद वसन्त की अनुभूति कविता में तीव्र रूप से उपलब्ध है।

सन् 1957 तक आते-आते उत्तर-छायावाद के कवि 'कल्पना' के पन्नों से अदृश्य होने लगते हैं। लेकिन ऐसा सुनियोजित आग्रहवश नहीं होता है। समय के प्रवाह में वे पीछे छूटते चले जाते हैं। मई 1957 में माखनलाल चतुर्वेदी की कविता 'आने की बात' छपी है। इस कविता का कथ्य नवागतों के प्रति स्वागत का भाव लिये हुए है। नई पौध के लिए माखनलाल चतुर्वेदी यह शुभकामना व्यक्त करते हैं :

मीठी-मीठी बात तुम्हारे आने की
बन न अहिल्या उठें डगर की सीढ़ियाँ
पागल मत हो जाएँ अभागन पीढ़ियाँ
तुम आओगे? निर्मल चरण धरे आओ
पथ हो जाए निहाल कि गूँज भरे आओ
तुम्हें देख ले झंझा-पुष्पक पर आओ।[20]

जब अज्ञेय नवागतों के प्रति कविता में 'आ, तू आ' कहते हुए चिढ़ व्यक्त कर रहे थे उसी समय 'एक भारतीय आत्मा' अभागन पीढ़ियों के लिए उदारतापूर्वक राह छोड़ रहे थे।

जून 1957 में प्रकाश जैन की दो कविता छपी है। प्रकाश जैन के लिए शाम न तो 'सन्ध्या-सुन्दरी' है और न ही दिवसावसान का समय :

"सूरज को डस गया अभी
पश्चिम का अजगर है
सन्ध्या की अरुणाई के घेरे के ऊपर
अँधियारे की मोटी चादर फैल रही है
इन काले डैनों के नीचे
हवा स्तब्ध है
बड़ी तपन है
उमस घुटन है
बेचैनी है।"[21]

ऊपर की कविता से जाहिर है कि नये कवि काल्पनिक कोमल बिम्ब की जगह वस्तुनिष्ठ बिम्ब का सहारा ले रहे थे।

जुलाई 1957 में अजितकुमार की ललित कला से प्रभावापन्न कविता छपी है। तारांकित चिह्न देकर कविता के नीचे यह टिप्पणी छपी है कि "आर्ट गैलरी में पर्वत का चित्र देखकर आया था, उस क्षण मेरे मन में, ऐसा भाव समाया था।" अत: 'कलाकृति और विस्मृति' एक नये रुझान की कविता है।

सितम्बर 1957 में अज्ञेय की 'चेहरे असंख्य आँखें असंख्य' तथा भारतभूषण अग्रवाल की 'असाधारण की चाह' कविता ध्यान आकृष्ट करती है। भारतभूषण अग्रवाल की कविता उनके सहज आत्मस्वीकारोक्ति के कारण महत्त्वपूर्ण हो उठी है। नये कवियों में स्वीकार का अपार साहस था। भारतभूषण अग्रवाल की गर्वीली साधारणता छिपाव की वस्तु नहीं बल्कि स्वीकार की वस्तु है :

साधारण नगर के
एक साधारण घर में
मेरा जनम हुआ
बचपन बीता अति साधारण
साधारण खान-पान
साधारण वस्त्र-वास
और
साधारणता के इस घोर-चक्र में
मेरा मन खोजने लगा था असामान्य कुछ।[22]

दिसम्बर 1957 में मलयज की 'सबेरे की मृत्यु' अच्छी कविता बन पड़ी है। लेकिन इस अंक की महत्त्वपूर्ण कविता श्रीकांत वर्मा का 'सन्नाटा' है। इस कविता में श्रीकांत वर्मा की प्रस्थानकालीन बेचैनी छिपी है। कवि के अनुसार 'सन्नाटा अनपहिचाना पाहुन' है :

वह सन्नाटा
सदियों के आँगन में भी कभी-कभी अनपहिचाना
पाहुन सा आता है।
जो कालिदास के मन की शिप्रा के तट पर
सब उपमाओं के पुष्प विसर्जित कर विरही सा बैठा है
वह कोई नहीं केवल सन्नाटा है।[23]

सत्तावन तक आते-आते पुरानी पीढ़ी को विराम लेते हुए तथा नये कवियों को मोर्चा सँभालते हुए देखा जा सकता है।

नवें वर्ष के पहले अंक अर्थात् जनवरी 1958 में आठ कवियों की नयी कविताएँ प्रकाशित हुई हैं। ये कवि हैं: कुँवर नारायण, सर्वेश्वरदयाल सक्सेना, अशोक वाजपेयी, रामदरश मिश्र, दुष्यन्तकुमार, गंगाप्रसाद श्रीवास्तव, प्रभाकर माचवे एवं मनोहरश्याम जोशी। प्रभाकर माचवे की 'लखनऊ दुबारा आने पर' प्रसंग-गर्भ कविता का अच्छा नमूना है :

मिले 'माधुरी' 'सुधा' के वे हकीम चित्रकार
और 'संघर्ष' कार्यालय गये,
खोज रहे 'परिमल' के तुलसीदास-होमर को,
एक तंग गली, बड़ी बदबूदार ओ उदास
उसमें मिले महाकवि, छोटे से कमरे में, बहुत स्वस्थ

बालों में इत्र दिये, दैन्य ग्रस्त
मस्ती में गाते हुए, रवि ठाकुर कंठस्थ
कविता थी 'सूरदास'
बंगाली होटल में पास वहीं ले गये :
वेदान्त कहने लगे, भूमा से तुष्टि हमें अल्प
नहीं चाहिए
विस्तार को विस्तार दिये जा रहा हूँ मैं।''[24]

सन् 1958 की कविताओं के विवेचन से इस निष्कर्ष पर पहुँचा जा सकता है कि नयी कविता कई मनोवेगों की कविता धारा थी। मार्च 1958 में प्रेमेन्द्र मित्र की बंगला कविताओं का अनुवाद छपा है। उनकी कृति 'सागर थेके फेरा' को 1957 का साहित्य अकादमी पुरस्कार प्राप्त हुआ था। इसलिए यह आयोजन अवसरोचित महत्त्व का है। 'कल्लोलयुग' के इस कवि के अनुवादक हैं मन्मथनाथ गुप्त। गुप्त जी ने प्रेमेन्द्र मित्र पर लम्बी भूमिका भी लिखी है। अनुवाद अच्छा बन पड़ा है।

'निस्तब्ध आधी रात' अप्रैल 1958 की महत्त्वपूर्ण कविता है। कवयित्री हैं कीर्ति चौधरी।

''निस्तब्ध आधी रात
सोती-सी दिशाएँ
खुल गयी है
अचानक ही आँख।''[25]

इसी अंक में 'आँखें आज निहाल हो गयी' माखनलाल चतुर्वेदी की रचना 'कल्पना' की उल्लेखनीय उपलब्धि है।

नयी कविता में जब कुंठा, अवसाद, निराशा और दम घुटने वाले एकाकीपन के स्वर रिरियाते सुनाई पड़ रहे थे, तब अदम्यशक्ति और उत्साह के स्वरों में गिरिजाकुमार माथुर 'नयी आग की खोज' कर रहे थे। जून 1958 में माथुर की यह कविता छपी है :

अग्नि दो, तपन दो, नया ताप दो
मिट्टी के ठंढे इस पुतले को
दीपित व्यक्तित्व का
अखंडित प्रताप दो।[26]

इस कविता की उल्लेखनीय विशेषता यह है कि उत्साह के आवेश में कविता सपाट वक्तव्य होने से बच गयी है।

जुलाई-अगस्त के संयुक्तांक में भारतभूषण अग्रवाल की पाँच कविताएँ छपी हैं। कवि की मार्मिक अनुभूति ध्यान आकृष्ट करती है :

रस तो अनन्त था अंजुरी भर ही पिया
जी में वसन्त था एक फूल ही दिया
मरने के दिन आज मुझको यह सोच है
कैसे बड़े युग में कैसा छोटा जीवन जीया।[27]

सितम्बर 1958 में सर्वेश्वरदयाल सक्सेना की 'मेघ आये' शीर्षक कविता में बरसात का अंकन वास्तव हो उठा है। ग्रामगीतों के तर्ज पर सर्वेश्वर ने उसमें आत्मीयता घोली है :

मेघ आये बड़े बन ठन के सँवर के
आगे-आगे नाचती गाती बयार चली
दरवाजे खिड़कियाँ खुलने लगीं गली-गली
पाहुन ज्यों आये हों गाँव में शहर के।[28]

इसी अंक में अज्ञेय ने 'लौटे हुए यात्री के वक्तव्य' के रूप में जो निष्कर्ष निकाला है वह नवस्वाधीन भारत के भद्र समाज के लिए 'चार्जशीट' है :

सभी जगह
जो उपजाता है अन्न, पालता सबको
उसकी झुकी कमर है।[29]

अक्टूबर 1958 में केशु की 'सूर्य-पुत्र के तीन मर्म कथन' एक मर्मस्पर्शी रचना है। इसकी मर्मस्पर्शिता का कारण स्वयं कथ्य के मार्मिक होने के साथ-साथ कवि की रागात्मक सह-अनुभूति भी है :

आह यह कितनी बड़ी विडम्बना है
कि मैं सूर्यपुत्र होकर भी
अँधेरे में जन्मा
जिया
और अँधेरे में ही मर रहा हूँ
आह—यह कितनी बड़ी विडम्बना है...।[30]

नवम्बर 1958 में अज्ञेय की एक कविता 'नये कवि के प्रति' प्रकाशित हुई जिसकी आरंभिक पंक्तियाँ थी :

आ, तू आ,
हाँ, आ
मेरे पैरों की छाप-छाप पर रखता पैर
मिटाता उसे
मुझे मुँह भर-भर कर गाली देता
आ, तू आ।[31]

इसके बाद अज्ञेय ने 'दर्पस्फीत जयी' और 'गतानुगामी' कह कर नये कवियों की भर्त्सना की थी। यह कविता काव्यगत उत्कर्ष के कारण नहीं, बल्कि अन्य कई कारणों से उल्लेखनीय है। प्रयोगवाद से पृथक होकर नयी कविता ने अपनी अलग पहचान 1959 तक स्थापित कर ली थी। नयी कविता केवल प्रयोग का आग्रह या प्रतिफल नहीं थी। वह जीवन की विसंगतियों एवं आत्मसंघर्ष की मिश्रित अभिव्यक्ति थी। अज्ञेय ने छिछले आवेगों को अभिव्यक्ति का माध्यम बनाकर नयी कविता में एक और आयाम जोड़ा! आगे चल कर ऐसी प्रतिक्रिया परक कविताओं की परिपाटी चल पड़ी।

दसवें वर्ष अर्थात् जनवरी 1959 में अज्ञेय की 'नया कवि: आत्मस्वीकार' तथा 'नया कवि : आत्मोपदेश' दो कविता छपी हैं। इसे 'नये कवि के प्रति' के विस्तार के रूप में ही समझना चाहिए। 1959 तक आते-आते कविता में गोष्ठीय प्रतिक्रियाओं का जोर बढ़ने लगता है। एक 'स्कूल' के कवियों को सामने रखकर या अपनी-अपनी विधा समझाने के लिए कविताएँ लिख रहे हैं। नये कवि का 'आत्मस्वीकार' और 'आत्मोपदेश' अच्छी रचना है लेकिन रचना के मूल में प्रतिक्रिया का अंश साफ पढ़ा जा सकता है। कविता प्रवचन की सीमा छूने का आभास देती है।

मार्च 1959 में केदारनाथ सिंह की दो उल्लेखनीय कविता छपी है। 'नये मौसम' को नितान्त निजी ढंग से पकड़ने की मौलिक कोशिश कविता में दिखलायी पड़ती है :

गंध से पहले
तुम्ही आ पहुँचे
नील शंखों के मुकुट पर
रेशमी कलगी लगाए
नये मौसम
लो, रहो
यह घर तुम्हारे लिए खाली है।[32]

नयी कविता में घर की चेतना केदार जी में शुरू से दिखलायी पड़ती है।

अप्रैल 1959 में दुष्यन्तकुमार की तथा प्रभाकर माचवे की क्रमश: दो एवं तीन कविता छपी हैं। माचवे की कविता में स्थानों एवं नामों की लम्बी सूची उबाऊ हो उठी हैं।

मई 1959 में श्रीकान्त वर्मा की 'माँ की आँखें' एक नये अंदाज में माँ को समझने की कोशिश है :

मेरी माँ की डबडब आँखें
मुझे देखती हैं ज्यों जलती फसलें, कटती शाखें
मेरी माँ की किसान आँखें।[33]

भारतीय परिदृश्य में माँ की यह अभिनव व्याख्या है। इसी अंक में भवानीप्रसाद मिश्र की तुकों से भरपूर 'तुम और मैं' कविता छपी है। लेकिन रघुवीर सहाय की रचना 'और मैं उसे दे दिया जाता हूँ' अपनी सहजता के कारण पठनीय हो उठी है।

जून 1959 में एक साथ कई अच्छी कविताएँ छपी हैं। केशु ने 'युगपीड़ा की एक प्रश्नवाचक शाम' में युग तथा व्यक्ति की प्रगति एवं उपलब्धियों के बावजूद उसकी भटकन को तीव्र ढंग से उठाया है। आस्था किस तरह मनुष्य को यातनाप्रद स्थिति में पहुँचाती है यही कविता का कथ्य है। इसी अंक में प्रकाशित 'इशारे ज़िन्दगी के' शिल्प, कथ्य एवं अर्थ की दृष्टि से अच्छी रचना बन पड़ी है :

ज़िन्दगी हर मोड़ पर करती रही हमको इशारे
जिन्हें हमने नहीं देखा
क्योंकि हम बाँधे हुए थे पट्टियाँ संस्कार की
और हमने बाँधने से पूर्व देखा था
हमारी पट्टियाँ रंगीन थीं।[34]

जून 1959 में ही बालकृष्ण राव द्वारा वर्डसवर्थ की प्रसिद्ध सॉनेट 'वेस्ट मिंस्टर के पुल पर' का अनुवाद छपा है। 'कल्पना' ने हिन्दी सॉनेटों को आग्रहपूर्वक छापा है।

जुलाई 1959 में अशोक वाजपेयी की तीन कविताओं—'पक्षधरो क्षमा करना', 'प्यार के बाद' और 'हम' में यथार्थानुभूति की प्रशंसनीय अभिव्यक्ति हुई है। अशोक वाजपेयी के काव्य प्रस्थान को समझने के लिये ये तीनों उपयोगी कविता हैं। कविता में गद्यपन का आग्रह बढ़ रहा था ये पता भी अशोक वाजपेयी की रचना से मिलती है।

अगस्त 1959 में आग्नेय की 'उपकारों के प्रियम्वद' एक उल्लेखनीय रचना है। जीवन जीने के लिए समर्पित कर देने के बाद औरों से भी समर्पण की इच्छा, समर्थ प्रतीकों द्वारा अभिव्यक्त हुई है। कवि की आकुलता में सहजता एवं निश्छलता है। यही आग्नेय की कविता की विशेषता है। इसी अंक में प्रकाशित सर्वेश्वरदयाल सक्सेना की 'अपनी बिटिया के लिए दो कविताएँ' अपनी मुग्धकारी सहजता के कारण उल्लेखनीय हैं। भूख से रोते बच्चे के लिए मार्मिक सान्त्वना इन पंक्तियों में है :

भूख से रोता है कोई
दूध है दूध यह धूप
जो चारों तरफ फैली है
उठ भर ले अपना कटोरा
आखिर चन्दामामा भी तो यही दूध पीता है।[35]

सर्वेश्वर की कविता पढ़ते हुए कहीं ऐसा नहीं लगता कि वे सायास लिखी गयी हैं।

सितम्बर 1959 में बालकृष्ण राव की 'एक ने ही पूछा था' अच्छी रचना बन पड़ी है। चित्रों को 'अनुस्यूत' और समिधाओं को 'तपःपूत' करने की बात पहले भी कवियों ने कही है। राव की कविता 'एक' के लक्ष्योन्मुख होने पर 'सबके अनेक अनदेखे सपनों के जाग उठने की आशा' और 'चित्रों के अंकित' होने की सहज आस्था की साफ अभिव्यक्ति के कारण, प्रभावित करती है। सितम्बर 1959 में ही लक्ष्मीकान्त वर्मा की 'महानगर: एक अनुभूति' कविता की दम्भरहित स्वीकारोक्ति देखने योग्य है :

...और यह महानगर है
जहाँ हैं सभी सभ्य
असभ्य केवल मैं हूँ
केवल मैं
क्योंकि मैं पिता हूँ
बन्धु हूँ
शंकित हूँ
सहचर हूँ।[36]

जीवन के प्रति स्वीकारात्मकता ही कविता की उपलब्धि है।

अक्टूबर 1959 में छपी आग्नेय की 'तथास्तु' तथा दुष्यन्तकुमार की 'प्रश्नाहतों से' कविता प्रभावित नहीं करती। नवम्बर 1959 में धर्मवीर भारती की 'वह जो' अहं विसर्जन के बोध की कविता है।

दिसम्बर 1959 में नरेश मेहता की रूमानियत में डूबी दो कविताएँ 'सिन्धुतीरे' एवं 'सँझाने दो' प्रकाशित हुई हैं। इस तरह हम देखते हैं कि दसवें साल में, 'कल्पना' को उल्लेखनीय कवियों का सहयोग निरन्तर मिलता रहता है। जबकि आलोच्य वर्ष में 'कृति', 'लहर', 'निकष', 'नयी कविता', 'समवेत', 'संकेत', 'दृष्टिकोण', 'अपरम्परा', 'आधार' जैसी साहित्यिक पत्रिकाएँ मैदान में आ गयी थीं। इसके बावजूद भी कविता की स्तरीयता में कोई गिरावट नहीं दिखाई पड़ती है।

ग्यारहवें वर्ष के पहले अंक (जनवरी 60) में बिचली पीढ़ी के बच्चन जी एवं अजितकुमार की कविताएँ साथ-साथ 'कल्पना' में दिखाई देती हैं। 'फिर चुनौती' में बच्चन जी ने आवेशमयी भाषा में जीवन के रणांगन में फिर से उतरने की चुनौती स्वीकारी है। लेकिन संघर्ष को स्वीकारने के अनुकूल, यथार्थवादी भाषा का कविता में अभाव है। इसके ठीक विपरीत अजितकुमार ने 'नन्ही सी मुस्कान' में यथार्थवादी आस्था को विकसित किया है :

नन्ही-सी मुसकान तुम्हारे होंठ पर
झलकी
क्षण भर ठहरी
सत्वर मिट गयी।
मुझमें ऐसा भाव एक विकसित हुआ
जो बढ़ता-बढ़ता
मुझ पर, जग पर, जीवन पर
छा गया।[37]

नये कवि आवेग के तटस्थ अंकन के विश्वासी हैं। वे आवेश को यथार्थ की जमीन से अलग नहीं करते हैं।

फरवरी 1960 की 'एक स्थापना' कुँवर नारायण की महत्त्वपूर्ण कविता है। कवि ने भविष्य में उचित संवेदना सम्पन्न समानधर्मा की आशा व्यक्त की है :

जब मैं नहीं
मेरी ओर से कोई स्थापित करेगा मेरे वर्षों बाद
कि आज भी कहीं जीवन था
क्योंकि केवल पहियों और पंखों वाली इस बेसिर पैर की सभ्यता में
दफ्तरों, दूकानों और कारखानों से अस्वीकृत होकर भी
मैंने जीना पसन्द किया।[38]

इसी अंक में प्रकाशित 'कभी-कभी लगता है' सर्वेश्वरदयाल सक्सेना की विशिष्ट भावबोध की कविता है। कवि चारों तरफ के परिवेश से अजनबी होकर अपने ही तन से निर्वासित हो गया है। यह कविता इस बात का भी पता देती है कि साठ तक आते-आते नयी कविता रूमानियम से अपना पीछा छुड़ाने लगती है। कवि के स्वर में विषाद की धुंधली परछाई देखी जा सकती हैं। आसमान का रंग अब स्वच्छ नीला नहीं दिखाई पड़ता है :

कभी-कभी लगता है
आसमान का रंग अब उतना नीला नहीं रहा
और न धरती पर उतनी हरियाली ही है।[39]

मार्च 1960 की कीर्ति चौधरी की कविता 'पीले पत्ते हँसते गुच्छे' में भी यह विषाद भाव पढ़ा जा सकता है। वासन्ती बयार की जगह धूसर उजाड़, कविता ऋतु के बदलने की सूचना है :

मेरे हाथों में फूलों के हँसते गुच्छे
पैरों के नीचे पतझड़ के पीले पत्ते
मैं देख रहा धीरे-धीरे सब बीत गया
मेघावलियाँ वातास गंध
कुसुमित कानन का कल-कूजन
वे अन्तहीन धूसर उजाड़
हू-हू करता पागल समीर
धरती का वह नीरस चिन्तन
धीरे-धीरे सब बीत गया।[40]

मार्च 1960 में ही 'मकबूल फिदा हुसैन : पर चार कविमित्रों की रचनाएँ' छपी हैं। ये कवि मित्र हैं—निमिष पाणिनी, अशोक वाजपेयी, आग्नेय तथा जितेन्द्र कुमार।

मई 1960 में एक साथ कई अच्छी रचनाएँ छपी हैं। पहली बार मुक्तिबोध के दर्शन 'कल्पना' के पन्नों पर बतौर कवि होते हैं। उनकी लम्बी कविता 'एक अरूप शून्य के प्रति' छपी है। श्रीकान्त वर्मा की 'आ-स्थगित संकल्प' भी एक उल्लेखनीय कविता है। चुकने का बोध कविता में तीव्र होकर प्रकट हुआ है। 'साँझ होते ही' में सर्वेश्वर ने निस्तेज पड़ती आस्था को संबल देने के लिए घर की तरफ मोड़ा है। नयी कविता में घर के आत्मीय प्रसंग सर्वेश्वर में नोटिस लेने योग्य बात है :

दूर कहीं
मुझे खोजते फिरते मेरे रोते हुए
बच्चे की आवाज आती है,
और मेरी पत्नी
रसोईघर की फीकी बीमार रोशनी में बैठी
मेरी प्रतीक्षा करती दीख जाती है।[41]

जुलाई 1960 में गजानन माधव मुक्तिबोध की 'मुझे नहीं मालूम' लम्बी कविता प्रकाशित होती है। इसी अंक में कुँवरनारायण की भारतीय ऋतु-चक्र की सूक्ष्म समझ से सम्पन्न 'सबेरे सबेरे' रचना छपी है :

कार्तिक की एक हँसमुख सुबह
नदीतट से लौटती गंगा नहाकर
सुवासित भीगी हवाएँ
सदा पावन माँ सरीखी
अभी जैसे मंदिरों में चढ़ा कर खुश रंग फूल
ठंड से सीत्कारती घर में घुसी हो
और सोते देख मुझे जगाती हो।[42]

कविता मौलिक बिम्ब-विधान के कारण सहसा ध्यान आकृष्ट करती है।

अगस्त 1960 में सर्वेश्वरदयाल सक्सेना की एक छोटी–सी कविता 'पूर्णिमा प्यार' प्रकाशित हुई है। कविता में बिम्ब का दुराग्रह अधिक है। इसी अंक में प्रभाकर माचवे का 'इमर्सन के घर पर' प्रकाशित हुआ है। माचवे की खिलंदड़ प्रवृत्ति कविता में प्रधान होकर उभरी है। इसी अंक में दिनकर की कविता लम्बे अन्तराल के बाद छपी है। 'तब भी मैं आता हूँ' में युग के दरवाजे टूटने और भविष्य के मार्ग के बन्द हो जाने पर भी कवि का लक्ष्य ढूँढ़ने का ओजस्वी स्वर स्पष्ट है। दिनकर की इस कविता में ध्यान देने योग्य बात यह है कि कविता में पहले जैसा तुक का आग्रह नहीं दिखाई पड़ता।

सितम्बर 1960 में दिनकर की कविता 'गृहमुख' उल्लेखनीय रचना है। इसी अंक में विश्वनाथ त्रिपाठी की 'एकशाम' कविता छपी है।

नवम्बर 1960 में केदारनाथ अग्रवाल की 'तीन कविताएँ' प्रकाशित हुई हैं। कविता अपनी सादगी, सफाई और स्पष्ट बिम्ब के कारण उल्लेखनीय है। अज्ञेय की कविता 'भीतर जागा दाता' भी तरल रूमानी मूड के कारण ध्यान आकृष्ट करती है :

लो, यह स्मृति, यह श्रद्धा, यह हँसी,
यह आहूत, स्पर्श–पूत भाव
यह मैं, यह तुम, यह खिलना
यह ज्वार, यह प्लावन
यह प्यार यह अडूब उमड़ना–
सब तुम्हें दिया
सब
तुम्हें
दिया।[43]

दिसम्बर 1960 में दूधनाथ सिंह की 'रागपुरिया सुनकर' शीर्षक कविता छपी है। इसी अंक में प्रकाशित राजेन्द्रकिशोर की कविता 'छंदभंग' में इतिहास के व्यक्तिवाचक नामों की लम्बी विवरणिका पढ़ते ही बनती है। लेकिन भावनाओं की तीव्रता के कारण ये नाम अटपटे नहीं लगते हैं। आलोच्य वर्ष में दूधनाथ सिंह, विश्वनाथ त्रिपाठी जैसे नये हस्ताक्षरों को तथा नयी कविता में बोध के धरातल पर युगान्तर उपस्थित करने वाले मुक्तिबोध के भी दर्शन होते हैं। साथ ही, बिचली पीढ़ी के दिनकर एवं बच्चन की अच्छी रचनाएँ पाठकों को उपलब्ध होती रहती है।

'कल्पना' के बारहवें वर्ष में भी अच्छी कविताओं के प्रकाशन का सिलसिला जारी रहता है। फरवरी 1961 में इस सम्पादकीय टिप्पणी के साथ शमशेरबहादुर सिंह की दो कविताएँ प्रकाशित हुई हैं : "लगभग छह वर्ष के बाद श्री शमशेरबहादुर सिंह की दो कविताएँ इस अंक में प्रकाशित हुई हैं।" कविता अत्यन्त सहज बिम्बविधान के कारण सहसा ध्यान आकर्षित करती है :

बादलों के मौन गेरू पंख, संन्यासी खुले हैं
श्याम पथ पर
स्थिर हुए से चल।[44]

मार्च 1961 के अंक में पहली बार नागानन्द मुक्तिकंठ की कविता छपी है। लेकिन इस अंक का मुख्य आकर्षण 'पिकनिक से लौटते हुए' कविता है। केदारनाथ सिंह की कविता में परिन्दों के प्रति आकर्षण शुरू से मिलता है। 'अकाल में सारस' से बहुत पहले 'अभी बिलकुल अभी' के दौर में 'गौरैया की उड़ान' ध्यान देने की चीज है। जिस तरह निराला की कविता-यात्रा के हरेक दौर में फूल के प्रति सहज लालसा दिखायी पड़ती है वैसी ही लालसा पक्षियों के प्रति केदारनाथ सिंह का रहा है :

एक सपाट मैदान है
जिसमें मैं हूँ
और सदियाँ हैं।
और दोनों के बीच में
एक उड़ती हुई गौरैया
जो उड़ती रहेगी
सदियों तक।[45]

अप्रैल 1961 में छपी कैलाश वाजपेयी की रचना 'राजधानी' साहित्येतर कारणों से महत्त्वपूर्ण है। 'राजधानी' 5 फरवरी, 1961 को इन्दौर आकाशवाणी द्वारा आयोजित कवि सम्मेलन में प्रसारण के लिए आपत्तिजनक मानी गयी थी। अधिकारियों को शायद उसकी तल्ख सचाई और अनुभूति की तीव्रता पसन्द नहीं आयी। उसकी शुरू की पंक्तियाँ हैं :

चरित्ररिक्त शासक
और संक्रामक सेठों की सड़ाँध से भरी
इस नगरी में
मैं जी रहा हूँ।[46]

मई-जून 1961 के संयुक्तांक में त्रिलोचन के दर्शन पर्याप्त अन्तराल के बाद होते हैं। नयी कविता जब दुरूहता की राह पकड़ रही थी तब पारदर्शी और सहज भाषा में त्रिलोचन लिख रहे थे :

रात जाने लगी तो
आकाश ने आँसू गिराये
और आँसू वे
कुछ घास ने कुछ फूल ने
ले कर सँभारे
उषा ने अपने करों से
घास के भी
फूल के भी
आँसुओं को पोंछ डाला
और उनको
चूम कर चमका दिया।[47]

लक्ष्मीकांत वर्मा की 'शीर्षस्थ लोगों के प्रति एक शीर्षकहीन कविता' भी इस अंक में ध्यान आकृष्ट करती है।

अक्टूबर 1961 में एक साथ कई अच्छी कविताएँ दिखाई पड़ती हैं। विश्वनाथ त्रिपाठी ने 'पागल' शीर्षक कविता में नजरूल इस्लाम, निराला, रूसो और वानगॉग के साथियों से यह सार्थक सवाल पूछा है कि "हम तुमको पागल कहते हैं, किन्तु हमें तुम क्या कहते हो।" इसी अंक में प्रकाशित बच्चन की कविता 'नभ का निमंत्रण' में वे कहते हैं "कविता ही जो कहना है, कहती है।" राजकमल चौधरी की 'रहस्यहीन' कविता मानव के अहं पर व्यंग्य है। अक्तूबर 1961 में ही पहली बार विजेन्द्र की कविता 'खंडहरों के बीच खेलते बच्चे' प्रकाशित हुई है। दिसम्बर 1961 में मलयज की 'चार कविताएँ' प्रकाशित होती हैं। इस तरह हम आलोच्य वर्ष में नये कवियों की एक और फसल को 'कल्पना' के पन्नों पर उगते हुए देख सकते हैं।

सन् 1962 'कल्पना' का तेरहवाँ वर्ष है। यह वर्ष चीनी आक्रमण के कारण मनोभूमि विभाजक वर्ष भी है। इस वर्ष 'कल्पना' का प्रकाशन भी अनियमित रहता है। 'कल्पना' में पहली बार इस आशय की संशयात्मक सूचना छपती है कि पत्रिका का प्रकाशन जारी रखा जाय या बन्द कर दिया जाय। लेकिन व्यवधान के बावजूद अच्छी कविताएँ पाठकों को उपलब्ध करायी जाती रही है। जनवरी 1962 में कीर्ति-चौधरी का 'छँट रहा कुहासा'; निर्मला वर्मा की 'पाँच कविताएँ'; कान्ता की 'तीन कविताएँ' एवं शकुन्त माथुर की 'हम जो बँधे हैं' शीर्षक रचनाएँ छपी हैं।

फरवरी-मार्च-अप्रैल 1962 के संयुक्तांक में भारतभूषण अग्रवाल की 'सोचो मत' एक नयी मनोवृत्ति को सूचित करने वाली कविता है। सुखमय दिन की संभावना क्षीण होते ही नये कवि भावों की दुनिया से निकल कर नारों की दुनिया में शामिल होना चाहते हैं :

भावों को भूलो, और
नारों के हो जाओ
नीड़ों से निकलो और
भीड़ों में खो जाओ।[48]

इसी अंक में सर्वेश्वरदयाल सक्सेना 'हेमन्त की सन्ध्या : एक प्रतीक्षा' में आकर्षक बिम्ब-विधान प्रस्तुत करते हुए मिलते हैं :

आकाश की नीली टोपी लगाए
क्षितिज का टीला चरवाहे-सा
ढलते सूरज की आग ताप रहा है।[49]

मई 1962 में मुक्तिबोध की लम्बी कविता 'पता नहीं' छपती है। सम्पादक इस कविता पर विशेष टिप्पणी करते हैं कि "पाँच टुकड़ों में श्री गजानन माधव मुक्तिबोध की कविता 'पता नहीं' आपको भी लगेगा एक समाँ बाँधती है। ठेठ बाहर से अन्तस की पैठ अपने आप में दुर्लभ नहीं है, लेकिन शिल्प की किसी विधा में वह अनुपात नहीं बिगड़ने देती तो निश्चय ही वह, आप भी स्वीकार करेंगे, शिल्पी के सधे हाथ की सूचक होती है।" इस अंक में कम्युनिस्ट पार्टी के प्रख्यात जन नेता मख़्दूम मोहियुद्दीन की भी एक गज़ल प्रकाशित हुई है।

जून 1962 में पुन: मुक्तिबोध की लम्बी कविता 'एक स्वप्न कथा' प्रकाशित होती है। इसका प्रवाह, इसकी लम्बाई के लिए अलंकार बन गया है। शब्दों का संगीत लय कविता के संगठन को बाँधे रहता है।

जुलाई–अगस्त के संयुक्तांक में त्रिलोचन की कविता अपनी अलग तेवर के कारण अलग से पहचानी जा सकती है। नयी कविता में प्रयोग के रूमानी दौर समाप्तप्राय नजर आते हैं। त्रिलोचन की कविता 'तुमसे–सबसे' बदली मनोभूमि की कविता है :

उठने दो उन्हें
जिन्हें सदियों का अहंकार
अंधकार
दाबे है तुम्हारा–सबका।[50]

सन् बासठ में 'कल्पना' के केवल सात अंक निकल पाते हैं। लेकिन मुक्तिबोध की दोनों कविताओं के कारण इस वर्ष का योगदान उल्लेखनीय हो उठा है।

चौदहवें वर्ष में चीनी आक्रमण की प्रतिक्रिया का वेग थमने पर 'कल्पना' में इस सम्बन्ध में कई अच्छी कविताएँ छपी हैं। चीन के आक्रमण ने यह बतला दिया कि नये कवि जिस जमीन पर खड़े थे, वह कितनी पोली थी। इस स्तब्ध माहौल में राष्ट्रीय संकट को लेकर अनेक कविताएँ लिखी जा रही थीं। इस युद्ध अनुभूति पर मई 1963 में दुष्यन्तकुमार और शमशेरबहादुर सिंह की कविता प्रकाशित हुई है। दुष्यन्त की कविता में सामयिक आवेश छलक कर बाहर टपक पड़ा है :

कहाँ हैं हम?
इस समर को दूर से देखने वालो
ये उदास उदास आँखें माँगती है
दया मत दो
इन्हें उत्तर दो।[51]

इसी मनोभूमि पर लिखी गयी 'सत्यमेव जयते' शमशेरबहादुर सिंह की अधिक संयत कविता है :

वह पहाड़ी नदी एक रायफल की बाढ़ है
जिसके किनारे दलाईलामा खड़ा है।[52]

जून 1963 में चीनी आक्रमण पर ही रामदरश मिश्र एवं बच्चन की कविताएँ छपी हैं। रामदरश मिश्र की 'युद्ध स्थितियाँ, मन:स्थितियाँ' सात छोटे-छोटे उपखंडों में युद्धाक्रान्त मन की पीड़ा है।

जुलाई 1963 में शमशेर बहादुर सिंह की दस कविताएँ छपी हैं जिसमें से आरंभिक पाँच एलन गिन्सवर्ग के लिए समर्पित हैं। चीनी आक्रमण के बाद गिन्सवर्ग से प्रभावित होकर हिन्दी कविता में जो एक नकारवादी सनक 'बीट' के नाम पर फैशन की तरह चल पड़ती है, उससे शमशेर की कविता सर्वथा मुक्त है। गिन्सवर्ग को शमशेर सार्थक ढंग से समझने की कोशिश करते हैं। धूमिल के मुहावरे में कहें तो शमशेर गिन्सवर्ग का रचनात्मक पीछा करते हैं :

दूडडर *एलन गिन्सवर्ग सैनफ्रांसिस्को से, इधर*
दशाश्वमेध, संगम की...चिलम संध्याओं में सुलग

गाँजा-सा लाल उठता है, लपक कुछ नये युग के
नशे-सा।[53]

सन् 1963 में प्राय: सभी कवियों को रूमानियत से परे सनकी भाषा में कविता करते देखा जा सकता है। अगस्त 1963 में अजितकुमार को 'सड़क' वेश्या लगती है :

पड़ी हुई है एक बेहया की तरह
खुली, ठंडी, उदासीन।[54]

सितम्बर 1963 में प्रभाकर माचवे की 'चीनाचार-वामाचार' कविता भी चीन आक्रमण के प्रतिक्रिया स्वरूप लिखी गयी कविता है। नवम्बर 1963 में अज्ञेय की 'प्रात: संकल्प' कविता छपी है :

झंझा सिर पर से निकल जाए
मैं अनवरुद्ध, अप्रतिहत, शुच स्नात हूँ।[55]

यह विलक्षण आश्चर्य की बात है कि जब नयी कविता की कई पीढ़ियाँ 'चीनाचार' से प्रेरित होकर कविताएँ रच रही थीं तब अज्ञेय निजी मनोवेगों में डूबे थे। इस तरह चौदहवें वर्ष में 'कल्पना' ने सामयिकता से वशीभूत होकर युद्ध-बोध की कई अच्छी रचनाएँ प्रस्तुत कीं।

'कल्पना' के पन्द्रहवें (सन् 64) वर्ष की उपलब्धि मुक्तिबोध की लम्बी कविताएँ हैं। अप्रैल 1964 में मुक्तिबोध की लम्बी कविता 'भूल-गलती'; अगस्त 1964 में 'चम्बल की घाटी में' तथा नवम्बर 1964 में 'आशंका के द्वीप : अँधेरे में' प्रकाशित होती है। सन् 1964 नयी कविता के लिए आत्मविश्लेषण का वर्ष है। नयी कविता के आरंभिक दौर में 'कल्पना' में अज्ञेय की कविताएँ प्रमुखता से छपती रही हैं लेकिन 1960 के बाद बदली हुई मनोवृत्ति को पहचान कर 'कल्पना' के सम्पादक-गण मुक्तिबोध, शमशेर, त्रिलोचन की रचनाओं को आग्रह के साथ छापती हैं। दिसम्बर 1964 में चद्रकान्त देवताले की 'मुक्तिबोध' : दो कविताएँ छपी है। यह कविता भी इस बात का प्रमाण है कि नये कवियों के बीच मुक्तिबोध एक नायक के रूप में उभरते हैं।

सोलहवें वर्ष यानी सन् 1965 में 'कल्पना' भाषा विवाद में उलझी रहती है उसके बावजूद अच्छी कविताएँ छापने का आग्रह बरकरार रहता है। 1965 से सवक्तव्य कविताएँ छापने का सिलसिला शुरू किया जाता है। जनवरी 1965 में शुभा वर्मा की 'एक वक्तव्य और तुम्हारे नाम सात कविताएँ' छपी हैं। फरवरी 1965 में भवानीप्रसाद मिश्र की 'इसी को वक्तव्य मान लिया जाय' के अन्तर्गत नौ कविताएँ छपी हैं। मई 1965 में 'कल्पना' के भूतपूर्व सम्पादक प्रयाग शुक्ल 'वक्तव्य और तेरह कविताएँ' छपी है। जून 1965 में लक्ष्मीकांत वर्मा की 'सात कविताएँ : एक चेतना प्रवाह' छपती है। अगस्त 1965 में विजयदेव नारायण साही की 'क्रतोस्मर' शीर्षक के अन्तर्गत तीन कविताएँ छपी हैं। सितम्बर 1965 में इकबाल तौसिफी की 'आठ कविताएँ' तथा कमलेश की 'सात कविताएँ' एक साथ दिखाई पड़ती हैं। अक्टूबर 1965 में लक्ष्मीकान्त वर्मा की 'सात गलत कविताएँ' और 'एक वक्तव्य' छपी है। नवम्बर में मणि मधुकर की तीन कविताएँ छपी हैं।

एक साथ किसी कवि की इतनी रचनाएँ छापने के पीछे 'कल्पना' के सम्पादकों की यह मानसिकता काम कर रही होगी कि इन कवियों के मूल्यांकन में सुविधा हो। नयी कविता

के संकलन प्रकाशक नहीं छापते थे। मुक्तिबोध के जीवनकाल में उनकी कविताएँ इकट्ठी प्रकाशित नहीं हो पायी थीं। शमशेरबहादुर सिंह पर जब डॉ. नामवर सिंह ने 'कृति' ने एक आलेख लिखा था तो उसे उन्होंने विविध पत्रिकाओं से बटोर कर उनकी कविताओं का विश्लेषण किया था। ऐसी दुर्गति को ध्यान में रखकर ही 'कल्पना' ने कवियों की आठ-दस कविताएँ एक साथ प्रकाशित करने का फैसला लिया होगा। ताकि, किसी कवि के मूल्यांकन में सुभीता हो।

'कल्पना' के 17वें वर्ष में हिन्दी कविता का चेहरा पर्याप्त बदला हुआ मिलता है। हिन्दी कविता की दुनिया में जो परिवर्तन आता है उसे सम्पादक-गण ईमानदारी से दर्ज करते हैं। जून 1966 में रघुवीर सहाय, सर्वेश्वरदयाल सक्सेना और श्रीकान्त वर्मा की उड़ीसा में अकाल को लेकर प्रतिक्रिया स्वरूप कविताएँ छपी हैं। जुलाई 1966 में बस्तर की गोलीकाण्ड पर दुष्यन्त कुमार 'ईश्वर को सूली' कविता प्रकाशित होती है। 'कल्पना' यथास्थिति को तोड़ने वाली प्रतिरोधी कविता के प्रकाशन में रुचि लेती है। अगस्त 1966 में किशन पटनायक की 'परिधियाँ' इसी प्रवृत्ति को पुष्ट करने वाली कविता है। अक्टूबर 1966 में ऋतुराज की कविता पहली बार 'कल्पना' में दिखाई देती है। नवम्बर 1966 में कुमारेन्द्र पारसनाथ सिंह की 'नयी भाषा' तथा मणि मधुकर की 'यह भुतहाघर' ध्यान आकृष्ट करती है। इस तरह अन्तिम दिनों में सर्वथा नये हस्ताक्षरों का जैसे-ऋतुराज, कुमारेन्द्र पारसनाथ सिंह का प्रवेश जारी रहता है तथा दूसरी ओर रघुवीर सहाय, श्रीकान्त वर्मा, सर्वेश्वरदयाल सक्सेना के भी दर्शन इस अंक में होते रहते हैं।

'कल्पना' के अठारहवें वर्ष यानी जनवरी-फरवरी 1967 के संयुक्तांक में रवीन्द्रभ्रमर की 'पाँच कविताएँ' एवं गिरिराज किशोर की एक कविता प्रकाशित हुई है। मार्च-अप्रैल 1967 के संयुक्तांक में हरिनारायण व्यास की दो तथा प्रयाग शुक्ल की तीन कविताएँ छपी हैं। अठारहवें वर्ष तक आते-आते 'कल्पना' के स्तरीयता में गिरावट साफ अनुभव की जा सकती है। 'कल्पना' के सम्पादक भी पहली बार मार्च-अप्रैल 67 में रचना के गुणवत्ता के ह्रास की बात स्वीकार करते हैं :

" 'कल्पना' के प्रकाशन के अठारहवें साल का यह दूसरा अंक है, हिसाब से चौथा होना चाहिए था। हम मानते हैं कि नतीजों के आधार पर किसी काम के अच्छे-बुरे का फैसला होना चाहिए; अच्छे-बुरे होने के कारणों पर नहीं। 'कल्पना' की कठिनाइयों का पचड़ा हमने कभी विस्तार से नहीं खोला, लेकिन उसकी ओर संकेत अवश्य किया है। अच्छी रचनाओं-कविताओं कहानियों की कमी का जिक्र किया ही गया है। हो सकता है, इधर अच्छा बहुत नहीं लिखा जा रहा है या हो सकता है, जो लिखा जा रहा है, वह अन्यत्र छप जाता है, लेखक को पहले की अपेक्षा, अपनी रचना छपाने के लिए पत्रिका चुनने की सुविधा अधिक हो गयी है। जो भी हो 'कल्पना' के पास प्राप्त रचनाओं में से ही चुनने के अलावा और कोई चारा नहीं है, फिर भी, अच्छी रचनाओं की तलाश में हम और सक्रिय होंगे। हमारे लेखकों-पाठकों से भी निवेदन है कि वे इस तरफ ध्यान दें।"

मार्च-अप्रैल 1967 के ही अंक में कविता की स्तरीयता के बारे में कल्पना पूनावाला लिखती हैं : "मैं समझती हूँ ऐसी कविताएँ 'साप्ताहिक हिन्दुस्तान', 'सरिता' आदि में छपती

तो कोई नये बोध का व्यक्ति उन्हें पढ़ने का कष्ट भी नहीं करता। किन्तु 'कल्पना' की कुछ पुरानी पुण्य कमाई है–जो लोग सहन कर रहे हैं।''

1967 के बाद मनुष्य की स्थिति, नियति और उसके संघर्ष में गुणात्मक फर्क आ जाता है। नेहरू, शास्त्री और राममनोहर लोहिया राष्ट्रीय रंगमंच से गायब हो जाते हैं। श्रीमती इन्दिरा गांधी कांग्रेस एवं राष्ट्र की सूत्रधार के रूप में अवतरित होती हैं। स्वप्न भंग के विशाल मरुस्थल की शुरुआत होती है। राष्ट्रीय पार्टियों का सत्तालोलुप्त जनविरोधी चरित्र खुलकर सामने आ जाता है। इन बदली हुई परिस्थितियों में रचना का चरित्र बदल जाता है। लेकिन 'कल्पना' जब भी अच्छी कविता मिलती है उसका हुलस कर स्वागत करती है। 19वें वर्ष के यानी मार्च 1968 की एक प्रतिनिधि मुद्रा द्रष्टव्य है :

"...श्री विजय बहादुर सिंह, जैन कॉलेज विदिशा में प्राध्यापक हैं और 'जन्मदिन पर अपने शहर के लिए' नामक कविता के माध्यम से 'कल्पना' में पहली बार छप रहे हैं। श्री शलभ श्रीरामसिंह स्वतंत्र लेखन करते हैं। आप युयुत्सावाद के प्रवर्तक हैं और 'कल सुबह होने के पहले' नामक आपका एक संग्रह प्रकाशित हो चुका है।...श्री सिंह और श्री शलभ का स्वागत है।''

अत: 1969 तक आते–आते 'कल्पना' में छपी रचनाओं की ताजगी एवं उत्कृष्ठता चुकने लगती है। कविता तो छपती है, लेकिन वह बात नहीं मिलती जो सन् 1953 से सन् 1964 तक की कविताओं में उपलब्ध है।

कहानी

नयी कहानी का उद्‌भव–काल ही 'कल्पना' का प्रसार काल है। इसीलिए पत्रिका ने पहले वर्ष से ही कहानी की लोकप्रियता को पहचान कर इसके प्रकाशन में योगदान किया। पहले अंक में बदरीविशाल पित्ती की रेखा–चित्रात्मक कहानी 'बजरंग पहलवान' छपी है। कोष्ठक में 'स्केच' छपा है। नौकरी पेशे वाले बजरंग पहलवान का तटस्थ रेखाचित्र बहुत ढंग से बदरीविशाल पित्ती ने दर्ज किया है। बजरंग पहलवान के स्वभावगत झक को हास्य का आलम्बन बनाकर उभारा गया है। इसी प्रवेशांक में शतक्रतु की कहानी 'एक बार' छापी गयी है। कहानी आत्मकथात्मक शिल्प में है तथा पृष्ठभूमि यूरोप का म्यूनिख नगर है। कथावाचक वहाँ एक दुर्घटनावश जर्मन युवक कार्ल और उसकी प्रेमिका मारिया के सम्पर्क में आता है। कथावाचक धीरे–धीरे मारिया से राग महसूस करने लगता है। तभी एक और रूमानी दुर्घटना मारिया को दूर कर देती है और यह तथ्य खुलता है कि देशज संस्कृति एवं संस्कार बहुत दूर तक मानवीय राग को प्रभावित एवं संचालित करते हैं। संस्कारों की टकराहट को मार्मिक ढंग से प्रस्तुत किया गया है।

प्रथम वर्ष में सत्येन्द्रशरत्, जहूरबख्श, उषादेवी, अंचल, देवेन्द्र सत्यार्थी, रामवृक्ष बेनीपुरी आदि हस्ताक्षरों के दर्शन होते हैं। पहले वर्ष ही अमेरिकी कथाकार ओ. हेनरी की कहानी का अनुवाद भी छापा गया है।

दूसरे वर्ष भी विदेशी कहानियों के अनुवाद का सिलसिला चलता रहता है। कुछ अनूदित कहानियाँ तो कई–कई अंकों तक चलकर समाप्त होती हैं। 'कल्पना' के दूसरे वर्ष के तीसरे

अंक में 'जयदोल' की समीक्षा प्रकाशित हुई है। लेकिन समीक्षक ने अज्ञेय को बतौर कथाकार अधिक महत्त्व नहीं दिया है। अज्ञेय की पहली कहानी 'दारोगा अमीचन्द' दूसरे वर्ष के तीसरे अंक में ही प्रकाशित हुई है। देखा जाय तो 'कल्पना' के आरंभिक दौर के कथाकार बिचली पीढ़ी के ही प्रतिनिधि हस्ताक्षर हैं। इसी वर्ष 'निर्गुण' की कहानी 'सावित्री–सत्यवान' के दर्शन होते हैं। इस कहानी में कथाकार ने एक भारतीय क्रान्तिकारी की गाथा को रोमांचक ढंग से उठाया है। कहानीकार के रूप में विष्णु प्रभाकर के दर्शन चौथे वर्ष (1952) के प्रथम अंक में होते हैं। इनकी 'सम्बल' कहानी में कर्नल इन्द्रजीत सिंह का रेखाचित्र प्रस्तुत किया गया है। सन् बावन के तीसरे अंक में राजेन्द्र यादव की पहली कहानी छपती है। परिचय छपता है, 'एक होनहार कहानीकार, आगरा निवासी', कहानी 'जब कला मर गयी' एक फंतासी प्रयोग है। राजेन्द्र यादव कहना चाहता है कि रोटी और सेक्स के अभाव में तथा उसकी खोज में उत्कृष्ट कला जन्म लेती है। जब उसकी पूर्ति हो जाती है तो उस स्थिति में कला क्षीणतर पड़ जाती है। आरंभिक दो–तीन वर्षों में जहूरबख्श की उर्दू कहानियाँ भी खूब छपती रही हैं। यशस्वी सम्पादक भैरवप्रसाद गुप्त की पहली कहानी 'कड़वाहट' तीसरे वर्ष के अंक 7–8 में प्रकाशित हुई है तथा इस वर्ष के अंतिम अंक में चेखव की एक अनूदित कहानी के साथ मार्कंडेय की कहानी 'गुलरा के बाबा', रामकुमार की 'धूल के तूफान' और कृष्णा सोबती की 'गुलाब जल गंडेरिया' प्रकाशित हुई है। कृष्णा सोबती ने एक नयी भाषा में एक निराश्रित गतयौवना की टूटन को रेखांकित किया है। 'गुलरा के बाबा' आदर्शवादी रंग में डूबी हुई पारिवारिक रेखाचित्र है। मार्कंडेय की इस कहानी की पृष्ठभूमि और परम्परा प्रेमचन्द की ही है। हाँ, भाषा में अलगाव अवश्य प्रकट हुए हैं।

आंचलिक कथा–धारा को भी 'कल्पना' में जगह मिलती है। चौथे वर्ष के पाँचवें अंक में विद्यासागर नौटियाल की 'दरोगा जी को मछुए की भेंट' प्रकाशित होती है। कथाभूमि टेहरी गढ़वाल का पर्वतांचल है। इसी वर्ष मार्कंडेय की 'सरवइया' और 'सात बच्चों की माँ' प्रकाशित होती है। 'सरवइया' एक बैल के प्राण न्यौछावर की कथा है। 'सात बच्चों की माँ' में 'सन्तो' सात बच्चों के बावजूद किसी 'मनसेधू' के साथ भाग गयी। इस वर्ष प्रकाशित एक और कहानी 'पानफूल' में मार्कंडेय ने पूसी नामक एक कुतिया का चित्रण प्रस्तुत किया है। मार्कंडेय की कहानियों को 'कल्पना' ससम्मान पत्रिका में जगह देती है। जानवरों के प्रति प्यार और मानवता की नयी भूमि की खोज में हरिमोहन श्रीवास्तव की 'करीमा' एक उल्लेखनीय कहानी है। करीमा एक घोड़ी पर आधारित है, इसमें कल्लन इक्केवाला का मार्मिक चित्र प्रस्तुत किया गया है। वास्तव में ये कहानियाँ प्रेमचन्द की 'दो बैलों की कथा' की परम्परा में आएँगी। आगे चल कर रेणु की कहानी 'एकला चलो रे' भी पाड़े पर आधारित कहानी है।

सन् 1953 में तीन शब्दों की शीर्षक परम्परा चल पड़ी। रानी की 'राजेश मैं और आप', विजयदेव नारायण शाही की 'प्रतिभा, पकौड़ी और शागिर्द' और देवेन्द्र इस्सर की 'फूल बच्चा और ज़िन्दगी' इसी प्रवृति का द्योतक है। कहानी छोटी लेकिन मार्मिक है। जिये हुए जीवन की सघन अनुभूति पाठकों को अभिभूत कर देती है। चौथे वर्ष से नयी कहानी 'कल्पना' में प्रतिष्ठित होकर उभरती है।

1954 के प्रमुख कथाकार हैं–अमृतराय, कमलेश्वर, रामदरश मिश्र, निर्मल वर्मा और शिवप्रसाद सिंह।

शिवप्रसाद सिंह की कहानी 'मंजिल और मौत' में गाँव के एक बौड़म का रेखाचित्र है। 'प्रतीक' में प्रकाशित उनकी कहानी 'दादी माँ' के सम्बन्ध में इस वर्ष मई में प्रशंसात्मक पत्र प्रकाशित हुआ है। केशवप्रसाद मिश्र की प्रसिद्ध कहानी 'कोहबर की शर्त' भी इसी वर्ष प्रकाशित होती है। वास्तव में यह एक उपन्यास अंश है। इसी कथा पर 1982 में राजश्री बैनर के तले लोकप्रिय फिल्म 'नदिया के पार' बनी। इसी फिल्म को बाद में शहरी परिवेश में रूपान्तरित करके 'हम आपके हैं कौन' (1994) फिल्म बनी। अमृतराय की कहानी 'एक कामयाब आदमी की तसवीर' जुलाई में प्रकाशित होती है। मार्कंडेय की रचना 'मिस शान्ता' मार्च में, अज्ञेय की कहानी 'देवी सिंह' अप्रैल में और विजयमोहन सिंह की रचना 'जग्गू काका' जनवरी 1955 में प्रकाशित होती है। 1955–56 तक नयी कहानी हिन्दी के वायुमंडल में प्रतिष्ठित हो जाती है तथा नयी–नयी अन्तर्भूमियों के अन्वेषण में तल्लीन दिखायी पड़ती है। धर्मवीर भारती, शिवप्रसाद सिंह, मार्कंडेय, कमलेश्वर, राजेन्द्र यादव, मनोहरश्याम जोशी, कृष्णा सोबती, कमल जोशी, श्रीराम वर्मा, अमरकान्त, ओमप्रकाश, जितेन्द्र और विद्यासागर नौटियाल आदि कहानीकारों का 'कल्पना' के जनवरी 1955 में प्रकाशित दुष्यन्त कुमार के निबन्ध 'नयी कहानी : परम्परा और प्रयोग' में उल्लेख किया गया। कहानी की पुरानी परम्परा का विस्तृत विश्लेषण करते हुए नयी कथाभूमियों पर प्रयोगरत कथाकारों को लेखक ने "सामाजिक यथार्थ चेतना के प्रति बहुत सचेष्ट और जागरूक" रचनाकार कहा है। यह निबन्ध नयी कहानी का प्रथम घोषणा पत्र है। दुष्यन्त कुमार की इस रचना का ऐतिहासिक महत्त्व है। सन् 1956 तक नयी कहानी के कथाकार पाठकों से सीधे संवाद की स्थिति में आ गये थे।

फरवरी 1956 में अजित कुमार की कहानी 'छोटा दुकानदार' प्रकाशित होती है। जून 1956 में निर्मल वर्मा की कहानी 'डायरी का खेल' और दिसम्बर 1956 में कमलेश्वर की कहानी 'धूल उड़ जाती है' प्रकाशित होती है। कमलेश्वर ने उजड़ते गाँव का मार्मिक चित्रण किया है। जुम्मन और नसीबन बच्चन और रघुआ की याद में जी रहे हैं। इस दौर के लेखकों में जो दलित–उपेक्षित लोगों के प्रति गहरी सहानुभूति उपजती है उसकी झलक कमलेश्वर की इस कहानी से मिलती है।

सन् 1957 के कहानीकारों में कुछ सर्वथा नये नाम दिखायी पड़ते हैं। शिवप्रसाद गोयल, परदेशी, कल्पना, लालचन्द, लक्ष्मी मेहरोत्रा, तिलक, अनन्त और विद्यास्वरूप वर्मा के साथ स्थापित हस्ताक्षर मन्नू भंडारी, गुरुवचन सिंह, रमेश बक्षी, मार्कंडेय, अजित कुमार, हृदयेश, सर्वेश्वर, कर्तारसिंह दुग्गल, रामदरश मिश्र और शिवप्रसाद सिंह प्रकाशित हुए हैं। 'मास्टर श्यामलाल गुप्त' एक सुन्दर रेखाचित्र है। सर्वेश्वर ने इसमें आजादी के बाद के मोहभंग को सहानुभूतिपूर्वक उकेरा है। अप्रैल 1957 में शिवप्रसाद सिंह की 'बिन दीवार का घर' कहानी छपी है। काशी के दलित–अनाथों को कथा का आधार बनाया गया है। 'गाँव का बड़ा आदमी' में रामदरश मिश्र ने गाँव के मिथ्या अहं को कथ्य बनाकर कथा प्रस्तुत की है।

इस बीच महिला कहानीकारों में मन्नू भण्डारी एवं उषा प्रियंवदा की कहानियाँ भी प्रकाशित होने लगती हैं। रेणु की प्रसिद्ध कहानी 'सिरपंचमी का सगुन' भी 58 में ही प्रकाशित होती है। गाँव के कारीगरों के टूटते एकाधिकार का मार्मिक चित्रण इस कहानी में पाते हैं। कालू लुहार सिंघाय के हल का फाल सिरपंचमी के सगुन के दिन टेढ़ा कर देता है। सिंघाय की घरवाली कालू की परवाह नहीं करती है और रेलवे के मिस्त्री से ठीक करा लेती है। कहानी का आंचलिक परिवेश चटख होकर उभरा है। 1958 तक आते-आते ग्रामकथाओं का वैभव शिखर पर पहुँच जाता है। रेणु, मार्कंडेय, रामदरश मिश्र एवं शिवप्रसाद सिंह ने तरह-तरह के कथानकों को आधार बनाया। इसी के समानान्तर नगर-बोध केन्द्रित कथाकारों जैसे निर्मल वर्मा, मोहन राकेश, कृष्णा सोबती एवं राजेन्द्र यादव ने भी 'कल्पना' में लिखना जारी रखा है। जुलाई-अगस्त 1958 में शिवप्रसाद सिंह की 'शाखामृग' प्रकाशित होती है। अगस्त 1959, जो 'कल्पना' का सौवाँ अंक भी है, में शानी की पहली कहानी 'जीने के लिए' प्रकाशित हुई। कहानी जज साहब के पेशकार अहमद साहब का रेखाचित्र है। दिसम्बर 1959 में रघुवीर सहाय की एक महत्त्वपूर्ण कहानी 'मेरे और नंगी औरत के बीच' छपती है। कहानी की शुरुआत अनौपचारिक ललित निबन्ध-सा है। कथाकार नंगी औरत को ढकने की विचार प्रक्रिया के बीच स्वयं नंगा हो जाता है।

फरवरी 1960 में राजकमल चौधरी की कहानी 'खामोश घाटियों के साँप' प्रकाशित होती है। यह कहानी जबरदस्त अस्वीकार की मुद्रा में लिखी गयी है। टोकियो में पढ़ते समय अनिमा और खगेन एक दूसरे के निकट आये लेकिन बिना जुड़े रह गये। खगेन वहाँ के शराबघर में व्हिस्की ढालता रहा और अनिमा उसकी प्रतीक्षा करती रही। भारत लौटने पर अनिमा आत्महन्ता आत्मपीड़न में अपने को डुबो लेती है। खगेन भी अलग होकर अपने शुद्ध अस्तित्व की कल्पना में सम्पूर्ण अस्वीकार के साथ जीता है। खामोश अँधेरी घाटियाँ अतीत की मृत परम्परा है। साँप के रूप में यौन कुंठाएँ एवं वर्जनाएँ हैं। राजकमल चौधरी के इस तीव्र अस्वीकार को नेहरू युग के मोहभंग से जोड़ कर समझा जा सकता है। साठ तक आते-आते नयी कहानी की हलचल थिर होने लगती है।

फरवरी 1960 में ही मन्नू भण्डारी की कहानी 'रानी माँ का चबूतरा' प्रकाशित हुई। इसमें मन्नू भण्डारी ने स्वातंत्र्योत्तर भारत की आर्थिक विषमता, गरीबी, कल्याणकारी समाज कल्याण कार्यक्रमों की विसंगतियों को संवेदनशील ढंग प्रस्तुत किया है। लेकिन इसी अंक में प्रकाशित शिवप्रसाद सिंह की कहानी 'बीच का दीवार' का स्वर आस्थावादी है। इसी वर्ष मई में अमृतराय की 'मंगलाचरण', जुलाई में; केशवप्रसाद मिश्र एवं मुद्राराक्षस की कहानियाँ, सितम्बर में, शानी की कहानी 'गंदले जल का रिश्ता' प्रकाशित हुई। मुद्राराक्षस की कहानी में यौनचित्रण उन्मुक्त ढंग से चित्रित है। 1960 में ही चेखव, स्टीनबेक एवं लेव तोलस्तोय की कहानियाँ अनूदित होकर प्रकाशित हुईं।

'कल्पना' के तेरहवें वर्ष (1961) में कुछ नये कहानीकारों के दर्शन होते हैं जैसे- काशीनाथ सिंह, शालिग्राम शुक्ल, ओंकारनाथ श्रीवास्तव, अनन्त कुमार पाषाण और मार्कंडेय सिंह। सुपरिचित हस्ताक्षरों में शांति मेहरोत्रा, गुरुवचन सिंह, लक्ष्मीकान्त वर्मा, नरेश मेहता, मुद्राराक्षस, सर्वेश्वर आदि हैं। वर्षारम्भ में रमेश बक्षी की कहानी 'तितली के पंख'

प्रकाशित हुई। अप्रैल में रणधीर सिन्हा की कहानी 'बिछुड़ता हुआ गाँव' अत्यन्त पठनीय है। वर्षान्त में ओमप्रकाश निर्मल की 'इस वर्ष बाद' कहानी प्रकाशित होती है। आंचलिक कोमलता का निर्वाह कहानी में शुरू से अन्त तक दिखाई देती है।

सितम्बर 1961 में श्रीकान्त वर्मा की लम्बी कहानी 'घुटन' प्रकाशित होती है। जनवरी 1962 में रेणु की 'तॅबे एकला चलो रे' प्रकाशित होती है। इस कहानी को पढ़कर सहसा प्रेमचन्द की 'दो बैलों की कथा' याद आ जाती है। एक पाड़ा है उसके जन्म से लेकर मरण तक की कहानी को स्वातंत्र्योत्तर भूमिसुधार कानूनों के परिप्रेक्ष्य में प्रस्तुत किया गया है। रेणु ने कथा का आनन्द अधूरा नहीं रखा है। उस दौर में जिस नकारवादी यौन-कथानक प्रधान कहानियों की प्रधानता हो गयी थी उसमें रेणु की पहचान परम्परागत विषयों के कारण अलग से ही की जा सकती है।

नवम्बर-दिसम्बर 1962 में विश्वजीत की कहानी 'करमजली' ग्राम परिवेश को उजागर करने वाली कहानी है। जुलाई-अगस्त 1962 में प्रकाशित राजकमल चौधरी की कहानी 'दाम्पत्य' को पढ़कर बम्बई के एक पाठक ने 'कल्पना' को एक पत्र लिखा जो अगले अंक में प्रकाशित हुआ है। पत्र लेखक ने 'दाम्पत्य' कहानी के बारे में लिखा कि ''यह व्यभिचार का समर्थन नहीं तो और क्या है?'' यह कहानी भूखी-नंगी-श्मशानी पीढ़ी की मानसिकता का ग्राफ है। इस काल में 'कल्पना' ने उर्दू कहानियों का लिप्यांतर भी जम कर परोसा है। सैयद कासिम अली मीर, सैयद शफीउद्दीन, वाजिदा तबस्सुम, जीलानी बानू, इकबाल मतीन, आमीना अबुलहसन की रचनाएँ बराबर 'कल्पना' में दृष्टिगोचर होती है।

अप्रैल 1963 में बतौर कहानीकार गजानन माधव मुक्तिबोध की पहली कहानी 'काठ का सपना' प्रकाशित हुई और दूसरी कहानी 'पक्षी और दीमक' दिसम्बर में प्रकाशित हुई। 'काठ का सपना' में वर्तमान सामाजिक व्यवस्था पर प्रहार है। इसमें नयी पीढ़ी के संकट बोध को तीखे रूप में उभारा गया है। 'पक्षी और दीमक' संश्लिष्ट शिल्प की कहानी है। इसमें व्यवस्था के गन्दे तत्वों से सीधी मुठभेड़ है। फरवरी 1963 में दो अच्छी कहानियाँ आयीं। काशीनाथ सिंह की 'मेरा भी हाथ है' और ओमप्रकाश निर्मल की 'हवा में तैरती हुई' दोनों ही कहानियों में नारी के प्रति सनातन अत्याचार की पीड़ा को नये कोण से प्रस्तुत किया गया है।

'कल्पना' ने अपने सोलहवें वर्ष के अप्रैल 1964 के अंक में इस टिप्पणी के साथ पाँच कहानियाँ प्रकाशित की हैं कि ये समस्त कहानियाँ घिसी-पिटी कथालीक से हट कर हैं। ये पाँचों कहानीकार हैं शिवप्रसाद सिंह, विजय चौहान, सत्येन्द्र शरत, अनंतकुमार पाषाण और गुरुवचन सिंह। मई 1964 में ओमप्रकाश निर्मल की रेखाचित्रात्मक कहानी 'जाँघ से बहता खून' प्रकाशित होती है। इसमें गाँव के ठाकुर गंगासिंह का रेखाचित्र बहुत सजीव होकर उभरा है।

सितम्बर 1965 में कृष्ण बलदेव वैद की कहानी 'विमल, काफी हाउस और बुनियादी सवाल' कथ्य और शिल्प दोनों दृष्टि से प्रभावशाली है। शैलेश मटियानी और शशिप्रभा शास्त्री की कहानियाँ इस वर्ष से 'कल्पना' में दिखाई पड़ने लगीं। 1964-65 में 'कल्पना' में उर्दू की अनेक कहानियाँ छपती हैं।

सत्रहवें वर्ष (1966) में 'कल्पना' द्वारा एक विशेष नीति अपनाये जाने की आहट मिलती है। इस नीति के तहत कहानी के प्रति आग्रह घटता हुआ प्रतीत होता है। अब नियमित रूप से एक अंक में एक कहानी रहने लगती है। फरवरी 1966 में तो एक भी कहानी नहीं है, उसकी जगह पर दो उपन्यास अंश हैं। कहानियों को लेकर जो व्यर्थ का शोर हिन्दी वायुमंडल में उठ रहा था उससे कहानी के प्रति एक वैराग्यभाव भी उदित हो रहा था। 'कल्पना' ने इस विधा के निरर्थक शोर में शामिल होने के बजाय स्वयं पर नियंत्रण की नीति अपनायी।

मई 1967 में एक प्रयोगधर्मी कहानी 'प्रतिध्रुव' प्रकाशित होती है। इस कहानी के सहयोगी लेखक हैं–प्रभाकर माचवे, हिमांशु जोशी, रमेश उपाध्याय और योगेश गुप्त। यह चौखम्भा कथाप्रयोग अस्पष्ट एवं उलझा हुआ है। जनवरी–फरवरी 1967 में हृदयेश की 'दो एक साल तक' इस साल की प्रतिनिधि कहानी है।

जुलाई 1968 में 'कल्पना' में दो कहानियाँ प्रकाशित होती हैं। पहली कहानी 'मणिकर्णिका घाट का स्वप्न' विनोद चन्द्र पाण्डेय की तीस पृष्ठों में फैली लम्बी कहानी है। दूसरी कहानी गिरिराज किशोर की 'चेहरे' है। जनवरी 1968 में राजेन्द्र यादव की कहानी 'गुब्बारा' प्रकाशित होती है। कार्यालय का एक क्लर्क केसरी पॉकेट में रामायण के गुटके के साथ 'फ्रेंच लेदर' यानी कण्डोम लिये रहने के लिए विवश होता है।

मार्च 1969 में शैलेश मटियानी की 'अतीत' कहानी छपती है। कथाकार एक नारी की पीड़ा को इस लम्बी कहानी में बाँधने का प्रयास करता है। लेकिन कहानी में कुछ भी नया नहीं है। लेकिन इसी अंक में प्रकाशित हिमांशु जोशी की कहानी 'एक सुकरात और' सफल फंतासी रचना है। यह कहानी असर छोड़ती है। जून 1969 में मॉरिशस के कथाकार अभिमन्यु अनत की कहानी 'वापसी का सूरज' प्रकाशित होती है। यह कहानी मॉरिशस के ग्रामजीवन पर आधारित है। इस अंक में प्रकाशित गिरिशचन्द्र श्रीवास्तव की 'काँटा' कहानी भी काफी प्रभावशाली बन पड़ी है।

एक बार फिर 'कल्पना' में छोटी कहानियों का युग लौटता है। से.रा. यात्री, बल्लभ सिद्धार्थ, ध्रुव जयसवाल, पुष्पेश पंत, जगदीश नारायण श्रीवास्तव और रामजी मिश्र जैसे नये हस्ताक्षरों को जगह लेते हुए देखा जा सकता है। इस तरह से विगत बीस वर्षों में कहानीकारों की तीन पीढ़ियाँ 'कल्पना' के माध्यम से हिन्दी कहानी की विधा को समृद्ध करती है।

उपन्यास

'कल्पना' में उपन्यास तथा उपन्यास अंश के प्रकाशन की शुरुआत नवें वर्ष अर्थात् 1958 से शुरू होती है। सबसे पहले रघुवंश के उपन्यास का अंश 'तन्तुजाल' जनवरी 1958 में प्रकाशित होता है। इसी वर्ष फरवरी में रामकुमार का उपन्यास अंश 'पेरिस और एक आदमी' तथा मार्च में लक्ष्मीनारायण लाल का उपन्यास अंश 'रूपजीवा' प्रकाशित होता है।

उपन्यास के प्रकाशन की दृष्टि से दसवाँ वर्ष 1959 इसलिए महत्त्वपूर्ण है कि आचार्य हजारीप्रसाद द्विवेदी के प्रसिद्ध उपन्यास 'चारु चन्द्रलेख' का धारावाहिक प्रकाशन जून मास से शुरू होता है। सन् 1962 के अन्त तक इसकी तीस किस्तें प्रकाशित होती हैं। इस बीच अन्य प्रकाशित उपन्यास अंशों में जून 1960 में देवराज के उपन्यास 'अजय की डायरी' का

अंश 'स्वच्छता की खोज' शीर्षक से प्रकाशित होता है। मार्च 1963 में शिवप्रसाद सिंह का उपन्यास – अंश 'काजल के बिरवे आँसू के फूल' शीर्षक से छपते हैं। यह अंश उनके प्रख्यात उपन्यास 'अलग-अलग वैतरणी' से है। जनवरी 1959 में राजेन्द्र यादव के उपन्यास अंश 'सागर के तीर और रोशनी के फूलों वाला धनुष' शीर्षक से प्रकाशित हुआ।

उपन्यास की गहरी और व्यापक प्रभावों वाली लीक हजारीप्रसाद द्विवेदी के उपन्यास 'चारु चन्द्रलेख' और फिर उसके बाद 'पुनर्नवा' के प्रकाशन से बनती है। जुलाई सन् 1965 से 'पुनर्नवा' का प्रकाशन शुरू होता है। मार्च 1966 तक इसकी 9 किश्तें प्रकाशित हो जाती हैं। दसवीं किश्त में विलम्ब होने पर अप्रैल में टिप्पणी आ जाती है।

फरवरी-मार्च 1966 के दो अंकों में साकिया अरीब का एक सम्पूर्ण लघु उपन्यास 'रेत समुन्दर और सीढ़ियाँ' प्रकाशित हुआ। मई-जून 1966 में गिरिराज किशोर के उपन्यास 'लोग' के अंश छपे हैं। अक्टूबर 66 में महेन्द्र भल्ला के 'एक पति के नोट्स' के एक अंश 'मैं सीता और सन्ध्या' शीर्षक से प्रकाशित होता है।

जून 1967 से सितम्बर 1967 तक चार किश्तों में ओमप्रकाश निर्मल का सम्पूर्ण लघु उपन्यास 'बहता पानी रमता योगी' प्रकाशित होता है। 'बहता पानी रमता योगी' का प्रमुख पात्र चेतन आधुनिक युग की विद्रोही चेतना का प्रतीक है। वह हार जाता है, टूट जाता है परन्तु अन्त तक संघर्षरत रहता है। जन्म के बाद ही चेतनदास के माता-पिता द्वारा उसे मठ में दान कर दिया गया है। वह युवावस्था में अपने सहज जीवन के लिए तरसता है। उसके मन में प्रेम जगता है और पड़ोस की युवती गौतमी से असफल प्रेम की चोट खाकर सर्वस्व त्यागी बन जाता है। चेतन गिर कर उठता है और दुनिया उसे महात्मा घोषित कर देता है। परिस्थिति उसे क्षुब्ध-क्रुद्ध भ्रष्टाचारियों को आशीर्वाद देने के लिए विवश करती है। समूचा लौकिक प्रदर्शन जब उसके चरणों में झुका है तब अपने प्रेम के लिए वह रमता योगी बन जाता है।

अगस्त 1969 में अमृतलाल नागर के प्रख्यात सांस्कृतिक उपन्यास 'एकदा नैमिषारण्ये' का एक अध्याय प्रकाशित होता है। 1969 के मई अंक में मधुकर गंगाधर का एक पूरा लघु उपन्यास 'सुबह होने तक' पढ़ने को मिलता है। उपन्यास की बनावट उसके लम्बी कहानी होने का आभास देती है। कोसी अंचल के बाढ़ की विभीषिका से कथानक का तानाबाना बुना गया है।

नवम्बर 1968 में ज्याँ पाल सार्त्र के एक लघु उपन्यास का अनुवाद 'एक जननायक का शैशव' प्रकाशित होता है। उपन्यास अड़सठ पृष्ठों में फैला हुआ है।

इस तरह 'कल्पना' ने उपन्यास विधा के उन्नयन में सार्थक पहल की है। आलोच्य अवधि के बाद भी 'कल्पना' में उपन्यास प्रकाशित हुए हैं। आचार्य हजारीप्रसाद द्विवेदी के 'अनामदास का पोथा' के सर्वप्रथम दर्शन 'कल्पना' के पृष्ठों पर ही होते हैं।

एकांकी

हिन्दी एकांकी के विकास के अध्ययन के लिए 'कल्पना' एक समुचित माध्यम है। इस विधा की प्रगति के प्रति पत्रिका का विशेष अनुराग रहा है। इस सदी के तीसरे दशक में एकांकी का नवविधा के रूप में प्रवेश होता है। सन् 1950 तक आते-आते हिन्दी एकांकी ने अपना

आकार तो ग्रहण कर लिया था लेकिन उपलब्धियों का शिखर अभी बाकी था। ऐसे में 'कल्पना' ने एकांकी विधा को मुक्त मंच दिया। 'कल्पना' के सम्पादक-मंडल के सामने विदेशी भाषाओं की एकांकी का प्रतिमान था, शायद इसी आग्रहवश प्रवेशांक में पी. याल्त्सेफ की 'सफलता' तथा दूसरे अंक में मौरिस बेरिंग का अंग्रेजी एकांकी प्रस्तुत किया गया है। पत्रिका के तीसरे अंक अप्रैल 1950 में वृन्दावनलाल वर्मा का 'कनेर' और फिर पाँचवें में विष्णुप्रभाकर का रेडियो एकांकी 'नारी' प्रकाशित हुआ है।

पहले अंक में प्रकाशित रूसी एकांकी 'सफलता' के एकांकीकार हैं पी. याल्त्सेफ तथा अनुवादक हैं 'कल्पना' के सम्पादक-मंडल के एक सदस्य मधुसूदन चतुर्वेदी। एकांकी में नयी नारी की उलझनों का चित्रण है। परम्परगत मूल्य वैज्ञानिक मनीषा के युग में अवरोध है। नारी 'सफलता' की राह में साध्य नहीं केवल साधन मात्र है। अनुवादक ने मूलभाव को सुरक्षित रखने में सफलता पायी है। यहाँ एक और तथ्य ध्यान देने योग्य है। 'कल्पना' के सम्पादक-मंडल की दृष्टि में विदेशी साहित्य का अर्थ केवल अंग्रेजी साहित्य नहीं है। पहले अंक में ही रूसी एकांकी का प्रकाशन सुलझी विचारधारा का परिचायक है।

दूसरे वर्ष में विष्णु प्रभाकर के कई रेडियो रूपक प्रकाशित हुए हैं। प्रेमचन्द के प्रसिद्ध उपन्यास रंगभूमि के 'सूरदास' को एकांकी विधा में ढालने का प्रयास विष्णुप्रभाकर जी ने किया है। एकांकी में सोफिया का चरित्र अधिक निखर कर प्रकट हुआ है। एकांकी के मध्य भाग में बिखराव है, लेकिन आदि और अंत चुस्त हैं।

चौथे वर्ष के दूसरे अंक में भगवतशरण उपाध्याय का एक निबन्ध प्रकाशित हुआ है, 'नाटककार क्या लिखें?' लेखक ने नाटककारों को यह परामर्श दिया है कि "व्यक्ति की चेतना और उसके प्रयास का मूर्तन करते समय वह कहीं भूल न जाय कि व्यक्ति की समाजानुकूल भावना ही स्वस्थ, समुचित, शोभन और कल्याणकर है। विष्णुप्रभाकर, उपेन्द्रनाथ अश्क और लक्ष्मीनारायण लाल इस वर्ष के प्रमुख एकांकीकार हैं।"

एकांकी के सैद्धान्तिक पक्ष को पुष्ट करने के लिए-'हिन्दी नाट्य साहित्य में प्रहसन' लेखक रामचरण महेन्द्र; 'कर्नाटक में ग्राम नाटक' लेखक बाबूराव कुमठेकर; 'वर्तमान रंगमंच प्रवृत्तियाँ और संगठन' लेखक जगदीशचन्द्र माथुर के निबन्ध प्रकाशित किए गये हैं।

एकांकी नाटकों के साथ काव्यरूपकों के प्रकाशन में भी 'कल्पना' रुचि लेती है। दिनकर का काव्यरूपक 'मगध महिमा' दूसरे वर्ष प्रकाशित होता है; तीसरे वर्ष पन्त का 'रजतशिखर' का प्रकाशन हुआ है। इसके साथ ही श्रेष्ठ विदेशी एकांकियों का प्रकाशन भी होता रहा है। तीसरे वर्ष का एक उल्लेखनीय एकांकी है 'और वह न जा सकी'। एकांकीकार हैं विष्णुप्रभाकर। पत्नी की घरेलू जिम्मेवारियों के परिप्रेक्ष्य में बैठकबाज साहित्यकार पति के तीव्र ऊहापोह को एकांकी का विषय बनाया गया है। अन्त में, टूटते प्रेम को चमत्कारिक ढंग से उभारा गया है। यह मंचन की विशेषताओं से युक्त एकांकी है।

'कल्पना' के चौथे वर्ष (1953) के पाँचवें अंक में विजयदेवनारायण शाही का एकांकी 'बेबी का कुत्ता' प्रकाशित हुआ है। एकांकी पर अस्तित्ववादी विचारधारा का साफ प्रभाव देखा जा सकता है। गरीब सेवक, अनाथ, बूढ़े एवं कुत्ते में कोई अन्तर नहीं रह जाता है। आज का आदमी यांत्रिक जकड़बन्दी, भौतिकता की गलाकाटू होड़ में बहुत दयनीय हो गया

है। जगदीशचन्द्र माथुर का 'भाषण' और विष्णुप्रभाकर का 'समरेखा-विषम रेखा' इस वर्ष के उल्लेखनीय एकांकी हैं। पति समरेखा है और प्रेमी विषम रेखा। प्रेम और विवाह के संघर्ष को नाटक का प्रतिपाद्य बनाया गया है। लगता है प्रेमी समाजवादी है और पूँजीवादी भी। पूँजीवादी अधिकार चाहता है और समाजवादी उस अधिकार को चुनौती देता है। इसी वर्ष अंग्रेजी के प्रख्यात नाटककार जानड्रिंक वाटर का एकांकी 'अविकसित कलिकाएँ' अनूदित होकर प्रकाशित हुई हैं। यह एकांकी युद्ध की निरर्थकता को सघन होकर प्रकट करता है। सन् 1954 में कमल जोशी, कर्तारसिंह दुग्गल, धर्मवीर भारती, रामकुमार, कुमारी शकुन्तला मिश्र, सत्येन्द्र शरत नये एकांकीकार के रूप में 'कल्पना' के पृष्ठों पर दृष्टिगोचर होते हैं। डॉ. धर्मवीर भारती का एकांकी 'संगम पर एक रात' में मध्यकालीन भारतीय इतिहास के कथानक को आधार बनाया गया है। जहाँगीर एवं मेहरून्निसा के प्रेम को नितान्त नये ढंग से प्रस्तुत किया गया है।

एकांकी प्रकाशन की यह परम्परा छठवें-सातवें वर्ष भी अबाध गति से चलती रही है। 'कल्पना' को पुरानी एवं नयी पीढ़ी के सिद्ध एकांकीकारों का रचना सहयोग भी बराबर मिलता रहा है। इस अवधि में प्रकाशित एकांकियों का रूमान एवं आदर्श नेहरूयुग के सम्मोहन का द्योतक है। उदाहरण के लिए कमलेश्वर के एकांकी 'मेहनत की महक' को देखा जा सकता है। एक निम्नवर्ग के मजदूर की कोठरी को मंच का रूप दिया गया है लेकिन बातें घिसीपिटी ही हैं।

आठवें वर्ष अर्थात् सन् सत्तावन तक आते-आते एकांकी विधा में नवीन शिल्पगत प्रयोग धड़ल्ले से देखे एवं अनुभव किये जा सकते हैं। शीर्षक, पात्र-परिचय दृश्यविधान के साथ रंगशीर्ष के रूढ़रूप हटा दिये जाते हैं और नये-नये प्रयोग शुरू होते हैं। फेडइन, फेडआउट, फ्लैशबैक, पॉज, ध्वनि, संकेत और विराम के प्रयोग से नया आकर्षण पैदा किया गया है। इस वर्ष के कुछ उत्तम एकांकियों में फरवरी में प्रकाशित ओंकारनाथ श्रीवास्तव का 'सफर' तथा अप्रैल में प्रकाशित सलाम मछलीशहरी का 'यादगार' है। मई में 'मधुआ' एकांकी छपा है। यह जयशंकरप्रसाद की प्रसिद्ध कहानी का रेडियो नाट्य रूपान्तरण है। रूपान्तरणकार हैं केशवचन्द्र वर्मा। देखा जाय तो रेडियो नाटक के आविर्भाव ने एकांकी विधा के विकास को बाधित किया।

सन् 58 के आसपास 'कल्पना' में एकांकी विधा के प्रति निरन्तरता बाधित होती नजर आती है। इस वर्ष केवल दो ही एकांकी प्रकाशित होते हैं। नवम्बर में कमलेश्वर का 'करामात' और मई में लक्ष्मीनारायण लाल का 'शाकाहारी'।

'कल्पना' के सौवें अंक में अश्क जी का प्रख्यात एकांकी 'साहब को जुकाम है' प्रकाशित होता है। इस एकांकी की कथावस्तु श्रीदत्त साहब के बँगले के इर्दगिर्द घूमती है। फालतू लोगों से बचने के लिए साहब जुकाम का बहाना बनाकर भीतर पड़ा है और बाहर एक नाटक के अभिनय, पात्र कल्पना, मंचन, संस्था सहयोग आदि की संभावनाओं पर गरमागरम बहस होती है। दर्शक मेज़बान रहित चायपार्टी का जायजा लेते हैं। लेकिन एकांकीकार अश्क अन्त तक नाटकीयता को निबाह नहीं पाते हैं। व्यंग्य बिखर गया है। इसकी तुलना में इसी वर्ष मई में प्रकाशित 'अधिकार की बात' एक सधा हुआ प्रहसन

एकांकी है। प्रो. दयानन्द अपने स्टडी कमरे में नौकर शंकर और सोनिया से बातें सुन रहे हैं। शंकर शुद्ध हिन्दी का और सोनिया अपनी परम्परागत बोलचाल की भाषा का समर्थन करती है। अन्त में रार मचती है और संघर्ष का स्वरूप सोनिया और शंकर से फिसल कर दयानन्द और मृदुला के बीच आ जाता है। मृदुला प्रो. दयानन्द की पत्नी है। फिर नाटक का संघर्ष प्रचलित लोकभाषा बनाम शुद्ध हिन्दी न होकर बहुत मनोरंजक ढंग से पुरूष की अधिकार भावना पर केन्द्रित होकर हास्य-व्यंग्य का आधार बन जाती है। अन्त में व्यंग्य सोद्देश्य होकर उभरता है। चलती भाषा के अच्छे नमूने एकांकी में भरे पड़े हैं।

'कल्पना' के अप्रैल 1960 के अंक में 'कौतुक उर्फ बन्दूक की गोली' एकांकी छपा है। यह एक प्रयोगधर्मी एकांकी है। उग्रसेन नारंग एवं ललित सहगल ने इसे मिल कर लिखा है। इसी वर्ष के अगस्त अंक में अजित कुमार ने चार्ल्स डिकेन्स के उपन्यास 'द टेल ऑफ टू सीटिज' का ध्वनि रूपान्तरण 'दो शहरों की कहानी' के नाम से किया है। आज नाटक विधा के ह्रास पर जब समीक्षक आँसू बहाता है तो वह एक बात अवश्य दुहराता है कि हिन्दी में रंगमंच नहीं है। इस भ्रम के निवारण के लिए सितम्बर-अक्टूबर में अमृतलाल नागर ने एक निबन्ध 'हिन्दी रंगमंच के इतिहास संकलन की आवश्यकता' लिखा है। अगस्त 1961 में प्रकाशित डॉ. बच्चन सिंह के निबन्ध 'नाटक की कालानुसारिता' और अक्टूबर 1961 में प्रकाशित अपने एकांकी 'अधूरी आवाज' के सन्दर्भ में प्रस्तुत की गयी कमलेश्वर द्वारा समसामयिक एकांकी नाटकों की ह्रासशील स्थितियों पर प्रकाश डाला गया है। इस बीच शिल्पगत नवीनताएँ और प्रस्तुतीकरण की नयी भंगिमाएँ भी बराबर ध्यान आकर्षित करती हैं।

अगस्त 1961 में रमेशकुन्तल मेघ ने प्रथम बार अपना पद्य नाटक प्रस्तुत किया, 'गंगा और जमुना की लहरें'। इसी वर्ष प्रकाशित 'सूरदास' (1) से भी नये रंगमंच की सफलता का आभास मिलता है।

सन् 1962 में विष्णुप्रभाकर, विपिनकुमार अग्रवाल, नरेश मेहता, जगदीश चतुर्वेदी, गिरिजाकुमार माथुर, कमलेश्वर, अजितकुमार आदि एकांकीकारों के दर्शन 'कल्पना' में होते हैं।

वीरेन्द्र नारायण ने मोपासाँ की एक कहानी का आधार लेकर मार्च 1963 में 'अनोखा उपहार' प्रस्तुत किया है। 'अनोखा उपहार' छोटा है परन्तु गति और तीखेपन से भरपूर है तथा इसमें प्रेम के बहाने नारी-शरीर से खेलने वाली पुरूष मानसिकता का खुलासा किया गया है। वीरेन्द्र नारायण 'कल्पना' के प्रमुख एकांकीकारों में हैं। वे इस अवधि में बराबर दिखाई देते हैं। मार्च 1964 में 'चौराहे पर', सितम्बर 1964 में 'धर्मशाला' मई 1968 में 'मँगरू की घरवाली' उनके कुछ उल्लेखनीय एकांकी हैं।

विपिन कुमार अग्रवाल द्वारा भी इस अवधि में बहुत अधिक एकांकी प्रस्तुत किये गये हैं। अगस्त 1964 में छपे एकांकी 'एक स्थिति में' आम आदमी का जीवन संघर्ष उभरा है। 'आँख से निकली हुई रोशनी' में विपिन कुमार अग्रवाल ने यूक्लीड के उस सिद्धान्त को आधार बनाया है जिसमें उसने कहा है कि रोशनी आँख से निकलती है और उसी रोशनी में हम चीजों को देखते हैं। इस सिद्धान्त को एकांकीकार ने प्रसिद्ध साहित्यकार झींगरन जी

की आत्महत्या के सम्बन्ध में प्रायोजित किया है। वास्तव में यह एक अपराध नाटक है लेकिन सैद्धान्तिक सूक्ष्मता में घसीटे जाने के कारण यह अपराध रूपक बहुत गतिशील नहीं हो पाया है तथा इसकी सहज सम्प्रेषणीयता भी आहत हुई हैं यह एकांकी दिसम्बर 1966 में छपा है। नवम्बर 1967 'रेल कब आएगा' छपता है तथा अप्रैल 1969 में 'अपने देश में'। 'अपने देश में' विपिनकुमार अग्रवाल ने समकालीन विश्वविद्यालयों की अराजकता को आधार बनाया है।

नाटक की दृष्टि से सन् 1965 'कल्पना' का सबसे अभावग्रस्त वर्ष रहा है। पूरे वर्ष 'कल्पना' भाषा आन्दोलन में डूबी रही। इस प्रकार एकांकी-नाटक विधा की उपस्थिति पूरे वर्षभर नहीं हो पायी। लेकिन 1966 में इसकी भरपाई की कोशिश होती है। जुलाई 1966 में उग्रसेन नारंग एक स्पाहनी नाटक के आधार पर 'रूपहली सुबह' प्रस्तुत करते हैं तथा इसी अंक में ओमप्रकाश दीपक का एक चुस्त-दुरुस्त एकांकी 'हीरो-एक नकली मूँछ' प्रकाशित होता है। इस वर्ष के उल्लेखनीय एकांकीकार हैं—विष्णुप्रभाकर, गुरुवचन चन्दन, शिवप्रसाद सिंह और गुरुवचन सिंह। पूरे वर्ष एकांकी का सिलसिला बना रहता है। शम्भुनाथ सिंह का 'दीवार की वापसी' एक नया प्रयोग है। सन् 1967 में प्रकाशित 'दौरा' सुदर्शन चोपड़ा का उल्लेखनीय एकांकी है। यह एक गल्प रूपक प्रयोग है; इसीलिए इसमें रंगमंचीय संभावना नहीं है, लेकिन पढ़ने का आनन्द मिलता है। रंगमंच के अभाव के कारण पठनीयता ही हिन्दी एकांकी की नियति बन गयी है। सितम्बर 1967 में विष्णुप्रभाकर की 'नियति' और अक्टूबर 1967 में लक्ष्मीकान्त वर्मा का 'तीसरा आदमी' भी उल्लेखनीय एकांकी है। लेकिन 1967 का श्रेष्ठ फंतासी प्रयोग असगर वजाहत का 'शहनशाहे-बेताज—एक गधा' है। प्रखर समाज चेतना से सम्पन्न असगर वजाहत ने पूरे स्वातंत्र्योत्तर भारत को कसौटी पर चढ़ाया है। 'शहनशाहे-बेताज—एक गधा' का केन्द्रीय कथ्य कुछ इस प्रकार है। हर पढ़ा-लिखा इन्सान बेकार अर्थात गधा है, आजकल केवल गधे ही मुहब्बत करते हैं। आजकल हर बेवकूफ गधा चुनाव जीत जाता है और वातानुकूलित कमरे में रहता है। इस प्रकार विविध प्रसंगों से गधे को बार-बार प्रस्तुत किया गया है। गधे की विभिन्न झाँकियों के साथ महँगाई, भ्रष्टाचार, लाठीचार्ज, गोलीकांड और गिरफ्तारी आदि के दृश्य भी इस प्रकार आ जाते हैं कि भारतेन्दु की 'अन्धेरनगरी' की सहसा स्मृति कौंध जाती है।

मार्च 1967 में प्रकाशित मुक्ता शुक्ल के एकांकी 'पर्दे और परछाइयाँ' में भी कुछ उल्लेखनीय बातें मिलती हैं। सुधा पत्नी, माँ एवं गृहिणी बन कर भी अधूरी अनुभव करती है। वह कुछ और भी चाहती है। वास्तव में युवा इंजीनियर की युवती पत्नी सुधा को पति का प्रेम नहीं मिल पा रहा है। इंजीनियर का मित्र डॉक्टर अपनी कर्तव्यनिष्ठा के प्रति सतर्क होकर सुधा के संग प्रेम का नाटक कर उसे रोग मुक्त कर रहा है। एकांकी में समस्या को सहज ढंग से रखा गया है। रंगमंच की दृष्टि से नाटक उपयोगी है। प्रयोग का दुराग्रह जो इस दौर के एकांकियों में देखा जा सकता है उससे 'पर्दे और परछाइयाँ' मुक्त है।

इस तरह बदलते-बीतते समय में 'कल्पना' में दो पीढ़ियों के एकांकीकारों के हम दर्शन करते हैं। आरंभिक दौर में पुरानी पीढ़ी के एकांकीकारों को रचनारत पाते हैं, लेकिन धीरे-

धीरे उसी के समानान्तर नये एकांकीकारों की फसल को भी उगते हुए पाते हैं। एक तरफ विष्णुप्रभाकर और अश्क सरीखे एकांकीकार हैं तो दूसरी तरफ शम्भुनाथ सिंह एवं असगर वजाहत जैसे उभरते एकांकीकारों को भी 'कल्पना' मंच प्रदान करती है।

पुस्तक समीक्षा

'कल्पना' के पहले अंक में यह सम्पादकीय संकल्प लिया गया है कि 'कल्पना' में सामयिक रचनाएँ नहीं छपेंगी। लेकिन यह स्वीकार किया गया है कि "एक अंश अवश्य ऐसा रहेगा जिसे एक दृष्टि से सामयिक कहा जा सकता है—और वह है, समय-समय पर प्रकाशित विभिन्न विषयों की हिन्दी पुस्तकों की आलोचना।" इसलिए पहले अंक में ही पंत जी के 'मधुज्वाल', सत्येन्द्र की 'बृजलोक संस्कृति' और देवेन्द्र सत्यार्थी की 'बेला फूले आधी रात' की समीक्षा आयी है। प्रारंभिक अंकों में पुस्तक समीक्षा के साथ समीक्षक के नाम नहीं छपे हैं। लेकिन पाँचवें अंक से समीक्षकों के नाम दिये जाने लगे हैं।

सन् 1950 में ही 'महादेवी की साहित्य साधना' (गंगाप्रसाद पाण्डेय); 'संतसाहित्य की पृष्ठभूमि' (प्रो. मनोरंजन) की सीधी पकड़ वाली समीक्षाएँ दिखायी देती हैं।

1952 के दूसरे अंक में समीक्षार्थ आने वाली 33 पुस्तकों की एक सूची प्रकाशित मिलती है तथा वर्षभर समीक्षित पुस्तकों की भी सूची प्रकाशित होती है। तीसरे वर्ष के पाँचवें अंक में 'हिन्दी की प्रयोगवादी कविता' की समीक्षा प्रकाशित होती है। माचवे के इस किताब के बहाने नन्ददुलारे वाजपेयी, दिनकर और नगेन्द्र आदि की कस कर खबर ली जाती है। तीसरे वर्ष देवेन्द्र सत्यार्थी की पुस्तक 'क्या गोरा क्या साँवरा' की समीक्षा दिङ्.नाग ने लिखा, जिससे खासा विवाद उठा।

पाँचवें वर्ष में (1953) कुल 137 किताबों की समीक्षा की गयी है जिसमें 'नदी के द्वीप' (अज्ञेय); 'सुखदा' (जैनेन्द्र); 'रथ के पहिये' (देवेन्द्र सत्यार्थी); 'सुहागिन' (कोकिल) की विस्तृत निबन्धात्मक समीक्षा के अतिरिक्त 'संत काव्य' (परशुराम चतुर्वेदी); 'परदा उठाओ : परदा गिराओ' (अश्क); 'हिमालय परिचय' (राहुल); 'ज्योतिविहग' (शांतिप्रिय द्विवेदी); 'शिप्रा' (जानकी वल्लभ शास्त्री); 'आकाश के तारे धरती के फूल' (कन्हैयालाल मिश्र प्रभाकर) मुख्य हैं।

पाँचवें वर्ष से कविता कहानी पर बल जाने से पुस्तक समीक्षा अपेक्षाकृत मद्धिम पड़ जाती है। फिर भी 127 पुस्तकों की समीक्षा ध्यान देने योग्य बात है। समीक्षित पुस्तकें हैं : 'नयी पौध' (नागार्जुन); 'छितवन की छाँह में' (विद्यानिवास मिश्र); 'पानफूल' (मार्कंडेय); 'गर्म राख' (अश्क); 'संघर्ष के नाद' (विष्णु प्रभाकर)। निस्सन्देह 'कल्पना' का पुस्तक और समालोचना स्तम्भ सुयोग्य समीक्षकों के योगदान से ध्यानाकर्षक होता चला गया है। 1955-56 के प्रमुख समीक्षक हैं शिवप्रसाद सिंह, प्रभाकर माचवे और लक्ष्मीनारायण लाल।

'कल्पना' के दसवें वर्ष में समीक्षा को सर्वाधिक सम्मान दिया जाता है। यह स्तम्भ पत्रिका के पिछले हिस्से के बजाय अगले हिस्से में आ जाता है। इस वर्ष (1958) फरवरी में श्रीपतराय का एक समीक्षात्मक निबन्ध 'उपन्यास के मौलिक आग्रह तथा परती परिकथा'

प्रकाशित हुआ। श्रीपतराय ने 'परती परिकथा' को असफल कोटि का, हीरोहीन, दृष्टिहीन, अल्पकथावस्तु वाला उपन्यास घोषित किया था। इसकी तीव्र प्रतिक्रिया हुई। अगले अंक में रत्नाकर पाण्डेय ने वाराणसी से पत्र लिखा और कहा कि ''यदि मैं निर्णायक होता तो रेणु को इस कृति के लिए नोबुल पुरस्कार देता।'' इस समीक्षा लेख ने उस समय के साहित्यिक जगत में विवाद खड़ा कर दिया था।

सितम्बर 1959 के अंक में 'ओ प्रस्तुत मन' शीर्षक भारतभूषण अग्रवाल के कविता संग्रह की समीक्षा देवीशंकर अवस्थी ने बहुत विस्तृत रूप में प्रस्तुत की है। इस समीक्षा को रचनात्मक समीक्षा का मानक रूप कहा जा सकता है। सन् 1959 के सौवें अंक की गणना के अनुसार 'कल्पना' ने दस वर्षों में साढ़े नौ सौ पुस्तकों की समीक्षाएँ करवाई हैं। इस बड़ी संख्या से साफ है कि 'कल्पना' का पुस्तक समीक्षा का प्रयास गम्भीर मूल्यांकन की चेष्टा थी।

जनवरी 1960 में भारती के 'कनुप्रिया' पर सच्चिदानन्द हीरानन्द वात्स्यायन और रघुवंश की समीक्षा साथ-साथ प्रकाशित हुई हैं। इसी वर्ष फरवरी में 'कर्मनाशा की हार' पर ओमप्रकाश दीपक की समालोचना और मार्च में 'तीसरा सप्तक' पर रघुवंश और भागीरथ मिश्र की दो समीक्षात्मक रचनाएँ आयी हैं। भागीरथ मिश्र ने 'तीसरे सप्तक' के बहाने कविता के रूप में लिखी जाने वाली गद्य प्रवृत्ति की आलोचना की तथा ऐसे कवियों को 'नकलची' कहा। मई 60 में कमलेश ने डॉ. भगीरथ मिश्र की समीक्षा की तीव्र आलोचना की। रघुवंश ने 'तीसरे सप्तक' को सम्पादक की उपलब्धि बताया। मई से सितम्बर 60 तक के पाँच अंकों में एक समीक्षा 'स्कन्दगुप्त एक अध्ययन' (वीरेन्द्र नारायण) असाधारण रूप में चलीं। जून 60 में 'उर्मिला' (बालकृष्ण शर्मा 'नवीन') पर देवीशंकर अवस्थी की समीक्षा अच्छी बन पड़ी है।

सन् 1961 के आसपास देवीशंकर अवस्थी, राजेन्द्रकिशोर, ओमप्रकाश दीपक, शिवप्रसाद सिंह, कृष्णनाथ, ठाकुरप्रसाद सिंह, जगदीश मित्तल, सन्हैयालाल, भागीरथ मिश्र आदि सुधि हस्ताक्षर इस स्तम्भ में दिखाई पड़ते हैं। इस वर्ष श्रेष्ठ पुस्तकों पर स्वतंत्र समीक्षाओं का अभाव दिखता है। केवल वर्षान्त में पाण्डेय बेचन शर्मा 'उग्र' की आत्मकथा 'अपनी खबर' पर भगवतशरण उपाध्याय और ओमप्रकाश दीपक की समीक्षाएँ आयी हैं। मई 1962 में यशपाल के उपन्यास 'झूठा सच' पर कुँवरनारायण की समीक्षा प्रकाशित हुई।

मार्च 1963 में राजकमल चौधरी की पुस्तक 'नदी बहती थी' की समीक्षा छपी। अप्रैल 1963 के अंक में एक समीक्षा प्रकाशित हुई 'दिनकर की उर्वशी'। समीक्षक थे भगवतशरण उपाध्याय। 'कल्पना' के पूरे जीवनकाल में इतनी तीव्र प्रतिक्रिया किसी समीक्षा पर नहीं दिखाई पड़ती है। 'कल्पना' की यह विशेषता सबको स्वीकार करनी पड़ेगी कि वह परस्पर विरोधी विचारधाराओं को मुक्तभाव से मंच देती है।

जुलाई 1964 के अंक में शैलेश मटियानी की पुस्तक की समीक्षा प्रकाशित हुई और उस सन्दर्भ में सितम्बर 1964 की 'कल्पना' में उनकी प्रतिक्रिया प्रकाशित हुई। उन्होंने लिखा, ''मेरी पुस्तकों की समीक्षा कटु या निन्दापरक नहीं, रद्दी और अविवेकपूर्ण ज्यादा है।'' मटियानी का क्षोभ इस बात का परिचायक है कि 'कल्पना' की पुस्तक समीक्षा स्तम्भ में पहली जैसी बात नहीं बन पा रही थी। स्तर गिर रहा था।

सन् 1965 के जून में कुँवरनारायण एवं कृष्णनाथ ने आचार्य हजारीप्रसाद द्विवेदी के उपन्यास 'चारु चन्द्रलेख' पर समीक्षाएँ लिखीं। कुँवर नारायण ने 'चारु चन्द्रलेख' को शिथिल शिल्प उपन्यास घोषित किया है। इसके पीछे यह कारण बताया है कि द्विवेदी जी ने उपन्यास शिल्प को ठीक से नहीं सँभाला है। कृष्णनाथ ने एक स्वप्न-प्रसंग के माध्यम से अघोरनाथ जी का एक पूरा इन्टरव्यू ले डाला है। इसे ठीक-ठीक पुस्तक समीक्षा नहीं कही जा सकती है लेकिन मौलिकता का आग्रह महत्त्वपूर्व हो उठा है। इस पर नेमिचन्द्र जैन की समीक्षा फरवरी 1966 में प्रकाशित हुई। कुल मिलाकर आलोचना की गहमागहमी जो पिछले वर्षों में उभरी थी, उसमें न केवल इस वर्ष उतार दृष्टिगोचर होता है बल्कि स्तर में भी गिरावट लक्षित किये जा सकते हैं।

इस गिरावट का अहसास 'कल्पना' के सम्पादक मंडल को भी है। सतरहवें वर्ष के जनवरी 1966 के 'यह अंक' में एक टिप्पणी छपती है, "हिन्दी में प्राय: जो समीक्षाएँ-आलोचनाएँ निकलती हैं, चाहे वे पत्रिकाओं में हों या पुस्तक रूप में, उसमें एक अजीब किस्म का लिजलिजापन, लागलपेट और अस्पष्टता रहती है।...हमारी समझ में इस स्थिति के दो कारण हैं। एक, अपने खुद के आलोचना चिन्तन का अभाव यानी अंग्रेजी के तराजू पर अपने साहित्य को तोलना। दूसरा कारण है डर...।" अन्त में सम्पादक ने भयमुक्त होकर साफ बात कहने की सलाह दी है। इस सबके बावजूद स्तम्भ की स्तरीयता में सुधार दृष्टिगोचर नहीं होता है।

सन् 1967 के आरंभिक दो अंकों में समीक्षा स्तम्भ में समीक्षाएँ पूर्ववत ढंग से मिलती हैं, पर आगे व्यवधान दिखाई देने लगता है। मार्च-अप्रैल 1967 में अमृतलाल नागर के उपन्यास 'अमृत और विष' की उच्चस्तरीय समीक्षा रामविलास शर्मा द्वारा की गयी है। यह एक विस्तृत समीक्षा है जिसकी प्रेरणा धर्मयुग में प्रकाशित भारती जी की इस ग्रन्थ पर समीक्षा और घनश्याम अस्थाना के पत्र से हुआ है। विपक्ष में पड़ने वाली बातें भी प्रारम्भ में आ गयी हैं और समीक्षक ने उन्हें अपनी दृष्टि से देखने का प्रयास किया है। निश्चित रूप से पुस्तक-समीक्षा का उत्तम उदाहरण रामविलास शर्मा ने प्रस्तुत किया है। इस वर्ष कवि श्री विजयदेव नारायण साही के काव्य संग्रह 'मछलीघर' पर डॉ. देवराज की समीक्षा भी ध्यान आकर्षित करती है।

सन् 1968 में पत्रिका एक नयी करवट लेती है लेकिन पुस्तक की समालोचना का यह स्तम्भ बगैर प्रभावित हुए नियमित एवं निरंतर चलता रहता है। इस वर्ष फरवरी में नगेन्द्र की पुस्तक 'काव्य बिम्ब' की समीक्षा नेमिचन्द्र जैन ने लिखी है। रमेश उपाध्याय, नवलकिशोर, युगेश्वर, प्रयागशुक्ल, जितेन्द्रनाथ पाठक, धनंजय, ओमप्रकाश निर्मल, मुनीन्द्र आदि हस्ताक्षर इस वर्ष पुस्तक समीक्षा स्तम्भ में दृष्टिगोचर होते हैं। इस तरह 'कल्पना' ने पुस्तक समीक्षा का एक ऐतिहासिक मानदंड स्थापित किया है।

हास्य-व्यंग्य

हिन्दी में सुरुचिपूर्ण और वास्तविक हास्य के निर्माण की ओर 'कल्पना' ने ध्यान दिया। पहले से जो हास्य एवं व्यंग्य की परम्परा चली आ रही थी उसमें हास्य के नाम पर भड़ैती और

व्यंग्य के नाम पर दुर्भावना अथवा पूर्वाग्रहजन्य तिक्तता की ही प्रधानता रहती थी। ऐसे में भड़ैती एवं दुर्भावना से अलग हट कर 'कल्पना' ने वास्तविक हास्य की नींव रखी। अतीत में भी हास्य एवं व्यंग्य की निरन्तरता हिन्दी साहित्य में नहीं मिलती है। भारतेन्दु युग के बाद, बालमुकुन्द गुप्त एवं उसके बाद मतवाला-मंडल में ही हँसमुख गद्य के दर्शन होते हैं; उसके बाद उसमें पर्याप्त व्यवधान आ जाता है। भारतेन्दु युग के हास्य के पीछे सामयिक औपनिवेशिक चेतना काम कर रही होती है। बालमुकुन्द गुप्त के प्रखर व्यंग्य के पीछे भी भारतेन्दुकालीन परिस्थितियाँ काम कर रही हैं। बालमुकुन्द गुप्त के व्यंग्य के पीछे कर्जनकालीन भारत की विसंगतियों का कच्चा चिट्ठा है। मतवाला-मंडल के लेखकों की व्यंग्य चेतना का आलम्बन भी अँगरेजी राज की दुर्दशा ही है। भारतेन्दुमंडल से लेकर मतवाला-मंडल तक के व्यंग्य लेखक किसी विचारधारा से लैस होकर व्यंग्य की सृष्टि नहीं करते थे। अनाहूत रूप से उन्हें अंगरेजी राज का पाखंडपूर्ण दुराचरण उपलब्ध था। इसलिए अनायास ही उन्हें वह खाद-पानी मिल जाता था जिस पर व्यंग्य की फसल लहलहाया करती थी। लेकिन चालीस के दशक में हिन्दी की व्यंग्य चेतना विस्मयकारी रूप से प्रगति-प्रयोग के धुंध में खो जाती है। वैचारिक संघर्ष के संवेदनशील दौर में हिन्दी की व्यंग्य चेतना सिरे से गायब है। 'कल्पना' ने हिन्दी में हास्य-व्यंग्य विधा की दरिद्रता को रेखांकित करते हुए मई 1953 में 'हिन्दी में श्रेष्ठ हास्य का अभाव' शीर्षक से सम्पादकीय भी लिखा था। इसी अभाव की पूर्ति के तहत 'कमलाकान्त जी ने कहा' स्तम्भ प्रायोजित किया गया था। यह स्तम्भ 'कल्पना' के नवें साल शुरू होता है।

प्रयागवासी कमलाकान्त जी मुँहफट, हँसोड़ एवं काल्पनिक पात्र हैं। वे कभी-कभी मनमर्जी से बहराइच अज्ञातवास पर चले जाते हैं। कमलाकान्त जी के लिपिक हैं—बालकृष्ण राव। हरेक बार बालकृष्ण राव कमलाकान्त जी के पास इन्टरव्यू के लिए पहुँचते हैं। कमलाकान्त जी बमकते हुए किसी भी समस्या पर शुरू हो जाते हैं। अपने अंदाज एवं तेवर में बालकृष्ण राव का यह काल्पनिक पात्र इस सदी के शुरू के दशक के भंगड़ शिवशम्भु की याद दिलाता है। बालमुकुन्द गुप्त के अमर पात्र शिवशम्भु शर्मा का जन्म 'भारतमित्र' अखबार में हुआ था। बूटी की धुन में शिवशम्भु ने अँगरेजी राज के कुशासन, भारतीय जनता के दमन, उसकी यातना का करुण बखान किया है। कमलाकान्त जी का कैनवास अपेक्षाकृत छोटा है। वर्गीय आधार परस्पर भिन्न है। शिवशम्भु शर्मा 'कपर्दकशून्य' सर्वहारा है जबकि कमलाकान्त जी मध्यवर्गीय चरितनायक है। भंगड़ शिवशम्भु ब्रिटिश भारत की राजधानी कलकत्ते की अभ्रस्पर्शी अट्टालिकाओं के फुटपाथ का नागरिक है। कमलाकान्त जी पान चबाने वाले इलाहाबादी हैं। उनकी चिन्ता नवस्वाधीन भारत में सांस्कृतिक एवं साहित्यिक अफरातफरी से उपजी अराजकताएँ हैं। कमलाकान्त जी साहित्येतर समस्याओं पर कम ही बोलते हैं। निश्चित तौर पर कमलाकान्त जी ने कहा...'कल्पना' का उल्लेखनीय हास्य स्तम्भ है।

राजनीति का जो नेहरू युग है, वह नवनिर्माण का भ्रमयुग है। ऐसे में आलोचना के लिए गुंजाइश सर्वाधिक कम बची रहती है। इसलिए प्रखर वैचारिकता से सम्पन्न व्यंग्य की सृष्टि नेहरू से मोहभंग के दिनों में सम्भव होती है। हरिशंकर परसाई के दर्शन व्यंग्य स्तम्भकार

के रूप में 'कल्पना' के पृष्ठों पर सन् 1961 में होते हैं। तब तक आजाद भारत के आशावाद का मुलम्मा उतर जाता है। सन् 1947 के तुरंत बाद 'और अन्त में...' की कल्पना नहीं की जा सकती थी। निश्चित तौर पर 'और अन्त में...' हिन्दी व्यंग्य का प्रतिमान है। इसकी आखिरी कड़ी जुलाई 66 में छपती है।

यात्रा संस्मरण

दुर्लभ यात्रा-साहित्य के सृजन में भी 'कल्पना' के योगदान को भुलाया नहीं जा सकता। फरवरी 1962 से जनवरी 1963 के बीच के अंकों में निर्मल वर्मा का यात्रा-वृत्तान्त चार किस्तों में निम्नांकित शीर्षकों से छपा है : 'एक संजीदा, उदास शहर और ब्रेख़्त' (फरवरी-मार्च-अप्रैल); 'रोती हुई मर्मेड का नगर कोपेनहेगन' (जून 62); 'उत्तरी रोशनियों की ओर' (नव.-दिस. 62); 'सफेद रातें और हवा' (जन. 63)। यह अपने ढंग का अनूठा यात्रा संस्मरण है। सांकृत्यायन की तरह निर्मल वर्मा का यात्रा-अभियान अगर साहसिक नहीं कहा जाय तो भी अद्भुत तो मानना ही पड़ेगा। राहुल सांकृत्यायन ने जहाँ वर्जित देशों की सांस्कृतिक जानकारियाँ प्रस्तुत की थीं; वहीं निर्मल वर्मा ने हिन्दी पाठकों के समक्ष ऐसी दुनिया की सूचनाएँ उपलब्ध कराई हैं जिसे राजनीति ने वर्जित बना दिया था। निर्मल वर्मा ने चेकस्लोवाकिया की राजधानी प्राग से यात्रा शुरू करके स्कैण्डीनेवियायी देश आइसलैंड तक की यात्रा की थी। पड़ाव के तौर पर, वे बीच यात्रा में बर्लिन तथा कोपनहेगन में भी रुकते हैं। राहुल जी के यात्रा संस्मरण में मध्य एशियायी दुनिया का यथातथ्य वर्णन है; यांत्रिक विकास में अब वह दुनिया अब खो गयी है। निर्मल वर्मा का यात्रा-संस्मरण आगे बढ़े हुए समय का वर्णन है। यंत्र कौशल ने कहीं कुछ भी दुर्लभ, अज्ञात या अजनबी नहीं रहने दिया है। सांकृत्यायन जी ने यात्रा-संस्मरण का बहुलांश भूगोल एवं परिवेश के वर्णन पर खर्च किया है जबकि निर्मल वर्मा के यात्रा-संस्मरण में दूसरे महायुद्ध के बाद का काल प्रमुख है। द्वितीय युद्धोत्तर विश्व का समाज दो धड़ों में बँट गया था। वर्जना के शीतयुद्ध में सारा यूरोप सिमट गया था। उसी को संस्मरण में दर्ज करने की कोशिश निर्मल वर्मा ने की है। उस काल को पकड़ने की कोशिश में थोड़ा-बहुत यूरोपीय स्थान का प्रवेश करना स्वाभाविक था। लेकिन निर्मल वर्मा ने ऐसे बेवजह के ब्यौरों से यात्रा-संस्मरण को बचाये रखा है। निर्मल वर्मा के यात्रा-संस्मरण में शीत युद्ध के बाद का काल प्रमुख है। इसलिए इस यात्रा-संस्मरण का स्वरूप दीवार के उस सुराख की तरह है जो घर के अन्दर बैठे लोगों की चेष्टाओं को खुफिया ढंग से देख लेता है। दबे पाँव से शीतयुद्ध के भयावह दौर की खुफिया रिपोर्टिंग इन चारों संस्मरणों की विशेषता है। वस्तुनिष्ठ होकर यात्री निर्मल वर्मा ने जो कुछ महसूस किया है उसे उन्होंने बेबाकी से शब्दबद्ध किया है। हिन्दी के साहित्यकार जब यात्रा-संस्मरण लिखते थे तब वह पाठकों को यह बताते-बताते उबा देते थे कि उनका विमान कब उड़ा और किस होटल में हमने नाश्ता किया; जबकि निर्मल वर्मा ने अपने आसपास की सार्थक तस्वीरों और तनावों को चुनकर एक ऐतिहासिक एवं सार्थक यात्रा वृत्तान्त की शुरुआत की। यह संस्मरण एक व्यक्ति का निजी 'टेस्टामेण्ट' भी है। निर्मल की इस यात्रा में हर नया स्थान एक रहस्यमय पहेली है, अपने में एक छोटा-सा अभियान-जहाँ समय और स्थान की सीमाएँ

मिट जाती हैं, फिर वह चाहे बर्लिन में देखा हुआ ब्रेख़्त का नाटक हो, लिदीत्से के खंडहर, या फिर इन सबसे दूर सागर पार आइसलैंड की सफ़ेद रातों का अकेलापन। निर्मल वर्मा के ये संस्मरण एक भारतीय लेखक का अपने आपको खोजने का प्रयास भी है। उनके अनुभव में निरपेक्षता और आत्मीयता एक संग घुल-मिल गये हैं। कहानीकार निर्मल वर्मा को यात्री निर्मल वर्मा में बदल देने का यह प्रच्छन्न अभियान 'कल्पना' के द्वारा ही सम्भव हुआ था।

जून एवं जुलाई 1959 में रामकुमार की 'ग्रीस-यात्रा' पर दो खंडों में रोचक यात्रा संस्मरण छपे हैं। पहले किस्त में स्पार्ता का वर्णन है। दूसरे खंड में एपीदावरोश के एम्फीथिएटर का आत्मीय वर्णन है। एम्फीथिएटर में ही ग्रीक-दुखान्त नाटक खेले जाते थे। पेलोपोनीसी और कोरिंथ के वर्णन से यात्रा का समापन होता है। रामकुमार ने स्वयं के बनाये 'स्केच' भी यात्रा-संस्मरण में लगाये हैं।

'कल्पना' के नवें वर्ष में, मार्च 1958 से सितम्बर 1958 तक रघुवंश की 'हरीघाटी' यात्रा पाँच किस्तों में छपी हैं। यात्रा इलाहाबाद से शुरू होकर फादर कामिल बुल्के के निवास स्थान हजारीबाग तक चलती है। बीच में कई पड़ाव हैं। अनावश्यक विस्तार के बावजूद यह एक उल्लेखनीय रचना है। आजादी के तुरंत बाद सामन्तों की मानसिकता में जो बदलाव आ रहे थे, गया वाले अंश में मार्मिक होकर उभरा है। रधुवंश की 'हरीघाटी' एक दुहरी यात्रा है। ऊपर से यात्रा रिपोर्टिंग का आभास देती है लेकिन भीतर से भारत की मरणासन्न मध्यकालीन कमजोरियों को समग्रता से प्रस्तुत करती है।

इस तरह 'कल्पना' ने यात्रा-साहित्य के निर्माण में उल्लेखनीय योगदान दिये हैं।

डायरी साहित्य

शमशेरबहादुर सिंह संश्लिष्ट-बोध के कवि हैं। लेकिन इनकी कविता-भूमि को समझने के लिए उनकी डायरी बड़े पते की है। समकालीन कविता-प्रवृत्ति को समझने का आग्रह शमशेर की डायरी की प्रमुख लालसा है। शमशेर की तीव्र अनुभूति उस भूकंपमापी यंत्र की तरह है जो समकालीन साहित्य संसार की छोटी-से-छोटी घटना को भी डायरी में दर्ज कर लेती है। 'कल्पना' ने शमशेर की डायरी का दस्तावेजी महत्त्व समझकर उसे आग्रहपूर्वक छापा है। शमशेर के डायरी के अंश केवल कवि के मानसिक-ग्राफ का ही सबूत नहीं है, बल्कि वह हिन्दी जातीय जनता के अन्तर्द्वन्द्व का भी सबूत है।

इनकी डायरी आत्मनिष्ठता के धरातल को भेद कर हिन्दी की समकालीन अंत:प्रवृत्तियों का वस्तुनिष्ठ साक्षात्कार कराती है। डायरी लेखन एक निर्मम तटस्थता की भी माँग करता है। शमशेर संत मुद्रा में कई बातों को साक्षी भाव से लिख जाते हैं। इसमें नयी कविता का आत्मसंघर्ष है, बीट पीढ़ी को समझने की चेष्टा है, हिन्दी-उर्दू के कृत्रिम भेद के प्रति झुँझलाहट है, भारतीय भाषाओं में लिखी जा रही रचनाओं की वकालत है और इन्हीं के बीच, कहीं-कहीं व्यक्ति शमशेर का रोटी के लिए संघर्ष है। लेकिन रोटी का संघर्ष करुणा उपजाने के लिए नहीं लिखा गया है। वह सहज भाव से आ गया है।

जनवरी 1958 में पहली बार डायरी के '1952-55 से चुने हुए विविध अंश' तथा अप्रैल 1958 में '1940-55 के कतिपय पृष्ठांश' प्रकाशित हुए हैं। आगे अक्टूबर 1963 में डायरी

के अंश छपे हैं। मार्च 64 तथा जुलाई 64 में भी शमशेर के डायरी अंश छपे हैं। अगस्त 1965 में आखिरी बार शमशेर के डायरी अंश 'कल्पना' में दिखायी पड़ते हैं। डायरी विधा को समृद्ध करने में शमशेर बहादुर सिंह तथा 'कल्पना' के योगदान को भुलाया नहीं जा सकता है।

इसके अतिरिक्त मलयज के डायरी अंश मई 1962 में तथा जून 1963 में प्रभाकर माचवे के 'अमेरिका प्रवास के दो दिन' के डायरी अंश इस विधा की यादगार उपलब्धि है।

सन्दर्भ सूची

1. कल्पना – फरवरी 1953, पृ.–127.
2. कल्पना – मई 1953, पृ.–377.
3. कल्पना – मई 1953, पृ.–392.
4. कल्पना – जुलाई 1953, पृ.–581.
5. कल्पना – अगस्त 1953, पृ.–626.
6. कल्पना – अगस्त 1953, पृ.–646.
7. कल्पना – सितम्बर 1953, पृ.–767.
8. कल्पना – अक्टूबर 1953, पृ.–854.
9. कल्पना – दिसम्बर 1953, पृ.–1000.
10. कल्पना – जनवरी 1953, पृ.–53.
11. कल्पना – जन.–फर. 1954, पृ.–74.
12. कल्पना – जन.–फर. 1954, पृ.–33.
13. कल्पना – मार्च 1954, पृ.–09.
14. कल्पना – नवम्बर 1955, पृ.–31.
15. कल्पना – अप्रैल 1955, पृ.–42.
16. कल्पना – जुलाई 1957, पृ.–05.
17. कल्पना – जनवरी 1957, पृ.–24.
18. कल्पना – फरवरी 1957, पृ.–19.
19. कल्पना – मार्च 1957, पृ.–41.
20. कल्पना – मई 1957, पृ.–01.
21. कल्पना – जून 1957, पृ.–48.
22. कल्पना – सितम्बर 1957, पृ.–45.
23. कल्पना – दिसम्बर 1957, पृ.–56.
24. कल्पना – जनवरी 1958, पृ.–75.
25. कल्पना – अप्रैल 1958, पृ.–93.
26. कल्पना – जून 1958, पृ.–34.
27. कल्पना – जुला.–अग. 1958, पृ.–34.
28. कल्पना – सितम्बर 1958, पृ.–65.
29. कल्पना – सितम्बर 1958, पृ.–33.

30. कल्पना — अक्टूबर 1958, पृ.–27.
31. कल्पना — अक्टूबर 1958, पृ.–30.
32. कल्पना — मार्च 1953, पृ.–54.
33. कल्पना — मई 1959, पृ.–76.
34. कल्पना — जून 1959, पृ.–59.
35. कल्पना — अगस्त 1959, पृ.–35.
36. कल्पना — सितम्बर 1959, पृ.–79.
37. कल्पना — जनवरी 1960, पृ.–78.
38. कल्पना — फरवरी 1960, पृ.–52.
39. कल्पना — फरवरी 1960, पृ.–106.
40. कल्पना — मार्च 1960, पृ.–96.
41. कल्पना — मई 1960, पृ.–25.
42. कल्पना — जुलाई 1960, पृ.–87.
43. कल्पना — नवम्बर 1960, पृ.–86.
44. कल्पना — फरवरी 1961, पृ.–25.
45. कल्पना — मार्च 1961, पृ.–94.
46. कल्पना — अप्रैल 1961, पृ.–46.
47. कल्पना — मई 1961, पृ.–25.
48. कल्पना — फर.–मार्च.–अप्रैल 1962, पृ.–90.
49. कल्पना — फर.–मार्च.–अप्रैल 1962, पृ.–50.
50. कल्पना — जुला.–अग. 1962, पृ.–21.
51. कल्पना — मई 1963, पृ.–21.
52. कल्पना — मई 1963, पृ.–69.
53. कल्पना — जुलाई 1963, पृ.–37.
54. कल्पना — अगस्त 1963, पृ.–48.
55. कल्पना — नवम्बर 1963, पृ.–22.

ललितकलाओं से साहित्य का अन्तरावलम्बन

'कल्पना' हिन्दी पाठकों की समग्र पत्रिका बनना चाहती थी। इसीलिए उसने साहित्य के साथ-साथ संस्कृति एवं चित्र विषयक अभाव की पूर्ति के लिए सर्वश्रेष्ठ समकालीन चित्रकारों के चित्र प्रकाशित किये एवं उसकी व्याख्या भी की। 'कल्पना' हिन्दी की पहली पत्रिका है जिसने अपने सम्पादक-मंडल में एक ख्याति प्राप्त चित्रकार जगदीश मित्तल को शामिल किया था। यह इस बात का प्रमाण है कि 'कल्पना' ने चित्र विधा को मात्र पत्रिका में सजावट के लिए इस्तेमाल नहीं किया।

'कल्पना' ने लगातार चित्रों के प्रकाशन से हिन्दी जगत में एक परिष्कृत कलारुचि का आविष्कार किया। हालाँकि 'कल्पना' के एकाध अंक को देखकर यह राय नहीं बनती है। लेकिन उसके प्रत्येक अंक को सावधानी से टटोलें तो यह बात साफ हो जाती है कि 'कल्पना' ने चित्र प्रकाशन का निरन्तर अभियान चलाया। किन्तु यह कला अभियान इतना प्रच्छन्न और धीमा है कि 'कल्पना' के सत् साहित्य की ओट में वह दब-सा गया है। 'कल्पना' साहित्यिक पत्रिका के रूप में स्वीकृत होती है लेकिन उसके कला-विषयक प्रयासों को भुला दिया जाता है। 'कल्पना' के कला प्रयास का लेखा-जोखा करना ही इस अध्याय की केन्द्रीय चिन्ता है।

जिस समय 'कल्पना' का प्रकाशन प्रारम्भ हुआ था उस समय देश को स्वाधीन हुए केवल दो साल हुए थे। 'कल्पना' का आग्रह था कि हिन्दी जातीय समुदाय को नवीनतम कलात्मक उपलब्धियों से परिचित कराया जाए। इसीलिए चित्र-विषयक नवीनतम निर्माण एवं प्रदर्शनियों का लेखा-जोखा मनोयोगपूर्वक 'कल्पना' अपने पाठकों को उपलब्ध कराता था। 'कल्पना' के आरंभिक वर्षों के अंकों में यह आयोजन साफ देखा जा सकता है।

'कल्पना' ने जिस तरह से हिन्दी साहित्यिकों के विश्वास को अर्जित किया था; उसी तरह से समकालीन कला-समीक्षकों एवं चित्रकारों के सहयोग भी अर्जित किये थे। विनोदबिहारी मुखर्जी, दिनकर कौशिक, एस्पर, एम.एफ. हुसैन, रामकुमार, रामचन्द्र शुक्ल, जगदीश मित्तल एवं कमला मित्तल सरीखे यशस्वी चित्रकारों का निकट सम्पर्क 'कल्पना' के सम्पादकों से रहा है। विशेष तौर पर बदरीविशाल पित्ती से कई चित्रकार गहरे जुड़े रहे हैं। 'कल्पना' के दिनों को याद करते हुए उसके एक पूर्व सम्पादक प्रयाग शुक्ल ने भी इस तथ्य को रेखांकित किया है। 'साक्षात्कार' के अक्तूबर 1981 के अंक में वे लिखते हैं :

"बदरीविशाल जी के कमरे से लगी हुई एक केबिन-सी थी। जिसमें मैं बैठा करता था। यहीं सुप्रसिद्ध चित्रकार मकबूल फिदा हुसैन से पहली बार (और फिर कई बार) मिलने की बात मुझे याद है। वह हैदराबाद महीने दो महीने में, कभी जल्दी भी जरूर आते थे। हैदराबाद

रह कर उन्होंने काफी काम भी किया है। यों भी बदरीविशाल जी के पास सम्भवत: उनकी कृतियों का सबसे बड़ा संग्रह है। हुसैन साहब से आज भी मुलाकात होने पर बातचीत की शुरुआत बदरीविशाल जी से ही होती है—यही कि बदरीविशाल जी पिछली बार कब मिले थे।''[1]

संस्मरण अंश से स्पष्ट है कि 'कल्पना' का कला व्यक्तित्व उसके संचालक-सम्पादक बदरीविशाल पित्ती की सुरुचिप्रियता का परिणाम है। 'कल्पना' ने कला एवं साहित्य के अन्तरावलम्बन के सम्बन्ध में गहन चिन्तन भी किये। ये चिन्तन सम्पादकीय आलेखों में बिखरे पड़े हैं। दिसम्बर 1953 के सम्पादकीय में पत्रिका की कला-नीति पर प्रकाश डाला गया है :

''हमारे साहित्य को अभी बहुत कुछ समृद्ध होना है। आज किसी भी विषय का पूरा ज्ञान हिन्दी के द्वारा प्राप्त नहीं किया जा सकता। कला पर भी हिन्दी में साहित्य नहीं के बराबर है। यह स्थिति शोचनीय है, किन्तु वास्तविक है। 'कल्पना' में कला सम्बन्धी लेख और चित्र नियमित रूप से प्रस्तुत किये गये हैं। पिछले वर्ष हमने 'कल्पना' का एक कला-अंक प्रकाशित करने की घोषणा की थी। हम फिर उस घोषणा को दुहराते हैं। कला-अंक अब तक प्रकाशित हो जाना चाहिए था, किन्तु कुछ व्यावहारिक कठिनाइयों के कारण उसका प्रकाशन नहीं हो सका। हम प्रयत्नशील हैं कि आगामी वर्ष शीघ्र ही पाठकों की सेवा में वह अंक जरूर पहुँच जाए।''[2]

'अवन्तिका' जनवरी 1953 का विज्ञापन

'कल्पना' का कला अंक

'कल्पना' का कला अंक हिन्दी की प्रगति में एक नये प्रकाश-स्तम्भ और दिशानिर्देश का प्रतीक होगा।

कला अंक में कला-क्षेत्र के प्रख्यात व्यक्तियों द्वारा प्रस्तुत अध्ययन-सामग्री से लाभ उठाइये। हिन्दी में इस तरह का कोई प्रकाशन अब तक नहीं हुआ है।

इस अंक में कला के विभिन्न अंगों पर सर्वश्री डॉ. स्टेला क्रैमरिश, डॉ. हरमॅन ग्वेत्से, डॉ. बासुदेवशरण अग्रवाल, डॉ. मुल्कराज आनन्द, रायकृष्णदास, डॉ. मोतीचन्द्र, अजित घोष, कुमारी जया अप्पास्वामी, आर. वॉन लिडेन, ओ.सी. गांगुली, नीरद चौधरी, विनोदबिहारी मुखर्जी, मार्सेल्ला हार्डी, कार्ल जे. खंडेलवाला, पी. नियोगी, एन.एल. बोस, सुधीर खास्तगीर आदि के लेख पढ़िए।

इस अंक के विशेष सम्पादक

जगदीश मित्तल : दिनकर कौशिक : के.ए. कुलकर्णी

इस अंक का मूल्य 5/-

मार्च' 53 तक 12) भेजकर 'कल्पना' के वार्षिक ग्राहक बननेवालों को विशेषांक के लिए अतिरिक्त मूल्य नहीं देना पड़ेगा।

व्यवस्थापक : कल्पना

831, बेगम बाजार, हैदराबाद दक्षिण

'कल्पना' ने विविध पत्र-पत्रिकाओं में कला अंक के प्रकाशन की घोषणा की थी। इसकी सूचना तत्कालीन पत्रिकाओं के विज्ञापनों से भी मिलती है। नमूने के तौर पर ऐसे दो विज्ञापनों को यहाँ उद्धृत किया जा रहा है। पहला विज्ञापन लक्ष्मीनारायण सुधांशु द्वारा सम्पादित 'अवन्तिका' पटना, जनवरी 1953 ई. से लिया गया है। दूसरा विज्ञापन मोहनसिंह सेंगर द्वारा सम्पादित 'नया समाज' कलकत्ता, जुलाई 1953 ई. में विज्ञापित है।

'नया समाज' जुलाई 1953 का विज्ञापन

शीघ्र ही प्रकाशित होने वाला

'कल्पना' का कला अंक

इस अंक की विशेषताएँ :

इस अंक में प्रकाशित होने वाले प्रायः सभी रंगीन व इकरंगे चित्र अब तक अप्रकाशित रहे हैं। भारत के सर्वश्रेष्ठ ब्लाक मेकर्स द्वारा तैयार किए गए रंगीन तथा सादे ब्लाको की आर्ट पेपर पर भारत में उपलब्ध सर्वश्रेष्ठ छपाई की व्यवस्था इस अंक के लिए की गई है।

इस अंक में 30 रंगीन तथा 100 इकरंगे चित्र रहेंगे। अधिकारी विद्वानों द्वारा लिखे गए निबन्धों की 200 पृष्ठों की पाठ्य-सामग्री इस अंक में रहेगी। इस अंक का आकार साधारण अंकों के आकार से बड़ा होगा।

विशेष विवरण के लिए लिखें :

शाखा कार्यालय
20 हमाम स्ट्रीट, फोर्ट,
बम्बई

व्यवस्थापक-'कल्पना'
831, बेगम बाजार,
हैदराबाद

किन्तु 'कल्पना' का बहुविज्ञापित एवं महत्त्वाकांक्षी कला अंक नहीं निकल पाया। इन पंक्तियों के लेखक को कला सम्पादक जगदीश मित्तल ने बताया कि अंक की पूरी तैयारी हो गयी थी। सारी रचनाएँ एकत्रित कर ली गयी थीं। डमी तैयार थी। चित्रों के ब्लॉक बन गये थे। किन्तु बदरीविशाल पित्ती ट्रेड युनियन की राजनीति में इतने तल्लीन एवं व्यस्त हो गये कि वह कला आयोजन अपनी मंजिल तक नहीं पहुँच पाया। बाद में कुछ चित्र विषयक रचनाएँ अलग-अलग अंकों में छापी गयीं। कुछ रचनाएँ एवं चित्र लेखकों एवं चित्रकारों को क्षमायाचना सहित लौटा दिये गये। अतः संयोग से वह घोषित कला विशेषांक अप्रकाशित ही रहा। लेकिन देखा जाय तो 'कल्पना' का प्रत्येक अंक कला की मौलिक जानकारियों को जुटाने के कारण महत्त्वपूर्ण हो उठा है। पत्रिका के इस प्रयास ने निश्चित रूप से हिन्दी पाठकों एवं लेखकों में गुणात्मक परिवर्तन लाये। पाठक समुदाय की रंग समझ समृद्ध हुई। कलाकारों ने हिन्दी के रचनाकारों से आत्मीयता ही स्थापित नहीं की, बल्कि नवलेखन के कई कवियों ने तो चित्रकारों पर प्रतिक्रिया व्यक्त करते हुए कविताएँ तक रचीं। हिन्दी में यह एक नयी

शुरुआत थी। बाद में इस प्रवृत्ति ने सातवें-आठवें दशक में बल पकड़ा। कुमार गन्धर्व या बेगम अख्तर की गायकी पर एम.एफ. हुसैन या जे. स्वामीनाथन के चित्र पर प्रतिक्रिया करते हुए कई कवियों ने अपनी कविताएँ लिखीं हैं। कला-आलम्बित कविताओं का सृजन नयी कविता का एक अजाना पक्ष है। इस तरह की अनुभूति से प्रभावापन्न कविताओं की सार्थकता एवं निरर्थकता पर बहस हो सकती है; शायद असहमति भी हो सकती है लेकिन साहित्येतिहास में ललित कलाओं पर आधारित कविता के आरंभिक दर्शन 'कल्पना' के पन्नों पर ही होते हैं। यह एक नितान्त अभिनव शुरुआत थी। इसका श्रेय 'कल्पना' को मिलना ही चाहिए। ललित कलाओं के अन्तरावलम्बन से हिन्दी सर्जना को एक नयी अनजानी धरती मिली। मार्च 1960 के अंक में मकबूल फिदा हुसैन पर चार कवि मित्रों की रचनाएँ छपी हैं। निमिष पाणिनी ने लिखा :

"तोड़ो यह पंक्तिबद्ध धवलता/हिम पताकाओं की/ऋतुओं के न्यारे-न्यारे शोकगीत!/त्रिपार्श्व के रंगव्यूह में/कोई माँ अपने गर्भ समेत जल रही है।"[3] निमिष पाणिनी ने कविता का शीर्षक दिया है, 'हुसैन का चित्र : पाँचवाँ शोकगीत'। अशोक वाजपेयी ने 'हुसैन के एक चित्र की अचानक याद' शीर्षक कविता लिखी है :

पेड़ों की अँधेरी कतारों के शिखरों पर/हँसता है कोई/घिरता जाता है आकाश काला/-घर मेरा उभरता है, डूबता है/अँधेरे में सड़क पर,/गहन लाल आँखों से छूट कर एक मद्धिम पीली रोशनी में लगातार।"[4]

आग्नेय ने 'प्रेमिका की आँखें और हुसैन का चित्र दोनों एक साथ देखने पर' शीर्षक रचना प्रस्तुत की है। पूरी कविता इस प्रकार है :

प्रेम की काली आँखों में/पीली मौत का एक श्वेत गुलाब/नहीं/काला गुलाब भी/नहीं/एक लाल फूल/टूटता है/वक्ष के सूर्य से/जो तुम्हारी चित्रित इच्छा का/नाम है।"[5]

जितेन्द्र कुमार ने 'दुखी वह और मकबूल का चित्र' शीर्षक से प्रतिक्रिया प्रकट की है :

"शान्त निर्मल चाँदनी/पेड़ की झालर पर/गिरती है/और मुर्दा जगता है/हल्के-हल्के/जैसे हृदय में ही हो-स्पन्दित!/और मुर्दा कहता है/मैं यहीं तो हूँ तुम्हारे पास/सदा/तब वह रोती है/कि उसे नहीं चाहिए सुख-/मिलन का/कठोर निर्मम चाँदनी-खिड़की से झाँकती/मकबूल के चित्र को धुनती है/रूई-सा!/"[6]

चित्र की अमूर्त कला से टकरा कर कविताएँ वायवीय और अस्पष्ट हो उठी हैं। यह अमूर्तन चित्र या संगीत से प्रेरित होकर लिखी गयी सभी कविताओं में उपलब्ध होती हैं। लेकिन प्रयोगधर्मिता का जो आग्रह यहाँ है उस भावना की प्रेरणाभूमि की चर्चा ही हमारा उद्देश्य है। अतएव 'कल्पना' ने ललित-कला की अमूर्त दुनिया के सामने हिन्दी कविता को ला खड़ा किया। हालाँकि इस प्रवृत्ति ने आठवें दशक में पहुँच कर नये कलावाद की मनोभूमि तैयार की और भोपाल स्थित भारत भवन ने इस प्रवृत्ति का परचम लहराया; इस तथ्य को भी नहीं भुलाया जा सकता है।

समकालीन कला जगत को भी 'कल्पना' ने आन्दोलित-प्रेरित किया। अपने सम्पादकीय एवं 'साहित्यधारा' जैसे स्थायी स्तम्भों में समानधर्मा पत्रिकाओं की कलारुचि की सूक्ष्म समीक्षा स्तम्भकारों एवं सम्पादकों ने प्रस्तुत की। यह 'कल्पना' की एक मूल्यवान

सेवा हिन्दी की साहित्यिक पत्रकारिता को है। आगे चलकर साठ–सत्तर के दशक में 'धर्मयुग' एवं 'दिनमान' जैसे व्यावसायिक घराने की पत्रिकाओं ने जो कला चर्चा की; उसकी नींव 'कल्पना' ने ही रखी थी। रुचि–परिष्कार का गुरुतर दायित्व 'कल्पना' की मौलिक देन है। 'धर्मयुग' या 'दिनमान' जैसी पत्रिकाओं ने समकालीन कला प्रसंगों से पाठकों को परिचित अवश्य कराया लेकिन 'कल्पना' के सरोकारों में जो तल्लीनता एवं गम्भीरता है वह किसी भी लघु या व्यावसायिक पत्रिका में नहीं दिखायी देती है।

'कल्पना' ने हरेक अंक में दुर्लभ समसामयिक एवं मध्यकालीन 'पेन्टिंग्स' पाठकों को उपलब्ध कराये। इस अर्थ में वह इस सदी के आरंभिक दो दशक के 'सरस्वती' से अवश्य तुलनीय है। 'सरस्वती' में महावीरप्रसाद द्विवेदी ने प्रत्येक अंक में 'पेन्टिंग्स' का प्रकाशन किया था। मूल रूप में चित्रों को पाठकों तक पहुँचाने का यशस्वी श्रेय 'सरस्वती' के बाद 'कल्पना' को ही जाता है। 'सरस्वती' के मुखपृष्ठ का ब्लॉक निश्चित तथा निर्धारित रहता था। 'कल्पना' के आरंभिक वर्षों के अंकों में मुखपृष्ठ एक निर्धारित तरह का ही छपता रहा है। लेकिन सन् 1959 से मुखपृष्ठ पर भी 'स्केच', 'वुडकट', 'पेन्टिंग्स' दिये जाने लगे हैं। आज इस कला–अभियान का मूल्य और भी प्रखर होकर प्रकट होता है। प्रतिष्ठानी पत्रिकाओं के मुखपृष्ठ पर रीतिकालीन मुद्रा में आधुनिकाओं के अंग प्रदर्शित रहते हैं। इन पत्रिकाओं को धनाभाव नहीं है। 'कल्पना' ने इस प्रवृत्ति का खुलासा करते हुए मई 1953 में एक सम्पादकीय लिखा–'साप्ताहिकों में चित्र प्रकाशन'।

''पत्र–पत्रिकाओं में दिन–प्रतिदिन चित्रों का प्रकाशन बढ़ता जा रहा है। केवल मासिक पत्रिकाएँ ही नहीं, साप्ताहिक पत्रिकाएँ भी इस ओर काफी अग्रसर हुई जान पड़ती हैं। साप्ताहिकों में 'इलस्ट्रेटेड वीकली ऑफ इंडिया' और 'धर्मयुग' चित्रों के प्रकाशन में तत्परता से योग दे रहे हैं। यह एक ओर जिस प्रकार प्रसन्नता की बात है, दूसरी ओर उसी प्रकार सावधानी बरतने की भी। साप्ताहिक पत्र महीने में चार बार प्रकाशित होते हैं और उनका उत्पादन तथा वितरण भी मासिक पत्रिकाओं की तुलना में बहुत अधिक होता है। अत: स्पष्ट है कि किसी विषय या रुचि का प्रचार, संस्कार या विकास उनके द्वारा अधिक सरलता से किया जाता है। सर्व साधारण में साहित्य और कला के प्रचार का श्रेय मासिक पत्रिकाओं की अपेक्षा इन्हें आसानी से मिल सकता है। ऐसी अवस्था में साप्ताहिकों में प्रकाशित होने वाले चित्रों पर विचार करना समीचीन है।

हम पिछले दो वर्षों से इस क्रम को बारीकी से देख रहे हैं। 'इलस्ट्रेटेड वीकली ऑफ इंडिया' में प्रकाशित होने वाले चित्रों में चार–पाँच प्रतिशत चित्रों को छोड़ दिया जाए तो शेष चित्रों में से कदाचित एक भी चित्र नये या पुराने किसी भी वाद, पक्ष, स्कूल या अन्य किसी दृष्टि से उच्च कोटि का नहीं कहा जा सकता। एक बात जरूर उनके पक्ष में है कि वे अश्लील कभी नहीं देखे गये। आज के व्यापार प्रधान युग में यह भी एक बड़ी बात है। किन्तु हमारा कला–उत्सुक मन इतने से ही संतोष नहीं करना चाहता। ये साप्ताहिक काफी सम्पन्न संस्था से संबंधित हैं और इसलिए श्रेष्ठ कलाकारों का सहयोग प्राप्त करना उनके लिए कठिन नहीं है।

...नन्दलाल बसु, अमृता शेरगिल, यामिनी राय, विनोदबिहारी मुखर्जी, रामकिंकर बैज, देवीप्रसाद रायचौधरी, गोपालघोष, माखनदास, हरिकिशन पलसीकर आदि कितने ही

चित्रकारों के ऐसे चित्र प्रयत्नपूर्वक उपलब्ध किये जा सकते हैं। बम्बई में नित्यप्रति वैयक्तिक तथा सामूहिक प्रदर्शनियाँ भी होती रहती हैं, जो उपयुक्त चित्रों को चुनने के सुन्दर अवसर प्रदान करती हैं।

साधारणतया इस प्रश्न को उठाने की जरूरत नहीं थी, किन्तु ये दोनों साप्ताहिक पत्र भारत के लोकप्रिय पत्र हैं। थोड़ी-सी सतर्कता और प्रयास से ये अपने स्तर को उठा सकते हैं। इन चित्रप्रधान साप्ताहिकों को अमेरिका से प्रकाशित 'लाइफ' को उदाहरण के रूप में देखना चाहिए। वह कोई कला का पत्र नहीं है, फिर भी उसमें ऐसी चीजें प्रकाशित होती रहती हैं, जो किसी भी कला पत्रिका की शोभा कही जा सकती हैं। उसके माइकेल एंजलो, सीजान आदि के चित्रों से युक्त अंक इस बात के प्रमाण हैं। यूरोप तथा अमेरिका के प्रमुख आधुनिक कलाकारों के चित्र तो प्रायः छपते ही रहते हैं। हमें आशा है कि ऐसे सभी पत्रों के सम्पादक तथा संचालक अपनी लोकप्रियता का उपयोग जनता के प्रति कृतज्ञ होकर उसके विकास की दिशा में करेंगे।''[7]

ऊपर के सम्पादकीय वक्तव्य से कई बातें उद्घाटित होती हैं। 'कल्पना' के सम्पादक ने समूचा वक्तव्य समकालीन संचालक-सम्पादकों को संबोधित करने में खर्च किया है। इस अर्थ में 'कल्पना' एक दुर्लभ पत्रिका हो जाती है। पाठक संसार का आविष्कार तो इस पत्रिका ने किया ही, साथ ही समकालीन पत्रिकाओं के नियामकों से भी संवाद स्थापित करने की कोशिश की। यह एक अनूठी बात थी।

उद्धृत अंश में एक और प्रच्छन्न संकेत छिपा है। 'कल्पना' एक देशी भाषा की पत्रिका थी। लेकिन उसने 'इलस्ट्रेटेड वीकली ऑफ इंडिया' के प्रकाशित चित्रों के बारे में लिखा कि हम उसके दो वर्षों के अंकों को बारीकी से देख रहे हैं किन्तु उसमें प्रकाशित चित्र उच्च कोटि के नहीं हैं। एक देशी भाषा की पत्रिका द्वारा अंग्रेजी अभिजनों की कालरुचि को निम्नकोटि का बता देना छोटी घटना नहीं है। लेकिन 'कल्पना' ने आत्मविश्वासपूर्वक यह कार्य किया। भारतीय भाषाओं में कला-नीति की इतनी समग्र योजना और किसी के पास नहीं थी। 'कल्पना' योजना विश्वासी पत्रिका थी। वह योजना बनाती थी और उस पर चलती भी थी। साथ ही यह अपेक्षा करती थी कि सभी पत्रिकाओं की कला-नीति में सुधार हो। अमेरिकी पत्रिका 'लाइफ' का हवाला देकर भारत के नक्काल बुद्धिजीवियों की पोलपट्टी खोल कर 'कल्पना' ने एक अभिनव मानदंड का निर्माण किया।

'साहित्यधारा' के स्तम्भकारों ने सजग दृष्टि से तत्कालीन पत्रिकाओं की कला-दृष्टि की चर्चा की। यहाँ कुछ उदाहरण प्रस्तुत हैं। जून 60 की 'साहित्यधारा' में 'चक्रपाणि' ने लिखा :

कला सम्बन्धी भी कई लेख प्रकाश में आये हैं जिनमें विशेष रूप से उल्लेखनीय हैं—'धर्मयुग' में 'आज की भारतीय चित्रकला' और जापानी चित्रकला से संबंधित 'उकीयो-ए' शीर्षक लेख; 'ज्ञानोदय' में 'कलासाधक सुधीर खास्तगीर'; 'आजकल' में 'सतीश गुजराल के कला चित्र' और 'पराशर द्वारा निर्मित मूर्तिकला'—लेकिन ये सभी लेख सतही हैं; ये कलाकार के मर्म तक पैठ नहीं सके हैं। कठिनाई यह है कि जो लोग कला के क्षेत्र से बखूबी परिचित हैं, वे हिन्दी में लिखते नहीं, और जो लिखते हैं उन्हें महज ऊपरी ज्ञान है और वे इधर-उधर प्रकाशित कतरनों के आधार पर लेख तैयार करते हैं।''[8]

कला पर लिखने वाले लेखकों का निर्माण भी 'कल्पना' ने किया। कला एवं संस्कृति पर जम कर लिखने वाले लेखकों की आज भी हिन्दी में कमी है। इस अभाव को दृष्टि में रखकर 'कल्पना' ने समकालीन हिन्दी कला-लेखकों को प्रोत्साहित किया। जहाँ भी कलासम्बन्धी उल्लेखनीय आलेख छपे, उसकी चर्चा 'साहित्यधारा' स्तम्भ में की गयी। जुलाई 1960 में 'चक्रपाणि' ने लिखा :

"कला-सम्बन्धी दो टिप्पणियाँ भाऊ समर्थ और रामकुमार पर 'कृति' में और फ्रांसीसी शिल्पी आगस्त रीदाँ पर एक लेख 'धर्मयुग' में पठनीय है।"[9]

भाऊ समर्थ की मृत्यु 24 मार्च, 1991 को हुई। उनकी मृत्यु पर 'हंस'-जैसी साहित्यिक पत्रिकाओं ने दो पंक्तियाँ सम्पादकीय में देकर औपचारिकता पूरी की। भाऊ समर्थ ने रेखांकन एवं स्केच को जिस रचनात्मक एवं सार्थक ढंग से हिन्दी के लघु पत्रों में प्रयुक्त किया उसका मूल्यांकन होना चाहिए। इलाहाबाद से प्रकाशित अनियतकालिक 'कथ्यरूप' ने भाऊ समर्थ स्मृति अंक प्रकाशित कर 'कल्पना' की कलानीति को ही आगे बढ़ाया है। 'कृति' ने बहुत पहले ही भाऊ समर्थ की गतिविधि को नोटिस में लिया था। चूँकि 'कृति' 'कल्पना' से आगे बढ़े हुए समय की पत्रिका थी इसलिए 'कल्पना' के कला-अभियान को उसने गति दी।

रामकुमार हिन्दी के अकेले ऐसे कला लेखक हैं जो स्वयं भी चित्रकार हैं। 'कल्पना' में इनकी चित्र विषयक टिप्पणियाँ लगातार छपी हैं। कहानीकार रामकुमार की तुलना में कला समीक्षक रामकुमार के दर्शन 'कल्पना' के पृष्ठों पर बहुतायत से उपलब्ध होते हैं। 'कल्पना' का यह प्रयास होता है कि ललित कलाओं के कर्ता ही स्वयं की अपनी रचना-प्रक्रिया का उद्घाटन करें। इसीलिए कुमारगन्धर्व को मालवी लोकगीत पर और रघुनाथ सेठ को संगीत पर लिखते हुए 'कल्पना' के पृष्ठों पर देखा जा सकता है। इसके पीछे 'कल्पना' के सम्पादकों की यह मानसिकता रही है कि हिन्दी केवल कहानी-कविता की भाषा ही नहीं रहे, बल्कि वह कला एवं संस्कृति की भी अभिव्यक्ति का माध्यम बने। इसी प्रयास के उत्पाद के रूप में रामकुमार को समझा जा सकता है। रामकुमार ने 'कल्पना' में समय-समय पर अपने चित्रकार मित्रों पर दिलचस्प स्केच लिखे हैं। जून 1959 में 'रजा के चित्र' के बहाने रज़ा की चित्र-प्रक्रिया पर उनकी अत्यन्त उपयोगी टिप्पणी छपी है। रज़ा ने पेरिस को अपना स्थायी बसेरा बना लिया है। रामकुमार अपनी पेरिस यात्रा के क्रम में उनसे मिलते रहे हैं। रामकुमार लिखते हैं :

"सौभाग्यवश 1951, 1955 और 1958 में मुझे पेरिस में उनके चित्र, उनकी बदलती हुई विचारधारा, शैली और मान्यताओं को जानने का अवसर मिला जिसमें उनकी प्रगति का अनुगान लगाने में अधिक कठिनाई नहीं अनुभव हुई। पेरिस जाने के पहले बम्बई में वे जो काम करते रहे और पेरिस जाकर उनकी दिशा ने क्या मोड़ लिये – इसका थोड़ा-सा ज्ञान होने से, उनके आज के चित्रों की गहराई में उतरना आसान हो जाता है। परन्तु यहाँ विस्तार में न जाकर उनके नवीनतम चित्रों की ही चर्चा करूँगा।"[10]

रामकुमार ने 'मकबूल फ़िदा हुसैन' पर डूब कर संस्मरण लिखे हैं। हुसैन के अवधूत व्यक्तित्व, उसकी चित्र-प्रक्रिया एवं जिन्दगी के आत्मसंघर्ष की प्रामाणिक जानकारियाँ इस संस्मरण-नुमा चरितचर्चा में दर्ज़ है। दिसम्बर 1961 के 'यह अंक' में सम्पादक ने लिखा

है : "चित्रकार हुसैन 'कल्पना' के पाठकों के सुपरिचित हैं। उन पर उन्हीं के समानधर्मा और कहानीकार श्री रामकुमार का एक लेख इस अंक में प्रकाशित है, जिससे कि हुसैन के बारे में कई नयी जानकारियाँ प्राप्त होती हैं।"[11] इस आलेख के एक संस्मरण अंश उद्धृत हैं :

"एक सार्वजनिक प्रदर्शनी में भारत सरकार के शिक्षा विभाग के पवेलियन में हुसैन को लगभग 60 फीट लम्बा और 12 फीट चौड़ा एक 'म्यूरल' बनाया जाना था, जिसका विषय था हमारे देश में प्राचीनकाल से लेकर आज तक की शिक्षा प्रगति। उन्होंने मुझसे उनकी सहायता करने के लिए कहा और मैं तुरंत तैयार हो गया। उस काम के लिए हमें एक महीना मिला था परन्तु बीस दिनों तक बीच में लगाये हुए उस 'हार्डबोर्ड' के तख्ते पर उन्होंने एक रेखा तक नहीं खींची, उसके 'रफ स्केच' तक नहीं बनाये। मेरे चिन्तित होने पर वह मुसकरा कर कहते कि अभी जल्दी क्या है? आखिरी सप्ताह में पूरा कर देंगे और छुट्टी पा जाएँगे। फिर एक रात को खाने के बाद वे अकेले ही पवेलियन में आये और लगभग दो घंटों से कम समय में उस काले बोर्ड पर सफेद चाक से सारे चित्र का ढाँचा तैयार कर दिया। ताल-पत्रों के समय से लेकर आज के वैज्ञानिक युग तक की शिक्षा का इतिहास उन्होंने बिम्बों द्वारा अत्यन्त सुन्दर रूप से चित्रित कर दिया। अब केवल रंग भरने बाकी थे जो उनके दिमाग में थे। अगले दिन सुबह उसे देखकर मेरे आश्चर्य की सीमा नहीं रही। इसी प्रकार उनके प्रसिद्ध विशाल चित्र 'जमीन' (जिस पर उन्हें राष्ट्रीय प्रदर्शनी में प्रथम पुरस्कार मिला और जो आजकल दिल्ली के 'नवकला संग्रहालय' में है), 'आवाजें' और 'आदमी' (जिसे जापान की अन्तर्राष्ट्रीय प्रदर्शनी में विशेष ख्याति मिली) आदि का जन्म हुआ, जिनका आधुनिक भारतीय चित्रकला में अपना विशेष स्थान है।"[12]

इस तरह रामकुमार ने 'कल्पना' के पाठकों के सामने हुसैन की चित्र रचना-प्रक्रिया का उद्घाटन किया। मकबूल फ़िदा हुसैन पर इस तरह की रचना आज भी दुर्लभ है। रामकुमार को केवल चित्रकार के रूप में ही नहीं बल्कि चित्रकारों के संस्मरण लेखक के रूप में भी याद किया जाएगा।

समकालीन हिन्दी जगत् की पत्रिकाओं की कला-रुचि की समीक्षा, बिना किसी लाग-लपेट के 'कल्पना' में प्रकाशित होती रही। सितम्बर 1960 में 'साहित्यधारा' के बदले हुए स्तम्भकार 'चतुरानन' लिखते हैं :

"छपाई, सफाई और कलात्मकता की ओर इधर हिन्दी पत्रिकाएँ कुछ सचेष्ट हैं। जहाँ 'कल्पना', 'कृति', 'विनोद', 'आजकल', 'कहानी', 'नयी कहानियाँ', 'ज्ञानोदय', 'वासन्ती' नवप्रकाशित 'निष्ठा', 'नवनीत' और 'लहर' को उदाहरण स्वरूप प्रस्तुत किया जा सकता है। वहीं कला शून्यता के लिए 'त्रिपथगा' को, गंदगी के लिए 'दक्षिणभारती' को पेश किया जा सकता है। 'कल्पना', 'कहानी', 'कृति' और 'नवनीत' के कवर कलात्मक हैं। 'कृति' ने पिकासो के चार चित्र छापे हैं, काश ब्लॉक और कागज दोनों अच्छे होते। कहानी के कवर पर मीरो का रंगीन चित्र छपा है, जो छपाई की दृष्टि से भी अच्छा है। 'आजकल' के कवर पर भी चित्र छपा है। गुलाब के फूलों के रंगीन फोटो की बन्स्वित किसी चित्रकार की कलाकृति को छापते तो बेहतर होता। 'विनोद' और 'नयी कहानियाँ' के कवर रंगीन छपे हैं, पर उसमें सुरुचि की अपेक्षा बिक्री का ज्यादा ख्याल रखा गया है।

मेरा यह मतलब नहीं कि बिक्री का ख्याल न रखा जाय, बल्कि मतलब यह है कि सिर्फ बिक्री का ही ख्याल न रखा जाए। 'ज्ञानोदय', 'वासन्ती' और 'लहर' के कवर को भोंडे की संज्ञा देना उपयुक्त होगा। इनमें बिक्री का भी ख्याल नहीं रखा गया है गुनाहे बेलज़्ज़त हो गया है।''[13]

छठे दशक में सक्रिय लघुपत्रिकाओं के चित्रों की इतनी बारीक समीक्षा अन्य किसी पत्रिका में उपलब्ध नहीं होती है। समीक्षा का स्वर अवश्य कहीं-कहीं पैना हो गया है लेकिन 'कल्पना' की इस टिप्पणी के पीछे सुधार की सदिच्छा शामिल है, सम्पादकों को सुनाने का पाखंड नहीं। वह फैशन या फॉर्मूले की रौ में आकर किसी पत्रिका के मुखपृष्ठ को बीभत्स या कलाशून्य नहीं घोषित कर देती है। किसी पत्रिका का मुखपृष्ठ यदि स्तरीय होता है तो उसकी खुल कर प्रशंसा भी होती है। नीचे 'धर्मयुग' के प्रसंग में 'चतुरानन' की टिप्पणी पठनीय है। अक्टूबर 1960 में 'चतुरानन' लिखते हैं :

'' 'धर्मयुग' के चित्रों के स्तर में पहले की अपेक्षा काफी सन्तोषजनक उन्नति हुई है, परन्तु अभी भी कुछ ऐसे चित्र छप जाते हैं जैसे 18 सितम्बर के अंक का मुखपृष्ठ बीभत्स है और 11 सितम्बर के मुखपृष्ठ पर तलवलकर के चित्र में सस्ते ढंग से नितम्बों को उभार कर रख दिया गया है। 18 सितम्बर के अंक में सतीश गुजराल और 25 सितम्बर के अंक में बी. प्रभा के चित्र तो अच्छे हैं पर छपाई बुरी है। जब 'इलेस्ट्रेटेड वीकली' में छपाई अच्छी हो सकती है तो 'धर्मयुग' में क्यों नहीं?''[14]

छद्मनामी 'चतुरानन' को किसी चित्रकृति के विरूपीकरण से भी ठेस पहुँचती है। अक्टूबर 60 के 'कहानी' के मुखपृष्ठ पर छपी चित्रकृति के लिए लिखा गया प्रतिक्रिया अंश द्रष्टव्य है: ''कहानी ने अपने मुखपृष्ठ पर इस बार विश्व के श्रेष्ठ और महान चित्रकार जार्ज ब्राक के एक चित्र की अनुकृति प्रस्तुत की है। कवर की कहानी बतलाते हुए लिखा है, ''पक्षी की गतिशीलता स्पष्ट रूप से लक्षित होती है। पूरे चित्र में गतिशीलता और सम्पूर्ण शांति का एक अविश्वसनीय सामंजस्य है जो उसे एकदम अभूतपूर्व सौन्दर्य प्रदान करता है।'' सहमत, पर क्या मूल चित्र में भी पक्षी के एक पंख में 'कहानी' को घुसेड़ दिया गया था? 'कहानी' के सम्पादक स्वयं चित्रकार भी हैं : इसलिए वे जानते होंगे कि किसी चित्र के साथ ऐसी हरकत को चित्र के साथ बलात्कार ही कहा जाएगा।''[15] यानी मूल चित्रकृति के साथ किसी तरह की छेड़छाड़ को 'कल्पना' गम्भीरता से लेती है। साठोत्तरी दौर तक आते-आते पत्रिकाओं के कला प्रयास ने फैशन का रूप ले लिया। पत्र-पत्रिकाएँ निष्ठा की बजाय व्यवसाय की वस्तु बनने लगी। इन पत्रिकाओं ने ऐसा आभास दिया कि वे कला की समर्थक है। लेकिन ऐसे छद्म कलाभासों की ओट में व्यापारवृत्ति ही प्रधान थी। 'कल्पना' के जुलाई 1961 के, 'साहित्यधारा' में कमलेश ने लिखा :

''आज ललित कला और व्यापारिक कला में सीमा निर्धारित करने में बहुत झगड़ा उठा खड़ा होता है क्योंकि ललित कला के हर नये अभिप्राय हर नयी खोज के फैशन में आते ही उसका व्यापारिक लाभ उठाने की तैयारी शुरू हो जाती है। मुखपृष्ठ के लिए या सज्जा के लिए पत्रिकाएँ चित्रकला का सहारा लेगी ही, इसमें कोई हर्ज भी नहीं है। 'माया' समूह से लेकर 'नयी कहानियाँ' तक के मुखपृष्ठ शुद्ध व्यापारिक कला का सहारा लेते

हैं, यद्यपि व्यापार सदैव नारी चित्र मुद्राओं का ही होने से एकरसता आ जाती है। 'ज्ञानोदय' और 'लहर' जैसे पत्रों के चित्रकार व्यापारिक चित्रकला में आधुनिक कला के सूत्रों का उपयोग कर अपनी रुचि का पता देते हैं। वैसे 'लहर' का कोई निश्चित कलाकार है नहीं अतः यह बात उस पर सदैव लागू नहीं होती। 'नवनीत', 'आधार', 'कल्पना', 'कहानी' जैसे पत्र मुखपृष्ठ पर भी ललित कला के पक्षपाती हैं; उदाहरण चाहे प्राचीन कला के हों या आधुनिक, बल्कि अन्तिम दो पत्रिकाओं में तो इधर जैसे कला की पाठशालाएँ चल रही हैं; जो पाठकों में कलारुचि जगाने की दृष्टि से बहुत उपयोगी हैं। 'कल्पना' प्रतिमास एक प्राचीन चित्र मूल रंगों में मुखपृष्ठ पर छापती है; भीतर मर्म समझने के लिए विस्तृत व्याख्या भी देती है; वैसे मई–जून अंक पर रवि ठाकुर का एक चित्र छपा है, शायद शतवार्षिकी को ध्यान रखकर, यद्यपि यह अवसर–बुद्धि पाठ्य सामग्री में नहीं दिखाई पड़ी। 'कहानी' हर मास किसी आधुनिक पाश्चात्य चित्रकार से परिचय कराती है, यद्यपि यहाँ वह क्रम नहीं है।''[16]

1949–50 के आसपास 'कल्पना' ने अपने कला अभियान की शुरुआत की। आरंभिक दौर में कलासाहित्य की रचना की ओर विशेष ध्यान दिया गया। 58–59 के आसपास कला-साहित्य की सृष्टि से अधिक चित्रकृति से ही सीधे परिचय कराया जाने लगा। शुरू में मुखपृष्ठ पर कोई चित्र या स्केच नहीं होते थे। 'कल्पना' का मुखपृष्ठ एक ही ढंग का होता था। लेकिन भीतर विविध चित्रकारों के आधुनिक चित्र मूल रंगों में छपते रहे। आगे चलकर 1960–61 से मुखपृष्ठ पर ही प्रतिमास मूल रंगों के साथ चित्र चिपकाये जाने लगे। लेकिन सन् 1963 में अलग से चित्र चिपकाने का सिलसिला बन्द कर दिया गया और मुखपृष्ठ पर ही चित्र छपने लगा।

उद्धृत स्थलों से पता चलता है कि 'कल्पना' ने हिन्दी पाठकों की कलारुचि का परिष्कार ही नहीं किया, बल्कि समकालीन पत्रिकाओं के संचालकों को भी ललित कला की परिष्कृत अभिरुचि में भागीदार बनाया। 'कल्पना' ने प्रयत्नपूर्वक जिस कला–संसार का आविष्कार किया, उससे हिन्दी लेखकों–पाठकों में गुणात्मक बदलाव आये। इसीलिए साठोत्तर दशक में साहित्यिक लघु पत्रिकाओं ने ही नहीं व्यावसायिक पत्र–पत्रिकाओं ने भी ललित कला का आग्रहपूर्वक प्रकाशन किया। धर्मवीर भारती ने 'धर्मयुग' में उत्कृष्ट एवं लब्धप्रतिष्ठित चित्रकारों की सामग्री को पाठकों के विशाल समुदाय तक पहुँचाया। बंगाल स्कूल एवं शांति निकेतन स्कूल के चित्रकारों पर अधिकारी विद्वानों से आलेख लिखवाये। लेकिन धर्मवीर भारती की यह कलारुचि आकस्मिक नहीं थी। भारती कल्पना–मंडल के उदयमान आरंभिक लेखकों में थे। 'कल्पना' ने अवश्य ही भारती के कलारुचि को संस्कारित किया था। जनवरी 1954 की 'सांस्कृतिक टिप्पणियाँ' स्तम्भ का यह पुरोवाक् इसका प्रमाण है :

''आगामी अंक से 'कल्पना' के 'सांस्कृतिक टिप्पणियाँ' स्तम्भ का सम्पादन श्री सच्चिदानन्द हीरानन्द वात्स्यायन करेंगे। इसके अन्तर्गत दिल्ली, लखनऊ, इलाहाबाद, बम्बई, कलकत्ता, मद्रास, पटना और नागपुर आदि नगरों की सांस्कृतिक गतिविधियों पर टिप्पणियाँ दी जाएँगी। सर्वश्री 'अज्ञेय', धर्मवीर भारती, प्रभाकर माचवे आदि टिप्पणियों के लेखक होंगे।''[17]

लघु एवं व्यावसायिक पत्रिकाओं के कला–अभियान के लिए 'कल्पना' ने सचमुच ही पाठशाला का कार्य किया था। नये लेखकों की प्रतिभा को पहचान कर उसे अधिकाधिक कला लेखन के लिए प्रोत्साहित किया। इसलिए धर्मवीर भारती सरीखे सम्पादकों ने आगे चल कर 'कल्पना' के कलाभियान को विस्तार दिया। 'कल्पना' ने साहित्य से ललित कला को अंतरावलम्बित करके हिन्दी की साहित्यिक पत्रकारिता को नयी दिशा दी। इसका श्रेय 'कल्पना' को मिलना ही चाहिए।

'कल्पना' के आरंभिक दस वर्षों में कला सम्बन्धी मौलिक लेखों के प्रकाशन खूब होते रहे हैं। ख्याति–प्राप्त चित्रकारों के मूल लेखों के हिन्दी अनुवाद भी मिलते हैं। इस प्रयास को कला की व्याख्या की दृष्टि से समझना चाहिए। 'कल्पना' के सम्पादक केवल चाक्षुष दायित्व तक अपने को बाँधे नहीं रखते हैं। मनोभूमि के स्थायी निर्माण के लिए तर्क भी गढ़ते हैं। संक्षेप में कहें तो चित्र का चाक्षुष – प्रस्तुतीकरण प्रयोगिक पक्ष है और ललित कला से संबंधित आलेख उसकी सैद्धान्तिक पृष्ठभूमि है। दोनों को अलगा कर नहीं देखा जा सकता है।

'कल्पना' के तीसरे चौथे वर्ष के अंकों में विनोदबिहारी मुखर्जी ने 'कलाप्रसंग' स्तम्भ के अन्तर्गत पूरे बारह आलेख लिखे हैं। इन आलेखों में कला की सूक्ष्म सैद्धान्तिक छानबीन की गयी है। आलेख मूल बँगला से अनूदित हैं। विनोदबिहारी मुखर्जी शांति निकेतन के कला भवन में प्राध्यापक थे। छात्रों पर इनका प्रभाव और शांतिनिकेतन शैली के गठन में इनका योगदान नंदलाल वसु के बाद सबसे अधिक रहा है। ग्राफ़िक कला के क्षेत्र में कला भवन की महत्त्वपूर्ण देन थी–'एचिंग' और 'वुडकट'। भारत में सर्वप्रथम यहीं पर इस माध्यम के प्रयोग हुए। विनोदबिहारी मुखर्जी इस विधा के सफल प्रयोक्ता थे। मई 1953 में कलाकार 'विनोदबिहारी मुखोपाध्याय' पर लिखते हुए दिनकर कौशिक ने लिखा– '' 'विनोदबिहारी मुखोपाध्याय' ने कला सम्बन्धी विभिन्न प्रवृत्तियों के तत्वों का संगठन किया।'' मुखर्जी ने जापानी, चीनी, ईरानी, जैन, राजपूत और भारत की अन्य लोककला शैलियों के साथ यूरोप के मातीस, सेजाँ, गोगाँ, वानगॉग आदि चित्रकारों के प्रभावों को पचाकर सर्वथा अभिनव रूपाकृति का सृजन किया। 'कल्पना' ने आरंभिक सौ अंकों में से नौ अंकों में विनोदबिहारी मुखर्जी के चित्रों को छापा है।

दिनकर कौशिक शांतिनिकेतन शैली या नन्दलाल बोस की परम्परा को स्वस्थ रूप से अंकित करने वाले चित्रकार हैं। इन्होंने 'कल्पना' में 'सांस्कृतिक टिप्पणियाँ' के अन्तर्गत समकालीन देशी एवं विदेशी चित्रकारों की चर्चा की है। एक ओर ये हेब्बार, हुसैन, सतीश गुजराल, बेन्द्रे, नन्दलाल बोस की चित्रकृति की समीक्षा करते दिखायी देते हैं तो दूसरी ओर युगोस्लाव चित्रकार श्री स्लाट की 'प्रीचा' पर भी विचार करते दिखायी देते हैं। ये स्वयं भी उत्कृष्ट कोटि के चित्रकार हैं। कौशिक के पेंटिंग्स, वुडकट लगातार 'कल्पना' में छपते रहे हैं।

जैसा कि पहले देख चुके हैं, रामकुमार आधुनिक कला–प्रवृत्तियों पर नियमित लिखने वाले लेखकों में हैं। इन्होंने अपनी स्वयं की चित्र–प्रक्रिया का उद्‌घाटन भी एक आलेख में किया है। 'कल्पना' ने जिस तरह से कवियों की सवक्तव्य कविताएँ छापी हैं उसी तर्ज पर

चित्रकारों को भी चित्र-प्रक्रिया पर लिखने के लिए कहा है। 'स्केचों की भूमिका' के बारे में रामकुमार लिखते हैं :

"वियना से सात मील की दूरी पर काहलेनवर्ग पहाड़ी पर बैठकर जब वियना नगरी के बिखरे सौन्दर्य को देखा या पतझड़ की एक सुबह पेरिस के काफे में बैठा या मेन के तट पर पेड़ों की टूटती पत्तियों को मेन में डूबते देखा तो कवि न होने के कारण मुझे स्केच बना कर अपनी भावनाओं को प्रकट करने का अवसर मिला। ऐसे मौकों पर जब विचार बहुत तेजी से दौड़ते हैं, तो 'एब्सट्रेक्ट' स्केचों में ही मैं उन्हें बाँध पाता हूँ। दूसरे अवसरों पर कुछ मकानों की टेढ़ी-सीधी रेखाओं को देखता हूँ या 'ल्यूमानिते' दफ्तर की सातवीं मंजिल पर बने टेरेस से पेरिस के मकानों की छतें और चिमनियाँ दिखाई देती हैं, देन्यूब के पार बुदा शहर की पुरानी सड़कों पर बने बमों से आधे गिरे मकानों के बीच एक स्ट्रीट लैंप दिखाई देता है तो फिर यथार्थवादी स्केच बनाता हूँ। ये स्केच सुन्दर क्षणों एवं सुन्दर दृश्यों के प्रतीक हैं जिनमें मैंने एक क्षण को, एक मूड को, एक दृश्य को पकड़ने का प्रयास किया है। जब डायरी के खाली पन्ने पर इतना ढेर-सा मसाला होने के बावजूद भी कलम नहीं चलती तो शब्दों के बदले रेखाएँ मेरी सहायता के लिए आती हैं। चार साल बाद जब शाम के वक्त पेरिस पहुँचा तो कितने ही विचार मेरे मन में आये और रात को जब फुरसत से बैठा तो केवल कुछ एब्स्ट्रेक्ट स्केच ही बना पाया।

यही इन स्केचों (इस अंक में प्रकाशित) की भूमिका है। यदि यह कहूँ कि ये केवल मेरे 'नोट्स' हैं, जिन्हें पूर्ण रूप से मैं भी नहीं समझ सकता—क्योंकि ये एक विशेष समय एवं स्थान की परछाई हैं—तो पाठक बुरा न मानेंगे।[18]

मार्च 1956 में उपर्युक्त भूमिका के साथ स्केच भी छपे हैं। कहना न होगा कि 'कल्पना' ने हिन्दी पाठकों को चित्र मर्मज्ञ बना डाला। चित्रकार अजनबी गोपनीय दुनिया के प्राणी नहीं रह गये। उसने लेखकों की तरह ही अपनी चित्ररचना की प्रक्रिया का उद्‌घाटन किया। पाठकों-लेखकों-चित्रकारों के बीच संवाद प्रक्रिया 'कल्पना' की विलक्षण देन है।

एस्पर ने भी कला-समीक्षा का कार्य 'कल्पना' में किया है। लंदन के 'द स्टार' के व्यंग्य चित्रकार एफ. जॉस पचास के दशक में भारत आये थे। व्यंग्य चित्र की भारतीय संभावना के सन्दर्भ में 'एफ-जॉस' की चरित-चर्चा एक अच्छी रचना है। अगस्त 1954 में लिखित इस चरित्रचर्चा में एस्पर लिखते हैं :

"जिन लोगों ने भारत में विदेशी शासन का उपहास करने के लिए व्यंग्यात्मक चित्र बनाने शुरू किये थे वे आज उन लोगों के भी उपहास कर रहे हैं, जिन्होंने विदेशियों से सत्ता हस्तगत की है। राजनीतिक व्यंग्य चित्र, एक तीखी टीका होता है, जो परिस्थितियों की असंगति को एक बारगी प्रकाशित कर देता है। विनोदी व्यंग्यचित्र साहित्य की सीमा के क्षेत्र में आएगा और वह चेतना को तीव्र बनाता है। स्केच प्रतिक्षण परिवर्तनशील दृश्यावली के सम्बन्ध में कलाकार की अनुभूति होता है। यह वर्णानात्मक और अनुभूतिमूलक दोनों होता है। 'शंकर' जिनकी गिनती हमारे सबसे बड़े व्यंग्य चित्रकारों में होती है। राजनीति के झाड़ झंखाड़ में फँस गये हैं, और उनकी व्यंग्य चित्रण की कला महज एक राजनीतिक आरा बन कर रह गयी है।"[19]

एफ. जॉस के बहाने समकालीन भारतीय व्यंग्यचित्र की छानबीन 'एस्पर' के उपर्युक्त आलेख की केन्द्रीय चिन्ता है। एस्पर ने खूब डूब कर कला टिप्पणियाँ लिखी हैं। समकालीन कला जगत पर उनकी टिप्पणियाँ उस समय के युवा संघर्षशील चित्रकारों की मनोदशा एवं स्तरीयता का दस्तावेज है। एस्पर की सधी दृष्टि कितनी खरी थी इसका नमूना फरवरी 1953 की टिप्पणी में उपलब्ध है :

"पलसीकर का 'रंग' और चिंचालकर का 'पनघट पर' सूखे जंगल में दीप्त जुगनुओं की झलक देते हैं। उनको देख कर आश्वासन मिला कि अभी बहुत कुछ बच गया है।"[20]

जनवरी 1955 में वे 'आरा के चित्र' पर लिखते हैं : "वास्तव में आरा ने यह सब तो कर दिखाया है किन्तु एक आलोचक की दृष्टि से देखने पर उनके कैनवास पर कुछ भिन्न कथा कहते प्रतीत होते हैं। उनके फूल केवल फूल ही हैं और फूल ही रहेंगे। अभी वह गंध की अनुभूति की सीमा तक नहीं पहुँच सके हैं, यहाँ तक की उसकी 'कल्पना' से भी दूर है। आरा के चित्रों की सुन्दरता उनकी सजावट है। यदि कला का अर्थ केवल नेत्रसुख ही है तो यह कहा जा सकता है कि इससे पूर्व आरा की कला इतनी सुन्दर नहीं थी जितनी कि इस बार प्रदर्शित चित्रों में है।

आज के जगत में फूलों की सुन्दरता रंगीन फिल्मों द्वारा प्राप्त की जा सकती है। भिन्न रंगों के तथा अनेक प्रकार से विकसित पुष्पों को यंत्रों द्वारा चित्रित किया जा सकता है। कलाकार इससे आगे बढ़ता है, उसके भावों को पाने के लिए, उससे निकलती हुई कविता के लिए। यहाँ हम आरा को एक कलाकार से अधिक चित्रकार ही पाते हैं।"[21]

उद्धृत अंशों से साफ है कि मात्र औपचारिकता पूर्ति के तहत एस्पर ने कला-समीक्षा नहीं की। उनकी कला समीक्षा को याद करते हुए प्रयाग शुक्ल ने मई 1964 की 'कल्पना' में लिखा :

"कई वर्ष पहले एस्पर 'कल्पना' के कला समीक्षकों में से एक थे। एस्पर ने तब आधुनिक चित्रकला की न केवल व्याख्या की, बल्कि उसके मूल्यांकन के मानदंड भी बनाये। तभी एस्पर ने चित्रों का संग्रह शुरू किया था। इस तरह 'कल्पना' का यह अनुभव करना स्वाभाविक है कि उसने 'एस्पर गैलरी' की स्थापना को काफी हद तक प्रभावित किया है।[22]

समकालीन कलाओं पर प्रयाग शुक्ल ने निरन्तर लेखनी चलायी है और आज भी चला रहे हैं। ये 'कल्पना' के सम्पादक मंडल में भी रहे हैं। ऐसे में 'एस्पर गैलरी' की स्थापना पर यह टिप्पणी महत्त्वपूर्ण है कि 'कल्पना' ने इस गैलरी की स्थापना की पीठिका निर्मित की।

एस्पर अंग्रेजी में कला-समीक्षा लिखते थे। लेकिन 'कल्पना' के सम्पादकों ने सम्भवतः उनसे अंग्रेजी में प्राप्त सामग्री का अनुवाद कराया होगा। ऐसे में स्वाभाविक है कि हिन्दी में उपलब्ध कला समीक्षकों का भरपूर उपयोग पहले किया जाय। रायकृष्णदास हिन्दी में लिखने वाले मर्मज्ञ कला समीक्षक थे। वे पहली पीढ़ी के लेखकों से गहरे जुड़े रहे थे। 'कलानिधि' मासिक के यशस्वी सम्पादक थे। जनवरी 1954 में रायकृष्णदास ने 'सांस्कृतिक टिप्पणियाँ' स्तम्भ में लिखा :

"मुझे यह देखकर बड़ा परिताप होता है कि हम संग्रहालय आन्दोलन में सरकार के मुखापेक्षी हैं। हम अपना भार स्वयं उठाएँ। स्वतंत्रता प्राप्ति की आनुषंगिक जो समस्याएँ आज राष्ट्र के सामने हैं। उनका हल अपने राजनीतिज्ञों पर छोड़, आइए, अपना दायित्व हम स्वयं पूरा करें। जब तक एक आन्दोलन के रूप में हम अपना कार्य संचालन न करेंगे, कुछ भी न कर पाएँगे। संसार के सभी कार्य आन्दोलन मनोवृत्ति से सम्पन्न होते हैं।"[23]

कला-संस्कृति की आत्मनिर्भर दुनिया के प्रवक्ता के रूप में रायकृष्णदास 'कल्पना' में प्रकट होते हैं। यह हमारी विडम्बना ही रही है कि स्वाधीन भारत में कला-संस्कृति भी सरकारी अनुकम्पा की वस्तु बना दी गयी है। आजादी के बाद जिस तरह का सत्ता तंत्र हमने बनाया उसमें सरकार की भूमिका इतनी बड़ी थी कि यह कलाकारों और संस्कृतिकर्मियों का हक माना जाता था कि सरकार संस्कृति पर ज्यादा से ज्यादा ध्यान दे। अब तो कुछ संस्कृतिकर्मी संस्कृति मंत्रालय की भी माँग करने लगे हैं। लेकिन इसमें एक बात तो साफ दिखती है कि हमारे यहाँ के बहुत से लेखक-कलाकार संस्कृति की समस्याओं को उनकी पूरी जटिलता में नहीं पकड़ना चाहते। उनके विचार में समस्याएँ बुनियादी तौर पर धन, साधन, सुविधाओं और संगठनों की है उनके लिए कला रूप तो स्थिर है, उनके प्रदर्शन के लिए साधन और संगठन कहाँ से आएँ और ज्यादा से ज्यादा कैसे आएँ यही समस्या है। यानी वे संस्कृति और उसके समाजशास्त्र और अर्थशास्त्र के गतिशील और बहुआयामी रूप को बहुत सरल और एकतरफा बनाकर देख रहे हैं। संस्कृति का यह मॉडल हम आजादी के बाद से ही चलाते आ रहे हैं। इसका नतीजा है कि नागरीप्रचारिणी सभा; हिन्दी साहित्य सम्मेलन, बिहार राष्ट्रभाषा परिषद् से लेकर भारत भवन और ऐसी तमाम संस्थाएँ हम बरबाद कर चुके हैं। संगीत, नृत्य और चित्रकला की अकादमियाँ तो इस जाल में बुरी तरह फँस गई हैं। लोग तो यह समझते हैं कि सवाल सिर्फ संरक्षण और पैसे का है। सरकारी क्षेत्र और निजी क्षेत्र से इन क्षेत्रों में बहुत-सा पैसा बहाया गया है और इन कलाओं में एक तरह से उद्योग-सा खुल गया है। लेकिन अब हमें ठहर कर सोचना चाहिए क्या ये विधाएँ इस संरक्षण की बदौलत और बुरी स्थिति में नहीं पहुँच गयी हैं। सवाल सिर्फ पैसों का नहीं मिशनरी भावना का है। रायकृष्णदास जैसे योजनाकांक्षी व्यक्ति ने विस्तार से स्वाधीन भारत में कलाप्रसार की योजनाएँ प्रस्तुत की हैं। 'कल्पना' की टिप्पणियों में उनके सुझाव दर्ज हैं। उनकी यह टेक आज भी प्रासंगिक है कि—"हम अपना भार स्वयं उठाएँ।"

आज हुसैन बतौर चित्रकार पूरे भारत में मान्य हैं। लेकिन उन्होंने कभी हिन्दी गद्य का सृजन भी किया होगा इस बात का अनुमान हम लगा ही नहीं पाते। लेकिन चित्रकार मकबूल फिदा हुसैन की टिप्पणी 'कल्पना' में उपलब्ध होती है। 'सांस्कृतिक टिप्पणियाँ' के अन्तर्गत वे जनवरी 1954 में लिखते हैं :

"मुझे लिखने की आदत नहीं है। मैं अपने विचारों और अनुभवों को एक अलग माध्यम से पेश करने का आदी हूँ। मुझे चीजों को देखने की धुन रही है और फिर देखे हुए को चित्रित करने की। मैं आज अपने हाल के यूरोपीय दौरे के एक रेखा-चित्र जैसी कोई चीज पेश करूँगा। अलबत्ता यह रेखा चित्र भी कोई सम्पूर्ण चित्र नहीं है, क्योंकि देखने वाले की सीमाएँ तो थी हीं। पेरिस में मेरा पहला हफ्ता कुतूहल आश्चर्य और आवेग में बीता। इस हफ्ते भर

जैसे मेरी आँखें रात–दिन खुली रहीं। मुझे ऐसा जान पड़ता था कि यहाँ का हर आदमी, हर औरत, हर बच्चा एक कलाकार है। जिस तरह हमारे यहाँ दूध बेचने वाले भी उत्साह से राजनीति की बहस करते हुए पाए जाते हैं, उसी तरह पेरिस के औसत आदमी कला की चर्चा करते हुए पाये जाते हैं।''[24]

फिर अपनी सहज शैली में हुसैन ने पॉल क्ली एवं पिकासो से अपनी अन्तरंगता की चर्चा की है। पिकासो के 'बकरी' शीर्षक चित्र की सूक्ष्मताएँ भी बतलायी हैं। हुसैन का गद्य निश्चित तौर पर 'कल्पना' की एक उपलब्धि है। 'कल्पना' ने हुसैन को आत्मीयता दी थी इसलिए 'कल्पना' के कला–प्रयासों को हुसैन ने भरपूर सहयोग दिया। वे स्वयं भी 'कल्पना' में छपे चित्रों में रुचि लेते थे। जून 1962 में मुखपृष्ठ पर लक्ष्मा गौड़ का बनाया हुआ 'गदहे' का स्केच छपा था। जुलाई–अगस्त 1962 के संयुक्तांक में हुसैन की चिट्‌ठी छपी। लिखा :

'कल्पना' 131 के मुखपृष्ठ पर छपे चित्र के चित्र परिचय में लिखा है कि 'गदहे का स्केच' है। माना कि आधुनिक कला में घोड़े–गदहे का बहुत थोड़ा–सा ही अन्तर होता है लेकिन फिर भी इस स्केच में आकृति की बाँट घोड़े की है। मुँह पर गदहे के भाव हो सकते हैं पर इसमें है नहीं। बहरहाल, यही पूछना है कि यह शीर्षक कलाकार ने दिया है या सम्पादकों ने चिपका दिया है।

–हैदराबाद, अगस्त 10, 62 हुसेन।[25]

'कल्पना' में 'हुसेन' एवं 'हुसैन' दोनों ही छपते रहे हैं। हुसैन के पत्र से ज्ञात होता है कि वे स्वयं के हस्ताक्षर में 'हुसेन' ही लिखते थे। साथ ही चित्र पर भी देवनागरी लिपि में 'हुसेन' ही लिखते थे। लेकिन उनके परिचय आदि में 'ऐ' का ही प्रयोग करके हुसैन लिखा गया है।

साथ ही, ऊपर का पत्र इस बात का प्रमाण है कि समकालीन चित्रकार 'कल्पना' के चित्र प्रयोगों पर चौकस निगाह रखते थे। 'कल्पना' ने अपने मुखपृष्ठों के माध्यम से कला–आन्दोलन चलाया। मुखपृष्ठ का इतना सार्थक इस्तेमाल आज तक किसी पत्रिका ने नहीं किये हैं।

'कल्पना' में मुखपृष्ठ पर छपे कुछ ऐसे ही दुर्लभ चित्रों की चर्चा से अध्याय का समापन प्रासंगिक होगा। जनवरी 1961 में विनोदबिहारी मुखर्जी का जलीय रंग से बनाया हुआ, 'दुकान' शीर्षक चित्र छपा है। हलके रंगों से पूरे वातावरण को चित्रकार ने उपस्थित करने की कोशिश की है। खरीदारी कर रहीं महिलाओं की निगाह सामान तौलने वाली दुकानदारिन पर लगी है। बहुत सादा ग्रामीण परिवेश है। एक बच्ची माँ के साथ खरीदारी करके लौट रही हैं। सभी नंगे पैर हैं, दुकान की बगल में एक कुत्ता खड़ा है। सुदूर बस्ती के पीछे ताड़ के लम्बे–लम्बे पेड़ दिख रहे हैं। चित्र का आंचलिक माहौल सघन रूप से उभारने में मुखर्जी ने सफलता पायी है।

मई–जून 1961 में रवीन्द्रनाथ ठाकुर की बनायी 'नारी' छपी है। यह रवीन्द्रनाथ ठाकुर का एक प्रतिनिधि चित्र है। रंगों और रेखाओं की अल्पता और सहज नारी रूप का अंकन चित्र को महत्त्वपूर्ण बना देता है। लाल साड़ी इस नारी के शरीर पर बड़ी सुन्दर–सी–'तरह' बनाती चली गयी है। ललकौंह साड़ी के बीच उसका चंपा के फूल–सा रंग, लम्बोतरा चेहरा और उठे हाथ चित्र में गति का आभास देते हैं। पृष्ठभूमि में बैंगनी और राख रंग वातावरण

में स्वप्निलता की सृष्टि करता है। यह चित्र इसलिए अवसरोचित है क्योंकि यह माह रवीन्द्रनाथ ठाकुर की शतवार्षिकी का था।

जनवरी 1959 में मकबूल फिदा हुसैन की 'बैलगाड़ी' शीर्षक चित्र छपा है। इस चित्र में लाल और काली रंगतों से गाँव की पृष्ठभूमि का बड़ा सफल संकेत पैदा किया गया है। इसी अंक में मुखपृष्ठ पर फाउन्टेनपेन से 'प्रतीक्षा' रेखाचित्र भी इन्होंने बनाया है। गाँव के रेलवे प्लेटफार्म पर कुछ लोग रेलगाड़ी की प्रतीक्षा में खड़े हैं।

अप्रैल 1959 में 'कल्पना' के कला सम्पादक जगदीश मित्तल का 'शीतकाल' वुडकट छपा है। मुखपृष्ठ पर छपे इस वुडकट में अल्पतम सफेद रंग की योजना से रात और शीतकाल का स्पष्ट परिवेश उपस्थिति किया गया है। पेड़ के नीचे अलाव तापते हुए लोगों का दृश्यांकन मुग्धकारी हैं।

जून 1959 में मुखपृष्ठ पर प्रकाशित चित्र 'देलफी के खँडहर' श्री रामकुमार का दर्शनीय स्केच है। ये स्केच श्री रामकुमार ने अपनी ग्रीस प्रवास के दौरान बनाये थे।

नवम्बर-दिसम्बर संयुक्तांक में भगवान कपूर का 'सौराष्ट्र की बाला' स्केच मुखपृष्ठ पर छपे हैं। यह चित्र देखते ही बनता है। लम्बी काठियाबाड़ी जूती, घुटने से थोड़ा नीचे तक फैला घाघरा, पैरों में हँसुली, बाँहदार कुर्ता, चेहरे को आधा अनावृत्त करती ओढ़नी-चित्रकार के सूझ एवं संयोजन का अच्छा नमूना प्रस्तुत करता है।

'कल्पना' के छठे अंक में अमृता शेरगिल की -'बाजार से आते हुए दक्षिण भारतीय ग्रामीण', 'तीन बहनें', 'शृंगार', 'एक आकृतिचित्र', 'ऊँट', 'हल्दी की पिसाई', 'कहानी वाला बुड्ढा'' आदि कई चित्र एक साथ छपे हैं।

इसी तरह आठवें अंक में असितकुमार हालदार के छह चित्र एक साथ छपे हैं।

'कल्पना' के तैंतीसवें अंक में नन्दलाल वसु के चार स्केच छपे हैं। 'कल्पना' के दूसरे साल के ग्यारहवें अंक में मकबूल फिदा हुसैन के चित्र पहली बार छपे हैं। यानी सन् 50 में। तब से उनका अन्तरंग सम्बन्ध कल्पना-मंडल से रहा है। 'कल्पना' के 300वें अंक यानी मई-जून-जुलाई-1977 से पता चलता है कि वे 'कल्पना' के 10 सम्पादकों में एक हैं। मकबूल फिदा हुसैन के चित्रों के प्रचार-प्रसार में 'कल्पना' ने भरपूर योगदान दिया है। 'कल्पना' के सम्पादक मंडल में उनका प्रवेश सर्वथा स्वाभाविक है। शुरू के सौ अंकों में हुसैन के निम्नांकित शीर्षक चित्र छपे हैं:

ग्यारहवें अंक में-'नन्दी', 'आदमी', 'चित्रकार और उसका परिवार', 'पंखेवाली', 'चन्द्रमा की खोज', 'पच्चीसवें अंक में-'गुडी पड़वा', छब्बीसवें अंक में-'ढोलक', 'चिड़ियावाली', तीसवें अंक में-'औरत' (वुडकट), इक्कीसवें अंक में-'खजुराहो से रेखांकन', नब्बेवें अंक में 'सुनहरी लड़कियाँ' (रंगीन), तिरानबेवें अंक में-'बैलगाड़ी' (रंगीन) तथा 'प्रतीक्षा' स्केच, चौरानबेवें अंक में-'एक स्केच', सौवें अंक में-'ढोलकिया' (रंगीन) एवं 'तुलन' (स्केच) छपे हैं।

'कल्पना' के चित्र विषयक योगदान को याद करते हुए डॉ. नामवर सिंह ने 'समकालीन भारतीय साहित्य' के अक्टूबर-दिसम्बर 1990 के एक साक्षात्कार में कवि-आलोचक विश्वनाथ त्रिपाठी, कथाकार शानी तथा काशीनाथ सिंह से कहा:

''मेरी दृष्टि में 'कल्पना' स्वाधीन भारत की 'सरस्वती' है। एक मुकम्मल पत्रिका। उसमें भाषा, साहित्य, संस्कृति का भी समावेश था। मकबूल फ़िदा हुसेन के अनेक चित्र 'कल्पना' में ही पहले पहल छपे...।''[26]

'कल्पना' ने आजादी के बाद के कला जगत के विकास को हिन्दी के सुदूर अंचलों में पहुँचाया। 'कल्पना' कला के देशज स्वरूप के विकास एवं उसके प्रचार में यकीन रखती थी। इसके शुरू के सौ अंकों को टटोलने पर वैनगॉग का 'सूर्यमुखी' ही एक मात्र विदेशी चित्र मिला।

सन् '67 तक आते-आते 'कल्पना' की रचनात्मक यात्रा उतार की ओर चल पड़ती है। इसका प्रकाशन भी नियमित नहीं रह जाता है। अच्छी सामग्री की कमी पड़ने लगती है। 12 अक्टूबर '67 में राममनोहर लोहिया का शरीरान्त होता है। बदरीविशाल पित्ती समाजवादी पार्टी की टिकट पर विधायक चुने जाते हैं। राजनीति की अतिव्यस्तता में 'कल्पना' की गुणवत्ता की बलि चढ़ जाती है। 'कल्पना' के सृजनात्मक चमक के मद्धिम पड़ने के क्षणों की कहानी पाठकों के कुछ पत्रों में दर्ज हैं। एक ऐसे ही पत्र से गहराते संकट की इस कहानी का पता चलता है। ''बाजार में और स्टेज पर व्यापारिक स्वर ही ठहर पाता है। 'कल्पना' को आप कैसे निबाह पा रहे होंगे-यह मैं अनुभव करता हूँ-कभी-कभी बहुत दुःख भी पाता हूँ, पर मात्र मेरी पीड़ा से तो कुछ नहीं होता। कहीं ऐसा तो नहीं आपकी (सभी की) रुचि 'कल्पना' पर से अब थक गयी हो और बुढ़ा गयी हो? क्यों फिर ऐसा होता है-श्री जगदीश मित्तल क्या आवरण या अन्य साज सज्जा के विषय में कुछ नहीं सोचते। ऐसी भी सादगी क्या कि जिससे वैधव्य की आशंका होने लग जाए।-21.10.67 'राम' जैसवाल, अजमेर।''

यह पत्र 'कल्पना' के अन्त की शुरुआत का एक विश्वसनीय प्रमाण है। सन् '67 तक आते-आते नेहरू काल के नवरोमान का ज्वार उतार पर है। यह सच था कि 'कल्पना' कभी अच्छी निकला करती थी। 'कल्पना' का कला अभियान अब एक किस्सा है। यह दुर्लभ कीर्तिमान 'कल्पना' के साथ ही दर्ज है कि आधुनिक काल के तीन बड़े चित्रकारों का सम्बन्ध इसके सम्पादक-मंडल से रहा। ये तीनों चित्रकार हैं: जगदीश मित्तल, सईद बिन मोहम्मद और मकबूल फ़िदा हुसैन।

सन्दर्भ सूची

1. साक्षात्कार — अक्टूबर 1981, पृ.-42.
2. कल्पना — दिसम्बर 1953, पृ.-1054.
3. कल्पना — मार्च 1960, पृ. 44.
4. कल्पना — मार्च 1960, पृ.-44.
5. कल्पना — अगस्त 1953, पृ.-45.
6. कल्पना — मई 1953, पृ.-45.
7. कल्पना — मई 1953, पृ.-446.
8. कल्पना — जून 1960, पृ.-96.
9. कल्पना — जुलाई 1960, पृ.-91.

10. कल्पना — जून 1959, पृ.–15.
11. कल्पना — दिसम्बर 1961, पृ.–122.
12. कल्पना — दिसम्बर 1961, पृ.–60–61.
13. कल्पना — सितम्बर 1960, पृ.–88.
14. कल्पना — अक्टूबर 1960, पृ.–101.
15. कल्पना — अक्टूबर 1960, पृ.–101.
16. कल्पना — जुलाई 1961, पृ.–99–100.
17. कल्पना — जनवरी 1954, पृ.–103.
18. कल्पना — मार्च 1956, पृ.–32.
19. कल्पना — अगस्त 1954, पृ.–44.
20. कल्पना — फरवरी 1953, पृ.–187.
21. कल्पना — जनवरी 1955, पृ.–80.
22. कल्पना — मई 1964, पृ.–82.
23. कल्पना — जनवरी 1954, पृ.–103.
24. कल्पना — जनवरी 1954, पृ.–107.
25. कल्पना — जुलाई–अगस्त 1962, पृ.–10.
26. समकालीन साहित्य — अक्टूबर–दिसम्बर पृ.–90

समकालीन साहित्य के मूल्यांकन की समस्या और उर्वशी विवाद

हिन्दी आलोचना की अराजकता ने 'कल्पना' को समकालीन साहित्य के मूल्यांकन की ओर प्रेरित किया। दूसरे शब्दों में कहें तो 'कल्पना' ने प्रचलित साहित्यिक प्रतिमानों को परिभाषित करने की चेष्टा की। 'कल्पना' नवलेखन की पत्रिका थी। इसलिए समकालीनता के प्रति उसकी जागरूकता एवं आग्रह सहज ही समझी जा सकती है। व्यावहारिक प्रतिमान की यह खोज 'कल्पना' कालीन प्रबुद्ध हिन्दी सर्जकों की भी चिन्ता का विषय है। कृति के समुचित मूल्यांकन के लिए अनुरूप प्रतिमान के आविष्कार की चिन्ता किस तरह समकालीनों में व्याप्त थी इसके लिए दो प्रतिनिधि कृतिकारों के विचारों से गुजरना अप्रासंगिक नहीं होगा। अज्ञेय ने फरवरी 1951 में 'प्रतीक' में एक लम्बा सम्पादकीय लिखा था। सम्पादकीय की प्रमुख चिन्ता का विषय आजादी के बाद के परिवेश में मानदंड की खोज का है। हालाँकि आलेख में शीतयुद्ध की छाया एवं मुहावरे के प्रयोग हैं, लेकिन उसे हटा कर देखा जाय तो मूल चिन्ता मानदंड की ही है।

"जो लोग पूँजी के शासन से बचने के लिए यथेष्ट सतर्क थे, आलोचना की मर्यादाओं की उन्होंने कम उपेक्षा नहीं की। बल्कि शायद उन्होंने उसकी मट्टी को अधिक पलीदा, क्योंकि उन्होंने समीक्षा को राजनीति का साधन बनाया, और उस राजनीति का जिसमें शाश्वत की खिल्ली उड़ाकर तात्कालिक सुविधा को ही शाश्वत सिद्धान्त बना डाला गया था। शाश्वत कुछ नहीं, आलोचना के सिद्धान्त समाज को प्रतिबिम्बित करते हैं और इसलिए समाज के साथ बदलते हैं, इस प्रतिपाद्य से आरम्भ करके समीक्षा को विशुद्ध अवसरवादिता के हाथों बेच दिया गया। साहित्य के मान—कोई भी मान, नैतिक मान भी—समाज के देशकाल के, समकालीन सांस्कृतिक विकास के प्रतिबिम्ब हैं, और क्योंकि विकास एक अवस्थिति नहीं, एक अनवरत गतियुक्त क्रिया है, इसलिए ये मान भी बदलते हैं, उनपर आधारित हमारे निष्कर्ष और निर्णय भी कालान्तर के साथ संशोधनीय हो जाते हैं। यह कहना एक बात है। लेकिन रोज–रोज के संधि विग्रहों से देशकाल, समाज, संस्कृति उसी के अनुरूप नहीं बदल जाते, असल में समस्या यही है—कि हमारे पास किसी चीज को मापने के लिए मापदंड नहीं हैं। पुराने माप तो कुछ पुराने थे ही, घिस–घिसा गए थे और नए शोध माँगते थे, कुछ को हमने अवज्ञा और कुशिक्षा और शक्ति लालसा और परमुखापेक्षिता और दासवृत्ति के कारण स्वयं ही नष्ट कर दिया। यह बात केवल साहित्य पर ही नहीं, हमारे सारे सांस्कृतिक जीवन पर

लगती है। हमारे पास कोई नीति नहीं है, क्योंकि नीति के कोई खास आधार नहीं हैं। प्रत्युत्पन्नमतित्व को हमने नैतिक क्षेत्र में ला बिठाया, बिठाया ही नहीं, सिंहासन भी दिया और अब वह चरमसीमा पर पहुँचकर हमें अवसर नीति से चला आ रहा है और हम हक्के-बक्के देख रहे हैं कि यह क्या हुआ?"[1]

यानी आजादी के बाद के स्तब्ध माहौल में 'मान' की चिन्ता सर्वप्रमुख हो उठी थी। सत्ता ने जिस अवसरोचित राजनीति से वैचारिक गतिरोध की पृष्ठभूमि तैयार की थी, उसने सतर्क बुद्धिजीवियों को चिंतित कर दिया था। अज्ञेय की प्राथमिक चिन्ता 'मान' की है। मानदंड के बजाय प्रत्युत्पन्नमति से हम समकालीनता को समझने की कोशिश कर रहे थे। इस शोचनीय स्थिति से उबरने की कोशिश अज्ञेय ही नहीं बल्कि नवलेखन की पीढ़ी का एक और आलोचक भी कर रहा था। अज्ञेय की तुलना में इस नयी पीढ़ी के आलोचक का स्वर अधिक साफ एवं संयत है। शीतयुद्ध के मुहावरे की छाप भी अज्ञेय की तरह नहीं है। सन् 1961 में लिखित डॉ. नामवर सिंह के आलेख 'इतिहास और आलोचना' की केन्द्रीय चिन्ता भी प्रतिमान की खोज है। आलोचनात्मक अराजकता की सतर्क पहचान एवं समुचित मानदंड की खोज नहीं हो पाने के कारणों की इस आलेख में सूक्ष्मता से चर्चा की गयी है। अज्ञेय के सम्पादकीय आलेख में समस्या की पहचान तो है कि हमारे पास वस्तुनिष्ठ, निष्पक्ष एवं सर्वसम्मत मानदंड नहीं है लेकिन नामवर सिंह अज्ञेय से आगे बढ़ कर यह भी खोजने का प्रयास करते हैं कि यह 'प्रतिमान' क्यों नहीं है? कृति की परख की राह में कौन-सी बाधाएँ हैं। समकालीन सृजन के मूल्यांकन की चुनौतियों की वे इस प्रकार व्याख्या करते हैं :

"हिन्दी आलोचना की आराजकता यही है कि उसने इस जीवन्त समसामयिक बोध को परिभाषित या संगठित करने का प्रयत्न नहीं किया—यहाँ तक कि इस तथ्य की वास्तविकता की ओर भी अधिकांश आलोचकों की दृष्टि नहीं गयी। यह समसामयिक साहित्य से ही नहीं, बल्कि जीवन से भी विच्छिन्न है।

जहाँ ऐसी विच्छिन्नता घटित होती है, वहाँ आलोचना का प्रतिमान ही नहीं गिरता बल्कि चिन्तन के स्तर में भी गिरावट आती है—आलोचना की भाषा में गिरावट आती है, लफ्फाजी बढ़ती है, गोलमाल भाषा में हवाई बातें कही जाती हैं। उधार के पारिभाषिक शब्दों से कारोबार चलाया जाता है, जिनका सम्बन्ध अपने यहाँ की वास्तविकता से कतई नहीं होता,...। जो हर रचना के मूल्यांकन उस कृति के अनुरूप प्रतिमान से करता है और दूसरी कृति के समय उसे भूल जाता है उसे गंगा गये गंगादास और जमुना गये जमुनादास ही कहा जायेगा।[2]

इस 'इतिहास और आलोचना' शीर्षक आलेख में नामवर सिंह ने विस्तार से अरोचकी गंगादास-जमुनादास आलोचकों की चर्चा की है। डॉ. नामवर सिंह की भी आधारभूत चिन्ता प्रतिमान के खोज की है। अज्ञेय (1951) एवं डॉ. नामवर सिंह (1961) के उद्धृत अंश से स्पष्ट है कि हिन्दी के प्रबुद्ध भावुक समुदाय में प्रतिमान की खोज की आकुलता निरन्तर गहराती चली आ रही थी। अर्थात् अन्दर ही अन्दर जमीन पक रही थी। मनमाने मापदंड से समसामयिकों के साहित्य को मापने की तीव्र प्रतिक्रिया के रूप में उर्वशी विवाद का विस्फोट हुआ। इस विस्फोट से केवल तात्कालिक कारण की खोज करके निश्चिन्त हुआ जा सकता

है लेकिन उर्वशी विवाद ने साहित्यिक मोर्चे पर घमासान का रूप ले लिया। ऊपर के दो कृति साहित्यिकों के मन्तव्य से साफ है कि लावा तैयार हो रहा था। 'कल्पना' में छपी भगवतशरण उपाध्याय की उर्वशी समीक्षा ने ज्वालामुखी का कार्य किया। इसका परिणाम यह हुआ कि सन् तिरसठ-चौसठ का साहित्यिक वायुमंडल गर्म हो उठा। उसकी आँच से शायद ही कोई संवेदनशील साहित्यिक बच पाये। तरह-तरह की राय व्यक्त की गयी। यह नेहरू युग की ढलती हुई शाम थी। नव-स्वाधीन भारत में आशावाद की चमक फीकी पड़ने लगी थी। अनाशा के ऐसे यथार्थवादी क्षणों में प्रतिमान की खोज हमारे आत्मसाक्षात्कार का भी प्रतीक है। उर्वशी पर विवाद ने हमें आलोचना के वस्तुनिष्ठ निकष की उपलब्धि के निकट अवश्य पहुँचाया है।

अब संक्षेप में उस परिप्रेक्ष्य की चर्चा करें। 'कल्पना' के अप्रैल 1963 के अंक में– 'दिनकर' की 'उर्वशी' पर समीक्षा छपी। 'दिनकर' और 'उर्वशी' दोनों में उद्धरण चिह्न लगे हैं। लेखक थे भगवतशरण उपाध्याय। उपाध्याय जी ने समीक्षा-आलेख विवाद खड़ा करने के लिए कदापि नहीं लिखा था। जैसा कि 'कल्पना' के सम्पादक अक्सर संवेदनशील विषयों पर बहस का प्रस्ताव करते थे। इसलिए यह योजनाबद्ध ढंग से विमर्श के लिए लिखा गया समीक्षा-आलेख नहीं था। यह एक अनायास आयोजन था। इसका पता 'कल्पना' के तत्कालीन सम्पादक मुनीन्द्र जी के पचहत्तर वर्ष पूरे होने के उपलक्ष्य में दक्षिण भारत हिन्दी प्रचार सभा, खैरताबाद, हैदराबाद के 'अमृतोत्सव अभिनन्दन ग्रंथ' से चलता है। उर्वशी विवाद सम्पादकीय-संशोधन के रह जाने का नतीजा था। कविता वाचक्नवी द्वारा लिये गये इस साक्षात्कार में मुनीन्द्र जी ने इस भेद को खोला है :

मुनीन्द्र जी : 'दिनकर' जी की 'उर्वशी' उन दिनों निकली ही थी। भगवतशरण उपाध्याय ने उसकी समीक्षा लिखकर प्रकाशनार्थ 'कल्पना' को भेजी। मैंने उसे पढ़ा और टिप्पणी में लिख दिया ''स्वीकार्य–(लेकिन विशेष सम्पादन की आवश्यकता पड़ेगी)'' डॉक्टर साहब ने इस टिप्पणी का कारण पूछा। मैंने उत्तर में बताया कि समीक्षा में केवल पुस्तक के बारे में कहा जाना चाहिए था, न कि लेखक के व्यक्तिगत मुद्दों पर। इस घटना से डॉक्टर साहब बहुत प्रभावित और प्रसन्न हुए। तभी से मेरी भूमिका बदल गई।

कविता : 'उर्वशी' की उस समीक्षा का क्या रहा?

मुनीन्द्र जी : यह एक रोचक इतिहास है। हुआ यूँ कि डॉक्टर साहब ने समीक्षा के सम्पादन का काम मुझे ही करने को कहा। डेढ़ पृष्ठ मैंने उस दिन किया, शाम हो गई, रखकर घर आ गया। आया तो तार मिला कि दादी का निधन हो गया है। अगले दिन ऑफिस नहीं जा पाया, विक्षिप्त-सा हो गया था। घर जाने से पहले मैंने प्रेस मैनेजर से कहा कि यह लेख (उर्वशी की समीक्षा) विवादास्पद है, यह बात पित्ती जी को बता दीजिएगा। इसमें से बहुत-सी बातें, वाक्य हटाने होंगे–यह भी संदेश बदरीविशाल जी को देने के लिए मैनेजर को कहकर मैं तुरन्त गाँव चला गया। प्रेस मैनेजर भूल

> गये और 'समीक्षा' ज्यों कि त्यों छप गयी। हंगामा मच गया। इधर शर्मा जी को याद था कि इसे तो सम्पादित करना था। वह गलती से ज्यों का त्यों छप गया। मैंने सुझाव दिया कि 'उर्वशी' की समीक्षा के लिए हम एक विशेष अंक निकाल देते हैं, जिसमें पक्ष और विपक्ष दोनों के विचारों को सम्मिलित किया जाए, इस पर सामग्री आमंत्रित की जाए। वैसा ही किया गया। इसके छपने के छह महीने बाद 'दिनकर' जी हैदराबाद आये थे। 'उर्वशी' के प्रचार में इस प्रकरण की महती भूमिका रही।

मुनीन्द्र जी के उपर्युक्त रहस्योद्घाटन के बाद साफ है कि यह बहस प्रायोजित नहीं थी। यह एक सम्पादकीय–चूक एवं संयोग का नतीजा था। साक्षात्कार में डॉक्टर साहब से आशय प्रधान सम्पादक आर्येन्द्र शर्मा से है। उस समय प्रेस मैनेजर केदार शर्मा थे। इन दो व्यक्तिवाचक नामों का उल्लेख मुनीन्द्र जी ने साक्षात्कार में किया है।

लेकिन इस आलेख के स्वर–तेवर ऐसे थे जिसने तत्कालीन साहित्यिक वातावरण को बुरी तरह से झकझोर कर रख दिया। 'उर्वशी' कृति के सम्बन्ध में भगवतशरण उपाध्याय के विचारों की चर्चा जरूरी है; क्योंकि आधारभूमि को समझे बिना विवाद में शामिल भागीदारों के आरोपों–प्रत्यारोपों को भी नहीं समझा जा सकता है।

भगवतशरण उपाध्याय के आलेख में कई व्यक्तिवाचक नामों की चर्चा है। ये नाम साहित्येतर हैं तथा अपने–अपने क्षेत्र में सिरमौर हैं। जैसे पाल–रिशार का उल्लेख–ये अरविन्द आश्रम की संचारिणी शक्ति माँ के पति हैं। 'नेशनल हेराल्ड' के सम्पादक चलपति राव का उल्लेख; भारत–गणतंत्र के पहले प्रधानमंत्री पंडित नेहरू का प्रच्छन्न लेकिन स्पष्ट उल्लेख। ऊपर के वर्णित तीनों ही नाम आलेख लेखक ने निजी प्रसंगों को प्रमाणित करने के लिए लिखे हैं। आलेख से उन नामों का सम्बन्ध अनाहूत–जैसा नहीं है। घटनाओं या प्रसंगों के सहज प्रवाह में बहकर ये नाम नहीं आते हैं। इसलिए प्रसंगोचित भी नहीं लगते हैं। लेकिन बाद में विवाद में शामिल कई हस्ताक्षरों ने इन नामों का पक्ष समर्थन किया तथा बताया कि ये नाम दिनकर के कृतित्व के सन्दर्भ में इसलिए जरूरी थे क्योंकि साहित्यकार दिनकर का एक मित्र–वृत्त भी है।

देखा जाय तो भगवतशरण उपाध्याय के समीक्षा आलेख का स्वर एक केन्द्रिक नहीं है। कई स्तरों पर समीक्षक के स्वर भटकते रहते हैं। हालाँकि यही भटकन समीक्षा के प्राण भी हैं। लेकिन इस बहुस्तरीयता ने इसे निश्चित निष्कर्ष से परे धकेल दिया है। कई आधारभूमियों से कृति को परखने के कारण निष्कर्ष भी सघन रूप में प्रकट नहीं हो पाया है। लेकिन इसमें कई लघु निष्कर्ष हैं—जो वैचारिक बवंडर के प्रस्थान बिन्दु बन गये हैं।

भगवतशरण जी के आलेख का लगभग आरंभिक चौथाई भाग 'उर्वशी' में छपे चित्रों की समीक्षा में खर्च होता है। 'उर्वशी' के प्रथम मुद्रित संस्करण में चौदह चित्र छपे थे। इन चित्रों की गम्भीर चर्चा समीक्षक ने की है। बाद में बहस में हिस्सा लेने वाले सभी साहित्यिकों ने इन चित्रों को सर्वथा अप्रासंगिक बताया है। कई ने शिष्टाचारवश अपने को चित्र का अनधिकारी विद्वान बताकर पल्ला झाड़ लिया है। लेकिन देखा जाय तो यह चित्र किसी भी तरह अप्रासंगिक नहीं थे। पचास एवं साठ के दशक में चित्रकला एवं साहित्य के

अन्तरावलम्बन का जो एक सर्वथा नवीन समीकरण बन रहा था उसकी तरफ किसी ने ध्यान नहीं दिया है। यों ही भगवतशरण जी ने चित्र समीक्षा में अपना लेखन-बल खर्च नहीं किया था। दिनकर ने भी यों ही प्राचीन भित्तिचित्रों की प्रतिकृतियाँ पुस्तक में नहीं लगायी थी। उस काल की साहित्यिक मनोवृत्ति में चित्रों के प्रति एक खास रुझान घुलमिल कर चरम पर पहुँच गया था। 'कल्पना' के विषय में तो यह बात आम थी कि वह समकालीन कला का स्कूल चला रहा है। 'कहानी' एवं 'कृति'–जैसी साहित्यिक पत्रिकाओं से भी चित्र विषयक मनोवृत्ति का पता चलता है इसलिए मात्र भगवतशरण उपाध्याय को चित्रचर्चा के लिए अपराधी करार देना या दिनकर द्वारा प्रयुक्त कालवाह्य चित्रों को कृति के संदर्भ में अनपेक्षित घोषित करना उस समय के जीवन्त सामयिक बोध से विच्छिन्न होकर नतीजे निकालने की तरह है।

भगवतशरण उपाध्याय ने 'उर्वशी' में प्रयुक्त मिथुन चित्रों को 'कालविरुद्ध' बताया था। वेदकालीन कथानक में मध्यकालीन तांत्रिक यौन चित्रों को उन्होंने खारिज कर दिया था। साथ ही उन्होंने चित्र के पीछे निहित 'काम-प्रक्रिया' को कृतिकार की मनोवृत्ति का प्रसार बताया था। शुरू में ही उन्होंने लिखा था–"सबसे पहला स्वयं कवि का चित्र है, यद्यपि वह चित्र कवि के आज के दर्शन से कम-से-कम युगपूर्व प्रौढ़ का है, पचासोत्तर आयु का नहीं, और सम्भवतः इसलिए कि जिस काम को काव्य में चित्रतः साधा गया है, उसके साथ उसके अपने चित्र की भी संगति बैठ सके।"[3]

यहाँ एक बात और गौर करने योग्य है। भगवतशरण उपाध्याय स्वीकार करते हैं कि यह काव्य 'चित्रतः साधा गया' है। इसलिए भी समीक्षा-आलेख में चित्र-चर्चा को अनावश्यक बताने का औचित्य नहीं रह जाता है।

रूप पक्ष की चर्चा के बाद समीक्षक ने दिनकर के शब्द विवेक पर प्रश्न चिह्न लगाये हैं। कई शब्दों में लाक्षणिक प्रयोग की त्रुटि की ओर इशारा किया गया है। 'अभिसार', 'घाट-घाट का पानी पीना', 'शुक्लपक्ष की द्वादशी में तारों भरा आकाश', 'वक्ष के कुसुम कुंज' की उत्प्रेक्षा 'चुंबनों की फुहार' के अपप्रयोग के साथ-साथ दिनकर के तत्सम उन्माद की भी चर्चा की गयी है। शब्द समीक्षा का यह अंश भगवतशरण उपाध्याय के सूक्ष्म शब्द विवेक का परिचायक है। हालाँकि इस अंश में भी व्यक्तिगत आक्षेप दिनकर पर लगाए गये हैं। लेकिन शब्द की मार्मिक व्याख्या की दृष्टि से इसका ऐतिहासिक महत्त्व है। कुछ अंशो में तो समीक्षक भगवतशरण उपाध्याय 'पंतजी और पल्लव' निबन्ध के निराला के शब्द विवेक की याद दिलाते हैं।

तथ्य की दृष्टि से भगवतशरण उपाध्याय ने 'उर्वशी' पर आरोपित दार्शनिकता को बकवास बताया तथा चलते-चलते 'कामायनी' को भी काव्य की दृष्टि से घटिया कृति घोषित किया।

इस समीक्षा आलेख की तीव्र प्रतिक्रिया जून 1963 के अंक में हुई। साथ ही यह भी पता चलता है कि साहित्यिक हलकों में एक वैचारिक बवंडर उठ खड़ा हुआ है। सम्पादक से यह सूचना मिलती है :

"कल्पना 138 में प्रकाशित श्री दिनकर की 'उर्वशी' पर श्री भगवतशरण उपाध्याय का आलोचना निबन्ध, कहते हैं, काफी चर्चा और विवाद का विषय बना हुआ है। इस

अंक में प्रकाशित पत्रों में तीन पत्र इसी सम्बन्ध में हैं। हमारे यहाँ आलोचना और निन्दा को पर्यायवाची मानने की आदत है। तुरन्त लोग नीयत पर पहुँच जाते हैं। जिस चीज की बहस सार्वजनिक मंच से–पत्रिका भी सार्वजनिक मंच है–होनी चाहिए, वह दलीय निन्दा गोष्ठियों की भोज्य बनकर जहर फैलाती रहती है। 'उर्वशी' जैसे काव्य ग्रन्थ पर तो एक दो अंक नहीं, एक दो महीने नहीं, वर्षों तक आलोचना प्रत्यालोचना चलनी चाहिए–लेकिन सार्वजनिक रूप में।''[4]

तीन पत्रों में पहला पत्र देवदत्त, पांडिचेरी का है। देवदत्त ने 'उर्वशी' की आलोचना से रोष जताते हुए लिखा है : ''उर्वशी मार्क्स या ऐसी ही किसी दिग्गज के शब्दों की साहित्यिक अभिव्यक्ति नहीं बन कर आयी है।...यह तो भारतीय सीमाओं के पूर्ण विलास का आनन्दमय दृष्टिकोण प्रस्तुत करती है। मैं यह स्वीकार करता हूँ कि उपाध्यायजी की कलम में जोर है पर उसका उपयोग हूट करने में कहाँ तक करना चाहिए।...''[5]

दूसरा पत्र गोपालराय, पटना का है। उन्होंने लिखा, ''डॉ. भगवतशरण उपाध्याय का 'दिनकर' की 'उर्वशी' शीर्षक बेहूदगी से भरा निबन्ध पढ़कर निश्चय हो गया कि 'कल्पना' के सम्पादक अपना उत्तरदायित्व नहीं समझते या कि उसे गालियों से विशेष प्रेम है।'' मूल पत्र के नीचे सम्पादक ने टिप्पणी जड़ी है : ''मूल पत्र में पत्र लेखक ने 'कल्पना' पर रोष की जहाँ अतिरिक्त वृष्टि की है उन अंशों को प्रसंग विरत मानकर हमने छोड़ दिया है–छापा नहीं है।''[6]

तीसरा पत्र शैलेन्द्रनाथ श्रीवास्तव, पटना का छपा है। 'उर्वशी' की आलोचना को अत्यन्त महत्त्वपूर्ण बताते हुए उन्होंने लिखा, ''साहित्य के अतिरिक्त संस्कृत, पुरातत्व और इतिहास के पांडित्य के कारण डॉ. उपाध्याय की अन्तर्दृष्टि 'उर्वशी' में उन खामियों को भी ढूँढ़ने में सफल हुई है जो सहज ही, हिन्दी के सामान्य आलोचक को परिलक्षित नहीं हो सकती थी।...'उर्वशी' के सम्बन्ध में कुछ भी लिखेगा, पढ़ेगा तो उसके लिए इस निबन्ध का अध्ययन अनिवार्य होगा।''[7]

आगे जुलाई 1963 में इस समीक्षा आलेख के बारे में भागलपुर से विष्णुकिशोर बेचन ने लिखा : ''दिनकर की पुस्तक 'परशुराम की प्रतीक्षा' में भी दृष्टिकोण की भारी दरिद्रता है। आज के युग में भी कोई राष्ट्रकवि यदि जवाहरलाल नेहरू के नेतृत्व को अस्वीकार कर 'परशुराम की प्रतीक्षा' करता है तो इससे यही निष्कर्ष निकाला जा सकता है कि वह कवि डिक्टेटरशिप कायम करने के पक्ष में है, जिसका नेतृत्व परशुराम जैसे डिक्टेटर करेंगे, लेकिन आज के युग में डिक्टेटरशिप सर्वमान्य विचारधारा नहीं है। आज तो हम रामराज्य और राम ऐसे व्यक्तित्व की कल्पना करना चाहते हैं।'' [8] अर्थात् बेचन ने 'उर्वशी' की दृष्टिकोणहीनता की ओर संकेत किया।

ऊपर के तीनों पत्रांशों में सभी पत्र लेखकों के स्वर अलग-अलग हैं। साथ ही ये पत्र किसी साधारण पाठक के नहीं हैं। गोपाल राय 'समीक्षा' के सुधी सम्पादक होने के साथ-साथ प्रेमचन्द साहित्य के विशेषज्ञ भी कहलाते हैं। लेकिन 'उर्वशी' समीक्षा के प्रकरण में उनकी प्रतिक्रिया पर्याप्त लचर है। रोष ने किसी भी सुचिन्तित मन्तव्य तक पहुँचने से गोपाल राय को रोक दिया है। वे समीक्षा आलेख की परिधि पर ही भटकते रह जाते हैं और आत्मा

में प्रवेश नहीं कर पाते हैं। 'कल्पना' जो सदैव निष्पक्ष मंच का दायित्व निबाहती रही है—उनकी दृष्टि में सन्देहास्पद हो उठी है। कई जगहों पर ऐसा लगता है जैसे गोपाल राय डॉ. उपाध्याय से जिरह कर रहे हैं। प्रतिमान निर्धारण करने के बजाय वे पक्षधर के रूप में प्रकट होते हैं।

कुछ सीमा तक यही समस्या शैलेन्द्रनाथ श्रीवास्तव की है जो गोपाल राय की थी। ये भी भाषागत औचित्य-अनौचित्य की चर्चा करते रह जाते हैं, जबकि प्रतिमान का अन्वेषी भाषा की चर्चा में नहीं उलझते हैं। इसीलिए गोपाल राय एवं शैलेन्द्रनाथ श्रीवास्तव रूप की दुनिया को भेद कर कथ्य के संसार में प्रवेश नहीं कर पाते हैं। लेकिन विष्णुकिशोर बेचन दृष्टिकोण के रास्ते प्रतिमान खोज की ओर उन्मुख होते हैं। 'परशुराम की प्रतीक्षा' के प्रच्छन्न संकेत को अनावृत कर वे दिनकर के मनोभावों की टोह लेते हैं। इसीलिए मुक्तिबोध ने खासतौर पर अपने आलेख में बेचन जी की चर्चा की है। उन्होंने लिखा, "मैं विष्णुकिशोर जी बेचन (भागलपुर) के प्रति अपना आभार प्रदर्शित करता हूँ कि उन्होंने दिनकर की 'परशुराम की प्रतीक्षा' नामक नवीन काव्य की ओर हमारा ध्यान खींचा।"[9]

इस तरह हम देखते हैं कि 'उर्वशी' पर पत्र लेखकों की राय भी अलग-अलग है। समसामयिकता की पड़ताल जोखिम भरा काम होता है। एक तो कृति की परख के समय कृतिकार का व्यक्तित्व आड़े आता है। बहुधा कृति के बजाय कृतिकार के धरातल पर समीक्षक उतर आते हैं। दूसरे सामयिक आग्रह एवं भावबोध से सम्पन्न कृति अनायास ही अच्छी लगती है क्योंकि जिस वर्तमान में हम रहते हैं उसके लक्षण कृति में घुले-मिले होते हैं। ऐसे में अपने वर्तमान को भेदकर वस्तुनिष्ठ एवं निष्पक्ष होना कठिन नहीं तो आसान भी नहीं होता है। पक्षधरता के पचड़े में पड़े बिना कृति की आत्मा में प्रवेश कर जाना सुधी समीक्षकों को अभ्यास एवं निरन्तर के आयोजन से प्राप्त होता है। 'उर्वशी' ने अपनी परख के क्रम में तत्कालीन सभी सक्रिय हस्ताक्षरों को यथार्थ के धरातल पर ला खड़ा किया। इस मूल्यांकन की समस्या ने कई तरह के भ्रमों का भी निराकरण किया। सैद्धान्तिक रूप से प्रगतिशील, मुक्तचिन्तक और रूपवादी आलोचक अपने निष्कर्ष-नतीजों से एक ही नौका के सहयात्री नजर आते हैं।

'कल्पना' ने इस विभ्रम के माहौल में प्रतिमान का प्रश्न उठाया। " 'कल्पना' 138 में श्री दिनकर की 'उर्वशी' पर श्री भगवतशरण उपाध्याय ने एक समीक्षा लेख लिखा था। 'कल्पना' 140, 141, 144 में उस पर प्राप्त प्रतिक्रियाओं से हमें लगा कि हमारे यहाँ साहित्य में जैसे कोई प्रतिमान ही नहीं है और अगर है भी तो इतने वायवीय हैं कि हमारी पकड़ से बाहर हैं। किसी भी कृति के मूल्य के सम्बन्ध में जितने गाथ उतने मूल्य हो सकते हैं, लेकिन कोई न कोई इतनी निरपेक्ष कसौटी तो होनी ही चाहिए जिस पर उसे कसा जा सके और जिसे सभी स्वीकार करें। एक ही चीज को एक आदमी सोना और दूसरा मिट्टी कहे तो साधारण पाठक का और लेखक का भी भौंचक रह जाना स्वाभाविक है।"[10]

बाईस साहित्यिकों ने उर्वशी विवाद में अपने मन्तव्य भेजे। ये हैं—गजानन माधव मुक्तिबोध, नेमिचन्द्र जैन, भारतभूषण अग्रवाल, अज्ञेय, ओमप्रकाश दीपक, कुँवर नारायण, कृष्णनाथ, देवीशंकर अवस्थी, धर्मवीर भारती, नगेन्द्र, परमानन्द श्रीवास्तव, प्रभाकर माचवे,

बच्चनसिंह, मैथिलीशरण गुप्त, रघुवंश, रघुवीर सहाय, रामविलास शर्मा, रामस्वरूप चतुर्वेदी, लक्ष्मीकान्त वर्मा, विद्यानिवास मिश्र, शिवप्रसाद सिंह और सुमित्रानन्दन पन्त।

'तारसप्तक' के गिरिजाकुमार माथुर को छोड़कर शेष छहों कवियों ने अपने मन्तव्य भेजे हैं। दूसरे एवं तीसरे सप्तक से धर्मवीर भारती, रघुवीर सहाय एवं कुँवर नारायण ने अपने मत व्यक्त किये हैं। इस आयोजन का कालप्रसार बहुत लम्बा है। हिन्दी कविता के प्रारंभिक प्रयोक्ता मैथिलीशरण गुप्त एवं छायावाद की ओर से सुमित्रानन्दन पंत की भागीदारी भी नोटिस लेने योग्य बात है। नयी पीढ़ी के कई समीक्षकों ने बहस में हिस्सा ही नहीं लिया–बल्कि निर्भीक होकर अपने विचार प्रकट किये। ये हैं–ओमप्रकाश दीपक, कृष्णनाथ, देवीशंकर अवस्थी, परमानन्द श्रीवास्तव, रघुवंश, रामस्वरूप चतुर्वेदी, लक्ष्मीकान्त वर्मा। ललित निबन्धकार विद्यानिवास मिश्र एवं उपन्यासकार शिवप्रसाद सिंह ने भी अपनी प्रतिक्रिया भेजी है। सभी प्रतिक्रियाओं से प्रतिमान की बहुलता साफ उभर कर सामने आयी है। यदि किसी दो को 'उर्वशी' कृति अच्छी लगती है तो उसके कारण अलग-अलग हैं।

'उर्वशी' के रचनाकार अन्तराल या बिचली पीढ़ी के थे। इसलिए उस समय-सीमा के आस-पास के कवि अनायास रूप से 'उर्वशी' कृति का बचाव करते हैं। नवलेखन की पीढ़ी के कवि एवं समीक्षक भगवतशरण उपाध्याय के समीक्षा-आलेख के समर्थक नजर आते हैं। दो सीमान्तों के बीच कुछेक भागीदारों ने मध्य मार्ग निकालने की भी कोशिश की है।

सबसे पहले सप्तक के कवियों के विचारों की समीक्षा करें। 'तारसप्तक' के विषय में अब यह स्थापित तथ्य है कि उसमें शामिल सातों कवियों में वैचारिक समानता नहीं थी। यानी 'तारसप्तक' वैचारिक रूप से योजनाबद्ध सम्पादन नहीं है। लेकिन मुक्तिबोध को छोड़कर शेष पाँच भागीदारों ने डॉ. भगवतशरण उपाध्याय के समीक्षा आलेख से असहमति जतलायी है। नेमिचन्द्र जैन ने कहा, "उर्वशी हिन्दी का एक उल्लेखनीय काव्य ग्रन्थ है...उसके कई खंडों और अंशों में अनुभूति की जो ज्वलंत प्रखरता, गहनता और तीव्रता है उसमें झुलस देने की सामर्थ्य है; और कई स्थलों पर एक विदग्ध और समर्थ कलाकार की ऐसी दृष्टि और, सौन्दर्यदृष्टि दीखती है कि मन मुग्ध होता है।"[11] नेमिचन्द्र जैन ने 'उर्वशी' को "आधुनिक चेतना का काव्य नहीं बताया। ऊपर के अंश से यह भी साफ है सम्पूर्ण 'उर्वशी' के बजाय नेमि जी को खंड 'उर्वशी' यत्र-तत्र पसन्द है। अनायास ही चौथे दशक में लिखे निराला के 'मेरे गीत और कला' निबन्ध का स्मरण हो आता है। 'जुही की कली' की विस्तार से समीक्षा के बाद निराला ने बताया था कि इस कविता का सौन्दर्य समग्रता में आस्वाद्य है जबकि पंत की कविता पंक्तियाँ स्वतंत्र अस्तित्व रखती हैं और उसके किसी अंश या खंड पर मुग्ध हुआ जा सकता है। अर्थात् पंत जी की कविता आवयविक सौन्दर्य का प्रतीक होकर कमजोर पड़ जाती है। समग्रता में आस्वाद्य कविता ही श्रेष्ठ होती है। नेमिचन्द्र जैन के लिए 'उर्वशी' आवयविक रूप में आस्वाद्य है।

भारतभूषण अग्रवाल ने नेमिचन्द्र जैन के विपरीत 'उर्वशी' को आधुनिकता बोध की कृति बताया तथा 'अन्धायुग' और 'कनुप्रिया' से उसकी तुलना की। उन्होंने कहा 'उर्वशी' के द्वारा उन्होंने (दिनकर ने) अब व्यक्ति जीवन को विकसित विचारों के धरातल पर प्रस्तुत किया है। यह एक प्रौढ़ कृति है जो हिन्दी काव्य की प्रौढ़ता की घोषणा करती है।"[12]

अज्ञेय ने डॉ. भगवतशरण उपाध्याय की आलोचना दृष्टि को अत्यन्त दूषित बताया है तथा लिखा—"उपाध्याय जी में और जो योग्यताएँ हों, काव्य पढ़ने की पात्रता या सहृदयता नहीं है।" साथ ही उपाध्याय जी के निकष को भी कविता के सन्दर्भ में अनुपयोगी बताया। उन्होंने कहा कि "काव्यकथा को ठीक इतिहास की तरह नहीं जाँचा जा सकता।" अज्ञेय ने भगवतशरण उपाध्याय की इस प्रवृत्ति का उल्लेख राहुल जी के सन्दर्भ में भी किया। कहा—"राहुल जी के ऐतिहासिक उपन्यासों में भी उपाध्याय जी काल विरुद्ध दोष देखते थे।"[13]

प्रभाकर माचवे ने अपनी प्रतिक्रिया व्यक्त करते हुए कहा—"उर्वशी की अपनी खूबियाँ हैं; हिन्दी कविता का दर्जा उसने बढ़ाया है।" माचवे ने उर्वशी पर लिखे समीक्षा लेख को 'अरोचकी' आलोचना का नमूना बताया। उन्होंने कहा—"मुझे इस सारे विवाद के पीछे कोई साहित्यिक सिद्धान्त या प्रामाणिक आस्थापूर्ण स्वर नहीं दिखाई दिया। साहित्य में सात्विक रोष का महत्त्व मैं मानता हूँ, पर (कम्युनिस्टी या तत्सम) कीचड़ उछाल अ-शिव है।"[14]

रामविलास शर्मा ने लिखा—"दिनकर जी उदात्त भावनाओं के कवि हैं। उनके स्वरों में ढलकर 'उर्वशी' की प्राचीन कथा सहज ही रीतिकालीन शृंगार परम्परा से ऊपर उठ गयी है। निराला जी के बाद मुझे किसी वर्तमान कवि की रचना में ऐसा मेघमन्द्र स्वर सुनने को नहीं मिला जैसा दिनकर की 'उर्वशी' में।...'उर्वशी' में नारी सौन्दर्य के अभिनन्दन के अतिरिक्त मातृत्व की प्रतिष्ठा भी है। आज के कुंठावादी मरुप्रदेश में आस्था के ये स्वर मुझे अच्छे लगते हैं।"[15]

रामविलास शर्मा रीतिकालीन दरबारी संस्कृति के विरुद्ध अभियान चलाते रहे हैं। स्वकीया प्रेम की वे सदैव प्रशंसा करते रहे हैं। परकीया प्रेम के लिए उन्होंने यशपाल की भर्त्सना की थी। महावीरप्रसाद द्विवेदी इसीलिए हिन्दी जातीय नवजागरण के नायक हैं क्योंकि उन्होंने पतनशील दरबारी संस्कृति एवं रीतिवाद से जम कर लोहा लिया है। दिनकर की 'उर्वशी' के प्रसंग में भी उन्हें मातृत्व की प्रतिष्ठा उपयोगी बात लगी।

समय का अपना प्रभामंडल होता है। बहुधा दो विरोधी मन्तव्यों के प्रवक्ता आगे चल कर एक ही तरह की चेष्टा एवं प्रतिक्रिया व्यक्त करते नजर आते हैं। रामविलास शर्मा सिद्धान्ततः प्रखर प्रगतिशील आस्था के प्रवक्ता रहे हैं। लेकिन 'उर्वशी' के प्रसंग में वे अज्ञेय, भारतभूषण अग्रवाल, माचवे, नेमिचन्द्र जैन की पंक्ति में बैठे नजर आते हैं। रामविलास शर्मा भी छायावादोत्तर अन्तराल की पीढ़ी के रचनाकार हैं। दिनकर भी इसी बिचली पीढ़ी से सम्बन्ध रखते हैं। ऐसे में वस्तुनिष्ठता का पल्ला छूट जाय तो अपनी पीढ़ी के बहाव में बहने का खतरा रहता है। भावबोध के धरातल पर रामविलास शर्मा बिचली पीढ़ी की प्रतिक्रियाओं से अपने आलोचना कर्म में मुक्ति नहीं पाते हैं। रामविलास शर्मा के आलोचना कर्म में शुद्धतावाद का आग्रह निरन्तर मौजूद रहा है। वैज्ञानिक सिद्धान्त के जानकार होने से ही किसी का अपने समय के प्रति वस्तुनिष्ठ होना सम्भव नहीं रह जाता है। इसीलिए 'उर्वशी' विवाद में रुचि के लिहाज से वे बिचली पीढ़ी के साथ हैं।

मुक्तिबोध अपने समय के सर्वाधिक सजग रचनाकार हैं इसीलिए नेहरू युग के मोहभंग की पहचान भी सबसे पहले वे कर पाते हैं। ऐसे में 'उर्वशी' प्रसंग में उन्होंने यह समझने में भूल नहीं की कि यह कृति कृत्रिम मनोविज्ञान पर आधारित है। मुक्तिबोध नवस्वाधीन भारत

में पनप रहे दरबारी दृश्य को देख पा रहे थे। उन्होंने दिनकर की कृति के सन्दर्भ में भगवतशरण उपाध्याय की आलोचना का 'अतिरिक्त महत्त्व' बताया। 'अतिरिक्त' यानी कृतिपरक आलोचना से अलग हटी हुई समीक्षा रचना। यह अतिरिक्तता क्यों? इसके समाधान में मुक्तिबोध ने कहा, "सामाजिक प्रतिष्ठा और प्रभाव के परिचालन द्वारा साहित्यिक प्रतिष्ठा और प्रभाव के विकास और प्रसार के दृश्य हिन्दी में खूब ही रहे हैं। ऐसी स्थिति में दम्भ और आडम्बर का उद्‌घाटन और निराकरण करना भी एक कार्य हो जाता है।"[16] इस तरह इस 'अतिरिक्त महत्त्व' वाली समीक्षा का मुक्तिबोध ने समर्थन किया।

'तारसप्तक' के सात रचनाकारों में मात्र मुक्तिबोध ने भगवतशरण उपाध्याय के प्रति आभार स्वीकार किया और लिखा–"मैं भगवतशरण जी के प्रति अपना ऋण भी स्वीकार करूँगा। उनके लेख के तीखे व्यंग्यात्मक स्वर के अतिरिक्त उनकी ज्ञान सम्पदा हमें बहुत कुछ दे जाती है। यदि उनके पास इतनी प्रभावशाली सम्पदा न होती तो 'उर्वशी' की आलोचना अधूरी ही रह जाती।"[17]

बिचली पीढ़ी की चर्चा के क्रम में सुमित्रानन्दन पंत एवं नगेन्द्र पर विचार करना प्रसंगोचित होगा। यहाँ यह बताना जरूरी है कि दिनकर ने 'उर्वशी' का समर्पण पंत जी को किया है। "अप्सरालोक के कवि श्री सुमित्रानन्दन पंत के योग्य"। बिचली पीढ़ी के एक कवि का अपने अग्रज पीढ़ी के लिए आभार स्वीकार सहज है। पन्त जी ने उपाध्याय जी की आलोचना पर 'टीका-टिप्पणी' करना उचित नहीं समझा तथा कहा कि 'उर्वशी' निश्चय ही इस युग की एक श्रेष्ठतम कृतियों में से है।

नगेन्द्र ने भगवतशरण उपाध्याय के लेख में 'आक्रोश का स्वर प्रधान' बताया तथा लिखा कि "कृति की सन्तुलित आलोचना की अपेक्षा कृतिकार की गर्हणा ही उसमें प्रमुख हो गयी है।"[18]

नयी पीढ़ी ने बिचली पीढ़ी से पूरी तरह असहमत होते हुए भगवतशरण उपाध्याय की आलोचना का समर्थन किया।

कवि एवं 'कल्पना' के पूर्व सम्पादक रघुवीर सहाय ने लिखा, "वह बहुत ताजी, ईमानदार और खरी आलोचना है। लेकिन रचना को काव्य नहीं इतिहास का ग्रन्थ मानकर उसका मूल्य आँका जाना बिलकुल अनर्गल बात है।" कहना नहीं होगा कि रघुवीर सहाय के वक्तव्य में स्पष्ट विरोध है। एक ओर तो आलोचना को ईमानदार और खरी बतलाते हैं। दूसरी तरफ काव्य को इतिहास के ग्रन्थ की तरह आँके जाने के पक्षधर नहीं हैं।

कवि कुँवरनारायण ने कहा, "उस 'टोन' में लिखी गयी समीक्षाएँ मुझे पसन्द नहीं आतीं चाहे जितनी महत्त्वपूर्ण बात उठायी जाय।" दूसरी बात जो कुँवरनारायण को अटपटी लगी वह थी आलोचना में 'गैरजरूरी बातों का सहारा' लेना।

धर्मवीर भारती ने उर्वशी के समीक्षक की मनोभूमि की न केवल रक्षा की बल्कि भगवतशरण उपाध्याय के समर्थन में तर्क भी जुटाए। "उनकी इस समीक्षा में काव्येतर मानदंड क्यों प्रमुख हो उठे, इसका मुझे एक कारण प्रतीत होता है। जिस समय उर्वशी प्रकाशित हुई, उसके पहले से ही उसके सम्बन्ध में एक विचित्र प्रकार की धूम मचाई जाने लगी थी और प्रकाशित होते ही हिन्दी की छोटी-बड़ी अधिकांश पत्र-पत्रिकाओं में ऐसी समीक्षाएँ एक साथ प्रकाशित हुईं, जिनमें काव्येतर मानदंडों की प्रधानता थी। चाटुकारिता, निराधार फतवे और

इतनी अतिरंजित प्रशंसाएँ जो कभी-कभी समझदार पाठकों को हास्यास्पद लगती थीं।...दुर्भाग्य की बात है कि एक महत्त्वपूर्ण कृति इस समीक्षात्मक धुन्ध के साथ पाठकों और काव्य रसिकों के सामने आयी।...उपाध्याय जी के लेख से उस धुन्ध और आतंक के कटने में सहायता मिलती है...और ब्याज रूप में इसका प्रमाण भी कि काव्येतर कसौटी काव्य की समीक्षा के लिए कितनी खतरनाक चीज है।''[19]

परिमल के सभी सदस्यों ने एक स्वर से भगवतशरण उपाध्याय के लेख की प्रशंसा की है। साहित्येतर कसौटी से असहमत होने के बावजूद धर्मवीर भारती डॉ. उपाध्याय के आलेख को निरस्त नहीं करते हैं। इसके पीछे की मानसिकता पर विचार करना जरूरी है। जनवरी 1958 की 'कल्पना' में धर्मवीर भारती का एक आलेख छपता है 'धुरीहीनता'। आलेख में हिन्दी साहित्य के धुरीहीन वातावरण की सोदाहरण व्याख्या की गयी है। आलेख में प्रतिनिधि उदाहरण के तौर पर दिनकर को प्रस्तुत किया गया है। भारती ने दिनकर के लेखन के दो अंश उद्धृत किये हैं। उदाहरण-एक में दिनकर ने 'डिक्टेटरी साम्यवाद' की तुलना में 'प्रजातंत्री गांधीमार्ग' को वरेण्य बताया है तथा उदाहरण-दो में सिविल लिबर्टी के कारण भारतवर्ष के बरबादी की चर्चा की है। भारती ने उदाहरण 'एक' एवं 'दो' को सामने रखकर दिनकर की धुरीहीनता साबित की है। आलेख के अन्य धुरीहीन लेखक थे—हजारीप्रसाद द्विवेदी एवं महादेवी वर्मा। भारती ने आलेख के अन्त में लिखा है, ''छोटे मुँह बड़ी बात, पर क्या करूँ आपद् धर्म है। बड़े-बड़े मुँहों से तो आज बहुत छोटी-छोटी बात सुनाई पड़ती है। मुझे कुछ नाम लेकर उदाहरण देने पड़े किन्तु मैं पहले ही कह चुका हूँ कि नाम केवल उदाहरणार्थ हैं। बात तो प्रवृत्ति की है।''[20]

इसी तरह जुलाई 1963 में भाषा सर्वेक्षण वाले चर्चित आलेख में धर्मवीर भारती ने यह साबित किया है कि हिन्दी की अधोगति के लिए संसद में आसीन 'श्रद्धास्पद राष्ट्रकवि' जिम्मेवार हैं। भारती ने लिखा—''लोगों को अभी वह दिन भूला न होगा जिस दिन एक खुली सभा में डॉ. केसकर पर अजीब फब्तियाँ कसी गयीं थीं पंडित नेहरू की मौजूदगी में हिन्दी के एक प्रख्यात लेखक द्वारा।''[21]

कहना नहीं होगा ये लेखक और कोई नहीं दिनकर थे। इस तरह से प्रतिमान की खोज का कार्य हाशिये पर धरा रह जाता है और व्यक्ति दिनकर के आचरण, आलोच्य हो जाते हैं। इसलिए धर्मवीर भारती की प्रतिक्रिया को 'धुरीहीनता' एवं 'भाषा सर्वेक्षण' आलेख की अगली कड़ी के रूप में समझने की जरूरत है। जनवरी 64 में छपी प्रतिक्रिया में उन आलेखों की मद्धिम लेकिन स्पष्ट छाया लम्बी हो कर पड़ रही है। परिमल प्रभावापन्न अन्य लेखकों की प्रतिक्रिया में आश्चर्यजनक रूप से समानता है। वैचारिक ही नहीं, शाब्दिक समानता भी। धर्मवीर भारती ने कहा कि ''उपाध्याय जी के लेख से उस धुंध और आतंक के कटने में सहायता मिलती है।'' रघुवंश ने लिखा—''समसामयिक आलोचकों का यह भारी दायित्व है कि वह किसी कृति को धुंध से निकाल कर उसके मूल्यांकन की सही दिशा का निर्देशन दे। प्रस्तुत समीक्षा में जहाँ कहीं किंचित अतिव्याप्ति तथा अतिरंजना मुझे आभासित हुई है, वहाँ समीक्षक अपने दायित्व की ओर प्रवृत्त ही लगा है।''[22] धर्मवीर भारती धुन्ध की दुहाई देते हैं और रघुवंश भी।

नवलेखन के प्रवक्ता समीक्षक रामस्वरूप चतुर्वेदी को व्यक्तिगत रूप से भगवतशरण जी की समीक्षा पसन्द आयी तथा ''हिन्दी को दरबारी संस्कृति के प्रभाव से बचाने'' वाला लगा।

लघु-मानव के अनुसंधायक लक्ष्मीकान्त वर्मा को 'उर्वशी' 'नगण्य और निम्नकोटि की' कृति लगी। उन्होंने भगवतशरण उपाध्याय की आलोचना को तर्कसंगत बताया। धर्मवीर भारती की तर्क राह पर चलते हुए उन्होंने कहा-''कभी-कभी कोई विरला व्यक्ति मुसाहिबियत के खिलाफ बोलता है चाहे वह लोहिया हैं या भवगतशरण उपाध्याय।''[23]

लक्ष्मीकान्त वर्मा ने जनवरी-फरवरी 1967 के संयुक्तांक में 'हिन्दी साहित्य के पिछले बीस वर्ष' में अग्रज पीढ़ी की मनोभूमि का उद्घाटन करते हुए लिखा है :

''हमारी पीढ़ी का यह दोष रहा है कि हमने धुरीहीनों की व्यक्तित्वहीनता का पर्दाफाश किया है, कला, साहित्य और राजनीति की त्रिवेणी में समस्त वैचारिक अस्थियों पर बैठे हुए उन कापालिकों की निन्दा की है।...हम लांछित इसलिए हुए हैं क्योंकि प्रतिष्ठित और अनैतिक और उसके असाहित्यिक मानदंडों का विरोध किया है।''[24]

इन असाहित्यिक मानदंडों के पक्षधर कापालिक कौन थे? इसका जवाब 'हिन्दी साहित्य के पिछले बीस वर्ष' निबन्ध में जगह-जगह उपलब्ध हैं। ऐसे ही कुछ चुने हुए स्थलों को देखें। पृष्ठ बारह पर-''बुलगेनिन की प्रशस्ति गाने वाले पंत और नेहरू का यशगान करने वाले दिनकर...।'' पृष्ठ तेरह पर-''सन् 1942 में राष्ट्रीय आन्दोलन और कांग्रेस के विरुद्ध अंग्रेजी सरकार के समर्थन में युद्ध गीत लिखने और गा-गाकर अंग्रेजी साम्राज्य के प्रतिष्ठायक जब एक साथ एक स्वर में राष्ट्रीय कवि माने जाने लगे और एक दिन सुबह उठे और राष्ट्रीय कवि हो गये।...'' पृष्ठ तेरह-चौदह पर-''जब हमारी पीढ़ी ने इस मुखौटे को उघाड़ने की चेष्टा की; जब धर्मवीर भारती और विजयदेव नारायण शाही ने इन समस्याओं को सिलसिलेवार उठाया; मैंने अपने कई लेखों में सरकारी साहित्यकारों की उगती हुई नस्ल के खिलाफ लिखा था या डॉ. रघुवंश ने एक दूसरे स्तर पर इस प्रश्न को उठाया तो जितने बूढ़े थे या बुजुर्ग थे सब एक हो गये। उनके साथ स्वर में स्वर मिलाकर वे क्रान्तिकारी या कम्युनिस्ट लेखक भी शामिल हो गये जो पन्त, महादेवी सबकी निन्दा करते नहीं अघाते थे।...कैसे पन्त, दिनकर, महादेवी यह सबके सब आपस में असहमत होते हुए भी एक बात में सहमत हो उठे कि यह स्वतंत्र आवाज जो सहसा विद्रोहात्मक स्वर में उठ रही है वह बन्द होनी चाहिए।''[25]

यानी अवसरवादी कापालिकों के दसियों प्रसंग 'बीस वर्ष' आलेख के चारों भागों में भरे पड़े हैं। पहले भाग के कुछ प्रसंगों से ही स्पष्ट है कि दिनकर सत्ता-प्रतिष्ठान के सरकारी साहित्यकार की छवि रखते थे। ऐसे में 'उर्वशी' के मूल्यांकन के प्रसंग में लक्ष्मीकान्त वर्मा या परिमल दीक्षित लेखकों के मतों पर अचरज नहीं होना चाहिए। लेकिन विडम्बना तो यह है कि लक्ष्मीकान्त वर्मा ने 'हिन्दी साहित्य के बीस वर्ष' वाले आलेख में केन्द्रीय सवाल मान कर ही उठाया है। 'कल्पना' 185 में हिन्दी साहित्य के पिछले बीस वर्ष की आखिरी कड़ी में वे लिखते हैं :

''प्रगतिशील लेखक संघ के उद्देश्यों को लेकर नये लेखक असन्तुष्ट थे। उन्होंने प्रगतिशील लेखक संघ के इस पूरे आन्दोलन और सम्मेलन को विशुद्ध राजनीतिक स्तर पर

लिया और इस बात की चेष्टा की कि बिना साहित्येतर मानदंडों को लाये हुए विशुद्ध स्तर की गोष्ठियाँ हों।''[26]

लेकिन 'उर्वशी' प्रकरण में परिमल प्रभावापन्न तमाम लेखकों ने भगवतशरण उपाध्याय के समीक्षा आलेख का आँख मूँद कर समर्थन किया। उसमें वर्णित साहित्येतर मानदंडों को 'मुसाहिबियत के खिलाफ' प्रतिरोध बताया। ऊपर के उद्धृत अंशों की समीक्षा के बाद यह कहने की जरूरत नहीं रह जाती है कि 'उर्वशी' के मूल्यांकन प्रकरण में धर्मवीर भारती, रघुवंश, लक्ष्मीकान्त वर्मा, रामस्वरूप चतुर्वेदी ने वस्तुनिष्ठता एवं निष्पक्षता के सबूत नहीं दिये हैं। आचरण के आधार पर वे दिनकर का घेराव करते हैं और कृति अमूल्यांकित रह जाती है। इस दुर्भाग्यपूर्ण स्थिति का संकेत देवीशंकर अवस्थी ने किया है : ''नवलेखन से संबंधित अधिकांश व्यक्तियों ने 'उर्वशी' के विरुद्ध एक प्रकार का कानाफूसी आन्दोलन चला रखा था। वस्तुतः सतह के नीचे-नीचे चलने वाले इस आन्दोलन ने 'उर्वशी' का जितना अवमूल्यन किया है, उतना ही उसकी अतिरिक्त प्रशंसा ने भी।''[27]

देवीशंकर अवस्थी ने 'उर्वशी' की समीक्षा को असहज मनःस्थिति का असन्तुलित लेखन बताते हुए लिखा कि-''जब आलोच्य ही महान् नहीं है तो आलोचना कैसे महान् हो। मुझे कृति एवं उसकी समीक्षा दोनों ही पसन्द नहीं आयी।''

उपन्यासकार शिवप्रसाद सिंह ने आलोचना को 'स्कैंडल' बताया और कहा-''मैं स्वयं 'उर्वशी' को न तो 'रामचरितमानस' के बाद का शून्य भरने वाला साहित्य मानता हूँ और न तो 'कामायनी' से उत्तम कृति। पर क्या एक सामान्य कृति को इतना भी हक नहीं है कि वह समीक्षक से भद्र व्यवहार की आशा करे।''[28]

बच्चन सिंह ने कहा-''द्वेष और गाली गलौज की भूल भुलइया में 'उर्वशी' का साहित्यिक मूल्यांकन कतई नहीं हो पाया है।'' यानी बच्चनसिंह भी भगवतशरण उपाध्याय द्वारा साहित्येतर मानदंडों के आजमाये जाने के विरुद्ध हैं।

'उर्वशी' परिसंवाद में मैथिलीशरण गुप्त ने भी हिस्सा लिया है। लेकिन उनकी भागीदारी का केवल प्रतीकात्मक महत्त्व है। अस्वास्थ्य के कारण उन्होंने कुछ भी कह पाने से अपनी असमर्थता जतायी है।

विद्यानिवास मिश्र ने अपनी चिर परिचित मुद्रा में 'उर्वशी' के आध्यात्मिकरण की चर्चा की है। उन्होंने भगवतशरण उपाध्याय के समीक्षा-आलेख के सम्बन्ध में अपने मन्तव्य भी सुरक्षित रखे हैं। वे अपनी टिप्पणी में सर्वथा निर्णयहीन हैं। निर्णय के अपने जोखिम होते हैं और अनिर्णय के सौ सुख।

परमानन्द श्रीवास्तव ने भगवतशरण उपाध्याय की समीक्षा को 'निर्मम' और 'पूर्वाग्रहमुक्त' बताया है।

सार-संक्षेप में उर्वशी विवाद में शामिल साहित्यिकों के ये विचार हैं। वास्तव में 'उर्वशी' का मूल्यांकन दो पीढ़ियों के टकराव के रूप में उभरकर सामने आया है। छायावादोत्तर बिचली पीढ़ी के सभी साहित्यिकों ने 'उर्वशी' को महान् नहीं तो उल्लेखनीय कृति अवश्य माना है। इसके ठीक विपरीत नव-लेखन की पीढ़ी ने 'उर्वशी' को घटिया कृति घोषित किया है। दो पीढ़ियों के टकराव के रूप में उभरे 'उर्वशी' विवाद से यह साबित हुआ है कि वैचारिकता

एवं सैद्धान्तिक पृष्ठभूमि के बावजूद बिचली पीढ़ी की रुचि में कोई ऐसा उभयनिष्ठ तत्व था जो नयी पीढ़ी से उसे अलग करता था।

पूरे 'उर्वशी' प्रकरण में मूल्यांकन के सर्वमान्य समान निकष की खोज मूल चिन्ता अवश्य रही है लेकिन विवाद के साझीदार साहित्यकार किसी भी अन्तिम सर्वमान्य निष्कर्ष तक पहुँचने में असफल रहे हैं। उर्वशी मूल्यांकन की पृष्ठभूमि में कई साहित्येतर रुचियाँ भी लागू होती रहीं। इन साहित्येतर रुचियों ने भी किसी साझी निष्कर्ष की ओर बढ़ने में धुंध खड़ी की।

समसामयिकता ने पूरे विवाद को अपनी छाया से आक्रान्त रखा। नयी पीढ़ी के रचनाकारों ने सामयिकता को फलाँगने के बजाय अजाने उसे मानदंड के रूप में अपना लिया। इसका घातक दुष्परिणाम यह हुआ कि उनके मन्तव्य भी निष्पक्ष एवं वस्तुनिष्ठ होकर नहीं उभरे। परिमल दीक्षित साहित्यकारों ने सत्ता प्रतिष्ठान विरोध का जो मुहिम चलाया था, दिनकर उस परिभाषा में आसानी से आते थे। ऐसे में एक सरलीकृत विरोध का परिदृश्य ही उभर कर सामने आया।

नयी पीढ़ी के कृतिकारों ने दिनकर की ओट में प्रच्छन्न रूप से कृति 'उर्वशी' को ध्वस्त करने की कोशिश की। यह कोई योजनाबद्ध अभियान नहीं था लेकिन उस काल की मनोभूमि की अगर टोह लें तो राष्ट्र के सामने चीन युद्ध ने जो अस्मिता का संकट खड़ा किया था उसने भी नयी पीढ़ी की अनुभूति को गहरे तक प्रभावित किया था। इस असमय अयाचित पराजय ने बिचली पीढ़ी को नयी पीढ़ी की निगाह में अधम साबित कर दिया था। राजनीति में नेहरू का मायालोक ध्वस्त होता है तथा साहित्य में बिचली पीढ़ी का तिलिस्म टूटता है।

सन् 1964 का 'उर्वशी' विवाद बिचली पीढ़ी के अपदस्थ होने एवं नयी पीढ़ी के मोहभंग की भी प्रथम सूचना है। इस अर्थ में यह एक प्रतीकात्मक संघर्ष भी है। नवलेखन या नयी पीढ़ी ने धक्का देकर सत्ता प्रतिष्ठान की कलई उतारी तथा एक नयी प्रवृत्ति की शुरुआत के संकेत दिये। मोहभंग के बाद तीव्र नकार ने प्रवृत्ति के रूप में जन्म लिया। इस नकार की पुख़्ता पहचान नयी पीढ़ी के 'उर्वशी' विवाद के स्वरों से की जा सकती है। 'उर्वशी' तीव्र नकार का शिकार होती है। इसलिए परिचर्चा में जो खीझ या गुस्सा है वह आजादी के बाद के मोहभंग की पीड़ा की अभिव्यक्ति के रूप में है।

'उर्वशी' विवाद से एक और बात साबित हुई कि समकालीनों के मूल्यांकन में व्यक्तित्व आड़े आता है। भगवतशरण उपाध्याय ने समीक्षा लेख में एंगेल्स के एक वाक्य को उद्धृत करते हुए कहा—"मैंने डुहरिंग को पढ़ा तो नहीं पर मैं डुहरिंग मानव को जानता हूँ।" समीक्षक ने परोक्ष रूप से व्यक्ति दिनकर को जानने के कारण ही 'उर्वशी' को निरस्त करने की सोची होगी। समीक्षा कर्म चरम तटस्थता की माँग करता है। साथ ही, यह कृति केन्द्रित कर्म भी होता है। समकालीनों के मूल्यांकन में कब तटस्थता का अपहरण व्यक्तित्व द्वारा कर लिया जाता है, इसका पता ही नहीं चलता है। ऐसे में समीक्षक के मूल्यांकन दोषपूर्ण हो उठते हैं। इसलिए समकालीन कृतित्व से मुठभेड़ करने वाले समीक्षकों के निष्कर्षों में दोष का आ जाना सहज सम्भव है। यह त्रुटि आचार्य रामचन्द्र शुक्ल के प्रसंग में भी पाया जाता है। महावीरप्रसाद द्विवेदी अपने समकालीन रवीन्द्रनाथ ठाकुर की कृतियों की तीव्र आलोचना करते थे।

रामविलास शर्मा ने आधुनिक काल में विवेचन प्रसंग में एक सुरक्षित दूरी से आलोचना-कर्म की शुरुआत की। भारतेन्दुकाल या महावीरप्रसाद द्विवेदी का युग इतना पीछे अवश्य छूट गया था जहाँ से समीक्षक को निरपेक्ष होने की सुविधा मिल जाती थी। लेकिन जैसे ही डॉ. रामविलास शर्मा आधुनिक काल में समकालीनों के मूल्यांकन के लिए तत्पर होते हैं वैसे ही उनसे वस्तुनिष्ठता एवं निरपेक्षता का दामन छूट जाता है। डॉ. रांगेय राघव, यशपाल, रेणु के कृतित्व की समीक्षा इस दोष के प्रतिनिधि उदाहरण हैं। इस प्रसंग में नलिन विलोचन शर्मा की वस्तुनिष्ठता एवं समुचित कृति की पहचान अवश्य उल्लेखनीय है। किसी बड़े समीक्षक के समीक्षा-विवेक की पहचान उसके समकालीनों के मूल्यांकन के प्रसंग में परखी जाती है। सही कृति की पहचान एवं उसकी बेलौस समीक्षा के क्रम में डॉ. नामवर सिंह के मूल्यांकन में सर्वाधिक कम स्खलन हैं। उन्होंने अपने समकालीनों की तरह सुरक्षित दूरी से आलम्बन नहीं ढूँढ़े। उनका सम्पूर्ण समीक्षा कर्म समकालीनों से गहरे जुड़ा हुआ है। छायावाद–नयी कहानी–नयी कविता–अकविता जैसे सर्वाधिक संवेदनशील दौर की आलोचना ही इनकी समीक्षा भूमि रही है। अपने समकालीन जिन कृतियों की इन्होंने समीक्षा की उससे असहमति एवं विवाद की गुंजाइश अपेक्षाकृत बहुत कम है। निर्मलवर्मा की 'परिन्दे' कहानी आज भी स्वीकार्य है। भले ही निर्मल वर्मा का व्यक्तित्व विवादास्पद हो। मुक्तिबोध की पहचान एवं प्रतिष्ठा से साफ है कि आलोचक का समीक्षा-विवेक प्रतिबद्ध है लेकिन पक्षधर नहीं। इसी तरह धूमिल की कविताओं की पहचान से असहमति की गुंजाइश नहीं है। नयी कविता के सप्तकीय दौर में शमशेर-नागार्जुन-त्रिलोचन को विस्मरण की खाई से निकाल कर महत्त्वपूर्ण कवि घोषित करना नामवर सिंह के सतर्क एवं निष्पक्ष समीक्षा विवेक का नमूना है। कहना नहीं होगा कि सिर तक समकालीनता में डूबे होने के बावजूद डॉ. नामवर सिंह के समीक्षा लोक में भटकाव कम है। नामवर सिंह की एक महत्त्वपूर्ण खूबी यह है कि वे अपने निष्कर्षों के प्रति हठी नहीं हैं। वे अपने मन्तव्यों एवं त्रुटियों को पुनर्संशोधित करने का भी साहस रखते हैं। 'कल्पना' के सम्पादक ने जनवरी 64 में लिखा था : "सर्वश्री नामवर सिंह, विजयदेव नारायण साही और शिवदान सिंह चौहान से हमें कोई उत्तर नहीं मिला।"

डॉ. नामवर सिंह ने तत्काल भले ही उत्तर नहीं दिया हो लेकिन वे उर्वशी प्रसंग से निर्लिप्त और बेखबर नही थे। उन्होंने 'कविता के नये प्रतिमान' में उर्वशी विवाद के लगभग चार साल बाद समकालीन साहित्य के मूल्यांकन की समस्या को एक तार्किक विराम देने की कोशिश की है। 'मूल्यों का टकराव – उर्वशी विवाद' में उन्होंने इस पूरे प्रकरण की अन्तरिम उपसंहार रपट प्रस्तुत करने की कोशिश की है। उन्होंने मुक्तिबोध के ब्याज से यह समझाने की कोशिश की कि "उर्वशी की आलोचना में उस नये भावबोध की ही विभिन्न छायाएँ प्रकट हुई हैं। 'उर्वशी' के निमित्त स्वयं 'तारसप्तक' के प्रयोगशील कवियों के काव्यबोध के बहुरंगी स्तरों का उद्‌घाटन हो जाता है और पता चलता है कि किसके बोध में पिछली रूमानियम का कितना रंग अवशिष्ट है।"[29]

लेकिन यहाँ यह सवाल धरा ही रह जाता है कि दिनकर जिस बिचली पीढ़ी के प्रतिनिधि थे उसका केन्द्रीय भाव 'मस्ती' था। 'उर्वशी' उस मस्ती का प्रगल्भ प्रदर्शन था। इसीलिए 'तारसप्तक' या उसके सद्यः आसपास के रचनाकारों को उर्वशी की रूमानियम ने सहज

अभिभूत किये। नयी पीढ़ी जिसमें मुक्तिबोध भी शामिल हैं इस रूमानियत से उबरते हैं और उर्वशी के मूल्यांकन की चेष्टा करते हैं।

समकालीनों के मूल्यांकन–प्रसंग में उर्वशी–विवाद ने यह भी समझाया है कि हरेक पीढ़ी को अपने 'मान' विकसित करने पड़ते हैं और यह 'मान' रिले दौड़ के डंडे की तरह अगली पीढ़ी को नहीं थमाया जा सकता है। हरेक पीढ़ी को अपने आसपास की धुंध से निबटने के लिए अपने अस्त्र का आविष्कार करना पड़ता है। इस पुनराविष्कार की सजग चेष्टा में ही समकालीनता के 'मान' छिपे होते हैं। प्रतिमान कोई मूर्त ढाँचा नहीं होता है, यह सूक्ष्म काव्य–विवेक है, जो समाज–सापेक्ष होकर भी सर्वथा स्वतंत्र होता है। निस्संदेह 'कल्पना' के उर्वशी विवाद ने मूल्यांकन की प्रक्रिया को तीव्र किया।

कहना नहीं होगा कि उर्वशी विवाद दो पीढ़ियों के बीच संवाद की चेष्टा भी साबित हुई। अपने–अपने निकष से भले ही वे अलग–अलग पगडंडियों पर चलते रहें हों लेकिन समानान्तर चल रही दोनों ही पीढ़ियों ने ईमानदार आत्मसाक्षात्कार अवश्य किये। 'कल्पना' ने मानदंड की खोज के जिस महाभारत का आयोजन किया था उससे शायद ही कोई सजग साहित्यिक वीतराग बलराम होकर तटस्थ तीर्थयात्रा पर निकल पाये। उर्वशी–विवाद पर डॉ. नामवर सिंह की यह सतर्क टिप्पणी सर्वथा समुचित है :

"जनवरी 1964 की 'कल्पना' में प्रकाशित उर्वशी परिचर्चा ऐसा ऐतिहासिक दस्तावेज है जिससे समकालीन साहित्य में मूल्यों की टक्कर का पता चलता है। उर्वशी के निमित्त इस चर्चा में विभिन्न पीढ़ियों और विचारों के इतने कवि आलोचक का भाग लेना एक घटना है।"[30]

सन्दर्भ सूची

1. प्रतीक	–	फरवरी,	1951,	पृ.–7–8–9.
2. इतिहास और आलोचना	–	प्रोफेसर नामवर सिंह, राजकमल प्रकाशन,	1978.	पृ.–176–77.
3. कल्पना	–	अप्रैल,	1963,	पृ.–51.
4. कल्पना	–	जून,	1963,	पृ.–2.
5. कल्पना	–	जून,	1963,	पृ.–3.
6. कल्पना	–	जून,	1963,	पृ.–4.
7. कल्पना	–	जून,	1963,	पृ.–6–7.
8. कल्पना	–	जुलाई,	1963,	पृ.–4.
9. कल्पना	–	जनवरी,	1954,	पृ.–41.
10. कल्पना	–	जनवरी,	1954,	पृ.–3.
11. कल्पना	–	जनवरी,	1954,	पृ.–51.
12. कल्पना	–	जनवरी,	1954,	पृ.–62.
13. कल्पना	–	जनवरी,	1954,	पृ.–63.
14. कल्पना	–	जनवरी,	1954,	पृ.–73.

15. कल्पना — जनवरी, 1954, पृ.–76.
16. कल्पना — जनवरी, 1954, पृ.–36.
17. कल्पना — जनवरी, 1954, पृ.–41.
18. कल्पना — जनवरी, 1954, पृ.–70.
19. कल्पना — जनवरी, 1954, पृ.–70.
20. कल्पना — जनवरी, 1958, पृ.–63.
21. कल्पना — जुलाई, 1963, पृ.–80.
22. कल्पना — जनवरी, 1964, पृ.–82.
23. कल्पना — जनवरी, 1964, पृ.–77–78.
24. कल्पना — जन–फर., 1967, पृ.–12.
25. कल्पना — जन–फर., 1967, पृ.–13–14.
26. कल्पना — जून, 1967, पृ.–41.
27. कल्पना — जनवरी, 1967, पृ.–67.
28. कल्पना — जनवरी, 1967, पृ.–78.
29. कविता के नये प्रतिमान — प्रो. नामवर सिंह, राजकमल प्रकाशन पृ.–68.
30. कल्पना पृ.–64.

संचार माध्यम की समीक्षा

'कल्पना' के पृष्ठों पर 'आकाशवाणी' स्तम्भ के प्रथम दर्शन जून, 1958 में होते हैं। इस स्तम्भ का आरम्भ किसी भी तरह आकस्मिक नहीं है। इस स्तम्भ की शुरुआत एक आवश्यकता की पूर्ति के अन्तर्गत किया गया है। पहले आम चुनाव तक सुराज का आशावादी माहौल कमोवेश बना रहता है। लेकिन 1957 के बाद अनाशा के लक्षण प्रकट होने लगते हैं। नेहरू का राष्ट्रकर्मी रूप राजनीतिकर्मी में बदलने लगता है। ऐसे में आकाशवाणी जैसे एकाधिकारी प्रसारण व्यवस्था का दुरुपयोग सरकारी प्रोपेगंडा के लिए होना सहज सम्भव था। आकाशवाणी को राजनीतिक प्रभाव एवं हस्तक्षेप से बचाने के लिए 'कल्पना' सतर्क होती है। यानी नेहरू युग की उत्तरबेला में इस स्तम्भ की शुरुआत होती है। बगैर किसी सम्पादकीय सूचना के यह स्तम्भ शुरू कर दिया गया है। 'कल्पना' के सम्पादक शब्दों के मामले में बड़े मितव्ययी हैं। स्तम्भकार 'श्रुतिमान' हैं। अप्रैल 1961 की 'कल्पना' में 'श्रुतिमान' का पता छपा है–'श्रुतिमान', द्वारा कल्पना, हैदराबाद। ठिकाने से साफ है कि यह गुणवाचक नाम स्तम्भकार ने ओढ़ा है। निश्चित तौर पर ऐसे स्तम्भकार का आविष्कार सम्पादकों ने जानबूझ कर किया होगा। चूँकि इस स्तम्भ में आकाशवाणी की चर्चा होनी थी और हरेक कार्यक्रम के पीछे कई-कई व्यक्ति-वाचक नाम शामिल होते थे। ऐसे में यदि स्तम्भकार का नाम ज्ञात होता तो उसे विविध तरह के दबावों एवं तनावों का सामना करना पड़ता। इसीलिए छद्म नाम की नीति अपनायी गयी। ताकि स्तम्भ लेखक को किसी तरह का लिहाज न बरतना पड़े।

लगभग साढ़े चार सालों तक चलने वाले इस अल्पायु स्तम्भ में तत्कालीन राजनीतिज्ञों एवं साहित्यिकों के नाम भरे पड़े हैं। 'श्रुतिमान' ने मुखौटा ओढ़ कर ऐसे अनेक चरित्रों से हमारा परिचय कराया है जो आज भी हमारे सुपरिचित हैं और जिनके प्रसारण-क्रियाओं के बारे में जानकर हम स्तब्ध रह जाते हैं। छद्म नाम की ओट पाते ही 'श्रुतिमान' की लेखनी व्यंग्य से भर उठती है। स्वाधीन भारत में रेडियो के छल-छद्मों को जानने के लिए यह स्तम्भ एक शानदार दस्तावेज है। यह स्तम्भ तत्कालीन 'ऑल इंडिया रेडियो' के आत्म संघर्ष का भी इतिहास है। 1958 से 1962 तक आकाशवाणी से जो कुछ महत्त्वपूर्ण प्रसारित हुआ है उसे 'श्रुतिमान' ने ईमानदारी से दर्ज किया है।

'कल्पना' को संचार माध्यम की समीक्षा एक और कारण से जरूरी लगी। चौथे-पाँचवें दशक में हिन्दी के शीर्षस्थ साहित्यकार किसी न किसी रूप में 'ऑल इंडिया रेडियो' से जुड़े हुए थे। दिल्ली रेडियो से एक समय उदय शंकर भट्ट, चिरंजीत, नरेन्द्र शर्मा, गोपालदास

नीरज, एस.एस. ठाकुर, विष्णु प्रभाकर, करतारसिंह दुग्गल, अमृता प्रीतम, सागर निजामी, मोहनसिंह सेंगर जुड़े हुए थे। वार्ता विभाग में डॉ. नगेन्द्र, स.ही. वात्स्यायन, मनोहरश्याम जोशी, रघुवीर सहाय, सत्येन्द्र शरत आदि अनेक लेखक थे। प्रशासन में भी कई साहित्यप्रेमी और साहित्यिक रहे जैसे पी.एम. लाड, जगदीशचन्द्र माथुर तथा गोपालदास।

लखनऊ रेडियो पर एक समय गिरिजाकुमार माथुर, रजनी पणिक्कर, भारतभूषण अग्रवाल, अमृतलाल नागर, नरेश मेहता जैसे यशस्वी लेखक कार्यरत थे। पटना रेडियो पर फणीश्वरनाथ रेणु एवं नागपुर रेडियो पर ग.मा. मुक्तिबोध जैसे महत्त्वपूर्ण हस्ताक्षर कार्यरत थे। इलाहाबाद रेडियो से पंत, प्रेमी जैसे साहित्यिक जुड़े थे। उर्दू के कई प्रगतिशील लेखक–मीराजी, नुनमीम राशिद, सलाम मछली शहरी, विश्वमित्र 'आदिल', अश्क और बेदी लाहौर से लखनऊ तक के हिन्दी कार्यक्रमों से जुड़े थे। ऐसे में यदि 'कल्पना' रेडियो से मुँह फेर लेती तो वह अपने समय की अद्वितीय पत्रिका नहीं साबित होती। 'कल्पना' को इस बात का अनुभव था कि "आज के लेखक लिखने की बजाय बोलने लगे हैं।"

यह एक कटु सच है कि आकाशवाणी का आधारभूत ढाँचा हिन्दी के साहित्यिकों ने अपने खून–पसीने से तैयार किया है। लेकिन जब रेडियो का आधारभूत–प्रारूप स्वयं निर्भर हो जाता है तो शासन को इन साहित्यिकों की जरूरत नहीं रह जाती है क्योंकि हिन्दी साहित्य की प्रवृत्ति मूलत: प्रतिरोध की रही है और सत्ता–प्रतिष्ठान को ऐसे प्रतिरोधी विचारों की जरूरत नहीं थी। छठे दशक के बाद रेडियो सरकारी महकमे में बदलता चला गया। साहित्यिकों का रेडियो से मोहभंग होना शुरू हुआ। 'श्रुतिमान' के स्तम्भों में ऐसे घुटन भरे वातावरण की चर्चा बार–बार होती रही है।

हालाँकि 'श्रुतिमान' साहित्यिकों के आकाशवाणी छोड़ने के विरुद्ध है। मार्च 61 में टिप्पणियाँ स्तम्भ के अन्तर्गत हरिश्चन्द्र ने यह राय प्रकट की कि आकाशवाणी में 'लेखक : न तीतर न बटेर' हैं। विदेशी प्रसारण संस्था से तुलना करते हुए हरिश्चन्द्र ने यह निष्कर्ष निकाला कि "उनकी प्रसारण संस्थाओं के पास उनके लेखक हैं, वे लेखक जो रेडियो लेखक के रूप में जाने जाते हैं और वहाँ एक तबका बन चुका है। वहाँ तीतर–बटेर वाली स्थिति नहीं है–वहाँ तीतर–तीतर हैं और बटेर–बटेर हैं। हमारी भाषाओं के लेखक न तीतर रहे न बटेर।"[1]

इसलिए रेडियो में लेखक दमघोंट कसमसाहट महसूस कर रहे हैं। लेखक की लेखन प्रक्रिया दो स्तरों पर नहीं चल सकती। "रचनात्मक आवेगों की दो धाराएँ नहीं की जा सकती कि लेखक जब आकाशवाणी के कार्यालय में हो तो भाखड़ा नाँगल पर वार्ता या रूपक लिखे और जब अपने घर पर हो तब स्थायी साहित्यिक कृति का सृजन करे।"[2] रेडियो में लेखक अपनी अनुभूति कौड़ी के मोल बेच देता है। "भविष्य में लिखी जाने वाली उसकी किसी काव्यकृति की कोई सुकोमल अनुभूति दामोदर घाटी योजना पर लिखे जाने वाले रूपक के पात्र में अनायास चली जाती है।"[3] और अन्त में आकाशवाणी के लेखकों की स्थिति पर टिप्पणीकार हरिश्चन्द्र ने लिखा : "फूलते पौधे का एक फूल, रोज टूट कर किसी बटनहोल में लग जाता है। पौधा, पौधा ही कहलाएगा तब तक, जब तक कि उसकी सारी अधखिली कलियाँ इसी तरह बेरहमी से तोड़ कर बटनहोलों में नहीं लगा दी जातीं। एक दिन उसकी

जीवनी शक्ति जवाब देगी और पौधा छितरा कर सूख जाएगा। अनुभूतियों के फूल चुक जाएँगे और धीरे-धीरे रचना का स्रोत सूख जाएगा।''[4] कहना नहीं होगा कि इस फूलभरे पौधे के भावुक रूपक के द्वारा हरिश्चन्द्र ने लेखकों को आकाशवाणी से बचने की सलाह दी।

अप्रैल 1961 के आकाशवाणी स्तम्भ में 'श्रुतिमान' ने हरिश्चन्द्र की मनोवृत्ति की आलोचना की। आकाशवाणी में कार्यरत लेखकों का पक्ष लेते हुए 'श्रुतिमान' ने पूछा : ''कोई सृजनशील लेखक यदि किसी पत्र या पत्रिका का सह-सम्पादक हो जाता है, अथवा जीविका हेतु किसी कालेज में पढ़ाने लगता है, तो यह भाव मन में नहीं उठते कि उसने अपने पाठकों को बेच डाला।''[5] अर्थात् आकाशवाणी के लेखन के प्रति आक्रोश व्यर्थ है। यदि व्यक्ति सरकारी पत्रिका या शासकीय कॉलेज में जीविका अर्जन करके लेखन का निर्वाह कर सकता है तो फिर आकाशवाणी में क्यों नहीं?

विदेशी प्रसारण संस्थाओं के लेखकों के बारे में 'श्रुतिमान ने'' श्री हरिश्चन्द्र' को जवाब दिया, ''वास्तव में, हम जब प्रसारण कला के सन्दर्भ में 'विदेशी' की बात करते हैं तब हमारा अभिप्राय अधिकतर बी.बी.सी. से होता है। लुइस मैक्नीस का नाम बी.बी.सी. के अग्रणी लेखकों में है। पर बी.बी.सी. से संबंधित होते हुए और रेडियो लेखक के रूप में प्रसिद्धि पाने के बावजूद भी उन्होंने अपना साहित्यिक व्यक्तित्व खो नहीं दिया है और न ही भावक वर्ग उसे स्वीकार करने में संकोच करता है। मेरी स्मरण शक्ति यदि धोखा नहीं दे रही है तो उनका नया काव्य संकलन निकले बहुत दिन नहीं हुए।''[6]

'श्रुतिमान' को भारतीय सन्दर्भ में और खासतौर से हिन्दी के सन्दर्भ में जिरह करनी थी; अतएव हरिश्चन्द्र को समझाया :

''यह बात भी प्रमाणित नहीं होती है कि लेखन प्रक्रिया एक साथ दो स्तरों पर नहीं चल सकती। आकाशवाणी की चर्चा करते ही सबसे पहले जो नाम सामने आता है, वह पन्त जी का है। पन्त जी ही सबसे अधिक समय से रेडियो में रहे हैं—परामर्शदाता के रूप में और प्रोड्यूसर के रूप में। उनकी इधर की कृतियों में अति महत्त्वपूर्ण कृति 'अतिमा' इसी दौरान की है। अमृतलाल नागर का बहुत बड़ा और उनके उपन्यासों में, शायद सबसे उत्तम उपन्यास 'बूँद और समुद्र' लिखा गया जब वे शायद रेडियो में थे।''[7]

ऊपर के दोनों प्रतिनिधि उदाहरणों से 'श्रुतिमान' ने यह सिद्ध किया कि रेडियो में लेखन के दौरान ही स्तरीय साहित्यिक लेखन भी जारी रखा जा सकता है। इसीलिए आकाशवाणी के प्रति ग्रंथि पालने के बजाय उन्होंने साहित्यिकों को स्वस्थ दृष्टि विकसित करने की सलाह दी। ''आकाशवाणी का नाम सुनते ही बौखला उठना कुछ बचकानी प्रतिक्रिया है, इस स्थिति को त्याग कर अब आगे बढ़ना आवश्यक हो गया है।''[8]

अन्त में इस पूरे विवाद को समाप्त करते हुए स्तम्भकार लिखता है, ''आकाशवाणी के लिए लेखन के पूरे प्रश्न पर अधिक गम्भीरता से विचार होना मेरी राय में अपेक्षित है। अनेक लेखक आकाशवाणी में गये और छोड़कर बाहर आये। पर ये बातें पुरानी हो चुकी हैं और अधिक परिपक्व ढंग से विचार विनिमय की अब आवश्यकता है।''[9]

इस पूरे विवाद में स्तम्भकार 'श्रुतिमान' का स्वर संयत रहा। 'न तीतर न बटेर' के लेखक को श्री हरिश्चन्द्र कह कर संबोधित किया। ऐसा प्रतीत होता है कि श्री हरिश्चन्द्र तो बहाना

है, वे पूरे हिन्दी जगत के बुद्धिजीवियों से जिरह कर रहे हैं। छठवें दशक के अन्त तक आते-आते हिन्दी साहित्यिकों का आकाशवाणी से मोहभंग शुरू हो गया था। साहित्यिकों के आकाशवाणी से इस्तीफा को श्रुतिमान उचित नहीं मान रहे थे। रचनाधर्मियों के इस भय को कि आकाशवाणी एक सरकारी संस्था है और सरकारी प्रभुता पथ से विचलित करा सकती है, को भी स्तम्भकार निर्मूल साबित करने की कोशिश कर रहे थे। वे आकाशवाणी से लेखकों के पलायन के बजाय वहीं रह कर अनुकूल वातावरण बनाने के लिए प्रोत्साहित कर रहे थे। यानी कि 'भागो नहीं, बदल डालो'। लेकिन शासकीय रेडियो से साहित्यिकों ने मुँह मोड़ लिया, और इस संवेदनशील माध्यम को दूसरे तीसरे दर्जे की प्रतिभाओं के हवाले कर दिया। इस तरह से हिन्दी साहित्यिकों ने अभिव्यक्ति के एक नवीन क्षितिज को खोया। यदि हिन्दी के रचनाकार रेडियो में रहकर रेडियो की स्वायत्तता की पैरवी करते तो शायद आज दूसरी स्थिति होती। 'श्रुतिमान' की अकेली आवाज 'कल्पना' के पीले पन्नों पर चेतावनी की तरह दर्ज है।

तत्कालीन आकाशवाणी पर जो साहित्यिक कार्यक्रम प्रसारित हुए हैं उसकी गम्भीर समीक्षा 'श्रुतिमान' ने की है। इन समीक्षाओं से गुजरते हुए यह पता चलता है कि उस समय के स्वनामधन्य हिन्दी साहित्यिकों ने किस स्तर की रचनाएँ रेडियो में प्रस्तुत कीं। उसका कथ्य क्या था, प्रस्तोता साहित्यकार ने विषय के साथ किस सीमा तक न्याय किया आदि-आदि।

मई 1960 के 'कल्पना' में पाँचवें अखिल भारतीय साहित्य समारोह का वर्णन है। इस रेडियो समारोह का विषय था, 'भारतीय साहित्य में गद्य का विकास'। इसमें हिन्दी की तरफ से—चिरंजीत, सुमित्रानन्दन पंत, नरेन्द्र शर्मा, रिफअत सरोश, रामचन्द्र टंडन, फणीश्वरनाथ रेणु, एस.एस. ठाकुर आदि शामिल हुए थे। 'श्रुतिमान' ने सवाल उठाया :

"श्री नरेन्द्र शर्मा, रामचन्द्र टंडन या सुमित्रानन्दन पंत ही गद्य के शैलीकार हैं? हजारीप्रसाद द्विवेदी, अज्ञेय, अमृतराय, यशपाल, भगवतीचरण वर्मा, अमृतलाल नागर आदि-आदि नाम तो बहुत हैं, वजन भी कम नहीं बैठता, पर हाँ इतना जरूर है कि इनमें से कोई भी आकाशवाणी की श्रीवृद्धि नहीं कर रहे हैं। इस बार तो लगता है—हिन्दी के मामले में ही कह सकता हूँ – आकाशवाणी की नीति यह रही है कि हिन्दी के नाम पर जो भी साक्षर कहला सके उसे गद्यकार के पद पर प्रतिष्ठित कर दिया जाए, बशर्ते कि वह आकाशवाणी में नियुक्त हो। फणीश्वरनाथ रेणु को अपना सौभाग्य मानना चाहिए कि वह आकाशवाणी में नियुक्त हो गये नहीं तो कौन उसकी याद करता। इस समय भले ही वह आधुनिक गद्यशैलियों में से एक के प्रमुख प्रतिनिधि माने जाते हों।"[10]

'श्रुतिमान' ने आकाशवाणी की चयन-नीति की बेबाक तबीयत से खिल्ली उड़ायी है। हिन्दी में पुरोधा गद्यकारों के रहते जिस तरह से तथाकथित गद्यकारों का चयन किया गया उससे श्रुतिमान के लेखे वह 'प्रौढ़ शिक्षा' का कार्यक्रम हो गया है। आकाशवाणी में कोई चयननीति विकसित नहीं हो पायी थी। जो आकाशवाणी के मुलाजिम थे वही गद्यकार थे। इसी आयोजन श्रृंखला में 'हिन्दी साहित्य के कुछ नमूने' कार्यक्रम का भी प्रसारण हुआ था। डॉ. वासुदेवशरण अग्रवाल की प्रस्तुति के बारे में स्तम्भकार लिखता है: "अधिकारी के हाथ

में पहुँच कर भाषा में कितनी शक्ति आ जाती है इसका उदाहरण वासुदेवशरण अग्रवाल की वार्ता में मिला।''[11] रामवृक्ष बेनीपुरी की रचना 'तिलैया से दुर्गापुर' डायरी अंश के बारे में स्तम्भ लेखक लिखता है–''डायरी तो नहीं लगता था, किसी वृत्त रूपक के नोट्स लिये गये होंगे।''[12]

यानी साहित्य के नाम पर रेडियो में जिस तरह की रचनाएँ चलायी जा रही थीं, उसका इस स्तम्भ से पता चलता है। जहाँ अच्छी रचना प्रसारित होती है, स्तम्भकार उसकी प्रशंसा करता है। लेकिन यदि साहित्य का आभास मात्र देने वाली चीजें परोसी जाती हैं तो 'श्रुतिमान' तीव्र शब्दों में उसकी आलोचना करता है। बेनीपुरी जी के लिए स्तम्भकार कहता है :

''कहने को तो ये नमूने हिन्दी गद्य साहित्य के थे पर बेनीपुरी जी की यह रचना तो खींचतान कर भी साहित्य नहीं कही जा सकती।''[13]

फरवरी 1960 के आकाशवाणी स्तम्भ में 'श्रीधर पाठक की शताब्दी' की चर्चा है। आकाशवाणी ने श्रीधर पाठक के जन्मदिन 11 जनवरी को विशिष्ट कार्यक्रम प्रस्तुत किये। 'श्रुतिमान' लिखता है :''बहुत दिनों बाद आकाशवाणी से एक ऐसा विशेष कार्यक्रम सुनने को मिला जो लेखन और निर्देशन दोनों की दृष्टि से सन्तोषप्रद था इसके लेखक थे धर्मवीर भारती और निर्देशक गिरिजाकुमार माथुर।'' 14 किसी कृति साहित्यकार से संबंधित रूपक में यदि दुर्लभ जीवनीपरक सूचनाएँ आती हैं। तो स्तम्भकार उस खूबी पर रिझता है। श्रीधर पाठक के रूपक के बारे में 'श्रुतिमान' कहता है, ''कलकत्ते के ऑफिस में श्रीधर पाठक की सरकारी फाइल का आधार लेकर उनके जन्म, शिक्षा आदि का विवरण देने में जो नवीनता थी, जो रुचिकर लगी।''[15]

लेकिन यदि किसी रूपक में ज्ञात जीवनीपरक सामग्रियों का उपयोग होता है तो 'श्रुतिमान' खीझता है। श्रीधर पाठक के बाद स्तम्भ-लेखक भारतेन्दु की पुण्यतिथि पर प्रसारित दो कार्यक्रमों की चर्चा करता है। दोनों रेडियो रूपकों में भारतेन्दु से संबंधित सुपरिचित बातें थीं। रूपककार से स्तम्भ लेखक अपेक्षा करता है, ''क्या भारतेन्दु के जीवन और साहित्य का वर्णन ऐसी घटनाएँ देकर नहीं किया जा सकता जिसका चर्वित-चर्वण नहीं हुआ हो।''[16]

मई-जून 1961 के संयुक्तांक में आकाशवाणी स्तम्भ के अन्तर्गत रवीन्द्र शताब्दी के कार्यक्रमों की समीक्षा की गयी है। आकाशवाणी ने 6 मई से 8 नवम्बर तक छह माह के लिए प्रतिमास रवीन्द्र विषयक कार्यक्रम प्रस्तुत करने की घोषणा की। इस पर 'श्रुतिमान' ने टिप्पणी की :

''बुद्ध जयन्ती के अवसर पर पूरे साल आकाशवाणी ने उत्सव मनाये थे–यानी विशिष्ट कार्यक्रम प्रस्तुत किये थे। और मुझे अच्छी तरह स्मरण है कि इस अति से सब लोग कितने ऊब गये थे–यहाँ तक कि आकाशवाणी के कार्यकर्त्ताओं के मन में भी उस अवसर के लिए कोई उत्साह अथवा आदर शेष न रह गया था। डर लगता है कि कहीं इसी प्रकार की प्रतिक्रिया रवीन्द्र शताब्दी के विशेष कार्यक्रमों से न हो उठे।''[17]

जयन्ती की शुरुआत पर जो रवीन्द्र विषयक कार्यक्रम प्रसारित किये गये थे उसके बारे में 'श्रुतिमान' लिखते हैं :''डॉक्टर हजारीप्रसाद द्विवेदी की वार्ता 'शांतिनिकेतन की स्मृतियाँ'

कलकत्ता केन्द्र से प्रसारित हुई। उसी समय इलाहाबाद लखनऊ केन्द्र से सुमित्रानन्दन पंत की वार्ता का प्रसारण हो रहा था, उसके भी कुछ शब्द कानों में पड़े। पर एक ही समय पर प्रसारित दोनों की वार्ता सहज शब्दों में सहज रूप से प्रस्तुत सुन्दर वार्ता थी। उन्होंने स्वयं भी जैसा कहा, और लगता भी था, बहुत सी स्मृतियाँ उठ रही थीं जिनमें से कुछेक ही अभिव्यक्ति पा सकीं।''[18]

'श्रुतिमान' को बड़े नाम आतंकित नहीं करते। 'रवीन्द्र की जीवन झाँकी' सत्यजित राय द्वारा लिखित एवं प्रस्तुत कार्यक्रम है। किन्तु इस कमजोर प्रस्तुति के सम्बन्ध में श्रुतिमान की टिप्पणी है : ''प्रसारण कला के माध्यम का उपयोग सत्यजित राय ने शायद पहली बार किया, पर यह क्षेत्र उनकी प्रतिभा के अनुरूप नहीं है। इस कार्यक्रम का कोई गहरा प्रभाव मन पर नहीं पड़ा।''[19]

रवीन्द्र की प्रसिद्ध कविता 'निर्झरेर स्वप्नभंग' को रविशंकर ने वाद्यवृन्द के सहयोग से शतवार्षिकी के अवसर पर रेडियो के लिए प्रस्तुत किया था। स्तम्भ लेखक लिखता है : ''वाद्यवृन्द के इस संगीत की रचना रविशंकर ने सच्ची अन्त: प्रेरणा से की होगी। संगीतज्ञ कला कुशलता की त्रुटियाँ अथवा अभाव शायद उसमें ढूँढ़ निकालें पर इतना तो सामान्य अदीक्षित श्रोता कह ही सकते हैं कि संवेदनाओं की भावनाओं को जगाने की क्षमता रचना में अवश्य थी।''[20]

इस तरह हम देखते हैं कि बिना किसी लाग-लपेट के स्तम्भकार आकाशवाणी के कार्यक्रमों की समीक्षा करता है। इस समीक्षा का मूल पक्ष श्रोता है। श्रोता के लिहाज से ही वे रविशंकर की प्रस्तुति की जहाँ सराहना करते हैं, वहीं सत्यजित राय को प्रसारण विधा के लिए अनुपयुक्त घोषित करते हैं।

कविता सम्बन्धी टिप्पणी

कविताओं पर टिप्पणी करने में स्तम्भकार का मन खूब रमता है। रेडियो पर चाहे मध्यकालीन काव्य जायसी का 'पद्मावत' हो या नयी कविता का पाठ; उसकी गम्भीर समीक्षा स्तम्भकार करता है। पाँचवें दशक में यह चर्चा आम थी कि रेडियो का माध्यम परम्परागत कविता के अधिक उपयुक्त है अथवा नयी कविता के आदि-आदि। तरह-तरह के तर्क उपस्थित किये जा रहे थे। कुछेक का मानना था कि मुद्रण यंत्र के आविष्कार ने भाषा की एक बहुत बड़ी शक्ति छीन ली थी, रेडियो के आविष्कार ने उसे फिर वापस कर दिया है। भाषा केवल विचारों का लिखित चिह्न ही नहीं है, वह भावनाओं का उच्चरित मूर्तिमान रूप भी है। स्तम्भकार 'श्रुतिमान' का विचार है :

'नयी कविता' को काव्य प्रेमियों तक पहुँचाने के लिए रेडियो से बेहतर माध्यम नहीं हो सकता है। 'नयी कविता' की जो बोलचाल की लय है, वह रेडियो की बातचीत की लय के निकटतम है जिसमें कवि अपनी बात एक श्रोता को सुनाने के ढंग से कहकर हजारों श्रोताओं तक पहुँचा सकता है। नयी कविता, सम्मेलनों की कविता नहीं है। नया कवि सभा को संबोधित नहीं करता, व्यक्ति को संबोधित करता है। रेडियो के माध्यम से वह व्यक्ति को संबोधित करते हुए भी सभा को संबोधित करता है। कुछ चीजें ऐसी भी हैं जो मुद्रित

पृष्ठ की अपेक्षा रेडियो द्वारा अधिक प्रभावपूर्ण ढंग से व्यक्त की जा सकती हैं–जैसे अर्ध विराम, यानी 'पॉज'। नयी कविता में इसे बहुत महत्त्व दिया जाने लगा है और बहुधा '...' या ' ' के सहारे मुद्रित कविता में इसे व्यक्त किया जाता है पर रेडियो के द्वारा दो सेकेंड की ही चुप्पी इस 'पॉज' को प्रभावपूर्ण ढंग से व्यक्त कर देती है। नये कवियों ने इस माध्यम की संभावनाओं का पूरी तरह अन्वेषण नहीं किया है, और न ही, शायद अपने लिए विशेष रूप से उपयुक्त माध्यम के रूप में उसे देखा है।''[21]

कहना नहीं होगा जो बात 'श्रुतिमान' छठवें दशक में कवियों से कह रहे हैं; वही बात तीसरे दशक के अन्त में 'परिमल' की भूमिका में निराला जी कह रहे थे। निराला जी मानते थे कि मुक्तकाव्य कवित्त छन्द की बुनियाद पर सफल हो सकता है क्योंकि इसमें वार्तालाप का आनन्द मिलता है। इसके लिए उन्होंने 'आर्ट ऑफ रीडिंग' की अवधारणा प्रस्तुत की थी। उसी तरह स्तम्भकार 'बोलचाल की लय' का तर्क रख रहे थे। लेकिन फिर भी रेडियो माध्यम को कवि अपनी बेहतरीन कविताएँ नहीं उपलब्ध करा रहे थे। नवम्बर 1958 में स्तम्भकार ने यह सवाल उठाया कि :

''आज स्थिति यह है किसी कवि या लेखक की थर्ड रेट रचनाएँ यदि 'कल्पना' या किसी अन्य पत्र में प्रकाशित होती हैं तो वह एक बार तो स्वयं लज्जित हो उठता है और यदि नहीं होता तो दूसरे लोग ठोंक-पीट उसे कम-से-कम इतना एहसास तो करा ही देते हैं कि उसकी रचनाएँ लज्जा का कारण हैं। परन्तु रेडियो से चोटी के लेखक की निकृष्टतम रचना भी प्रसारित होकर उसके लिए लज्जा का कारण नहीं बनती और न उच्च कोटि की रचना की चर्चा होती है। यही नहीं प्रत्युत होता यह है कि हम अपनी थर्ड रेट रचनाओं की सफाई में बड़ी खूबसूरती से कह जाते हैं कि 'रेडियो के लिए लिखी थी'। आवश्यकता है इस मनोवृत्ति पर विचार किया जाय।''[22]

कवियों का आकाशवाणी के प्रति उपेक्षाभाव स्तम्भकार के लिए दुःख का विषय है। लेकिन उससे भी अधिक खतरनाक इस बात को मानते हैं कि–''रेडियो के प्रति उपेक्षा रखते हुए भी उसे 'सस्तापैसा' और नाम कमाने का साधन स्वीकार करने में संकोच नहीं करते।''[23]

जहाँ भी रेडियो पर 'फर्स्ट रेट' की कविता पाठ होती है, स्तम्भकार हुलस कर उसकी चर्चा करता है। लखनऊ-इलाहाबाद-पटना केन्द्र से एक अच्छी कवि गोष्ठी सुनने का अवसर स्तम्भकार को मिला। अक्टूबर 1958 में इसकी चर्चा करते हुए स्तम्भ-लेखक लिखता है :

इस गोष्ठी में देखें तो श्री रघुवीर सहाय का नाम ही उन कवियों में लिया जा सकेगा, जिन्होंने माध्यम का पूरा लाभ उठाया। लय के उतार-चढ़ाव और भावों तथा अर्थों को श्रोता तक पहुँचाने के लिए माइक्रोफोन की प्रेषणीयता वे खूब समझते थे। उनके काव्य पाठ ने इस माध्यम के द्वारा जितना प्रभाव श्रोताओं के मन पर डाला वह न तो मुद्रित पृष्ठ डाल सकता था और न कवि का सम्मेलन ही।''[24] इसी तरह स्तम्भकार शमशेरबहादुर सिंह की कविता पाठ के लिए लिखते हैं : ''शमशेरबहादुर सिंह की सुकोमल संवेदना का जो रस हमें उनके स्वर से मिल सका वह मुद्रित पृष्ठ के द्वारा कदापि नहीं मिल सकता था। जो चित्र हम अपनी कल्पना के सहारे खींचते वह कवि के स्वर में, अपने सारे रंगों, सारी गहराई और अपनी सारी कोमलता को लिए हुए सहज ही प्राणवान होकर हमारी आँखों के आगे खिंच गया।''[25]

लेकिन इसी कवि गोष्ठी में शामिल धर्मवीर भारती के बारे में स्तम्भकार कहता है– 'प्रमथ्युगाथा रेडियो के उपयुक्त नहीं है।' त्रिलोचन शास्त्री की कविता के बारे में स्तम्भकार लिखता है :

"कार्यक्रम के एक दोष की ओर इंगित करना 'श्रुतिमान' का धर्म है। काव्यकृतियों की लम्बाई कम–से–कम 'अनाउन्समेंट' से ज्यादा होनी ही चाहिए थी। श्री त्रिलोचन शास्त्री की कविता से लम्बी तो उनकी कविता के परिचय और समाप्ति के 'अनाउन्समेंट' थे। हम केवल यही सुन पाए–"अब आपको श्री त्रिलोचन शास्त्री अपनी कविता सुनाएँगे"–"अभी आपको श्री त्रिलोचन शास्त्री अपनी कविता सुना रहे थे।"[26]

रेडियो की इस कवि गोष्ठी का संचालन श्री गिरिजाकुमार माथुर कर रहे थे। 'श्रुतिमान' उनके संयोजन से सन्तुष्ट नहीं दीखते।

आकाशवाणी ने प्राचीन ग्रंथों के अखिल भारतीय कार्यक्रम प्रसारित किये थे। इस श्रृंखला के अन्तर्गत 'पद्मावत' का प्रसारण हुआ था। कार्यक्रम के संयोजक एवं प्रस्तुतकर्ता गिरिजाकुमार माथुर थे। पद्मावत काव्य के प्रस्तुतीकरण में लोकधुन का प्रयोग किया गया था। 'श्रुतिमान' ने इसे अनुचित बताया और तर्क दिया कि–"यह सच है कि 'पद्मावत' अवधी यानी एक बोली में लिखा गया है, पर जिस काल की वह रचना है, उसमें लोकपुट के लिए स्थान नहीं है। आज हमारा लोकक्षेत्र के प्रति अनुग्रहपूर्ण दृष्टिकोण बन गया है, उसकी झलक अवधी या ब्रजभाषा की साहित्यिक कृतियों के प्रति हमारे दृष्टिकोण में तो नहीं ही दीखनी चाहिए।"[27]

स्तम्भकार ने पृष्ठभूमि में चल रहे संगीत की भी आलोचना की "संगीत की भरमार इतनी ज्यादा थी कि जो ऑपेरा आकाशवाणी से प्रसारित किये जाते हैं, उसमें और इसमें कोई विशेष अन्तर नहीं दिखाई पड़ा।"[28]

पूरे कार्यक्रम में जो चीज स्तम्भकार को प्रिय लगी, वह थी डॉ. हजारीप्रसाद द्विवेदी की वार्ता, "इनमें डॉ. हजारीप्रसाद द्विवेदी की बातचीत मुझे सबसे अच्छी लगी। उनके बोलने का ढंग रेडियो के लिए बहुत उपयुक्त था। सुनने वाले के साथ आत्मीयता एकदम स्थापित हो गयी।"[29]

कविता के अनुवाद पक्ष पर भी 'श्रुतिमान' का ध्यान रहता है। गणतंत्र दिवस के अवसर पर 'सर्वभाषा कवि सम्मेलन' की परिपाटी रही है। सन् 1960 के 25 जनवरी को सर्वभाषा कवि सम्मेलन का आयोजन हुआ था। इस अवसर पर पढ़ी गयी कविताओं के हिन्दी अनुवाद भवानीप्रसाद मिश्र एवं नरेन्द्र शर्मा ने किये थे। श्रुतिमान की टिप्पणी है:

श्री भवानीप्रसाद मिश्र शायद अनुवादक अच्छे नहीं हैं। क्योंकि मूल कविता का अपना रूप प्रस्तुत करने का प्रयत्न वे नहीं करते, उनकी अपनी जो विशिष्ट शैली है, वही अनुवाद पर छा जाती है। श्री नरेन्द्र शर्मा सबसे सफल अनुवादक रहे। मूल कविता की लय उनके अनुवाद में करीब–करीब जैसी की तैसी उतर आयी थी। उर्दू की कविता का हिन्दी में अनुवाद हर साल की तरह, इस साल भी प्रस्तुत नहीं किया गया। खैर यद्यपि कविता सामान्य थी, उसकी भाषा इतनी फारसी गर्भित नहीं थी कि समझ में न आ सके।"[30]

इसलिए हम कह सकते हैं कि कविता विषयक 'श्रुतिमान' की टिप्पणियाँ आज के सन्दर्भ में भी महत्त्वपूर्ण हैं। समसामयिक नयी कविता ही उनकी आलोचना का क्षेत्र नहीं है।

वे मध्यकालीन 'पद्मावत' महाकाव्य को भी उचित परिप्रेक्ष्य में रखने के पक्षधर हैं। हिन्दी अखिल भारतीय भाषाओं के बीच संवदिया का कार्य कर रही है इसलिए उसके अनुवाद की उपयुक्तता पर भी स्तम्भकार की टिप्पणी दिलचस्प है। 'श्रुतिमान' ने रेडियो के माध्यम से कविता–आलोचना का गम्भीर दायित्व निभाया है, लेकिन कविता–आलोचना की यह रेडियो परम्परा 'श्रुतिमान' के बाद ही समाप्त हो गयी।

वाचिक हिन्दी का मानवीकरण

'कल्पना' के सम्बन्ध में यह लगभग स्वीकृत सत्य है कि खड़ी बोली हिन्दी में मानकीकरण में उसका योगदान अत्यन्त उल्लेखनीय है। इस सम्बन्ध में हमारा ध्यान केवल लिखित हिन्दी की ओर जाता है। लेकिन 'कल्पना' ने रेडियो की वाचिक हिन्दी की त्रुटियों का भी परिष्कार किया। आकाशवाणी के प्रचार–प्रसार ने भाषा को एक नये धरातल पर ला खड़ा किया था। उच्चरित भाषा में आये दिन जो त्रुटियाँ हो रही थीं, उसके नियमन की ओर 'श्रुतिमान' ने ध्यान दिया।

जुलाई 1961 में कैलाशचन्द्र की टिप्पणी 'आकाशवाणी : भाषा और उच्चारण' प्रकाशित हुई है। टिप्पणीकार लिखते हैं :

''गणतंत्र में जिस प्रकार और सारे कार्य चल रहे हैं, आकाशवाणी के कार्यक्रम भी बेझिझक उतने ही फूहड़ ढंग से चल रहे हैं। केवल भाषा और भ्रष्ट उच्चारण को ही केन्द्र मानकर यदि लिखा जाए तो कहने के लिए इतना है कि एक पूरी पुस्तक तैयार हो सकती है।''[31]

आगे टिप्पणीकार ने कुछ दिलचस्प उच्चारण त्रुटियों के नमूने प्रस्तुत किये :

''साहित्य अकादमी द्वारा पुरस्कृत पुस्तकों की जो नामावली आकाशवाणी द्वारा घोषित की गयी, उसमें हिन्दी की पुस्तक का नाम सुनकर तो सर पीटने का मन हुआ। श्री सुमित्रानन्दन पंत की 'कला और बूढ़ा चाँद' को 'काला और भूरा चाँद' प्रसारित किया गया।''[32]

यह भाषा स्खलन केवल समाचार तक ही सीमित नहीं थे। नाटक, रूपक, वार्ता–सभी में ऐसी त्रुटियाँ हो रही थीं। उच्चारण में स्थानीयता का प्रभाव सबसे अधिक दिल्ली केन्द्र के प्रसारणों में था। कैलाशचन्द्र लिखते हैं :

''जैसे 'परमात्मा' और 'परिवर्तन' आदि। जब–जब इन शब्दों का प्रयोग होगा, हमने मान लिया है कि 'प्रमात्मा' और 'प्रिवर्तन' ही होगा (दिल्ली आकर गैरपंजाबी भी पंजाबी गति को प्राप्त हो जाता है) ऐसे शब्दों का शुद्ध उच्चारण दुर्भाग्य से सम्भव नहीं किन्तु जब 'लटकने' लट कने और 'मज़ाक' के स्थान पर 'म्जाक' प्रसारित होता है तो तत्काल भीतर यह सवाल उठता है कि ये कौन लोग हैं, जो प्रोड्यूसर अथवा कार्यक्रमों के संचालक बने बैठे हैं? क्या ये लोग स्वयं रेडियो नहीं सुनते या फिर सबके सब 'दिल्ली गति' को प्राप्त हैं।''[33]

अगस्त 1961 के आकाशवाणी स्तम्भ में 'श्रुतिमान' ने कैलाशचन्द्र के आलेख के मन्तव्य से अपनी सहमति प्रकट करते हुए लिखा :

''पिछले मास की 'कल्पना' में आकाशवाणी की भाषा और उच्चारण की त्रुटियों पर टिप्पणी की गयी थी। टिप्पणी उचित ही थी। आकाशवाणी में उच्चारण की त्रुटियाँ किसी व्यक्ति विशेष की अयोग्यता या अक्षमता के परिणामस्वरूप नहीं, उपेक्षा और अवहेलना की

एक सामान्य गति के कारण होने लगी है। 'नागार्जुनकोंडा' कोई अनुच्चरणीय शब्द तो नहीं है, किन्तु उसे बहुधा 'नगार्जुनकोंडा' ही कहा जाता है, 'दामोदर' तो और भी सरल है, पर वह भी 'दामोदार' में परिणत हो जाता है। एक समय था जब आकाशवाणी के समाचार विभाग को अपने उच्चारण की शुद्धता पर गर्व था, अब भी शायद विदेशी भाषाओं के शब्दों के उच्चारण की तरफ खासा ध्यान दिया जाता है और कभी ही कोई चूक होती होगी; पर भारतीय भाषाओं के प्रति तो 'घर की मुर्गी दाल बराबर' वाला आचरण ही किया जाता है। श्रीमती रोशन मेनन को भारतीय शब्दों का गलत उच्चारण करने की दक्षता प्राप्त है। उनके मुँह से 'डंडाकरन्या' (दंडकारण्य) आग्राह्याना (अग्रहायण) 'नगार्जुना' (नागार्जुन) आदि फूल निरन्तर झरते रहते हैं।''[34]

कैलाशचन्द्र एवं 'श्रुतिमान' ने आकाशवाणी में दो तरह की उच्चारण त्रुटियों की तरफ ध्यान आकर्षित किये। कैलाशचन्द्र ने जहाँ भारतीय भाषाओं के प्रभाव से हिन्दी में हो रही भाषिक गलतियों का विवेचन किया; वहीं 'श्रुतिमान' ने समस्या को अलग धरातल पर – अंग्रेजी बनाम भारतीय भाषा की तरह विवेचित किया। उन्होंने कहा कि सवाल योग्यता के अभाव का नहीं है। यह भारतीय भाषाओं के प्रति 'उँह, सब ठीक है, सब चलता है' प्रवृत्ति का परिचायक है। 'श्रुतिमान' भारतीय भाषाओं के हिन्दी पर पड़ रहे प्रभावों को उतनी गम्भीरता से नहीं लेते। उनकी दृष्टि में बड़ी समस्या है हिन्दी तथा अन्य भारतीय भाषाओं का, अंग्रेजी का अनुवाद बनते चले जाना। श्रीमती रोशन मेनन के प्रति यह टिप्पणी कि उन्हें ''भारतीय शब्दों का गलत उच्चारण करने की विशेष दक्षता प्राप्त है—में 'श्रुतिमान' ने सारा सवाल भारतीय भाषा बनाम अंग्रेजी के रूप में देखा।''

यह सहज भी है क्योंकि 'कल्पना' भारतीय भाषाओं की पैरोकार पत्रिका है। 'कल्पना' यह मानती है कि भारतीय भाषाओं के बीच जो दूरी या अलगाव है वह अंग्रेजी के कारण है। इसीलिए 'श्रुतिमान' हिन्दी पर भारतीय भाषाओं के पड़ रहे प्रभावों को नजरअंदाज कर देता है। भारतीय भाषा के विरुद्ध टिप्पणी को 'श्रुतिमान' संयत स्वर में रखते हैं। ऐसी ही एक टिप्पणी द्रष्टव्य है :

''22 सितम्बर को श्रीनिवास शास्त्री के जन्म दिवस के उपलक्ष्य में प्रसारित रूपक में न जाने क्यों 'शास्त्री' को बराबर 'सास्त्री' कहा गया। दक्षिण भारत के लोग 'श' के लिए अंग्रेजी का 'एस.' ही उपयोग में लेते हैं, 'एस. एच.' नहीं, पर उच्चारण में गलती नहीं की जाती है। तमिल की वर्णमाला में तो एक ही अक्षर से कई ध्वनियों का काम लिया जाता है। मूल रूपक अंग्रेजी में लिखाया गया था और लगता है हिन्दी के रूपान्तरकार तथा निर्देशक कुछ अनभिज्ञ थे। और फिर 'शास्त्री' को 'सास्त्री' कहना आकाशवाणी के विधायकों की दृष्टि में भला चिन्त्य प्रयोग हो सकता है? सिव! सिव!''[35]

उद्धृत अंश से 'श्रुतिमान' के कई रुझानों का पता चलता है। एक क्षण तो ऐसा लगने लगता है कि कहीं 'श्रुतिमान' त्रुटि की पैरवी तो नहीं कर रहा है। 'श' 'स' में उच्चरित हुआ इसके लिए तमिल भाषा का स्थानिक प्रभाव कारण है। शेष बचे दोषों के लिए अंग्रेजी से हिन्दी में अनुवाद की प्रक्रिया को जिम्मेवार ठहराया। और अन्त में, बचे दोषों के लिए आकाशवाणी के विधायकों को कठघरे में खड़ा किया तथा अन्त में सारे प्रसंग को सिव!

सिव ! कह कर परिहास में बदल दिया। इससे पता चलता है स्तम्भकार भारतीय भाषाओं का हिन्दी पर पड़ रहे प्रभावों को संयत ढंग से लेते हैं। लेकिन सम्पूर्ण कारण तो अंग्रेजी का दबदबा है। यह 'श्रुतिमान' की इस मनोवृत्ति का भी परिचायक है कि हिन्दी निरन्तर अखिल भारतीय दृष्टिकोण से सोचने का पक्षधर रही है।

लेकिन यदि हिन्दी के साहित्यकार उच्चारण में गलती करते हैं तो फिर 'श्रुतिमान' का क्रोध नहीं थमता। वे ऐसी वाचिक त्रुटि पर कस कर प्रहार करते हैं। नरेन्द्र शर्मा ने पद्यनाटक 'धर्मराज' को रेडियो पर पढ़ा। इसके उच्चारण दोषों पर 'श्रुतिमान' ने कहा :

''नरेन्द्र शर्मा वर्षों से रेडियो से सम्बद्ध हैं, कम-से-कम उन्हें तो शब्दों के उच्चरित ध्वनियों के प्रति विशेष ध्यान देना चाहिए–आमतौर से कोई कवि जितना देता हो, उससे अधिक ही। इस प्रकार की पंक्तियाँ उनके लिए अक्षम्य हैं : जैसे–'क्षत विक्षत शिथिल गात।'[36]

हिन्दी के साहित्यकार यदि उच्चारण त्रुटि करते हैं तो 'श्रुतिमान' उसे बर्दाश्त नहीं करते हैं। कबीर जयन्ती के अवसर पर आकाशवाणी के लखनऊ इलाहाबाद केन्द्र से एक वार्ता 'सत्य का निर्भीक साधक' प्रसारित हुई। वार्ताकार डॉ. रामकुमार वर्मा थे। 'श्रुतिमान' लिखते हैं :

'सत्य का निर्भीक साधक' वार्ता में डॉक्टर वर्मा उतनी गहराई तक नहीं गये जितनी विषय से अपेक्षित थी। डॉक्टर रामकुमार वर्मा के मुँह से 'अभिजात्य' सुनना काफी खटका – प्रभाव छोड़ने लगा–'डालने' के अर्थ में भी नयी चीज है। वर्मा जी, सुना, आजकल प्रयाग विश्वविद्यालय के हिन्दी विभाग के कार्यकारी अध्यक्ष हैं।[37]

हिन्दीभाषी विद्वानों से परिनिष्ठित उच्चारण की अपेक्षा स्वाभाविक है। इलाहाबाद विश्वविद्यालय के विभागाध्यक्ष यदि सदोष उच्चारण करेंगे तो फिर रेडियो की वाचिक हिन्दी की परम्परा कैसे समुन्नत होगी। इसी तरह पटना से प्रसारित कवि गोष्ठी की समीक्षा करते हुए 'श्रुतिमान' विषयवस्तु के बाद सीधे सदोष उच्चारण पर आते हैं :

''एक बात और है, उच्चारण के विषय में उदारता का अर्थ क्या 'दिर्घ', 'सीर्सक' आदि सब को हज़म कर जाना है?''[38]

खड़ी बोली के बोलचाल के रूप को आकाशवाणी में निर्धारित एवं प्रचलित करने में 'श्रुतिमान' की भूमिका असंदिग्ध है। आज रेडियो बूढ़ा और अप्रासंगिक प्रतीत हो रहा है। सारे परिदृश्य पर दूरदर्शन छाया हुआ है। लेकिन पाँचवें एवं छठे दशक में खड़ी बोली के अस्तित्व एवं व्यक्तित्व को आकाशवाणी ने निखारा था। 'कल्पना' का आकाशवाणी स्तम्भ इसका सबूत है।

'कल्पना' लेखकीय स्वतंत्रता की रक्षा का पक्षधर थी : लेखकों की बड़ी संख्या उस समय रेडियो पर कार्यरत थी। रेडियो एक सरकारी माध्यम था और वहाँ लेखन की अपनी सीमाएँ और चुनौतियाँ थीं। सत्ता के शिखर पर बैठे राजपुरूषों के लिए रेडियो के सम्मोहनकारी प्रभाव से उबर पाना सम्भव नहीं था। राजनीतिकों के अनुचित हस्तक्षेप से साहित्यकारों की रचनात्मकता प्रभावित हो रही थी। नवस्वाधीन भारत में पनप रहे इस लेखकीय जोखिम को 'कल्पना' भली प्रकार समझ रही थी। लेखकों के बंधुआ बनने के विरुद्ध 'कल्पना' निरन्तर

लिखती रहती है। इसीलिए आकाशवाणी स्तम्भ में तत्कालीन सत्तानीति का स्पष्ट विवेचन भी मिलता है। रेडियो जिस तरह से सरकारी प्रचार–प्रसार का माध्यम बन जाता है, इसकी चिन्ता 'श्रुतिमान' की टिप्पणियों में भी ध्वनित होती है।

आकाशवाणी पर आये दिन मंत्रियों के स्वर सुनवाये जाते थे। कार्यक्रमों के उद्‌घाटन भाषण होते थे। मंत्री देश के नवनिर्माण में साहित्यकारों से सहायता की अपील करता था। 'श्रुतिमान' को साहित्यिकों के कार्यक्रम में मंत्रियों का उपदेश सुनाना फूटी आँख भी नहीं भाता था। इसीलिए उनके स्तम्भ में साहित्यिकों को अपनी गरिमा बनाये रखने की हिदायत या सलाह बार–बार मिलती है। आकाशवाणी के पाँचवें साहित्य–समारोह में उद्‌घाटनकर्ता की हैसियत से तत्कालीन सूचना एवं प्रसारण मंत्री डॉ. केसकर आये थे। यह बात स्तम्भकार के गले नहीं उतरी।

''डॉक्टर केसकर ने अपने उद्‌घाटन भाषण में उसी तरह की बातें की जिन्हें करने के आदी राजनीतिक नेता हो जाते हैं। साहित्यकारों के मंच पर खड़े हो उपदेश देना साहित्यिक समारोहों में उद्‌घाटन भाषण देते समय सभी मंत्री और नेता करते ही रहते हैं। साहित्यकारों को भी अब इन संतो की बानी सुनने की आदत पड़ गयी है। पर डॉक्टर केसकर ने अपने भाषण में एक अद्‌भुत बात कही। उन्होंने कहा कि चूँकि सरकार अकेली ही जनता में सन्तुलित व्यक्तित्व का निर्माण करने में असमर्थ है इसलिए साहित्यकारों को चाहिए कि वे सरकार की इसमें सहायता करें। पहली बात तो यही है कि उनकी दृष्टि में 'सन्तुलित व्यक्तित्व का निर्माण' भी सरकार का काम है—सहज स्वाभाविक कर्म—पर क्योंकि काम बहुत बड़ा है इसलिए साहित्यकारों और कलाकारों को चाहिए कि वे इसमें योग दें। दूसरी बात यह है कि जिस साहित्य समारोह का उद्‌घाटन कर रहे थे उसका विषय था 'भारतीय साहित्य में गद्य का विकास'।[39]

साहित्यिकों की सभाओं में राजनीतिज्ञों की उपस्थिति की कोई उपयोगिता है न औचित्य। ऊपर से सन्दर्भहीन भाषण सुनने पड़ते हैं। इसलिए 'श्रुतिमान' का दृष्टिकोण साफ है कि साहित्यिक आयोजनों में मंत्रियों को बुलाया ही न जाय।

आजादी के बाद यह प्रवृत्ति जोर पकड़ रही थी कि किसी साहित्यिक कार्यक्रम का उद्‌घाटन राष्ट्रपति या प्रधानमंत्री के हाथों से कराया जाय। 'कल्पना' साहित्यिकों के स्वाधीन संसार में सत्ताधारियों के प्रवेश को अनुचित मानती थी। साथ ही इस प्रवृत्ति के लिए साहित्यकारों को ही जिम्मेदार ठहराती थी। 'कल्पना' के सम्पादक–मंडल के एक सदस्य 'मुनीन्द्र' ने डॉ. राजेन्द्रप्रसाद द्वारा प्रेमचन्द स्मारक के उद्‌घाटन से तीव्र असहमति जतायी है। लमही में आठ अक्टूबर 1960 को काशी नागरी प्रचारिणी ने यह आयोजन किया था। प्राग विश्वविद्यालय के हिन्दी अध्यापक डॉ. स्मेकल ने भी इस आयोजन में भाग लिया था। मुनीन्द्र ने सवाल उठाया कि :

''इस स्मारक के शिलान्यास से एक प्रश्न यह भी उठता है कि यह कार्य राष्ट्रपति से क्यों कराया गया। राजेन्द्र बाबू की राष्ट्रपति की पात्रता को यह अधिकार कतई नहीं देती कि वह ऐसे विशुद्ध साहित्यिक क्रियाकलापों को भी अपने प्रभाव क्षेत्र में लें। राष्ट्रपति के हाथों शिलान्यास हो इसके लिए राष्ट्रपति की सुविधा को ध्यान में रखते हुए कुछ दिनों के लिए

शिलान्यास का कार्य स्थगित रखा गया। इस अशोभनीय स्थिति के लिए उत्तरदायी हैं वे संयोजक गण जो इस समारोह की आड़ में स्वयं प्रकाशान्वित होना चाहते थे।

यह हानिकारक प्रवृत्ति तभी दूर होगी जब साहित्य जगत में प्रबल जनमत इस बात की माँग करे कि साहित्यिक कार्यक्रमों से सत्ताधारियों को दूर ही रखा जाए। और जहाँ कहीं संयोजक आग्रह करे वहाँ कार्यक्रम का बहिष्कार किया जाए।[40]

यानी सत्ता की सर्वग्राही प्रभुता कहीं लेखकीय आजादी को न लील जाए, यह 'कल्पना' के सम्पादकों की प्रमुख चिन्ता है। स्वस्थ परम्परा के विकास की दृष्टि से यह एक हानिकारक प्रारम्भ था। सत्ताधारियों की कृपा का मोह एक अशोभन प्रवृत्ति थी। संयोजकों की इस अधम प्रवृत्ति की 'मुनीन्द्र' ने कड़ी भर्त्सना की। उसी अंक में 'श्रुतिमान' ने भी डॉ. राजेन्द्रप्रसाद की खबर ली है :

"25 अक्टूबर, 1959 से 31 अक्टूबर, 1959 तक रेडियो संगीत सम्मेलन का आयोजन किया गया। हिन्दुस्तानी और कर्णाटकी संगीत का प्रसारण हुआ। आकाशवाणी इस आयोजन को पिछले पाँच वर्षों से प्रतिवर्ष करती आ रही है। यह छठा संगीत सम्मेलन था, जिसका उद्घाटन भारत गणराज्य के राष्ट्रपति देशरत्न राजेन्द्रप्रसाद ने किया। यदि इसका उद्घाटन उस्ताद अल्लाउद्दीन खाँ या श्रीमती केसरबाई या कंठे महाराज या पंडित ओंकारनाथ या श्री रहीमुद्दीन डागर या श्री बिसमिल्ला खाँ या श्री बड़े गुलाम अली खाँ या श्रीमती सुब्बुलक्ष्मी या श्रीमती पट्टभाल या श्री मदुरईमणि ऐय्यर जैसे किसी लब्धप्रतिष्ठ संगीतज्ञ से कराया जाता, तो हम अपने कलाकार के आदर के साथ-साथ अपना भी आदर करते। हमारा आग्रह है कि भविष्य में सभी आयोजक और शासक वर्ग के उद्घाटक इसको समझे तो देश की इस दुष्प्रवृत्ति को मिटाने में उनका योग माना जाएगा। अस्तु।"[41]

लेखकों कलाकारों की स्वाधीन दुनिया में शासकीय उद्घाटकों की क्या जरूरत? आज 'कल्पना' की चेतावनी के महत्त्व समझ में आते हैं। छठे दशक में जो संकट राई के बराबर था आज सुमेरु के समान हो गया है। आज साहित्यिक समुदाय के विरोध एवं असहमति की गुंजाइश तो बिलकुल ही नहीं बची रह गयी है। लेकिन 'श्रुतिमान' ने शासकीय हस्तक्षेप का जिस तरह से प्रतिकार किया था; वह गहराते संकट की पहली सूचना थी। 'श्रुतिमान' संगीतकारों की रेडियोसभा में राष्ट्रपति के उद्घाटन से क्षुब्ध थे। वे संगीतकारों की लम्बी सूची प्रस्तुत करते हैं तथा संगीत-सभा हो या साहित्य-गोष्ठी दोनों ही जगहों पर राजनीतिज्ञों के प्रवेश निषेध की वकालत करता है।

सूचना मंत्रालय की दृष्टि में प्रसारण कला का कोई महत्त्व नहीं था। मंत्रालय के लिए आकाशवाणी सरकारी प्रचार-प्रसार का माध्यम भर थी। रेडियो पर सरकारी 'मोनोपॉली' 'श्रुतिमान' के लिए क्लेश का विषय है। अभाग्यवश इस परिणति का कुप्रभाव देश के साहित्यिक एवं सांस्कृतिक जीवन पर अनिवार्य रूप से पड़ा। नेहरू युग के अन्तिम दिनों में आकाशवाणी पर नेहरू जी की आवाज, अवसर मिलते ही सुनायी जाती थी। इस बात को 'श्रुतिमान' ने अशोभनीय बताया :

"रेडियो के सरकारी प्रचार विभाग होने के दोषों ने इस बार मुझे बहुत अधिक प्रभावित किया है। 16 जून को प्रधानमंत्री ने नैनीताल जाते हुए रास्ते में किसी ग्राम्य सभा में भाषण

दिया। उस भाषण की रेडियो रिपोर्ट प्रसारित की गयी। उस रिपोर्ट को मैंने सुना और सुनकर कई बातें मन में उठीं। पहली तो यह कि भाषण में पंडित नेहरू ने ऐसी कौन-सी बात कही थी जिसकी रेडियो रिपोर्ट प्रसारित करना उपयुक्त समझा गया? दूसरी यह कि क्या सरकारी प्रचार विभाग होने के नाते रेडियो के लिए आवश्यक है कि प्रधानमंत्री जब कभी भाषण दें, जो भी कहें, वह सब प्रसारण की दृष्टि से महत्त्वपूर्ण समझा जाय?...सरकारी विभाग के द्वारा सम्मान पाने का अनिवार्य परिणाम हुआ है—अतिपरिचयादवज्ञा। कितने श्रोता होंगे जो अब पंडित नेहरू का स्वर और उनकी बातें सुनने के लिए उत्सुकतापूर्वक बैठते होंगे।''[42]

आकाशवाणी पर निरन्तर शासकीय प्रचारात्मक बातों के प्रसारण से रेडियो की विश्वसनीयता जाती रही। विदेशी रेडियो से प्रसारित मनोरंजन (सिलोन) तथा समाचार (बी.बी.सी.) की विश्वनीयता बढ़ती चली गयी। 'श्रुतिमान' लिखित आकाशवाणी स्तम्भ से पता चलता है कि रेडियो ने पंडित नेहरू के सामान्य चलताऊ कथन को भी इतनी बार दुहराया कि आकाशवाणी सरकारी प्रचार की संस्था बन कर रह गयी।

लेखकीय अधिकार की रक्षा : आकाशवाणी के लेखकों पर जब भी अनुचित सरकारी संकट आया, 'श्रुतिमान' ने जमकर प्रतिकूल फैसले का प्रतिकार किया। आकाशवाणी के प्रोड्यूसरों को यह आदेश दिया गया कि दिन भर के कार्यों की सूचना डायरी में दर्ज करें। इस अपमानजनक आदेश की 'श्रुतिमान' ने खिल्ली उड़ायी :

जिस वर्ग को बड़ी धूम-धाम से गा-बजा कर प्रतिष्ठित किया गया, ऐसी कौन-सी अनिवार्यता उत्पन्न हो गयी? सम्मानित विभूतियों की यह परिणति? शायद चतुर्थ श्रेणी के ''सरकारी अफसरों से भी यह माँग तो न की जाती होगी कि वे दिनभर का लेखाजोखा प्रस्तुत करें।''[43]

आगे स्तम्भकार ने इस नियम की पालना हेतु एक काल्पनिक लेखाजोखा प्रस्तुत किया। सुबह दस बजे से लेकर शाम पाँच बजे की अवधि तक का एक हास्यास्पद विवरण प्रस्तुत किया। किन्तु इस अगम्भीर मुद्रा में ही 'श्रुतिमान' ने यह बात स्थापित की कि आकाशवाणी में कार्य संस्कृति केवल काग़जी मुद्दा नहीं है। साहित्यकर्मी या बुद्धिजीवी स्वयं भी आकाशवाणी के संकटों के जानकार हैं। बंधुआ की तरह उससे वार्ता या रूपक नहीं लिखवाया जा सकता है। इस आदेश से यह भी पता चलता है कि धीरे-धीरे आकाशवाणी का आकाश नौकरशाहों की मर्जी से धुँधला होता चला गया। इसका नतीजा यह निकला कि साहित्यकार धीरे-धीरे आकाशवाणी से विमुख होते चले गये। साहित्यकार को सरकारी-दास बनाने के षड्यंत्र से ऊब कर 'श्रुतिमान' ने लिखा :

''हास-परिहारा न करें और गम्भीरतापूर्वक सोचें तो क्या यह उचित है कि कला के माध्यम से संबंधित किन्हीं भी कार्यकर्ताओं से काम का लेखाजोखा रखने को कहा जाए? निम्नतर श्रेणी के मजदूरों और इन बुद्धिजीवियों (?) में अन्तर क्या है।''[44]

इसी तरह आकाशवाणी के अन्यायपूर्ण अनुबंध शर्त का भी जमकर विरोध 'श्रुतिमान' ने किया। इस एक पक्षीय शर्त के अनुसार आकाशवाणी किसी भी लेखक की प्रसारित रचना का सर्वाधिकार प्राप्त कर लेती थी। उसके बाद लेखक को स्वयं की भी रचना छपवाने के लिए आकाशवाणी से अनुमति लेनी पड़ती थी। स्वाभाविक है कि अनुबंध पत्र की चौथी

अपमानजनक शर्त के लिए 'श्रुतिमान' ने साहित्यकारों से अपील की कि वे इस शर्त को अस्वीकार करें। जब भी कार्यक्रम के लिए करार हो तो चौथी शर्त काट डालें। इस अनुबंध के लिए उस समय के साहित्यकारों ने पर्याप्त प्रतिरोध किया था। बँगला के कवि बुद्धदेव बसु को आकाशवाणी कलकत्ता ने प्रसारित चीजों के प्रकाशन की अनुमति देने से इनकार कर दिया था। 'श्रुतिमान' के अनुसार स.ही. वात्स्यायन का इस शर्त के कारण आकाशवाणी से सम्बन्ध तनावपूर्ण हो गया था। वे इस अपमानजनक शर्त को काट दिया करते थे। इस बात की जानकारी फणीश्वरनाथ 'रेणु' के पत्र से भी मिलती है। पत्र 'कल्पना' के फरवरी-मार्च-अप्रैल के संयुक्तांक में छपा है : पत्र 'श्रुतिमान' को सम्बोधित है। ''प्रिय श्रुतिमान जी, यह कैसा संयोग है कि आज ही मैंने आकाशवाणी (पटना) का एक अनुबंध-पत्र चौथी शर्त को (दी फी...आर ट्रांसलेशन समूल) काट कर वापस किया है और आज ही 'कल्पना' का 127वाँ अंक मिला। इसके बाद आकाशवाणी वाले क्या करते हैं; देखना है—सूचित करता रहूँगा।''

श्री वात्स्यायन कांड का मैं साक्षी दर्शक तो था ही। मुझे भुगतना भी पड़ा है और इस कांड का स्मृति चित्र मेरे पास लिखा पड़ा हुआ है। मेरी ही टेबल पर, मेरे सामने ही अज्ञेय जी ने इस शर्त को काटा था। फिर इसके बाद पटना से दिल्ली तक ट्रंक की घंटियाँ घंटों घनघनाती रहीं। दिलचस्प किस्सा है।

बँगला के पत्रों में बंगाली साहित्यिकों की (इस प्रश्न पर, धारावाहिक रूप से) प्रतिक्रिया प्रकाशित हो रही है। मैंने डॉ. भारती से भी निवेदन किया है। आपसे भी अनुरोध है—इस शर्त को कटवाने के लिए—हिन्दी में भी चेष्टा होनी चाहिए।

तटवर्ती वृक्ष पर बने हुए इस घोसले में बसने वालों से भी आग्रह करें क्योंकि लेखकों के सम्मान और स्वाभिमान का सौदा इन्हीं के हाथों करवाया जाता है।

अभी इतना ही, आपके स्तम्भ का—मुझे, सभी साहित्यिकों को—बहुत भरोसा है। नमस्कार ग्रहण करें। आपका फणीश्वरनाथ रेणु, पटना 27 दिसम्बर 1961।''

ऊपर के पत्र से स्पष्ट है कि 'कल्पना' ने आकाशवाणी के असम्मानजनक शर्त को हटाने के लिए जोरदार अभियान चलाया। 'कल्पना' के 'आकाशवाणी' स्तम्भ का लेखक समुदाय को बहुत भरोसा था। रेणु जी की चिट्ठी भी इस बात की साक्षी है।

स्वयं सम्पादक ने भी 'यह अंक' में 'श्रुतिमान' के विचार का समर्थन करते हुए लिखा था :

'आकाशवाणी' में 'श्रुतिमान' ने बहुत वाजिब सवाल उठाया है। बुद्धदेव बसु बौखलाये आज क्योंकि आकाशवाणी ने सतर्कता और व्यवहार कुशलता में कोताही की। श्रुतिमान ने जब इस सवाल को पहले उठाया था, तभी लेखकों को, और कुछ नहीं तो कम-से-कम इस पर आकाशवाणी को पत्र ही लिखना चाहिए था। दुर्भाग्य से आज इतनी उदासीनता है सभी मामलों में कि अपने अधिकार और आत्मसम्मान की बात कहना - लेखक को कहना चाहिए, सिर्फ अपने ही नहीं, बल्कि किसी के भी अधिकार का हनन हो या आत्मसम्मान पर चोट पड़े तो भी; क्योंकि तभी तो वह लेखक है—व्यवहार कुशलता नहीं मानी जाती। स्वार्थ और चाटुकारिता इस सीमा पर पहुँच गये हैं कि लेखक स्वयं अपने सम्मान और स्वाभिमान का

भी सौदा कर लेता है।[45] अनुबंध-पत्र के बारे में लिखी गयी यह टिप्पणी आकाशवाणी का आखिरी किस्त रहा। इसके बाद संक्षिप्त सूचना के बाद आकाशवाणी स्तम्भ बन्द कर दिया गया। 'कल्पना' ने नवें साल में जन-संचार माध्यम की समीक्षा की शुरुआत की थी। बारहवें साल के दिसम्बर अंक तक यह स्तम्भ जाता रहा। साढ़े तीन साल की अवधि में 'श्रुतिमान' ने व्यापकता एवं गहराई से आकाशवाणी की समस्याओं को उठाया। निर्भीकतापूर्वक आकाशवाणी की गलत नीतियों का खंडन किया। जो अच्छा लगा, खुल कर तारीफ की।

इस स्तम्भ के बन्द होने के कुछ संकेत 'कल्पना' के पन्नों पर दर्ज हैं। परन्तु साफ-साफ कुछ नहीं लिखा मिलता है। जो कुछ है अनुमेय है। जनवरी 1961 में यह सम्पादकीय टिप्पणी छपी है कि "इस बार सरदी कड़ाके की पड़ी। रेडियो से आवाज ही नहीं निकली।" इसके बाद तीन महीने तक 'कल्पना' का प्रकाशन स्थगित रहा। मई में फरवरी-मार्च-अप्रैल का संयुक्तांक निकला तब तक स्थिति बदल चुकी थी। सम्पादकीय सूचना से पता चलता है कि 'कल्पना' के बन्द होने तक की नौबत आ गयी है। संयत शब्दों में यह घोषणा की गयी है कि-'कल्पना' का प्रकाशन हो और प्रकाशन बन्द कर दिया जाय-इन दो विकल्पों में से हमने पहले को चुना और हमें विश्वास है कि पाठक भी हमारे चुनाव का अनुमोदन करेंगे। 'कल्पना' की आर्थिक कठिनाइयों को दृष्टिगत रखते हुए 'कल्पना' की पृष्ठ संख्या आगामी अंक से कुछ कम की जाएगी। हमें आशा है, यह कटौती बहुत अल्पकालीन होगी।"[46]

मई 1962 में यह संक्षिप्त सूचना छपी है : "आकाशवाणी स्तम्भ फ़िलवक़्त स्थगित किये गये हैं।" उसके बाद फिर कभी आकाशवाणी की चर्चा शुरू नहीं हुई। 'श्रुतिमान' ने जनसंचार माध्यमों की समीक्षा का ऐतिहासिक दायित्व पूरा किया।

सन्दर्भ सूची

1. कल्पना — मार्च 1961, पृ.-15.
2. कल्पना — मार्च 1961, पृ.-16.
3. कल्पना — मार्च 1961, पृ.-17.
4. कल्पना — मार्च 1961, पृ.-17.
5. कल्पना — अप्रैल 1961, पृ.-95.
6. कल्पना — अप्रैल 1961, पृ.-95, 96.
7. कल्पना — अप्रैल 1961, पृ.-97.
8. कल्पना — अप्रैल 1961, पृ.-96.
9. कल्पना — अप्रैल 1961, पृ.-97.
10. कल्पना — मई 1960, पृ.-4.
11. कल्पना — मई 1960, पृ.-5.
12. कल्पना — मई 1960, पृ.-5.
13. कल्पना — मई 1960, पृ.-5.
14. कल्पना — फरवरी 1960, पृ.-13.
15. कल्पना — फरवरी 1960, पृ.-14.

16. कल्पना — फरवरी 1960, पृ.–14.
17. कल्पना — मई–जून 1961, पृ.–92.
18. कल्पना — मई–जून 1961, पृ.–93.
19. कल्पना — मई–जून 1961, पृ.–93.
20. कल्पना — मई–जून 1961, पृ.–93.
21. कल्पना — अक्टूबर 1958, पृ.–07.
22. कल्पना — नवम्बर 1958, पृ.–6.
23. कल्पना — नवम्बर 1958, पृ.–8.
24. कल्पना — नवम्बर 1958, पृ.–7.
25. कल्पना — नवम्बर 1958, पृ.–8.
26. कल्पना — नवम्बर 1958, पृ.–8.
27. कल्पना — अगस्त 1959, पृ.–10.
28. कल्पना — अगस्त 1959, पृ.–10.
29. कल्पना — अगस्त 1959, पृ.–11.
30. कल्पना — मार्च 1960, पृ.–10.
31. कल्पना — जुलाई 1961, पृ.–17.
32. कल्पना — जुलाई 1961, पृ.–17.
33. कल्पना — जुलाई 1961, पृ.–17.
34. कल्पना — अगस्त 1961, पृ.–93.
35. कल्पना — अक्टूबर 1961, पृ.–84.
36. कल्पना — अक्टूबर 1961, पृ.–83.
37. कल्पना — जुलाई 1960, पृ.–5.
38. कल्पना — फरवरी 1960, पृ.–14.
39. कल्पना — मई 1960, पृ.–6.
40. कल्पना — दिसम्बर 1959, पृ.–16.
41. कल्पना — दिसम्बर 1959, पृ.–6.
42. कल्पना — जुलाई 1959, पृ.–9.
43. कल्पना — नवम्बर 1961, पृ.–88.
44. कल्पना — नवम्बर 1961, पृ.–90.
45. कल्पना — दिसम्बर 1961, पृ.–122.
46. कल्पना — फर.–मार्च–अप्रैल 1962, पृ.–2.

उपसंहार

'कल्पना' हिन्दी भाषा, साहित्य, संस्कृति और ललितकला की पत्रिका थी। स्वाधीनता के दो साल बाद इसका प्रकाशन हैदराबाद से शुरू हुआ था। प्रवेशांक की योजना तो स्वाधीनता-प्राप्ति की दूसरी वर्षगाँठ पर निकालने की थी लेकिन शासन की आज्ञा देर से मिलने के कारण यह पहली बार नवम्बर 1949 में निकली। देखते ही देखते हिन्दी रचनाकारों की यह प्रिय पत्रिका हो गयी। पुरानी पीढ़ी के रचनाकार मानसिक गतिरोध की स्थिति का अनुभव कर रहे थे। वैचारिक आग्रह भी वायुमंडल में घुला-मिला था। फिर जो स्वतंत्रता हमें मिली थी उसे लेकर भी बुद्धिजीवियों में पर्याप्त संशय था। एक तो हमारे स्वातंत्र्य संग्राम का ढंग अपेक्षाकृत बहुत शान्त था। जैसी राज्य क्रान्तियाँ अन्य देशों में हुईं, उनकी तुलना में, सत्ता का जैसा वैधानिक हस्तांतरण यहाँ हुआ, उसमें बहुतों का विश्वास नहीं जम पा रहा था। इसीलिए स्वाधीनता-प्राप्ति के बाद जितने उत्साह से देश का ध्यान निर्माण कार्यों की ओर जाना चाहिए था उतना नहीं गया। इसके राजनीतिक कारण कुछ भी हों, पर इसमें कोई सन्देह नहीं कि इसकी सबसे अधिक निराशाजनक प्रतिक्रिया साहित्य में गतिरोध की स्थिति से हुई। ऐसे में उच्च स्तर के उपन्यास, कहानी, नाटक, निबन्ध नहीं लिखे जा रहे थे वरन् ऐसा प्रतीत हो रहा था कि उनके लेखन की आगामी संभावनाएँ भी चुक गयी हैं। लेकिन 'कल्पना' ने इस जड़ माहौल को नयी दिशा में मोड़ने की कोशिश की। उसने पक्षधरों से अपना सम्बन्ध जोड़ने के बजाय नवागतों से सम्बन्ध जोड़ा। हालाँकि 'कल्पना' को विपरीत परिस्थितियों का ज्ञान था, लेकिन शंकालु या अधीर होकर कुछ न करने की तुलना में कुछ करने की इच्छा में ही 'कल्पना' का प्रस्थान निहित है। जुलाई 1954 की मासिक 'कल्पना' में मनोहरश्याम जोशी ने 'साहित्य में गतिरोध' के कारणों की खोज की थी। यह गतिरोध की धारणा कुछ ऐतिहासिक भ्रांतियों पर आधारित थी। कुछ लोग गांधी के नेतृत्व में लड़े जाने वाले भारतीय संग्राम को महान् साम्राज्यवाद विरोधी आन्दोलन न मानकर केवल भारतीय पूँजीवाद का अभियान मात्र मानते थे। उनकी दृष्टि में नवागत आजादी झूठी थी। इसके विपरीत छोर पर वे पुनरुत्थानवादी लेखक थे जो संघर्ष से थक चुके थे और यह मानते थे कि स्वतंत्रता प्राप्ति के बाद अब नये स्वर्णयुग का आरम्भ हो गया है। इन दोनों तरह के अतिवादों के बीच 'कल्पना' ने हिन्दी लेखकों को यह समझाया कि स्वतंत्रता की प्राप्ति एक वास्तविकता है लेकिन निर्माणाधीन देश के समक्ष जटिल चुनौतियाँ भी हैं। 'कल्पना' ने ऐसी संक्रमणशील स्थिति में विचार-प्रचार के बजाय उत्कृष्ट रचना-प्रचार का मार्ग चुना। प्रस्तुत अनुसंधान के प्रथम

अध्याय में तत्कालीन गतिरोधपूर्ण माहौल के वर्णन के साथ–साथ 'कल्पना' की विकास यात्रा का विस्तार से वर्णन है।

'कल्पना' के माध्यम से हिन्दी भाषा के परिष्कार की युगांतरकारी शुरुआत हुई। सन् 50 के आसपास उभर कर आने वाली लेखकों की पीढ़ी 'कल्पना' की विशेष ऋणी है कि उसने हिन्दी भाषा के रचनात्मक लेखन के प्रति उन्हें सजग किया। नवोदित लेखक समुदाय यह मानकर चल रहा था कि हिन्दी लेखन के लिए व्याकरण का ज्ञान अनिवार्य नहीं है। लेकिन 'कल्पना' ने भाषा को लेखकों का आधारभूत अस्त्र बताया तथा इसके प्रति एक सुसंगत दृष्टि विकसित करने के लिए इसकी व्याख्या भी की। भाषा नियमन का यह आग्रह ही दूसरे अध्याय का केन्द्रीय कथ्य है।

'कल्पना' का पत्र–स्तम्भ खानापूर्ति की औपचारिकता मात्र नहीं है। इसके सम्पादक–मंडल ने योजनाबद्ध ढंग से इस स्तम्भ में प्राण–प्रतिष्ठा की है। इस स्तम्भ की सबसे बड़ी खूबी यह है कि अपने तेवर एवं तरीके में यह लोकतांत्रिक है। मन्तव्यहीन, कमजोर पत्र को इस स्तम्भ में जगह नहीं मिलती है। अधिकतर पत्रों का स्वरूप विवेचनात्मक है। यह स्तम्भ पूरे हिन्दी–पाठक समुदाय की स्तरीयता का भी 'ग्राफ' बतलाता है। प्रत्येक पत्र लेखक का एक व्यक्तित्व है। उस व्यक्तित्व को उभारने में 'कल्पना' भरपूर योग देती है। 'सरस्वती' के सम्बन्ध में कहा जाता है कि उसने हिन्दी पाठकों की रुचि का परिष्कार किया था। 'कल्पना' उससे एक कदम आगे बढ़ कर परिष्कृत रुचि वाले पाठकों को लेखक बना देती है। 'कल्पना' के प्रयास का यह परिणाम निकला कि पाठक हाशिये पर खड़ा तटस्थ जीव नहीं रहा। वह हस्तक्षेप करने वाला तथा एक संवेदनशील इकाई के रूप में प्रकट हुआ। पाठक मंच का निर्माण 'कल्पना' की अद्वितीय देन है। तीसरे अध्याय में पाठक मंच की निर्माण–प्रक्रिया को रेखांकित किया गया है।

'कल्पना' ने स्थायी महत्त्व के साहित्य के निर्माण में भरपूर योगदान दिया है। साहित्य की कोई भी विधा ऐसी नहीं है जो 'कल्पना' की दृष्टि से बची हो। कविता, कहानी, संस्मरण, डायरी, नाटक, एकांकी, उपन्यास और पुस्तक–समीक्षा के स्थायी महत्त्व की सामग्रियों का विवेचन चौथे अध्याय में किया गया है।

'कल्पना' ने चित्र–प्रकाशन का लगातार अभियान चलाया। लेकिन यह कला–अभियान इतना प्रच्छन्न और धीमा है कि 'कल्पना' के सत् साहित्य की ओट में वह दब–सा गया है। 'कल्पना' साहित्यिक पत्रिका के रूप में प्रतिष्ठित होती है, लेकिन उसके कला विषयक प्रयासों को भुला दिया जाता है। उसके कला–प्रयासों का लेखा–जोखा पाँचवें अध्याय की केन्द्रीय चिन्ता है।

हिन्दी आलोचना की अराजकता ने 'कल्पना' को समसामयिक साहित्य के मूल्यांकन की ओर प्रेरित किया। उर्वशी–विवाद के बहाने प्रतिक्रियाओं की बाढ़ आ गयी। इस बहस में कुछ लोगों ने पत्रिका पर पूर्व योजना का आरोप लगाया। कुछ लोगों ने 'मुँह भर–भर गाली दी'। कुछ लोगों ने कहा वह 'स्कैंडल' का पर्याय होती जा रही है। पत्रिका का सम्पादक–मंडल सखेद कहता है, ''आलोचना और निन्दा के बीच आज तमीज कर सकना कठिन हो गया है। पत्रिका ने ''लेखक, समीक्षक, पाठक और सम्पादक के बीच स्वस्थ सम्बन्धों के

लिए इस सार्वजनिक बहस का आयोजन किया और इसमें चोटी के 22 लेखकों ने एक साथ भाग लिया। पचास पृष्ठों की बहस की समीक्षा छठे अध्याय में की गयी है। कहना नहीं होगा कि इस आयोजन में 'कल्पना' ने निष्पक्ष होकर मंच का दायित्व निभाया।

'कल्पना' का प्रस्थान काल आकाशवाणी का प्रसार काल है।

'सरस्वती', 'मतवाला', 'हंस', 'सुधा', 'माधुरी' के समय मुद्रित माध्यम का एकाधिकार था। लेकिन पाँचवें दशक तक आते-आते मुद्रित माध्यम का एकाधिकार टूट जाता है। रेडियो लोक सम्पर्क का प्रभावी माध्यम होकर उभरता है। लेखकों की दुनिया में आवाज की सेंध एक नयी चुनौती की शुरुआत है। उस समय के अधिकतर लेखक आकाशवाणी से जुड़ते हैं। ऐसे में 'कल्पना' ने रेडियो जैसे माध्यम को परिभाषित करने की कोशिश की। विचार एवं अभिव्यक्ति की जिस सम्पूर्ण स्वतंत्रता का 'कल्पना' पक्षधर है उसका भी रेडियो महत्त्वपूर्ण साधन है। इसलिए 'कल्पना' के पृष्ठों पर आकाशवाणी स्तम्भ का आयोजन सुनियोजित नीति के अन्तर्गत किया गया है। इसी की पड़ताल सातवें एवं अन्तिम अध्याय में की गयी है। उपर्युक्त सात अध्यायों में ही 'कल्पना' के व्यक्तित्व की खोज की गयी है।

परिशिष्ट

वर्ष 1 **हैदराबाद दक्षिण, : अगस्त 1949** **अंक 1**

सम्पादकीय–

'कल्पना' का प्रथम अंक पाठकों के सामने है। इसके गुण–दोषों का विवेचन, और इसकी उपादेयता अथवा निःसारता का निर्णय तो सहृदय पाठक ही करेंगे। हम केवल इतना निवेदन कर देना चाहते हैं कि 'कल्पना' हिन्दी–पत्रिकाओं की संख्या में वृद्धि, अथवा ग्राहकों का मनोरंजन करके धनोपार्जन करने के उद्‌देश्य से नहीं निकाली गई है। उसके प्रकाशक तथा सम्पादकों का एकमात्र ध्येय हिन्दी के स्तर को उन्नत करना है। हिन्दी–भाषियों की संख्या के आधार पर संसार की भाषाओं में हिन्दी का स्थान दूसरा या तीसरा है, किन्तु साहित्यिक विकास की दृष्टि से हिन्दी को संसार की प्रमुख भाषाओं में स्थान देना ही कठिन है, यहाँ तक कि एक दो भारतीय भाषाएँ भी हिन्दी से कुछ ऊपर ही हैं। बात साधारण है, प्रतिदिन कही जाती है, बार–बार कही जाती है–किन्तु उपेक्षणीय नहीं है। और न स्तर को उन्नत करना सरल है, यद्यपि यह लक्ष्य भी सामान्य ही प्रतीत होता है। 'कल्पना' के सम्पादक इस लक्ष्य तक पहुँचने के लिए, हिन्दी को उसके महत्त्व के अनुरूप विकसित तथा उन्नत बनाने के लिये, भरसक प्रयत्न करेंगे–भले ही अन्य प्रकार की हानियाँ हों।

इस प्रयत्न की सफलता अधिकांश में कवियों और लेखकों पर निर्भर है। किन्तु उत्कृष्ट श्रेणी के कवियों और लेखकों का सहयोग सुलभ नहीं, विशेष कर 'कल्पना' जैसी नवागता को। इसका अनुभव हमें पहले ही अंक के सम्पादन में हो गया। लगभग पचास कवियों और विद्वानों से इस अंक के लिए लेख भेजने की प्रार्थना की गई थी। इसमें से केवल चार–पाँच ने लेख भेजने की कृपा की, और दस–बारह ने उत्तरमात्र देने की। शेष ने दुबारा प्रार्थना करने पर भी मौनोपेक्षा ही प्रकट की। इसीलिये जून में प्रकाशित किया जाने वाला यह अंक अब–अगस्त में–पाठकों के सम्मुख रक्खा जा सका है।

किन्तु हम इस अनुभव से हतोत्साह नहीं हुए हैं। हमें विश्वास है कि 'कल्पना' से परिचित होने के बाद कवि और लेखक इसे उपेक्षा की दृष्टि से नहीं देखेंगे। हमें डर एक और बात का है। 'कल्पना' में केवल उत्कृष्ट कोटि की रचनाओं को स्थान दिया जायगा, और उनकी उत्कृष्टता का निर्णय लेखकों की प्रसिद्धि के आधार पर नहीं, अपितु उन रचनाओं की अपनी विशेषताओं के आधार पर किया जायगा। इस सिद्धान्त के अनुसरण में हम किसी का

'लिहाज़' नहीं करेंगे। सम्भव है कि इसके परिणामस्वरूप हमें कभी-कभी किन्हीं यशस्वी लेखकों का कोपभाजन बनना पड़े, और 'कल्पना' उनके सहयोग से सदा के लिये हाथ धो बैठे। आशा तो यही है कि अधिकांश लेखक तथा कवि अपनी कृति के अस्वीकृत हो जाने को अपना अपमान नहीं, प्रत्युत हिन्दी का सम्मान समझेंगे और बाद में भी अन्य सुन्दर रचनायें भेजते रहेंगे। जो भी हो, 'कल्पना' का सम्पादक-मंडल उपर्युक्त सिद्धान्त का दृढ़ता से अनुसरण करेगा, और केवल उत्कृष्ट कोटि की तथा स्थायी महत्त्व की रचनाओं को ही पत्रिका में स्थान देगा। 'सामयिक' रचनायें अथवा लेख 'कल्पना' में नहीं छपेंगे, और न वह देश अथवा विदेश की राजनीति से किसी प्रकार का सम्बन्ध रक्खेगी। सम्पादकों का आदर्श यह रहेगा कि 'कल्पना' का कोई अंक-उसका कोई अंश-कभी 'पुराना' न हो, आज से पचास वर्ष बाद भी उसकी उपयोगिता और आकर्षकता वही रहे, जो आज है।

हाँ, एक अंश अवश्य ऐसा रहेगा, जिसे एक दृष्टि से 'सामयिक' भी कहा जा सकता है—और वह है, समय-समय पर प्रकाशित विभिन्न विषयों की हिन्दी-पुस्तकों की आलोचना। आलोचना सर्वथा तटस्थ-भाव से, गम्भीरता से और संयम से, किन्तु निःसंकोच रूप से की जायगी, और उसका लक्ष्य न किसी की प्रशंसा करना होगा, न छिद्रान्वेषण करना, अपितु गुण-दोष-विवेचन के द्वारा हिन्दी भाषा और साहित्य का विकास करना होगा। इस प्रकार की निष्पक्ष और निःसंकोच आलोचना भी अनेक लेखकों की अप्रसन्नता तथा अ-सहयोग का कारण बन सकती है। किन्तु 'कल्पना' के सम्पादक यह साहस-अथवा दुःसाहस-करेंगे अवश्य।

'कल्पना' प्रति दो मास के अन्तर से प्रकाशित होगी, और उसके प्रत्येक अंक में लगभग 100 पृष्ठ रहेंगे। यथासम्भव प्रत्येक अंक में निम्नलिखित पाठ्यसामग्री प्रस्तुत की जायगी-कविता, कहानी, एकांकी, समालोचना और पुस्तक-परिचय; कला, सभ्यता, इतिहास, लोकगीत आदि सांस्कृतिक विषयों पर लेख; तथा अन्य भाषाओं के साहित्य के अनुवाद। प्रत्येक प्रकाशित रचना पर उचित पारिश्रमिक दिया जायगा-इस दिशा में भी 'कल्पना' हिन्दी-पत्रिकाओं का आदर्श बनना चाहती है।

हिन्दी का क्षेत्र आज पूरा भारत राष्ट्र है, उसके किसी भी कोने से हिन्दी की पुस्तकों और पत्र-पत्रिकाओं का प्रकाशित होना सर्वथा संगत और उचित है। इसलिये हैदराबाद से 'कल्पना' के प्रकाशन का कारण बताना अथवा औचित्य सिद्ध करना अनावश्यक है। तो भी, इस औचित्य की विशेषता का निर्देश करने के लिये, दो बातें कही जा सकती हैं। एक तो दक्षिण से अभी तक कोई उच्च कोटि की हिन्दी-पत्रिका प्रकाशित नहीं की गई। यह अभाव खटकने वाला है, और इसकी पूर्ति करना इस प्रदेश के हिन्दी-प्रेमियों का कर्त्तव्य है। दूसरे, 'कल्पना' जैसी पत्रिका के प्रकाशन के लिये दक्षिण-भारत के समस्त महानगरों में हैदराबाद ही सबसे अधिक उपयुक्त इसलिये है कि भारत की अनेक भाषाओं और भारतीय संस्कृति के अनेक रूपों का जैसा सुन्दर और अकृत्रिम समन्वय इस नगर में कई शतियों से वर्तमान है, वैसा अन्यत्र अप्राप्य है। हैदराबाद में तेलुगू, कन्नड़, मराठी, तमिल, उर्दू और हिन्दी, यह सब भाषायें बोली, समझी, पढ़ी, और लिखी जाती हैं, और इन सब भाषाओं के बोलने वालों की संस्कृतियाँ, जो वस्तुतः एक ही भारतीय संस्कृति के विभिन्न रूप हैं,

यहाँ एक–दूसरी के साथ सम्पर्क में आती और समन्वित होती हैं। हैदराबाद उत्तर और दक्षिण का सन्धि–बिन्दु है, आर्य और द्रविड़ का संयोजक है, और अनेक दृष्टियों से राष्ट्र का एक महत्त्वपूर्ण केन्द्र है। 'कल्पना' साहित्यिक तथा सांस्कृतिक पत्रिका है, वह उत्तर और दक्षिण की भाषाओं, साहित्यों और संस्कृतियों को परस्पर अधिक से अधिक निकट लाने का प्रयत्न करेगी, और उसे अपने इस प्रयत्न में हैदराबाद की उपर्युक्त विशेषताओं से निश्चय ही बहुत कुछ सहायता मिलेगी।

इस अंक के सम्पादकीय में हमें इतना ही निवेदन करना था। हमें आशा है कि 'कल्पना' का यह प्रथम अंक सहृदय पाठकों और विद्वान् लेखकों की दृष्टि में उपेक्षणीय सिद्ध नहीं होगा, और भविष्य में 'कल्पना' के लिए इन दोनों का सहयोग प्राप्त कर सकेगा।

क्षमा याचना

हैदराबाद गवर्नमेंट के नियमानुसार 'कल्पना' के प्रकाशन के लिये प्रार्थना-पत्र 6 जुलाई, 1949 को होम-सेक्रेटरी की सेवा में भेजा गया था। हमें आशा थी कि प्रकाशन की आज्ञा एक मास के अन्दर ही मिल जायगी। 'कल्पना' जैसी विशुद्ध सांस्कृतिक और साहित्यिक पत्रिका के प्रकाशन की आज्ञा मिलने में कोई बाधा पड़ेगी इसकी हमें संभावना भी नहीं थी। इसी आधार पर हमने 'कल्पना' की प्रकाशन तिथि 15 अगस्त रक्खी, और तद्नुसार ही मुद्रण का काम प्रारम्भ कर दिया। किन्तु गवर्नमेंट की आज्ञा न अगस्त में मिली न सितम्बर में और न अक्टूबर में। हमने बार-बार रिमांइडर भेजे, दौड़-धूप की, किन्तु आज्ञा न मिली। अन्त में बड़े प्रयत्नों के बाद 29 नवम्बर 1949 को हमें आज्ञा मिल पाई। इसलिये 15 अगस्त की 'कल्पना' अब नवम्बर के अन्त में आपकी सेवा में भेजी जा रही है। हम इस विलम्ब के लिये अपने लेखकों, पाठकों, ग्राहकों तथा विज्ञापन दाताओं से क्षमा प्रार्थना करते हैं।

'कल्पना' का दूसरा अंक 15 फरवरी, 1950 को प्रकाशित होगा और फिर नियमानुसार 'कल्पना' निकलती रहेगी।

–प्रकाशक

(यह सूचना गुलाबी रंग के कागज पर मुद्रित है और अलग से चिपकायी गई है)

मासिक 'कल्पना' का पहला सम्पादकीय : जनवरी 1952 'कल्पना' नये रूप में

'कल्पना' अपने द्वैमासिक रूप में दो वर्षों से हिन्दी-भाषा और साहित्य की सेवा में प्रयत्नशील रही है। इस बीच में हमारे अनेक पाठकों और शुभ-चिन्तकों ने बार-बार आग्रह किया कि 'कल्पना' प्रतिमास प्रकाशित होनी चाहिए; इस प्रकार की साहित्यिक पत्रिका दो मास के अन्तर से देखने को मिले, यह ठीक नहीं है। 'कल्पना' के संचालक और सम्पादक यह जानते हुए भी कि द्वैमासिक पत्रिका को मासिक रूप देने का अर्थ अपने श्रम और व्यय का भार बढ़ा लेना है, सदस्य पाठकों के आग्रह को टाल न सके; और उन्होंने तीसरे वर्ष में प्रारम्भ से 'कल्पना' को प्रतिमास प्रकाशित करने का निश्चय कर लिया। वार्षिक मूल्य में किसी प्रकार की वृद्धि बिना किये हुए यह सम्भव नहीं था कि 'कल्पना' के प्रत्येक मासिक अंक की भी पृष्ठ संख्या उतनी ही रहे जितनी द्वैमासिक अंकों की रहती थी, अर्थात् लगभग 125 पृष्ठ। किन्तु वार्षिक मूल्य में वृद्धि करना हमें उचित नहीं प्रतीत हुआ, इसलिए पृष्ठ संख्या में कुछ कमी करने के लिए हम बाध्य हो गये। फिर भी यह कमी मूल्य के अनुपात से बहुत थोड़ी है। द्वैमासिक अंकों का मूल्य दो रुपये था; पृष्ठ संख्या 125; मासिक अंकों का मूल्य एक रुपया रहेगा, पृष्ठ संख्या कम-से-कम 80, जो 125 के आधे से कहीं अधिक है। इस प्रकार पाठकों को पहले जहाँ बारह रुपये में प्रतिवर्ष लगभग 750 पृष्ठों की पाठ्य सामग्री मिलती थी, अब उतने ही दामों में प्रतिवर्ष लगभग 1000 पृष्ठों की सामग्री मिलेगी। उत्कृष्ट, कलापूर्ण, सादे और रंगीन पृष्ठ 'कल्पना' में अब भी प्रकाशित होंगे; छपाई और कागज भी यथापूर्व ऊँची क्वालिटी के रहेंगे। लेखों का स्तर तो हम, जहाँ तक सम्भव हुआ और भी ऊँचा करने का प्रयत्न करेंगे—यदि, जैसी कि आशा है, विद्वान लेखकों का शुभ सहयोग हमें मिलता रहेगा। इस प्रकार 'कल्पना' का मूल्य बिना बढ़ाये अपने व्यय और श्रम का भार बढ़ा कर भी हम इसलिए संतुष्ट और प्रसन्न हैं कि हमारा ध्येय हिन्दी भाषा और साहित्य की सेवा है। जैसा हमने प्रथम अंक में निवेदन किया था—" 'कल्पना' हिन्दी पत्रिकाओं की संख्या में वृद्धि अथवा ग्राहकों का मनोरंजन करके धनोपार्जन करने के उद्देश्य से नहीं निकाली गयी है उसके प्रकाशक तथा सम्पादकों का एकमात्र ध्येय हिन्दी के स्तर को उन्नत करना है...'कल्पना' के सम्पादक इस लक्ष्य तक पहुँचने के लिए, हिन्दी को उसके महत्त्व के अनुरूप विकसित तथा उन्नत बनाने के लिए, भरसक प्रयत्न करेंगे – भले ही अन्य प्रकार की हानियाँ हों।"

'कल्पना' की नीति में कोई परिवर्तन नहीं होगा—क्योंकि हमारे लक्ष्य में कोई परिवर्तन नहीं हुआ है। सब प्रकार के राजनीतिक-साहित्यिक वादों और प्रोपैगैंडा से 'कल्पना' दूर रहेगी—उसका लक्ष्य किसी व्यक्ति, संस्था अथवा दल को लाभ पहुँचाना या उसका प्रचार करना नहीं है। कला, साहित्य और संस्कृति – इन्हीं विषयों से सम्बन्धित चीजें 'कल्पना' में स्थान पाएँगे।

पिछले कई अंकों के सम्पादकीय लेखों में विविध हिन्दी शब्दों के मानक रूपों के सम्बन्ध में जो सुझाव दिये गये हैं वे ही (कम-से-कम अखिल भारतीय रूप में कोई व्यवस्था होने तक) सम्पादकों को मान्य है। इसलिए 'कल्पना' में छपने वाले सभी लेखों में शब्दों के हिज्जे इन सुझावों के आधार पर यथावश्यक बदल दिये जाते हैं। 'नए', 'नई', 'गए', 'गई', 'बताई', 'सोई' आदि रूपों के स्थान पर नियम से 'नये', 'नयी', 'गये', 'गयी', 'बतायी', 'सोयी' आदि छपते हैं; 'चाहिए' और 'लिए' इसी रूप में रखे जाते हैं—'चाहिये' और 'लिये' नहीं; 'आयगा', 'जायगा', 'आयेंगे', 'जायेंगे', 'आइये', 'चलिये', 'आये', आदि को हम गलत मानते हैं, इनके स्थान पर 'आएगा', 'जाएगा', 'आएँगे', 'जाएँगे', 'आइए', 'चलिए', 'आए' रखे जाते हैं; विभक्ति चिह्नों, पूर्वकालिक 'कर', 'वाला', 'जी' और 'श्री' को प्रधान शब्दों को अलग रखा जाता है : 'सा', को योग चिह्न के साथ लिखा जाता है।''मात्र को सदा शब्द से मिला कर, बहुवचन रूपों में 'कविताएँ', 'गौएँ' आदि को शुद्ध माना जाता है, 'कवितायें', 'गौयें' आदि को अशुद्ध; संस्कृत के 'पीड़ा', 'गूढ', 'मूढ' आदि शब्दों को इसी प्रकार लिखा जाता है; नीचे बिन्दी लगाकर 'पीड़ा' आदि नहीं; 'वह' का बहुवचन 'वे' और 'यह' का 'ये' रखा जाता है; 'मूर्ति', 'परिवर्तन' आदि में एक ही 'त' लिखा जाता है; अर्द्ध 'परिवर्त्तन', 'मूर्च्छा' आदि के बदले 'अर्ध', 'परिवर्तन' और 'मूर्छा' को शुद्ध माना जाता है, 'कवित्व', 'मनुष्यत्व', 'देवत्व' आदि को अशुद्ध माना जाता है—इनमें एक ही 'त' अपेक्षित है।

इन नये रूपों के सम्बन्ध में कुछ लोगों को आपत्ति हो सकती है। उनसे हमारा निवेदन है कि अपनी आपत्तियों को लेखबद्ध करके भेजने का कष्ट उठाएँ। हम सहर्ष इन लेखों को प्रकाशित करेंगे और या तो इनके उत्तर देंगे, या इनके सुझावों को मान कर उनका प्रयोग 'कल्पना' में करने लगेंगे। किन्तु जब तक हमें कोई नये, अधिक अच्छे सुझाव नहीं मिलते, तब तक उपर्युक्त रूप ही हमारे लिए मान्य हैं।

आशा है, 'कल्पना' अपने नये रूप में पाठकों को पहले से भी अधिक सन्तोष दे सकेगी, और इसके बदले में उनकी तथा विद्वान लेखकों की शुभकामना, कृपा और सहयोग का पात्र बनी रहेगी।

प्रमुख चित्र-विवरण

अमृता शेरगिल

बाजार आते हुए दक्षिण भारतीय ग्रामीण	दिसम्बर	1950.
तीन बहनें	दिसम्बर	1950.
श्रृंगार	दिसम्बर	1950.
एक आकृति चित्र	दिसम्बर	1950.
ऊँट	दिसम्बर	1950.
हल्दी की पिसाई	दिसम्बर	1950.
कहानी वाला बुड्ढा	दिसम्बर	1950.

असितकुमार हालदार

मध्यकालीन भारत में ग्रीष्म ऋतु का विश्राम	अप्रैल	1951.
वेद का अध्ययन	अप्रैल	1951.
प्रकाश और लय	अप्रैल	1951.
विकासोन्मुख यौवन	अप्रैल	1951.
लोहे का व्यापारी	अप्रैल	1951.
वधू	अप्रैल	1951.

कमला मित्तल

नववधू (रंगीन)	जून	1951.
शांतिनिकेतन (रंगीन)	जनवरी	1953.
गुलदाउदी के फूल (वुडकट आवरण)	अक्टूबर	1953.

जगदीश मित्तल

राधा—किशनगढ़ शैली के आधार पर : आवरण पृष्ठ,	जून	1951.
सिक्किम से कंचनजंघा (वुडकट)	जून	1951.
अवनीन्द्रनाथ ठाकुर (रंगीन वुडकट)	फरवरी	1952.
काशीघाट (वुडकट)	अप्रैल	1953.
ग्रीष्म में (रंगीन)	जुलाई	1953.
सूअर (रंगीन)	अगस्त	1954.

जुगाली (लिनोकट : आवरण पृष्ठ)	नवम्बर	1958.
शोक (लिनोकट)	दिसम्बर	1958.
शीतकाल (वुडकट)	अप्रैल	1959.
प्रतीक्षा (वुडकट मुखपृष्ठ)	नवम्बर	1959.
शीर्षकहीन (वुडकट) मुखपृष्ठ	फरवरी	1960.
वुडकट (मुखपृष्ठ)	जुलाई	1960.
वही,	सितम्बर	1960.
वही,	दिसम्बर	1960.
डूँगरी (कुल्लू) मुखपृष्ठ	अगस्त	1966.

नन्दलाल बसु

जन्मोत्सव	जून	1951.
वसन्त (रंगीन)	जून	1951.
उड़ीसा की दुकान (रंगीन)	अक्टूबर	1953.
कोपाई नदी के किनारे	अक्टूबर	1953.
मेले से लौटते हुए संथाल	अक्टूबर	1953.
ताश का देश	अक्टूबर	1953.
इसराज बजाते हुए	अक्टूबर	1953.
दोलन चंपा (मुखपृष्ठ)	सित.–अक्टू.	1962.
वृक्ष के नीचे खड़े संथाल बालक (मुखपृष्ठ) (कार्ड स्कैच)	जून	1963.

मकबूल फिदा हुसैन

एक संहत–चित्र	अक्टूबर	1951.
नन्दी	अक्टूबर	1951.
आदमी	अक्टूबर	1951.
चित्रकार और उसका परिवार	अक्टूबर	1951.
पंखेवाली	अक्टूबर	1951.
चन्द्रमा की खोज	अक्टूबर	1951.
गुडी पड़वा	फरवरी	1953.
ढोलक	मार्च	1953.
चिड़ियावाली	मार्च	1953.
औरत (मुखपृष्ठ)	जुलाई	1953.
खजुराहो से रेखांकन	दिसम्बर	1957.
सुनहरी लड़कियाँ	अक्टूबर	1958.
बैलगाड़ी (रंगीन)	जनवरी	1959.
प्रतीक्षा (स्केच)	फरवरी	1959.

एक स्केच (स्केच)	फरवरी	1959.
ढोलकिया (रंगीन)	अगस्त	1959.
तुलन (स्केच : मुखपृष्ठ)	अगस्त	1959.
स्केच (मुखपृष्ठ)	सितम्बर	1959.
लैडस्केप (रंगीन)	सितम्बर	1959.
खजुराहो से रेखांकन (मुखपृष्ठ)	अक्टूबर	1959.
सेव वृक्ष (रंगीन)	अक्टूबर	1959.
अखबार पर फ्लोमास्ट से बनायी गयी आकृति	जनवरी	1960.
पामोश (तैलचित्र)	जनवरी	1960.
कमलधारिणी : कलतान पर डिसटेम्पर (मुखपृष्ठ)	मार्च	1960.
लड़की और बकरी (रंगीन)	मार्च	1960.
स्केच (मुखपृष्ठ)	अप्रैल	1960.
मज़दूर (मुखपृष्ठ)	मई	1960.
शीर्षकहीन चित्र (मुखपृष्ठ)	जून	1960.
शीर्षकहीन (मुखपृष्ठ)	नवम्बर	1960.
आईना (रंगीन) मुखपृष्ठ	दिसम्बर	1961.
घोड़े पर सवार राजकुमार और प्रतीक्षा करती राजकुमारी (मुखपृष्ठ)	फरवरी	1963.
शीर्षकहीन (मुखपृष्ठ)	जुलाई	1963.
मुखपृष्ठ	दिसम्बर	1963.
मुखपृष्ठ	जनवरी	1964.
मुखपृष्ठ	फरवरी	1964.
मुखपृष्ठ	मार्च	1965.
मुखपृष्ठ	मई	1965.
गणेश (मुखपृष्ठ)	जनवरी	1966.
स्केच (मुखपृष्ठ)	जनवरी	1968.
स्केच (मुखपृष्ठ)	फरवरी	1968.
मुखपृष्ठ	मार्च	1968.
मुखपृष्ठ	अप्रैल	1968.
मुखपृष्ठ	मई	1968.
मुखपृष्ठ	अगस्त	1968.
चित्र (मुखपृष्ठ)	जुलाई	1969.
मुखपृष्ठ	अक्टू.–नव.–दिस. 69.	

रामकुमार

एक चित्र स्केच	मार्च	1956.
मुखपृष्ठ	मार्च	1956.

मुखपृष्ठ	मार्च	1956.
मुखपृष्ठ	मार्च	1956.
बाइजेंटाइन चित्र (स्केच)	मई	1959.
प्राचीन खंडहर (स्केच)	मई	1959.
एथेंस की एक सड़क (स्केच)	मई	1959.
देलफी के खंडहर (स्केच)	जून	1959.
देलफी म्यूजियम से (स्केच)	जून	1959.
एपीदावरोश का एम्फीथिएटर	जुलाई	1959.
नौप्लयों का एक दृश्य	जुलाई	1959.
कोरिंथ	जुलाई	1959.
एक मुखाकृति (रंगीन)	नवम्बर	1959.
मुखपृष्ठ	मार्च	1964.
मुखपृष्ठ	अप्रैल	1964.
मुखपृष्ठ	मई	1964.
मुखपृष्ठ	जून	1964.

रवीन्द्रनाथ ठाकुर

नारी (मुखपृष्ठ)	मई-जून	1961.

विनोद बिहारी मुखर्जी

बकरी का बच्चा (मुखपृष्ठ)	जनवरी	1952.
चालता के फूल (रंगीन)	जुला.-अग.	1952.
भद्र महिला	मई	1953.
ग्रीष्म ऋतु में	मई	1953.
चालता के फूल	मई	1953.
शीत ऋतु में	मई	1953.
नेपाली हाट	नवम्बर	1958.
नेपाली नृत्य	दिसम्बर	1958.
शीर्षकहीन (मुखपृष्ठ)	अगस्त	1960.
स्केच (मुखपृष्ठ)	अक्टूबर	1960.
दुकान (रंगीन)	जनवरी	1961.
पहाड़ीदृश्य (एचिंग) मुखपृष्ठ	जुला.-अग.	1962.
बतख बेचने वाला (मुखपृष्ठ)	मई	1963.
मुखपृष्ठ	मई	1969.
मुखपृष्ठ	जून	1969.

सम्पादकीय-सूची

प्रथम अंक	–	अगस्त	1949.
भाषा	–	फरवरी	1950.
भाषा	–	अप्रैल	1950.
भाषा	–	जून	1950.
भाषा	–	अग.-अक्टू.	1950.
हिन्दी का कहानी साहित्य	–	दिसम्बर	1950.
देवनागरी और रोमन लिपि	–	फरवरी	1951.
लोकगीत	–	फरवरी	1951.
हिन्दी की तात्कालिक आवश्यकताएँ	–	अप्रैल	1951.
वही,	–	जून	1951.
वही,	–	अगस्त	1951.
हिन्दी का भाषा वैज्ञानिक अध्ययन	–	अक्टूबर	1951.
राजभाषा का स्वरूप	–	दिसम्बर	1951.
'कल्पना' नये रूप में	–	जनवरी	1952.
अवनीन्द्रनाथ ठाकुर	–	जनवरी	1952.
साहित्य में संयुक्त मोर्चा	–	जनवरी	1952.
हिन्दी पाठकों की संख्या	–	फरवरी	1952.
हिन्दी का प्रसार	–	मार्च	1952.
हिन्दी के प्रति सही दृष्टिकोण की आवश्यकता	–	अप्रैल	1952.
साहित्य और कला द्वारा जीवन निर्माण	–	मई	1952.
तब सम्पादक ही क्या करे?	–	जून	1952.
साहित्यिक एकता	–	जुला.-अग.	1952.
कला किसलिए?	–	सितम्बर	1952.
साहित्यिक यथार्थ (1)	–	अक्टूबर	1952.
साहित्यिक यथार्थ (2)	–	नवम्बर	1952.
'कल्पना' के सम्बन्ध में	–	दिसम्बर	1952.
साहित्यधारा स्तम्भ के कुछ प्रश्नों का उत्तर	–	दिसम्बर	1952.

एक सुझाव	—	दिसम्बर	1952.
कलाकारों के साथ अन्याय	—	दिसम्बर	1952.
हंस का प्रकाशन स्थगित	—	दिसम्बर	1952.
हिन्दी पत्रकारिता	—	जनवरी	1953.
पावन अवशेषों का पुनः प्रतिष्ठापन	—	जनवरी	1953.
पं. राम दहिन मिश्र का निधन	—	जनवरी	1953.
भारत की सांस्कृतिक एकता	—	फरवरी	1953.
साहित्य में गतिरोध	—	मार्च	1953.
राष्ट्रभाषा की समस्याएँ	—	अप्रैल	1953.
हिन्दी में श्रेष्ठ हास्य का अभाव	—	मई	1953.
साहित्य और प्रचार	—	जून	1953.
विज्ञान और कविता	—	जुलाई	1953.
कविता की भाषा	—	अगस्त	1953.
साहित्यिक वृत्ति	—	सितम्बर	1953.
रेडियो और फिल्मी साहित्य	—	अक्टूबर	1953.
कुतस्तवा कश्मल मिदम	—	नवम्बर	1953.
'कल्पना' के चार साल	—	दिसम्बर	1953.
साहित्यिक प्रेरणा	—	जन.-फर.	1954.
कविता और सूक्ति वैचित्र्य	—	मार्च	1954.
साहित्य का सांस्कृतिक पक्ष	—	अप्रैल	1954.
राष्ट्र वैभव	—	मई	1954.
हिन्दी के सरलीकरण का प्रश्न	—	जून	1954.
नये लेखकों से	—	अगस्त	1954.
साहित्य और अन्य कलाएँ	—	सितम्बर	1954.
कुछ सुझाव...(1)	—	अक्टूबर	1954.
कुछ सुझाव...(2)	—	नवम्बर	1954.
हिन्दी व्याकरण की कुछ समस्याएँ (1)	—	दिसम्बर	1954.
हिन्दी व्याकरण की कुछ समस्याएँ (2)	—	जनवरी	1955.
हिन्दी व्याकरण की कुछ समस्याएँ (3)	—	फरवरी	1955.
साहित्य और समाज	—	मार्च	1955.
ललित साहित्य के उपेक्षित अंग	—	अप्रैल	1955.
शुद्ध लेखन के नियम	—	मई	1955.
साहित्य में यथार्थ और आदर्श	—	जून	1955.
यह बेचारी हिन्दी	—	जुलाई	1955.
साहित्यकार का वैयक्तिक स्वातंत्र्य और सामाजिक दायित्व	—	अक्टूबर	1955.
आत्माभिव्यक्ति या आत्मदर्शन	—	दिसम्बर	1955.

'कल्पना' का सातवाँ वर्ष	–	जनवरी	1956.
परिमल की विज्ञप्ति	–	अप्रैल	1957.
भाषा और नवोदित प्रतिभा का भविष्य	–	दिसम्बर	1957.
नववर्ष	–	जनवरी	1958.
कोल्हू का बैल	–	अक्टूबर	1958.
घासलेटी विद्वत्ता	–	अगस्त	1959.

साहित्यधारा

चक्रधर	–	मार्च	1954.
चक्रधर	–	अप्रैल	1954.
चक्रधर	–	जून	1954.
चक्रधर	–	जुलाई	1954.
चक्रधर	–	अगस्त	1954.
चक्रधर	–	सितम्बर	1954.
चक्रधर	–	अक्टूबर	1954.
चक्रधर	–	दिसम्बर	1954.
चक्रधर	–	फरवरी	1955.
चक्रधर	–	मार्च	1955.
चक्रधर	–	जुलाई	1955.
चक्रधर	–	सितम्बर	1955.
चक्रधर	–	अक्टूबर	1955.
चक्रधर	–	नवम्बर	1955.
चक्रधर	–	दिसम्बर	1955.
चक्रधर	–	जनवरी	1956.
चक्रधर	–	फरवरी	1956.
चक्रधर	–	मार्च	1956.
चक्रधर	–	अप्रैल	1956.
चक्रधर	–	जुला.-अग.	1956.
चक्रधर	–	सितम्बर	1956.
चक्रधर	–	अक्टूबर	1956.
चक्रधर	–	नवम्बर	1956.
चक्रधर	–	अगस्त	1957.
चक्रधर	–	सितम्बर	1957.
चक्रधर	–	अक्टूबर	1957.
चक्रधर	–	नवम्बर	1957.
रसिकलाल पाठक	–	दिसम्बर	1957.

रसिकलाल पाठक	–	जनवरी	1958.
रसिकलाल पाठक	–	फरवरी	1958.
रसिकलाल पाठक	–	मार्च	1958.
चक्रधर	–	अप्रैल	1958.
चक्रधर	–	मई	1958.
चक्रधर	–	जून	1958.
चक्रधर	–	जुला.–अग.	1958.
चक्रधर	–	सितम्बर	1958.
चक्रधर	–	अक्टूबर	1958.
चक्रधर	–	नवम्बर	1958.
चक्रधर	–	दिसम्बर	1958.
चक्रधर	–	जनवरी	1959.
चक्रधर	–	फरवरी	1959.
चक्रधर	–	मार्च	1959.
चक्रांग	–	जून	1959.
चक्रांग	–	जुलाई	1959.
चक्रांग	–	अगस्त	1959.
चक्रांग	–	सितम्बर	1959.
चक्रांग	–	अक्टूबर	1959.
चक्रांग	–	नवम्बर	1959.
चक्रांग	–	दिसम्बर	1959.
कमलेश	–	अप्रैल	1961.
कमलेश	–	जुलाई	1961.
कमलेश	–	अक्टूबर	1961.
चेतन	–	नवम्बर	1961.
चेतन	–	दिसम्बर	1961.

यह बेचारी हिन्दी

कात्यायन	–	नवम्बर	1955.
कात्यायन	–	दिसम्बर	1955.
कात्यायन	–	जनवरी	1956.
कात्यायन	–	फरवरी	1956.
कात्यायन	–	जून	1956.
कात्यायन	–	नवम्बर	1956.
कात्यायन	–	सितम्बर	1958.
कात्यायन	–	अक्टूबर	1958.

कात्यायन	–	दिसम्बर	1958.
कात्यायन	–	जनवरी	1959.
कात्यायन	–	मई	1959.
कात्यायन	–	जून	1959.
कात्यायन	–	जुलाई	1959.
कात्यायन	–	अगस्त	1959.
कात्यायन	–	नवम्बर	1959.
कात्यायन	–	नवम्बर	1963.
कात्यायन	–	दिसम्बर	1963.

कमलाकान्त जी ने कहा

बालकृष्ण राव	–	जून	1958.
बालकृष्ण राव	–	जुला.–अग.	1958.
बालकृष्ण राव	–	सितम्बर	1958.
बालकृष्ण राव	–	अक्टूबर	1958.
बालकृष्ण राव	–	नवम्बर	1958.
बालकृष्ण राव	–	दिसम्बर	1958.
बालकृष्ण राव	–	फरवरी	1959.
बालकृष्ण राव	–	मार्च	1959.
बालकृष्ण राव	–	अप्रैल	1959.
बालकृष्ण राव	–	मई	1959.
बालकृष्ण राव	–	जून	1959.
बालकृष्ण राव	–	जुलाई	1959.
बालकृष्ण राव	–	सितम्बर	1959.
बालकृष्ण राव	–	अक्टूबर	1959.
बालकृष्ण राव	–	दिसम्बर	1959.
बालकृष्ण राव	–	फरवरी	1960.
बालकृष्ण राव	–	अप्रैल	1960.
बालकृष्ण राव	–	मई	1960.
बालकृष्ण राव	–	सितम्बर	1961.
बालकृष्ण राव	–	अक्टूबर	1961.
बालकृष्ण राव	–	दिसम्बर	1961.

आकाशवाणी–श्रुतिमान

भारतीय भाषा में समानता	–	जून	1958.
कार्यक्रमों का स्तर	–	जुला.–अग.	1958.

प्रसारित ऑपेरा	–	सितम्बर	1958.
नयी कविता : कवि गोष्ठी	–	अक्टूबर	1958.
लेखक प्रसारण–प्रकाशन	–	नवम्बर	1958.
संगीत सम्मेलन	–	दिसम्बर	1958.
निरर्थक कार्यक्रमों का मोह	–	जनवरी	1959.
अ. भा. कविगोष्ठी	–	मार्च	1959.
रेडियो सप्ताह	–	अप्रैल	1959.
वार्षिक विवरण	–	मई	1959.
वार्ताएँ	–	जुलाई	1959.
पद्मावत का प्रसारण	–	अगस्त	1959.
रेडियो संगीत सम्मेलन			
विद्यापति और कालिदास की जयन्ती	–	दिसम्बर	1959.
श्रीधर पाठक की जयन्ती	–	फरवरी	1960.
गणतंत्र दिवस कार्यक्रम	–	मार्च	1960.
होली के कार्यक्रम	–	अप्रैल	1960.
साहित्य समारोह	–	मई	1960.
पारिश्रमिक और अनुबन्ध	–	जून	1960.
कबीर जयन्ती, राष्ट्रीय कार्यक्रम	–	जुलाई	1960.
वार्ताकार का व्यक्तित्व	–	सितम्बर	1960.
आकाशवाणी का दोष	–	अक्टूबर	1960.
उदासीनताग्रसित प्रसारण	–	जनवरी	1961.
केन्द्रीकरण ओवरहालिंग	–	फरवरी	1961.
रेडियो सप्ताह	–	मार्च	1961.
लेखक : न तीतर न बटेर	–	अप्रैल	1961.
रवीन्द्र शताब्दी कार्यक्रम	–	मई–जून	1961.
रजत जयन्ती	–	जुलाई	1961.
उँह, सब ठीक है, सब चलता है	–	अगस्त	1961.
साहित्यिक कार्यक्रम	–	सितम्बर	1961.
साहित्यिक कार्यक्रम–2	–	अक्टूबर	1961.
हिन्दी प्रोड्यूसरों के लिए नया आदेश	–	नवम्बर	1961
अनुबन्ध–पत्र	–	दिसम्बर	1961.

टेलीविजन–चक्षुमान

टेलीविजन	–	फरवरी	1961.
टेलीविजन	–	मार्च	1961.
टेलीविजन	–	अप्रैल	1961.

टेलीविजन	–	सितम्बर	1961.
टेलीविजन	–	अक्टूबर	1961.

हरिशंकर परसाई

और अन्त में	–	अप्रैल	1961.
और अन्त में	–	मई–जून	1961.
और अन्त में	–	जुलाई	1961.
और अन्त में	–	अगस्त	1961.
और अन्त में	–	सितम्बर	1961.
और अन्त में	–	अक्टूबर	1961.
और अन्त में	–	नवम्बर	1961.
और अन्त में	–	दिसम्बर	1961.
और अन्त में	–	जनवरी	1962.
और अन्त में	–	फर.–मार्च	1962.
और अन्त में	–	जून	1962.
और अन्त में	–	जनवरी	1963.
और अन्त में	–	फरवरी	1963.
और अन्त में	–	मार्च	1963.
और अन्त में	–	अप्रैल	1963.
और अन्त में	–	जून	1963.
और अन्त में	–	जुलाई	1963.
और अन्त में	–	अगस्त	1963.
और अन्त में	–	दिसम्बर	1963.
और अन्त में	–	जनवरी	1964.
और अन्त में	–	मार्च	1964.
और अन्त में	–	अप्रैल	1964.
और अन्त में	–	मई	1964.
और अन्त में	–	जुलाई	1964.
और अन्त में	–	अगस्त	1964.
और अन्त में	–	सितम्बर	1964.
और अन्त में	–	नवम्बर	1964.
और अन्त में	–	दिसम्बर	1964.
और अन्त में	–	जनवरी	1965.
और अन्त में	–	फरवरी	1965.
और अन्त में	–	अप्रैल	1965.
और अन्त में	–	मई	1965.

और अन्त में	—	जून	1965.
और अन्त में	—	अगस्त	1965.
और अन्त में	—	सितम्बर	1965.
और अन्त में	—	नवम्बर	1965.
और अन्त में	—	जनवरी	1966.
और अन्त में	—	मई–जून	1966.
और अन्त में	—	जुलाई	1966.
और अन्त में	—	सितम्बर	1968.
और अन्त में	—	नवम्बर	1968.
और अन्त में	—	दिसम्बर	1968.
दूसरी पत्रिकाओं में	—	फरवरी	1964.
दूसरी पत्रिकाओं में	—	मार्च	1964.
दूसरी पत्रिकाओं में	—	अप्रैल	1964.
दूसरी पत्रिकाओं में	—	मई	1964.
दूसरी पत्रिकाओं में	—	जून	1964.
दूसरी पत्रिकाओं में	—	जुलाई	1964.
दूसरी पत्रिकाओं में	—	अगस्त	1964.
दूसरी पत्रिकाओं में	—	सितम्बर	1964.
दूसरी पत्रिकाओं में	—	अक्टूबर	1964.
दूसरी पत्रिकाओं में	—	नवम्बर	1964.
दूसरी पत्रिकाओं में	—	दिसम्बर	1964.
दूसरी पत्रिकाओं में	—	जनवरी	1965.
दूसरी पत्रिकाओं में	—	फरवरी	1965.
दूसरी पत्रिकाओं में	—	मार्च	1965.
दूसरी पत्रिकाओं में	—	अप्रैल	1965.
दूसरी पत्रिकाओं में	—	मई	1965.
दूसरी पत्रिकाओं में	—	जून	1965.
दूसरी पत्रिकाओं में	—	जुलाई	1965.
दूसरी पत्रिकाओं में	—	सितम्बर	1965.
दूसरी पत्रिकाओं में	—	अक्टूबर	1965.
दूसरी पत्रिकाओं में	—	जनवरी	1966.
दूसरी पत्रिकाओं में	—	सितम्बर	1966.
दूसरी पत्रिकाओं में	—	मार्च–अप्रैल	1967.
दूसरी पत्रिकाओं में	—	मई	1967.
दूसरी पत्रिकाओं में	—	जून	1967.
दूसरी पत्रिकाओं में	—	जुलाई	1967.

दीवारों के दोनों ओर से–निर्मल वर्मा

दीवारों के दोनों ओर से	–	जनवरी	1964.
दीवारों के दोनों ओर से	–	फरवरी	1964.
दीवारों के दोनों ओर से	–	मार्च	1964.
दीवारों के दोनों ओर से	–	अप्रैल	1964.
दीवारों के दोनों ओर से	–	जून	1964.
दीवारों के दोनों ओर से	–	अगस्त	1964.

प्रोफेसरी हिन्दी–शालिग्राम उपाध्याय

प्रोफेसरी हिन्दी	–	अक्टूबर	1964.
प्रोफेसरी हिन्दी	–	नवम्बर	1964.
प्रोफेसरी हिन्दी	–	दिसम्बर	1964.
प्रोफेसरी हिन्दी	–	जनवरी	1965.
प्रोफेसरी हिन्दी	–	फरवरी	1965.
प्रोफेसरी हिन्दी	–	मार्च	1965.
प्रोफेसरी हिन्दी	–	अप्रैल	1965.
प्रोफेसरी हिन्दी	–	मई	1965.
प्रोफेसरी हिन्दी	–	जून	1965.
प्रोफेसरी हिन्दी	–	जुलाई	1965.

निर्बन्ध चिन्तन–शिवप्रसाद सिंह

हम असहिष्णु हैं?	–	जून	1958.
मैं और हम	–	जुला.-अग.	,1958.
भूदान और साहित्यकार	–	सितम्बर	1958.
शंकापुत्र बनाम अनास्था के बेटे	–	अक्टूबर	1958.

सभा प्रसंग–सच्चिदानन्द वात्स्यायन

अर्थ और यथार्थ	–	जनवरी	1959.
रचना एक नयी जिज्ञासा	–	फरवरी	1961.
शोध और हिन्दी शोध	–	मार्च	1961.
साहब हैं।	–	दिसम्बर	1963.
अनमोल बोल	–	जनवरी	1964.
अनमोल बोल	–	फरवरी	1964.
अनमोल बोल	–	मार्च	1964.
अनमोल बोल	–	अप्रैल	1964.
अनमोल बोल	–	मई	1964.

अनमोल बोल	–	जून	1964.
अनमोल बोल	–	जुलाई	1964.
अनमोल बोल	–	अगस्त	1964.
अनमोल बोल	–	सितम्बर	1964.
अनमोल बोल	–	अक्टूबर	1964.
अनमोल बोल	–	नवम्बर	1964.
अनमोल बोल	–	दिसम्बर	1964.
अनमोल बोल	–	जनवरी	1965.
अनमोल बोल	–	फरवरी	1965.

दृष्टिकोण–रघुवीर सहाय

दृष्टिकोण	–	फरवरी	1965.
दृष्टिकोण	–	मार्च	1965.
दृष्टिकोण	–	मई	1965.
दृष्टिकोण	–	जून	1965.
दृष्टिकोण	–	जुलाई	1965.
दृष्टिकोण	–	अगस्त	1965.
दृष्टिकोण	–	अक्टूबर	1965.

प्रादेशिक साहित्य–प्रभाकर माचवे

प्रादेशिक साहित्य	–	मई	1965.
प्रादेशिक साहित्य	–	जून	1965.
प्रादेशिक साहित्य	–	जुलाई	1965.
प्रादेशिक साहित्य	–	अगस्त	1965.
प्रादेशिक साहित्य	–	सितम्बर	1965.
प्रादेशिक साहित्य	–	अक्टूबर	1965.
प्रादेशिक साहित्य	–	नवम्बर	1965.
प्रादेशिक साहित्य	–	दिसम्बर	1965.

चारु चन्द्रलेख–हजारीप्रसाद द्विवेदी

चारु चन्द्रलेख	–	जून	1959.
चारु चन्द्रलेख	–	जुलाई	1959.
चारु चन्द्रलेख	–	अगस्त	1959.
चारु चन्द्रलेख	–	सितम्बर	1959.
चारु चन्द्रलेख	–	अक्टूबर	1959.
चारु चन्द्रलेख	–	नवम्बर	1959.

चारु चन्द्रलेख	–	दिसम्बर	1959.
चारु चन्द्रलेख	–	जनवरी	1960.
चारु चन्द्रलेख	–	फरवरी	1960.
चारु चन्द्रलेख	–	मार्च	1960.
चारु चन्द्रलेख	–	अप्रैल	1960.
चारु चन्द्रलेख	–	मई	1960.
चारु चन्द्रलेख	–	जून	1960.
चारु चन्द्रलेख	–	जुलाई	1960.
चारु चन्द्रलेख	–	अगस्त	1960.
चारु चन्द्रलेख	–	सितम्बर	1960.
चारु चन्द्रलेख	–	अक्टूबर	1960.
चारु चन्द्रलेख	–	नवम्बर	1960.
चारु चन्द्रलेख	–	दिसम्बर	1960.
चारु चन्द्रलेख	–	फरवरी	1961.

चारु चन्द्रलेख–हजारीप्रसाद द्विवेदी

चारु चन्द्रलेख	–	मार्च	1961.
चारु चन्द्रलेख	–	अप्रैल	1961.
चारु चन्द्रलेख	–	अगस्त	1961.
चारु चन्द्रलेख	–	सितम्बर	1961.
चारु चन्द्रलेख	–	अक्टूबर	1961.
चारु चन्द्रलेख	–	नवम्बर	1961.
चारु चन्द्रलेख	–	दिसम्बर	1961.
चारु चन्द्रलेख	–	जनवरी	1962.
चारु चन्द्रलेख	–	फर.–मार्च–अप्रैल	1962.
चारु चन्द्रलेख	–	जुलाई–अग.	1962.
चारु चन्द्रलेख	–	अक्तूबर	1962.
चारु चन्द्रलेख	–	नवम्बर	1962.

लेखमाला

बालकृष्ण राव

नयी कविता	—	जनवरी	1956.
नयी कविता	—	फरवरी	1956.
नयी कविता	—	मार्च	1956.
नयी कविता	—	मई	1956.
नयी कविता	—	जून	1956.
नयी कविता	—	जुलाई-अग.	1956.
नयी कविता	—	नवम्बर	1956.
नयी कविता	—	फरवरी	1957.
नयी कविता	—	जून	1957.

लक्ष्मीकान्त वर्मा

हिन्दी साहित्य के पिछले बीस वर्ष,	—	जन.-फर.,	1967.
हिन्दी साहित्य के पिछले बीस वर्ष,	—	मार्च-अप्रैल,	1967.
हिन्दी साहित्य के पिछले बीस वर्ष,	—	मई,	1967.
हिन्दी साहित्य के पिछले बीस वर्ष,	—	जून,	1967.

1949 से 1969 तक के सम्पादक मंडल की सूची

1949 – डॉ. रघुवीर सिंह, प्रो. रंजन, मधुसूदन चतुर्वेदी, बदरीविशाल पित्ती, प्रधान सम्पादक–डॉ. आर्येन्द शर्मा

1950 – डॉ. रघुवीर सिंह, प्रो. रंजन, मधुसूदन चतुर्वेदी, बदरीविशाल पित्ती, प्रधान सम्पादक–डॉ. आर्येन्द शर्मा

1951 – प्रो. रंजन, मधुसूदन चतुर्वेदी, बदरीविशाल पित्ती, मुनीन्द्र, जगदीश मित्तल (कला), आर्येन्द्र शर्मा (प्रधान)

1952 – डॉ. आर्येन्द्र शर्मा, भवानीप्रसाद मिश्र, मधुसूदन चतुर्वेदी, बदरीविशाल पित्ती, वृंदावन बिहारी मिश्र, मुनीन्द्र, जगदीश मित्तल (कला)

1953 – डॉ. आर्येन्द्र शर्मा, भवानीप्रसाद मिश्र, मधुसूदन चतुर्वेदी, बदरीविशाल पित्ती, वृंदावन बिहारी मिश्र, मुनीन्द्र, जगदीश मित्तल (कला)

1954 – डॉ. आर्येन्द्र शर्मा (प्रधान), मधुसूदन चतुर्वेदी, बदरीविशाल पित्ती, मुनीन्द्र, जगदीश मित्तल

1955 – डॉ. आर्येन्द्र शर्मा (प्रधान), मधुसूदन चतुर्वेदी, बदरीविशाल पित्ती, मुनीन्द्र, जगदीश मित्तल

1956 – डॉ. आर्येन्द्र शर्मा (प्रधान), मधुसूदन चतुर्वेदी, बदरीविशाल पित्ती, मुनीन्द्र, जगदीश मित्तल

1957 – डॉ. आर्येन्द्र शर्मा (प्रधान), मधुसूदन चतुर्वेदी, बदरीविशाल पित्ती, मुनीन्द्र, रघुवीर सहाय, जगदीश मित्तल

1958 – डॉ. आर्येन्द्र शर्मा (प्रधान), मधुसूदन चतुर्वेदी, बदरीविशाल पित्ती, मुनीन्द्र, जगदीश मित्तल, गौतम राव

1959 – डॉ. आर्येन्द्र शर्मा (प्रधान), मधुसूदन चतुर्वेदी, बदरीविशाल पित्ती, मुनीन्द्र, जगदीश मित्तल, गौतम राव

1960 – डॉ. आर्येन्द्र शर्मा (प्रधान), मधुसूदन चतुर्वेदी, बदरीविशाल पित्ती, मुनीन्द्र, जगदीश मित्तल, गौतम राव

1961 – डॉ. आर्येन्द्र शर्मा (प्रधान), मधुसूदन चतुर्वेदी, बदरीविशाल पित्ती, जगदीश मित्तल, मुनीन्द्र, गौतम राव, राजा दुबे

1962 – डॉ. आर्येन्द्र शर्मा (प्रधान), मधुसूदन चतुर्वेदी, बदरीविशाल पित्ती, जगदीश मित्तल, मुनीन्द्र, गौतम राव, राजा दुबे

1963 – मधुसूदन चतुर्वेदी, बदरीविशाल पित्ती, मुनीन्द्र, जगदीश मित्तल, गौतम राव, प्रयाग शुक्ल

1964 – मधुसूदन चतुर्वेदी, बदरीविशाल पित्ती, मुनीन्द्र, जगदीश मित्तल, गौतम राव, ओमप्रकाश निर्मल

1965 – मधुसूदन चतुर्वेदी, बदरीविशाल पित्ती, मुनीन्द्र, जगदीश मित्तल, गौतम राव, ओमप्रकाश निर्मल

1966 – मधुसूदन चतुर्वेदी, बदरीविशाल पित्ती, मुनीन्द्र, जगदीश मित्तल, गौतम राव, ओमप्रकाश निर्मल, मणिमधुकर

1967 – मधुसूदन चतुर्वेदी, बदरीविशाल पित्ती, मुनीन्द्र, जगदीश मित्तल, गौतम राव, ओमप्रकाश निर्मल, कान्ता

1968 – मधुसूदन चतुर्वेदी, बदरीविशाल पित्ती, मुनीन्द्र, जगदीश मित्तल, गौतम राव, ओमप्रकाश निर्मल, कान्ता, आलम खुंदमीरी, सईद-बिन-मोहम्मद

1969 – केवल ओमप्रकाश निर्मल नहीं दिखाई देते–शेष पूर्ववत्–नवलेखन विशेषांक एक तथा दो, अगस्त-सितम्बर एवं अक्टूबर-नवम्बर-दिसम्बर अंक के अतिथि–सम्पादक शिवप्रसाद सिंह हैं।

आधार सन्दर्भ सूची

1. अवस्थी, रेखा – प्रगतिवाद और समान्तर साहित्य, मैकमिलन प्रकाशन, दिल्ली, 1978, (प्र.सं.).
2. चतुर्वेदी, श्रीनारायण – आधुनिक हिन्दी साहित्य का आदिकाल, प्रभात प्रकाशन, दिल्ली, 1987, (प्र.सं.).
3. जोशी, मनोहरश्याम – बातों–बातों में, राजकमल प्रकाशन, दिल्ली, 1982, (प्र.सं.).
4. दास, दुर्गा – भारत कर्जन से नेहरू और उनके पश्चात, मैकमिलन प्रकाशन, दिल्ली, 1975, (प्र.सं.).
5. मिश्र, भवानीप्रसाद – कुछ नीति कुछ राजनीति, प्रभात प्रकाशन, दिल्ली, 1983, (प्र.सं.).
6. रेणु, फणीश्वरनाथ – मैला आँचल राजकमल प्रकाशन, दिल्ली, 15वाँ संस्करण
7. वाजपेयी, अशोक – निर्मल वर्मा के कथादेश में, राजकमल प्रकाशन दिल्ली, 1988, (प्रथम संस्करण).
8. शुक्ल, रामचन्द्र – हिन्दी साहित्य का इतिहास, नागरीप्रचारिणी सभा, काशी
9. सिंह, नामवर – कविता के नये प्रतिमान, राजकमल प्रकाशन, 1968, (प्र.सं.).
10. सिंह, नामवर – इतिहास और आलोचना, राजकमल प्रकाशन, 1978 (तृ.सं.)

पत्रिकाएँ एवं समाचार-पत्र

आज, दैनिक, 6 फरवरी 1992, काशी

गंगा, मासिक, जून 1987, दिल्ली

जनसत्ता, दैनिक, 8 अप्रैल, 1984, दिल्ली

पूर्वग्रह, त्रैमासिक, 78–79, भोपाल

विशाल भारत, मासिक, जनवरी, 1960, कलकत्ता

संडे मेल, साप्ताहिक, 18 मार्च, 1990, दिल्ली

समकालीन भारतीय साहित्य, त्रैमासिक–अक्तूबर, दिसम्बर 1990, दिल्ली

साक्षात्कार, मासिक, अक्तूबर, 1981, भोपाल

हंस, मासिक, जून, 1987, दिल्ली

सम्पादक जीवनवृत्त

बदरीविशाल पित्ती

बदरीविशाल पित्ती का जन्म 28 मार्च, 1928 को कोलकाता में श्रीमती पानबाई तथा राजा पन्नालाल पित्ती के प्रथम सन्तान के रूप में हुआ। हैदराबाद के 'सेंट जॉर्ज ग्रामर स्कूल' से 'सीनियर कैम्ब्रिज' तथा 'हिन्दी साहित्य सम्मेलन', इलाहाबाद से 'विशारद' की उपाधि हासिल की। हिन्दी की शिक्षा इन्होंने पं. मधुसूदन चतुर्वेदी की देखरेख में प्राप्त की। 1942 में चौदह साल की उम्र में इन्होंने भारत छोड़ो आन्दोलन में भाग लिया। निजाम शासन के सक्रिय विरोध के कारण इनके नाम गिरफ्तारी का वारंट जारी हुआ। इन्होंने भूमिगत होकर रेडियो केन्द्र का संचालन कर जन जागृति का कार्य किया। 1946 में बदरीविशाल पित्ती की शादी मुंबई के रामनाथ पोद्दार की सुपुत्री शांति पोद्दार से हुई।

1948 में इन्होंने 'उदय' हिन्दी साप्ताहिक का प्रकाशन आरम्भ किया। 1949 में द्वैमासिक 'कल्पना' का आरम्भ किया जो 1952 से मासिक होकर 1978 तक प्रकाशित होती रही। स्वाधीनता आन्दोलन के दौरान बदरीविशाल पित्ती समाजवादी विचारधारा के गहन सम्पर्क में आये। समतावादी समाज की स्थापना में ये डॉ. राममनोहर लोहिया के स्वप्न सहचर बने। हैदराबाद में 1955 में संयुक्त सोशलिस्ट पार्टी की स्थापना हुई। इस आयोजन की सफलता के लिए बदरीविशाल पित्ती ने रात-दिन एक कर दिये। इनके सक्रिय सहयोग से 1959 में 'द्वितीय अखिल भारतीय अंग्रेजी हटाओ सम्मेलन' का आयोजन सम्भव हुआ। 1967 में हैदराबाद के महाराजगंज निर्वाचन क्षेत्र से संयुक्त समाजवादी पार्टी की टिकट पर ये विधायक चुने गये। 1969 में पृथक तेलंगाना राज्य के संघर्ष में भाग लेने के कारण दो माह के लिए राज महेंद्री जेल में बन्दी रहे। 1975 के आपातकाल का इन्होंने मुखर विरोध किया। 1978 में जनता पार्टी के नेताओं के साथ इन्हें जेल हुई।

ये एक लोकप्रिय श्रमिक नेता थे और एक समय 29 मजदूर संघों के अध्यक्ष रहे। 'डॉ. राममनोहर लोहिया समता ट्रस्ट' की स्थापना में इनकी केन्द्रीय भूमिका रही। प्रसिद्ध चित्रकार मकबूल फिदा हुसैन के रामायण पर बनाये गये चित्र इस ट्रस्ट की अमूल्य निधि है। उन्होंने हिन्दी पुस्तकों के प्रकाशन के लिए चेतना प्रकाशन एवं नवहिन्द प्रकाशन की स्थापना की। 'कल्पना' के नयनाभिराम प्रकाशन के लिए इन्होंने 'कॉमर्शियल प्रिंटिंग प्रेस'

की स्थापना की। मुनीन्द्र जी, केदार शर्मा, ओमप्रकाश निर्मल जैसे बुद्धिजीवियों ने इस प्रेस में काम किया।

बदरीविशाल पित्ती ने तुर्लपाटी सत्यनारायण जी से मिलकर एक तेलुगू पत्रिका 'पाराटम' शुरू की थी। ये तेलुगू मासिक 'जयंती' के सम्पादक-मंडल में भी थे। ये राममनोहर लोहिया की मासिक पत्रिका 'Man Kind' के सम्पादक-मंडल से भी सम्बद्ध रहे।

इनकी संगीत में गहरी रुचि थी। डागर बन्धु एवं पंडित जसराज उनके मित्र थे। 'त्रिवेणी' संस्था के माध्यम से इन्होंने संगीतकारों, कलाकारों एवं साहित्यकारों को मंच उपलब्ध कराया।

राजस्थान शासन ने 2001 में विश्व के गणमान्य राजस्थानियों का एक सम्मेलन बुलाया था। इसमें बदरीविशाल पित्ती एक प्रमुख वक्ता के रूप में शामिल हुए थे। 6 दिसम्बर, 2003 को इनका देहान्त हुआ।

आर्येन्द्र शर्मा

'कल्पना' के प्रधान सम्पादक आर्येन्द्र शर्मा का जन्म कुँवरगाँव, जिला बदायूँ, उत्तरप्रदेश में ललिता प्रसाद शर्मा के घर 22.05.1910 को हुआ। कहीं-कहीं इनकी जन्मतिथि 1 अक्टूबर, 1910 भी लिखी मिलती है। बचपन गरीबी में बीता। गाँव के निकट के गुरुकुल में आरंभिक पढ़ाई के बाद ये गुरुकुल काँगड़ी हरिद्वार आ गये। यहाँ वेद, उपनिषद् एवं व्याकरण का अध्ययन करने के बाद ये इलाहाबाद विश्वविद्यालय आ गये और एम.ए. की डिग्री प्राप्त की। अध्ययन काल में ये महामहोपाध्याय गंगानाथ झा के प्रिय शिष्यों में रहे। इसके बाद ये अनुसंधान के लिए जर्मनी प्रस्थान कर गये। वहाँ म्युनिख विश्वविद्यालय से 'An Fang Zur Veda' (Appendix to Veda) 1936-40 के मध्य पी-एच.डी. की उपाधि अर्जित की। वहाँ से लौटकर ये भारत आये और एन.सी.सी. अधिकारी हो गये। लेकिन शीघ्र ही इन्होंने उस्मानिया विश्वविद्यालय, हैदराबाद के संस्कृत विभाग में रीडर का कार्यभार सँभाला। 1941 से 1970 तक ये इस विश्वविद्यालय से जुड़े रहे तथा प्रोफेसर एवं अध्यक्ष पद से अवकाश ग्रहण किया। 1954 से 1970 तक संस्कृत अकादमी, हैदराबाद के निदेशक रहे। अवकाश ग्रहण करने के बाद ये वर्षभर 1971 में गंगानाथ झा, केन्द्रीय विद्यापीठ प्रयाग के प्रिंसिपल रहे। वे उच्च कोटि के विद्वान होने के साथ-साथ अत्यन्त सुलझे हुए प्रशासक भी थे। इनके प्रयासों से उस्मानिया विश्वविद्यालय में भाषा विज्ञान एवं जर्मन भाषा का विभाग खुला। ये कोश निर्माण के विशेषज्ञ थे। इन्होंने जर्मन-हिन्दी शब्दकोश का अध्यवसायपूर्वक निर्माण किया। भारत सरकार के तत्वावधान में 1958 में प्रकाशित हिन्दी व्याकरण का प्रारूप इनके द्वारा ही प्रस्तुत किया गया है। हिन्दी में सात तथा संस्कृत में बीस पुस्तकों का लेखन इन्होंने किया है। इनकी मृत्यु हैदराबाद में 31.5.1988 को हुई। जीवन के आखिरी 10 सालों में वे असाध्य बीमारियों से ग्रस्त रहे।

रघुवीर सिंह

महाराजकुमार रघुवीर सिंह 'कल्पना' के संस्थापक सम्पादकों में से एक थे। इनका जन्म सीतामऊ रियासत के लदुना राजप्रासाद में 23 फरवरी, 1908 को महाराज रामसिंह के ज्येष्ठ पुत्र के रूप में हुआ था। आरम्भिक शिक्षा-दीक्षा रियासती किन्तु पारिवारिक परिवेश में हुई। उन्होंने परवर्ती शिक्षा स्थानीय श्रीराम हाई स्कूल और डेली कॉलेज, इन्दौर से पूरी की तथा बाद में मुम्बई विश्वविद्यालय से सम्बद्ध बड़ौदा हाई स्कूल से इंटरमीडिएट परीक्षा उत्तीर्ण की। बी.ए. के उपरान्त उन्होंने होल्कर कॉलेज, इन्दौर (आगरा वि.वि.) से एलएलबी तथा 1933 में यहीं से इतिहास में एम.ए. तथा डी. लिट्. की उपाधियाँ प्राप्त कीं। उच्च शिक्षा प्राप्ति के दौरान डॉ. सिंह विभिन्न संस्थानों में शिक्षण-कार्य से भी जुड़े रहे। इससे उनके स्वाध्याय और अध्यवसाय-दोनों को दिशा और दृष्टि मिलती रही।

रघुवीर सिंह अपनी किशोरावस्था में द्विभाषिक (हिन्दी और अंग्रेजी) हस्तलिखित पत्रिका 'किरण' निकालते रहे थे। इसी क्रम में उनकी मौलिक रचनाएँ हिन्दी की प्रतिष्ठित पत्र-पत्रिकाओं यथा-'सरस्वती', 'माधुरी', 'चाँद', 'सुधा', 'क्षत्रिय', 'बालसखा' आदि में प्रकाशित होती रहीं। 'चाँद' के फाँसी अंक (सम्पादक : चतुरसेन शास्त्री) में प्रकाशित अपने शोधपूर्ण आलेख 'फ्रांस की राज्य क्रान्ति के कुछ रक्तरंजित पृष्ठ' से वे चर्चा में आये और इसके बाद उन्होंने कभी पीछे मुड़कर नहीं देखा। साहित्यकार के नाते एक ओर जहाँ वे हिन्दी साहित्य सम्मेलन से जुड़े वहाँ दूसरी ओर शोधप्रवण इतिहासकार के रूप में भारतीय इतिहास परिषद् से भी आजीवन सम्बद्ध रहे। सीतामऊ रियासत के हाईकोर्ट में न्यायाधीश का पद (1932 से 1940) सँभालने के बाद 1946 में वे सेण्ट्रल इंडियन रीज़न कमेटी के सदस्य और स्वतंत्र भारत में राज्यसभा के सदस्य (1952-1972) तथा मध्यभारत रीज़नल सर्वे कमेटी (1953-1956) के अध्यक्ष रहे। भारतीय इतिहास कांग्रेस के आजीवन सदस्य के रूप में उनकी सेवाएँ आज भी स्मरणीय हैं। उनके साहित्यिक अनुराग ने उन्हें साहित्यिक संस्थाओं से जोड़े रखा। 'साहित्य वाचस्पति' से अलंकृत डॉ. सिंह को 'मालवा में युगांतर' (मालवा इन ट्रांज़िशन का हिन्दी रूपांतर) कृति के लिए हिन्दी साहित्य सम्मेलन, इलाहाबाद द्वारा मंगलाप्रसाद पारितोषिक प्राप्त हुआ। उत्तरप्रदेश हिन्दी संस्थान, लखनऊ द्वारा आजीवन हिन्दी सेवा के लिए उन्हें सम्मानित भी किया गया। उनकी अन्य उल्लेखनीय कृतियाँ हैं—स्टडीज़ ऑन मराठा एंड राजपूत हिस्ट्री, पूर्व मध्यकालीन भारत, महाराणा प्रताप, दुर्गादास राठौड़, महाराणा प्रताप और स्वाधीन भारत।

साहित्य एवं इतिहास का यह निष्काम योगी 13 फरवरी, 1991 को इस संसार से विदा हो गया।

प्रो. रंजन

प्रो. रंजन का मूल नाम रघुराज सिंह था। इन्होंने क्रान्तिकारी जीवन में अपनी वास्तविक पहचान छिपाने के लिए प्रो. रंजन के रूप में स्वयं को प्रचारित किया था। बाद में यह प्रचारित

नाम ही उनकी पहचान बन गया। अक्षय कुमार जैन के संग बनारसीदास चतुर्वेदी ने अपने साक्षात्कार में बताया है कि आजादी की लड़ाई के दिनों में कुंडेश्वर में क्रान्तिकारियों को शरण मिलती थी। एक आदमी तार काट कर गया और वहीं ठहरा। प्रो. रंजन नाम उनका रख दिया था। रंजन जी का जन्म उत्तरप्रदेश के जमींदार परिवार में हुआ था। अपने स्वच्छन्द स्वभाव के कारण इन्होंने घर से नाता तोड़ लिया था। सन् 42 के आन्दोलन में अजमेर जेल में बन्द थे। पुलिस की आँखों में धूल झोंक कर ये जेल से फरार हो गये और अन्ततः इलाहाबाद में ये 'भारत में अँगरेजी राज' के लेखक और क्रान्तिकारी पं. सुन्दरलाल जी से मिले। सुन्दरलाल जी की सलाह पर ये कुंडेश्वर आये। यहाँ बनारसीदास चतुर्वेदी जी की अनुपस्थिति में यशपाल जैन से मिले। वहाँ से 'मधुकर' नामक पाक्षिक पत्रिका निकलती थी। सन् '42 से पूर्व ये राजस्थान के वनस्थली विद्यापीठ में अध्यापन कार्य करते थे। कुंडेश्वर रहते हुए ही इन्होंने नागपुर विश्वविद्यालय से हिन्दी में एम.ए. की परीक्षा प्रथम श्रेणी से पास की थी। इससे पूर्व ये इतिहास से एम.ए. कर चुके थे। प्रो. रंजन निमित्त जुटते ही राष्ट्रभाषा-प्रचार-समिति, वर्धा आ गये और हिन्दी की उन्नति में जुट गये। वहाँ थोड़ी असावधानी हो गयी और पुलिस द्वारा गिरफ्तार कर लिये गये। कुछ समय नागपुर और कुछ समय अजमेर जेल में रक्खे गये। आजादी के बाद ये वर्धा से नागपुर आ गये और साप्ताहिक 'जनमत' का सम्पादन किया। इस अखबार ने हैदराबाद के मुक्ति आन्दोलन को काफी बल दिया। नागपुर से सन् '49 में ये हैदराबाद आ गये और साप्ताहिक 'उदय' के सम्पादन में जुट गये। यह अखबार बदरीविशाल पित्ती के पिता पन्नालाल पित्ती निकालते थे। सन् '49 में ही बदरीविशाल पित्ती ने 'कल्पना' द्वैमासिक पत्रिका का प्रकाशन आरम्भ किया तो ये संस्थापक सम्पादक-मंडल के सदस्य हुए। ये सन् '51 तक 'कल्पना' के सम्पादन से जुड़े रहे। सन् 52 में ये सहकारी सामुदायिक खेती के प्रयोग के लिए ग्वालियर के निकट शिवपुर आ गये। पृथ्वीपुत्र बन कर खूब मेहनत की। परिणाम यह हुआ कि उन्हें हृदय रोग हो गया। शारीरिक श्रम से मजबूरन छुट्टी लेनी पड़ी और सन् 53 में पुनः हैदराबाद आकर अग्रवाल विद्यालय के प्रिंसिपल बन गये। इनके प्रयास से यहाँ नानकराम भगवानदास साइंस कॉलेज की स्थापना हुई। यह नवीन संस्था उनका अन्तिम महान कार्य था। इस कॉलेज के प्रिंसिपल के रूप में उन्होंने 18 जनवरी, 1955 को आखिरी साँस ली। रंजन जी को लम्बी आयु नहीं मिली। मात्र 44 साल की अल्पायु में उनकी जीवन लीला समाप्त हुई। वे हद दर्जे के घुमक्कड़ थे। वर्मा, हिन्दचीन, लंका की सैर कर आये थे। आजादी के बाद कांग्रेस की राजनीति से इनका मोहभंग हो गया था। वे समतामूलक श्रम आधारित समाज के पक्षधर थे। आखिरी दिनों में वे खुलकर समाजवाद के पक्ष में आ गये थे। उनकी बड़ी इच्छा थी कि नवस्वाधीन भारत देश से आर्थिक विषमताएँ दूर हों और छोटे-बड़े सबको विकास का समान अवसर मिले।

यशपाल जैन ने उनकी मृत्यु के बाद 'कल्पना' के जनवरी 1955 के अंक में लिखा : "अपने पीछे उन्होंने अपनी पत्नी और दो बच्चों को छोड़ा है; लेकिन अपने मिलनसार स्वभाव और हँसमुख व्यवहार के कारण उनके आत्मीय जनों का परिवार इतना विशाल है कि सबको यह महान क्षति अपनी ही प्रतीत होती है। भाई जी का बहुत-सा साहित्य अप्रकाशित पड़ा

है। उनके लेखों के कई संग्रह बन सकते हैं। हाल्केन के एक उपन्यास का उनका किया हुआ सुन्दर अनुवाद रखा है और भी कई चीजें हैं। कृतज्ञता का तकाज़ा है कि उन सबके प्रकाशन की व्यवस्था हो। भाई जी के प्रति यह सर्वोत्तम श्रद्धांजलि होगी।''

शान्ता नामक मराठी लड़की से इन्होंने प्रेम विवाह किया था। उनसे शेखर एवं नीरजा दो सन्तानें थीं।

मधुसूदन चतुर्वेदी

'कल्पना' के प्रकाशकीय उद्‌घोषणा में मधुसूदन चतुर्वेदी का नाम प्रकाशक की हैसियत से भी जाता था।

ये 'कल्पना' के संस्थापक सम्पादक मंडल के सदस्यों में थे। मधुसूदन चतुर्वेदी का जन्म 10 दिसम्बर, 1910 ई. को कमतरी गाँव, वाह तहसील, जिला आगरा, उत्तरप्रदेश में हुआ था। उनकी प्रारंभिक शिक्षा गाँव में हुई। सन् 1928 में इन्होंने गवर्मेंट हाई स्कूल मैनपुरी से हाईस्कूल की परीक्षा प्रथम श्रेणी में उत्तीर्ण की। आगरा कॉलेज से सन् 1932 ई. में बी.एससी. और बाद में अंग्रेजी साहित्य लेकर एम.ए. की उपाधि प्राप्त की। कॉलेज की शिक्षा समाप्त कर ये कुछ वर्ष आगरे में रहकर साप्ताहिक 'आर्यमित्र', 'दिवाकर', 'दिनेश' तथा 'विजय' का सम्पादन किया। 1940 में बदरीविशाल पित्ती के पिता पन्नालाल पित्ती के निमंत्रण पर उनके पारिवारिक शिक्षक के रूप में हैदराबाद आये। बदरीविशाल पित्ती के वे गुरु और प्रेरणादायक थे। यह चतुर्वेदी जी की प्रेरणा का ही सुफल था कि आगे चलकर बदरीविशाल जी ने 'उदय' और 'कल्पना' का प्रकाशन किया और हैदराबाद को हिन्दी जगत का एक प्रमुख आकर्षण केन्द्र बना दिया। सन् 1946 ई. में ये हैदराबाद राज्य हिन्दी प्रचार सभा के प्रधानमंत्री चुने गये। 21.10.48 से इन्होंने राजाबहादुर सर बंसीलाल बालिका विद्यालय, बेगम बाजार, हैदराबाद के प्रिंसिपल पद का दायित्व सँभाला। इनकी कर्मठता के कारण इस विद्यालय की क्रमोन्नति बी.ए. तक हो गयी। हिन्दी माध्यम के इस विद्यालय के लिए इन्होंने एक सौ से भी अधिक पाठ्यपुस्तकें गणित, विज्ञान, हिन्दी भाषा और अंग्रेजी की तैयार की हैं। हिन्दी अकादमी, हैदराबाद तथा हिन्दी प्रचार सभा, हैदराबाद के संचालक तथा संस्थापक थे। 8 जून, 71 को इन्होंने बंसीलाल विद्यालय के प्राचार्य पद से अवकाश ग्रहण किया। अगस्त 71 में ही ये 'कल्पना' के सम्पादक-मंडल से भी अलग हो गये।

सन् 74 में 'संकल्प' त्रैमासिक की शुरुआत की जो अद्यावधि हैदराबाद हिन्दी अकादमी का मुखपत्र है।

चतुर्वेदी जी ब्रजभाषा और हिन्दी के सुकवि थे। उनके 'मंजरी', 'द्वितीय महासमर', 'वृन्दावन' आदि काव्य ग्रन्थ प्रकाशित हो चुके हैं। 'रजकण' (कहानी संग्रह) 'झाँसी की रानी', 'विश्राम' (नाटक); 'ग्वालिनी' (थामस हार्डी के 'टैंस' नामक उपन्यास का अनुवाद); 'साहित्य'; 'प्रसाद का आँसू' (आलोचना); 'योरप की डायरी' (यात्रा-संस्मरण) प्रकाशित ग्रन्थ हैं। 78 वर्ष की आयु में बेगम बाजार स्थित किराये के आवास पर 18 जनवरी,

1988 को इस महान हिन्दी सेवी का निधन हुआ। ये व्यक्ति नहीं संस्था थे। 14.06.71 के 'नवजीवन' में बनारसीदास चतुर्वेदी ने लिखा था, ''हमें आश्चर्य इस बात का है कि साठ वर्ष की उम्र पार कर जाने पर भी मधुसूदन जी अकेले इतना काम कैसे कर लेते हैं, जितना किसी सुसंगठित संस्था के लिये ही सम्भव है। किसी अन्य भाषा-भाषी प्रदेश में इतना काम कर दिखाना असाधारण योग्यता के मनुष्य के लिए ही सम्भव है।''

मुनीन्द्र जी

जनवरी 52 में सबसे पहली बार मुनीन्द्र जी 'कल्पना' में सम्पादक के रूप में दिखाई देते हैं। मूलतः बिहारवासी मुनीन्द्र का जन्म तत्कालीन गया जिले के कलानौर गाँव में 1926 में कार्तिक-पूर्णिमा को हुआ। फिलहाल यह गाँव जहाँनाबाद जिले के अन्तर्गत पड़ता है। पिता राजपतिदास पेशे से वैद्य तथा विचारों से कबीरपंथी थे। इनकी माँ सकालोदेवी एक धार्मिक महिला थी। प्रारम्भिक शिक्षा गाँव में हुई। बारह वर्ष की आयु में ये अध्ययन के लिए बिहार विद्यापीठ, पटना आ गये। यहाँ सदाकत आश्रम में राजेन्द्रप्रसाद सहित देश के बड़े-बड़े नेताओं के निकट सम्पर्क में आये। बिहार में उन दिनों आजादी का जनान्दोलन चरम पर था। जयप्रकाश नारायण की चर्चा हवाओं में थी। जयप्रकाश के गरीबी उन्मूलन के समाजवादी कार्यक्रमों से ये खूब अभिभूत हुए। 1942 के 'भारत छोड़ो' आन्दोलन में इन्होंने भूमिगत होकर सोशलिस्ट पार्टी की पत्रिका 'चिनगारी' का सम्पादन किया। फरारी जीवन का समापन अन्ततः पुलिस गिरफ्तारी में हुआ। जेल से निकलकर स्वयंपाठी छात्र के रूप में मैट्रिक की परीक्षा दी तथा प्राइवेट परीक्षार्थियों में पूरे सूबे में प्रथम स्थान पर रहे। 1950 में पटना कॉलेज से बी.ए. ऑनर्स की परीक्षा अर्थशास्त्र विषय में उत्तीर्ण की। देश को आजादी मिल गई थी। मुनीन्द्र सरकारी नौकरी नहीं करना चाहते थे। पार्टी के नेता उपेन्द्रनाथ वर्मा का बदरीविशाल पित्ती से परिचय था। 'कल्पना' निकल चुकी थी। वर्मा जी ने इन्हें हैदराबाद भेज दिया। आरम्भ के अढ़ाई साल ये 'कल्पना' के प्रूफ पढ़ते रहे। काम के प्रति इनकी लगन एवं निष्ठा को देखकर बदरीविशाल जी ने प्रेस, प्रकाशन और सम्पादन का सारा भार इन्हें सौंप दिया। 1955 में इनकी शादी करुणावती जी से हुई। बदरीविशाल पित्ती के कॉमर्शियल प्रिंटिंग प्रेस में ये जनरल मैनेजर थे। इन्होंने 1965 में 'कल्पना' की नौकरी छोड़ दी थी। लेकिन 'कल्पना' का सम्पादन कार्य 1978 तक अवैतनिक रूप से जारी रखा। 1972-73 में साप्ताहिक 'हैदराबाद समाचार' के सम्पादन की शुरुआत की। बाद में इस साप्ताहिक का नाम बदल कर 'दक्षिण समाचार' कर दिया गया। 1975 में आपातकाल लगने पर उसका सक्रिय विरोध किया तथा लाडली मोहन निगम एवं जॉर्ज फर्नांडीज के भूमिगत रहने में मदद की।

मुनीन्द्र जी हिन्दी पत्रकार एवं 'दक्षिण समाचार' के सम्पादक के रूप में निरन्तर भारतीय भाषाओं को जोड़ने का काम करते रहे हैं। ये भारतीय भाषाओं के प्रबल पक्षधर हैं। 83 वर्ष की अवस्था के बावजूद उनमें एक युवा पत्रकार जीवित है। हैदराबाद से हिन्दी की आवाज पूरे देश में पहुँचाने में जुटे हुए हैं। फिलहाल ये इस साप्ताहिक के सम्पादक हैं।

इनकी अथक हिन्दी साधना को दक्षिण भारत हिन्दी प्रचार सभा, हैदराबाद ने सन् 2000 में अमृतोत्सव अभिनन्दन ग्रन्थ से सम्मानित किया। उत्तरप्रदेश शासन ने 'गणेश शंकर विद्यार्थी' पुरस्कार तथा महाराष्ट्र सरकार ने 'महाराष्ट्र भारती हिन्दी सेवी पारितोषिक' से इन्हें सम्मानित किया है।

जगदीश मित्तल

चित्रकार एवं कला वस्तुओं के अद्वितीय संग्रहकर्ता जगदीश मित्तल का जन्म उत्तरप्रदेश के बुलंदशहर में 16 सितम्बर, 1925 को हुआ। पूरा घराना अभियन्ताओं का था लेकिन रंगों के प्रति इनकी गहरी रुचि बचपन से ही थी। इन्होंने 1942 ई. में ड्राइंग में विशेष योग्यता के साथ हाई स्कूल की परीक्षा उत्तीर्ण की। इसी वर्ष देहरादून में होने वाली ओलम्पिक प्रदर्शनी में अपने 45 चित्र प्रदर्शित किये। प्रदर्शन की गुणात्मक और संख्यात्मक विशेषताओं ने सभी स्थानीय कलाकारों को, जिसमें सुधीर खास्तगीर भी थे; अचंभे में डाल दिया। वहीं देवी प्रसाद गुप्ता से इनकी मुलाकात हुई। इन्हीं की प्रेरणा से सन् 1945 में ये शांतिनिकेतन चले आये। कला भवन में इनको नंदलाल बसु, रामकिंकर बैज; विनोदबिहारी मुखर्जी के निर्देशन में अपनी प्रतिभा के बहुमुखी विकास का सुअवसर मिला। यहाँ भारतीय कला के विभिन्न अंगों जैसे चित्रकला, भीत्तिकला (Murals), ठप्पाकला (Woodcuts), धातु खुदाई (Euching) आदि में निपुणता प्राप्त की। अप्रैल 1949 में इन्होंने कला भवन, शान्तिनिकेतन से प्रमाण-पत्र प्राप्त किया।

नंदलाल बसु के कहने पर हिमाचल प्रदेश की सरकार द्वारा वहाँ के शिक्षकों को चित्रकला सिखाने के लिए इनकी नियुक्ति हुई। यह लघु चंबा प्रवास उनके अनुभव के लिए प्रयोगशाला साबित हुई। यहाँ उन्हें पहाड़ी चित्रकला और चित्रकारों से संबंधित वे रहस्य प्राप्त हुए जो आज तक आधुनिक कलाकारों को अज्ञात थे। आजादी के तुरन्त बाद दिल्ली के नेशनल म्युजियम के सिलसिले में वासुदेवशरण अग्रवाल, मोतीचन्द्र एवं रायकृष्णदास विचार विमर्श के लिए इकट्ठा हुए थे। बदरीविशाल पित्ती के चेतना प्रकाशन से वासुदेवशरण की 'माताभूमि' किताब प्रकाशित हो रही थी। पित्ती जी इस प्रसंग में दिल्ली आये हुए थे। वहीं इस युवा कलाकार का परिचय बदरीविशाल पित्ती से हुआ। उन्होंने जगदीश मित्तल को हैदराबाद आमंत्रित किया। फरवरी 51 में इनकी शादी शांतिनिकेतन की होनहार कलाकार कमला देवी से हुई। मार्च 51 में नवदम्पती हैदराबाद आये। 23 मार्च, 1951 को नव-संस्कृति संघ, हैदराबाद द्वारा इनके चित्रों की प्रदर्शनी आयोजित की गयी। प्रदर्शनी का उद्घाटन श्री बी. रामकृष्ण राव, शिक्षा मंत्री, हैदराबाद ने किया। द्वैमासिक 'कल्पना' दो सालों से निकल रही थी। बदरीविशाल जी ने 'कल्पना' के कला सम्पादक के रूप में साग्रह इनका नाम जोड़ा। 1953 में ये स्थायी रूप से हैदराबाद आ गये और 'कल्पना' के अवसान अंक तक इसके सम्पादक रहे।

इनकी चित्रकला की प्रेरणाभूमि भारतीय है। भारतीय रंग और वस्तुओं के सहारे ही वे इसे पूरा करते हैं। इनके द्वारा चित्रित पुष्प एवं भूमि चित्रण को एक बार देखने के बाद कोई

भूल नहीं सकता। भारतीय सूती वस्त्र उद्योग में उनके कुछ बातिक अपनी अपूर्व विशेषता के कारण यादगार बन पड़े हैं। पहाड़ी भीति कला की प्रतियाँ जिन्हें इन्होंने चंबा के राजमहल से प्राप्त किये हैं; उनके अथाह धीरज और कला के प्रति सच्चे समर्पण का सूचक है। ये भारतीय कला परम्परा के अद्वितीय विश्लेषक एवं अध्येता हैं।

इन्होंने पत्नी कमला मित्तल के साथ 'भारतीय कसीदा' नामक पुस्तक का लेखन किया है। आन्ध्रप्रदेश ललित कला अकादमी के लिए 'आन्ध्र पेंटिंग्स ऑफ रामायण (1969) पुस्तक लिखी है। डॉ. एच.के. शेखानी व डॉ. पी.एम. जोशी सम्पादित 'मीडिव्हल हिस्टरी ऑफ दक्कन' (1974) ग्रंथ के अन्तर्गत 'दक्कनी चित्रकला शीर्षक' अध्याय का लेखन किया है। फिलहाल ये अनेक शैक्षणिक एवं सांस्कृतिक संस्थानों के सम्मानीय सलाहकार सदस्य हैं। ये 'इंडियन नेशनल ट्रस्ट फॉर आर्ट एंड कल्चरल हेरिटेज', नयी दिल्ली के संस्थापक सदस्य हैं। इन्होंने अपने अनमोल कला संग्रहों को 'जगदीश एंड कमला मित्तल म्यूजियम ऑफ इंडियन आर्ट' ट्रस्ट के अन्तर्गत राष्ट्र को समर्पित कर दिया है। इस ट्रस्ट की स्थापना 1976 में हुई है। कृतज्ञ राष्ट्र ने कला क्षेत्र में इनके महत्त्वपूर्ण योगदान के लिए 1990 में पद्मश्री अलंकरण से सम्मानित किया है। 1907 में 'मिलाप' अखबार की तरफ से इनको 'युद्धवीर फाउंडेशन' पुरस्कार प्राप्त हुआ है। फिलहाल मित्तल दंपती हैदराबाद स्थित आवास पर तिब्बती कला के इतिहास लेखन में व्यस्त हैं।

भवानीप्रसाद मिश्र

भवानीप्रसाद मिश्र का जन्म 29 मार्च, 1913 गाँव टिगरिया, तहसील सिवनी, जिला होशंगाबाद, मध्यप्रदेश में हुआ। पिता सीताराम मिश्र शिक्षा विभाग में इंस्पेक्टर थे। माँ गोमती देवी धार्मिक रुझान की सद्गृहस्थिन थीं। इनकी प्रारंभिक शिक्षा सोहागपुर; हाई स्कूल की शिक्षा होशंगाबाद और नरसिंहपुर में तथा स्नातक की शिक्षा रॉबर्टसन कॉलेज, जबलपुर में हुई। बी.ए. की शिक्षा पूरी कर हिन्दी के प्रचार के उद्देश्य से इंडियन प्रेस प्रयाग की ओर से बड़ौदा गये, पर शीघ्र ही लौट आये। छिंदवाड़ा हाई स्कूल में कुछ माह अध्यापन किया। पिता के सुझाव पर बैतूल में राष्ट्रीय विद्यालय की स्थापना की। अगस्त '42 में 'भारत छोड़ो' आन्दोलन में भागीदारी के कारण दो वर्ष आठ माह आठ दिन का कारावास भुगतने के बाद नागपुर जेल से 1945 में छूटे। 1946 में महिलाश्रम, वर्धा में शिक्षण कार्य से सम्बद्ध हुए। महिलाश्रम राष्ट्रीय आन्दोलन में जेल जाने वाले लोगों के परिवार की स्त्रियों के शिक्षण का केन्द्र था। बापू के परामर्श से 'महिलाश्रम' की स्थापना शांता रानीवाल ने अपनी सारी सम्पत्ति अर्पित करके की थी। भवानीप्रसाद मिश्र ने इसी आश्रम में 1947 में प्रसिद्ध कविता 'गीत फरोश' की रचना की। 1949 में नागपुर से प्रकाशित 'विचार' साप्ताहिक का हनुमानप्रसाद तिवारी के साथ मिलकर सम्पादन किया। 1950 में महिलाश्रम छोड़कर 'राष्ट्रभाषा प्रचार समिति' वर्धा से जुड़े। 1952 में अज्ञेय द्वारा सम्पादित 'दूसरा सप्तक' के प्रथम कवि के रूप में चर्चित हुए।

निजाम की हैदराबाद रियासत को भारत में मिलाने के बाद वहाँ के रेडियो स्टेशन ने हिन्दी में कार्यक्रम प्रसारित करना शुरू किया। इसी प्रसंग में हैदराबाद जाने पर 'कल्पना' के उत्साही संचालक बदरीविशाल पित्ती से उनका परिचय हुआ। इनके आमंत्रण पर ये जुलाई '52 से मई '54 तक 'कल्पना' पत्रिका के सम्पादक-मंडल में शामिल हुए। 1956 में नवहिन्द प्रकाशन, हैदराबाद से 'गीतफरोश' कविता संग्रह का प्रकाशन हुआ। 1956 में ये बम्बई आकाशवाणी के चीफ प्रोड्यूसर नियुक्त हुए। 1958 में ये गांधी वाङ्मय के हिन्दी खंडों के सम्पादन से जुड़े। 'बुनी हुई रस्सी' काव्य संग्रह पर 1972 में साहित्य अकादमी का पुरस्कार मिला। इनके अन्य महत्त्वपूर्ण काव्य संग्रह 'गांधी पंचशती', 'चकित है दुःख', 'अँधेरी कविताएँ', 'खुशबू के शिलालेख', 'व्यक्तिगत', 'त्रिकाल सन्ध्या', 'कालजयी' हैं।

आजादी के बाद के सत्ताप्रतिष्ठान के भटकाव के ये मुखर आलोचक थे। इसीलिए जयप्रकाश नारायण के सम्पूर्ण क्रान्ति आन्दोलन का सक्रिय समर्थन किया। कविता के अतिरिक्त इन्होंने गद्य में भी लेखन किया। 'जिन्होंने मुझे रचा' इनकी संस्मरणात्मक कृति है। 'कुछ नीति कुछ राजनीति' इनका महत्त्वपूर्ण निबन्ध संग्रह है। 'चरैवेति चरैवेति' शीर्षक से श्रीमन्नारायण की जीवनी लिखी। ये सिद्ध अनुवादक भी थे। रवीन्द्रनाथ की कविताओं का साहित्य अकादमी के लिए अनुवाद किया था। हेलन केलर के 'ओपेन डोर' का 'मुक्त द्वार' तथा स्टैन बैक के उपन्यास 'रेडपोनी' का अनुवाद किया। 'कल्पना' के अतिरिक्त इन्होंने 'सर्वोदय', 'गांधी मार्ग', 'गगनांचल' पत्रिकाओं का सम्पादन भी किया। सम्पूर्ण गांधी वाङ्मय के सम्पादन का यशस्वी कार्य भी इनके द्वारा सम्पन्न हुआ। 1983 में मध्य प्रदेश के कला साहित्य परिषद् के 'शिखर पुरस्कार' से ये सम्मानित हुए। इसके अतिरिक्त इन्हें साहित्य अकादमी पुरस्कार, गालिब पुरस्कार, दिल्ली साहित्य परिषद् पुरस्कार भी प्राप्त हुए। 20 फरवरी, 1985 को दिल्ली में इनका निधन हुआ।

वृन्दावन बिहारी मिश्र

[जुलाई '54 की 'कल्पना' में काले घेरे में यह सूचना छपी है।]

चौबीस जून को रात के साढ़े-नौ बजे 'कल्पना' के अन्यतम सम्पादक श्री वृन्दावन बिहारी मिश्र का सहसा हृदय की गति रुक जाने से देहावसान हो गया। अन्तिम क्षणों में हमारे कला-सम्पादक श्री जगदीश मित्तल, श्रीमती कमला मित्तल तथा 'कल्पना' के सुपरिचित लेखक श्री मार्कंडेय संयोगवश उपस्थित थे। मिश्र जी भोजन करके उठे थे, मित्तल जी और मार्कंडेय जी से बातचीत कर रहे थे कि अकस्मात बुलावा आ गया और बिना कुछ कहे-सुने क्षण भर में ही चले गये। मिश्र जी की पत्नी और छोटे भाई खड़े देखते रहे—समझ नहीं पाये कि क्या हुआ जा रहा है। कुछ ही मिनटों में एक डॉक्टर आये—लौट गये। दूसरे डॉक्टर आये वे भी लौट गये। तब तक 'कल्पना' के अन्य सम्पादक भी पहुँच गये; जिन्हें अभी-अभी हँसते-बोलते छोड़ कर गये थे उस भाई की निर्जीव देह ही चटाई पर पड़ी हुई मिली।

इस अनभ्र वज्र–पात से स्तब्ध और किंकर्त्तव्य–विमूढ हो कर हम बहुत देर के बाद ही समझ पाये कि हम क्या खो बैठे हैं। 'कल्पना' को कितनी गहरी क्षति पहुँची है। वृन्दावन बिहारी 'कल्पना' के अन्यतम सम्पादक ही नहीं थे, वे 'कल्पना' के प्राण थे और 'कल्पना' जैसे उनका प्राण थी उन्होंने अपना सर्वस्व 'कल्पना' को अर्पित कर दिया था। सामान्य पत्र–व्यवहार से लेकर सम्पादकीय लिखने तक का काम वे जिस तत्परता और एकाग्रता के साथ करते थे, उसे देखकर हम सभी को आश्चर्य होता था। अन्तिम क्षणों में भी वे 'कल्पना' की ही बात कर रहे थे और यह सब वे करते थे एकान्त निःस्पृहता के साथ–'यशसे' नहीं 'अर्थकृते' नहीं। इतना निष्ठावान परिश्रमी और कर्मठ सम्पादक 'कल्पना' को अब नहीं मिल सकता–यह क्षति कभी पूरी नहीं हो सकती।

मिश्र जी इतने मिलनसार इतने हँसमुख, इतने सर्वप्रिय और इतने सर्व–हितेच्छु व्यक्ति थे कि उन्हें जानने वाले उन्हें जीवन–भर नहीं भूल सकते। उनके व्यक्तित्व में कुछ ऐसा आकर्षण था कि अनायास ही सबको प्रभावित कर लेता था। अब, जब वे नहीं रहे हैं, हमें उनके गुण एक–एक करके दिखाई पड़ते जा रहे हैं। जितना सोचते हैं, उतनी ही कसक बढ़ती है। ऐसा आदमी कहाँ मिलेगा?

मिश्र जी पीछे छोड़ गये हैं, विधवा पत्नी को, एक छोटे भाई को और वृद्ध नाना को। मिश्र जी के बिना असहाय से इन तीनों को देखकर आँसू रोके नहीं रुकते। इनके प्रति समवेदना और सहानुभूति प्रकट करना हमें उपचार–सा लगता है। लगता है कि हम स्वयं भी तो आज सहानुभूति के पात्र हैं।

आर्येन्द्र शर्मा
मधुसूदन चतुर्वेदी
बदरीविशाल पित्ती
जगदीश मित्तल
मुनीन्द्र

[अगस्त '32 की 'कल्पना' में पत्र स्तम्भ के अन्तर्गत यह सूचना छपी है।]

श्री वृन्दावनबिहारी मिश्र के असामयिक निधन से 'कल्पना' को कितना नुकसान हुआ, उनके मित्रों को कितना कष्ट हुआ, यह व्यक्त नहीं किया जा सकता। अब भी हम यह सोचना नहीं चाहते कि वे हमारे बीच नहीं हैं। 'कल्पना' के लेखकों और पाठकों के अनेक पत्र हमारे पास आये हैं; जिनसे हमारा दुःख बँटा है। उन पत्रों का अलग से जवाब देना अप्रिय लगता है, क्योंकि वे अप्रिय घटना की फिर–फिर याद दिलाते हैं। हम उन सभी सज्जनों के आभारी हैं; जिन्होंने अपने को समदुःखी बनाकर हमें बल दिया। हम अपना दृढ़ संकल्प व्यक्त करना चाहते हैं कि 'कल्पना' को हम अधिक से अधिक उपयोगी और उत्तम बनाएँगे। स्वर्गीय मिश्र जी के लिए तो 'कल्पना' ही उनकी साधना थी। वे 'कल्पना' के लिए जिये, यह बात हमें बल प्रदान करती है।

–सम्पादकगण

रघुवीर सहाय

श्रीमती तारामणि एवं श्री हरदेव सहाय के ज्येष्ठ पुत्र के रूप में इनका जन्म 9 दिसम्बर, 1929 लखनऊ में हुआ। यहीं से अंग्रेजी साहित्य में एम.ए. करने के बाद दिल्ली आ गए। 'प्रतीक' दिल्ली में सहायक सम्पादक (1951-52), आकाशवाणी समाचार विभाग में उप सम्पादक (1953-57) और विशेष संवाददाता (1959-63), 'कल्पना' हैदराबाद के सम्पादक मंडल के सदस्य (1957-58), विशेष संवाददाता नवभारत टाइम्स दैनिक (1963-68), समाचार सम्पादक 'दिनमान' (1968-69), प्रधान सम्पादक 'दिनमान' (1969-82)। मृत्यु 30 दिसम्बर, 1990।

प्रकाशित साहित्य है, कविता : दूसरा सप्तक (1951), सीढ़ियों पर धूप में (1960), आत्महत्या के विरुद्ध (1967, दू.सं. 1976), हँसो हँसो जल्दी हँसो (1975) लोग भूल गए हैं (1982)।

कहानी : रास्ता इधर से है (1972), जो आदमी हम बना रहे हैं (1982)।

निबन्ध : दिल्ली मेरा परदेस (1976), लिखने का कारण (1978), ऊबे हुए सुखी, वे और नहीं होंगे जो मारे जाएँगे, भँवर लहरें और तरंग, शब्द शक्ति, (चारों पुस्तकें 1983)।

अनुवाद : रोम्यां रोला की चर्चित कृति 'विवेकानन्द' का अज्ञेय के साथ मिल कर अनुवाद (1967), बारह हंगारी कहानियाँ (1972), राख और हीरे (पोल्स्की उपन्यास, लेखक: येर्जी आंद्रजेयेव्स्की 1978), वरनमवन (मैकबेथ, 1980) तीन हंगारी नाटक (1983)। आथेलो (शेक्सपीयर), जेरो (आइनो) का अनुवाद।

1984 में इनकी कविता कृति 'लोग भूल गये हैं' पर साहित्य अकादमी पुरस्कार।

रघुवीर सहाय की समग्र रचनाएँ छह खंडों में राजकमल प्रकाशन से वर्ष 1999 में डॉ. सुरेश शर्मा द्वारा सम्पादन।

गौतम राव

तेलुगू भाषी गौतम राव प्रगति एवं परम्परा के अद्भुत मिश्रण हैं। इनका जन्म आन्ध्रप्रदेश के करीम नगर नामक स्थान पर हुआ तथा वहीं से अपनी आरंभिक पढ़ाई पूरी की। स्कूली दिनों में ही इन्हें चोरी-चुपके विश्वनाथ सत्यनारायण के उपन्यासों को पढ़ने का चस्का पड़ गया था। लेकिन आगे चल कर ये 'रामायण कल्पवृक्षम्' की प्रभाव परिधि में आ गये और इस रचना ने इनकी जीवनदृष्टि ही बदल दी। ये कल्पवृक्षम् के सुरीले एवं सम्मोहनकारी गायक के रूप में पूरे आन्ध्रप्रदेश में चर्चित हैं। इनके पिताजी संस्कृत एवं तेलुगू के गम्भीर अध्येता थे अत: गौतम राव को भाषा प्रेम अपने परिवार से विरासत के रूप में मिली है।

कानून की उच्च शिक्षा लेने ये हैदराबाद आ गये। हैदराबाद में उन दिनों आजादी की लड़ाई चरम पर थी। निजाम शासन के जुल्मों के विरुद्ध ये सड़कों पर उतर पड़े और अन्ततः

एक प्रदर्शन के दौरान गिरफ्तार होकर जेल में डाल दिये गये। गौतम राव जेल की ऊँची दीवारों को फलाँग कर फरार हो गये। राजनीतिक बनवास के दिनों में ये जयप्रकाश नारायण एवं अशोक मेहता से मिलने में सफल हुए तथा समाजवादी चिन्तकों के समतामूलक समाज के सपने से प्रभावित हुए। फिर इन्होंने समाजवादी पार्टी के राजनीतिक कार्यक्रमों के प्रसार में सक्रिय भूमिका निभायी। जब राममनोहर लोहिया आन्ध्रप्रदेश में घूम-घूम कर हिन्दी में भाषण करते थे तब गौतम राव उनके भाषणों के अनुवाद तेलुगू में करते थे। ये स्वयं भी तेलुगू में प्रभावी भाषण देने के लिए मशहूर हैं। जब प्रजा समाजवादी पार्टी दो धड़ों में बँट गयी तो ये लोहिया के साथ खड़े हुए। ये लोहिया के अंग्रेजी हटाओ, जेल भरो तथा जाति तोड़ो कार्यक्रमों में भी सक्रिय रहे। समाजवादी पार्टी की टिकट पर ये दो बार लोकसभा के लिए चुनाव में खड़े हुए लेकिन इन्हें चुनाव में सफलता नहीं मिली। समतावादी समाज की खोज ने इनके लेखन को गहराई तक प्रभावित किया। ये समाजवादी पार्टी के अंग्रेजी मुखपत्र 'मेन काइन्ड' के सम्पादक-मंडल में भी शामिल थे। गौतमराव ने तेलुगू में 'जयन्ती' नामक साहित्यिक पत्रिका का सम्पादन किया। फिलहाल यह पत्रिका उनके साहित्यिक साथी कोंडल राव हैदराबाद से निकालते हैं। समाजवादी विचारधारा के तिरोभाव ने इन्हें साहित्यिक मोर्चे पर ला खड़ा किया। ये 'कल्पना' के सम्पादक श्रीयुत बदरीविशाल पित्ती के राजनीतिक पथबन्धु एवं मित्र थे। ये सन् 58 से सन् '78 तक यानी 20 वर्षों तक 'कल्पना' के सम्पादन से जुड़े रहे। ये तेलुगू के यशस्वी साहित्यकार हैं और करीमनगर में अपने पैतृक निवास पर रहते हैं।

राजा दुबे

श्रीमती जनकदुलारी तथा श्री जगन्नाथ दुबे के तृतीय संतान के रूप में राजा दुबे का जन्म 23 जुलाई, 1934 को सागर, मध्यप्रदेश में हुआ। आरम्भ से लेकर एम.ए. तक की पढ़ाई इसी शहर में हुई। साहित्य के नये रुझान को पहचान कर बी.ए. के दिनों में ही इन्होंने 'समवेत' नामक पत्रिका का सम्पादन किया। राजा दुबे शीर्ष सम्पादक थे। अशोक वाजपेयी, रमेशदत्त दुबे, प्रबोधकुमार तथा आग्नेय आदि सम्पादक-मंडल के अन्य सदस्य थे। सागर वि.वि. से एम.ए. करने के बाद सन् '55 में ये हैदराबाद आ गये। दकन का यह शहर उन दिनों हिन्दी प्रचार-प्रसार के बल पर हिन्दी प्रदेशों से प्रतियोगिता कर रही थी। कहते हैं कि बदरीविशाल पित्ती के अनुरोध पर ही ये हैदराबाद आये थे। सन् '61 में ये 'कल्पना' के सम्पादक-मंडल से जुड़े। इन्हीं दिनों इन्होंने विवेकवर्धिनी महाविद्यालय में हिन्दी अध्यापक के रूप में नियुक्ति पायी तथा आजीवन इस महाविद्यालय से जुड़े रहे। 29 नवम्बर, 1962 को मराठी लड़की सरला दीक्षित से कोर्ट में प्रेम विवाह किया। कई भाषाओं की जानकार अपनी पत्नी को ये 'भाषा' कह कर पुकारते थे। रजनीश इनके मित्र थे तथा इनके आग्रह पर वे सन् '67 में हैदराबाद आये थे और कई सभाओं में उन्होंने व्याख्यान दिये थे। राममनोहर लोहिया के ये अत्यन्त आत्मीय थे। बदरीविशाल पित्ती के ये आजीवन

प्रिय बने रहे। असद भोपाली, निदा फाजली, नईम, नीरज, मख़्दूम मोहियोद्दीन तथा मुनीन्द्र जी इनके स्वप्न सहचर थे। कवि आग्नेय इनके अनुज हैं। सन् 1962 में नवहिन्द प्रकाशन से इनकी पहली कविता कृति 'एक हस्ताक्षर और' प्रकाशित हुई थी। मृत्यु के लम्बे अंतराल के बाद राजा दुबे की बिखरी हुई कविताओं का एक और संग्रह 'वेपाँव का सफर' सन् 1998 में प्रकाशित हुआ है। इमर्जेंसी का इन्होंने सक्रिय विरोध किया था। उस दौरान पुलिस की पिटाई से घायल होकर ये अस्पताल में भर्ती रहे। तेलंगाना आन्दोलन के समर्थन के कारण भी ये सत्ता प्रतिष्ठान की आँख की किरकिरी बने रहे। स्वतंत्रता के घनघोर पक्षधर राजा दुबे ने तेलुगू के दिगम्बर कवियों के अनुवादों को पोस्टर पत्रिका द्वारा हिन्दी में उपलब्ध कराया। इनकी पोस्टर पत्रिका का नाम 'अंटार्कटिका' था। इसमें हिन्दी के अतिरिक्त उर्दू एवं तेलुगू कविताओं के अनुवाद भी प्रकाशित होते थे। राजा दूबे की आस्था थी कि "गंदे जीवन को ही नहीं; अपितु विश्व भर को बदलने की सामर्थ्य कविता में है।" 26 जून, 1978 को गृह नगर सागर में एक दुर्घटना में पैर फिसलने से 'एक हस्ताक्षर और' देने वाला कवि हमारे बीच से असमय उठ गया।

प्रयाग शुक्ल

जन्म : 28 मई, 1940, कोलकाता में। प्रारम्भिक शिक्षा पुरखों के गाँव तिवारीपुर (हुसेनगंज, जिला फतेहपुर, उ.प्र.) में हुई। फिर कोलकाता में। कोलकाता विश्वविद्यालय से स्नातक। कवि, कथाकार, साहित्य और कला-समीक्षक। रंगमंच और सिनेमा पर भी लिखते रहे हैं। अब तक नौ कविता पुस्तकें, पाँच कहानी-संग्रह और तीन उपन्यास प्रकाशित। कला-परख पर एक पुस्तक 'देखना' प्रकाशित है। बांग्ला से जीवनानन्द दास और शंखघोष की कविताओं तथा गीतांजलि के अनुवाद। बंकिमचन्द्र के निबन्धों के अनुवाद पर साहित्य अकादेमी का अनुवाद पुरस्कार प्राप्त हुआ है। विश्व कविता से भी कई अनुवाद, जिनमें से ओक्तोविओ पाज़ की कविताओं के अनुवाद प्रकाशित हैं। 'एक फिल्मकार की ऊँचाई : सत्यजीत राय'—पुस्तक भी आ चुकी है। कला समय समाज, कविता-93, ड्राइंग-94 (अंग्रेजी में) विजय तेंदुलकर पर एक पुस्तक 'रंग तेंदुलकर' तथा नदी—सम्बन्धी कविताओं का एक संचयन भी 'कविता नदी' के नाम से सम्पादित। 'कल्पना' और 'दिनमान' के सम्पादकीय विभाग में रहने के बाद 'नवभारत टाइम्स' से संबद्ध रहे। समकालीन कला के प्रारम्भिक दो अंकों के अतिथि सम्पादक। बदरीविशाल पित्ती के निधन के पश्चात् 'कल्पना' के 'काशी अंक' का सम्पादन सन् 1905 में किया। इन दिनों राष्ट्रीय नाट्य विद्यालय की पत्रिका 'रंग प्रसंग' के सम्पादक। बच्चों के लिए लिखने में भी विशेष रुचि।

'यह जो हरा है' कविता संग्रह पर दिल्ली की हिन्दी अकादेमी का कृति पुरस्कार और साहित्य तथा कलाओं में विशिष्ट योगदान के लिए 'द्विजदेव सम्मान' प्राप्त। गद्य के लिये मध्यप्रदेश शासन के शरद जोशी सम्मान से भी समादृत। 1984 में आयोवा (अमेरिका) के

इंटरनेशनल राइटिंग प्रोग्राम में शामिल हुए। 1979 में फ्रांस, ब्रिटेन और पं. जर्मनी की यात्रा और 1987 में सोवियत संघ की। वर्ष 1995 में चीन की यात्रा। 1999 में फिर रूस की यात्रा। नवम्बर 2007 में जापान की यात्रा। फिलहाल राष्ट्रीय नाट्य विद्यालय की त्रैमासिक पत्रिका 'रंग प्रसंग' का सम्पादन कर रहे हैं।

ओमप्रकाश निर्मल

ओमप्रकाश निर्मल का जन्म 16 मार्च, 1933 को राजस्थान के जयपुर जिले के एक छोटे से गाँव अमरसर में हुआ। पिता श्री हरनन्द राय निर्मल पुत्र जन्म के तीन महीने पहले दिसम्बर, 1932 में प्लेग बीमारी में अपनी प्राणलीला खो चुके थे। इनके बुजुर्ग हैदराबाद के चारकमान क्षेत्र में रहते थे। श्री हरनन्द राय निर्मल संस्कृत, अरबी और फारसी में प्रवीण थे। पिता के निधन के बाद युवा माता भूरी देवी ने इकलौते पुत्र का अमरसर में ही लालन-पालन किया। अतः इनकी प्रारंभिक शिक्षा गाँव में हुई। उच्चतर माध्यमिक शिक्षा शाहपुरा कस्बे में तथा मैट्रिक की परीक्षा प्राइवेट तौर पर बनारस हिन्दू वि.वि. से 1952 में उत्तीर्ण की। पंजाब विश्वविद्यालय से प्रभाकर परीक्षा भी उत्तीर्ण की। फरवरी, 1949 में कमलादेवी के साथ इनका विवाह हुआ। हैदराबाद आने से पूर्व 1952 से 58 तक नारनौल, हरियाणा में अध्यापन कार्य किया। मुनीन्द्र जी की पहल एवं प्रस्ताव पर ये 1958 में कॉमर्शियल प्रिंटिंग प्रेस में प्रूफ रीडर बने गये। 'कल्पना' के सम्पादक-मंडल में 1964 से इनका नाम जाने लगा। थोड़े समय को छोड़ कर ये 'कल्पना' के अवसान अंक तक सम्पादन से जुड़े रहे। पत्रिका बन्द होने के बाद इन्होंने स्वतंत्र लेखन को ही आजीविका का माध्यम बनाया। सन् 1980-81 में साप्ताहिक 'हैदराबाद समाचार' में उपसम्पादक पद पर कार्य किया। हैदराबाद से प्रकाशित दैनिक 'हिन्दी मिलाप' में डेढ़ वर्षों तक उपसम्पादकीय दायित्व निभाया। सन् 82-86 तक आन्ध्रप्रदेश हिन्दी अकादमी के सचिव एवं निदेशक पद पर कार्य किया। जीवन के अन्तिम पाँच वर्षों में ये कई मारक बीमारियों से ग्रस्त रहे। 31 अक्टूबर, 92 को सायंकाल धूलपेट के किराये के आवास पर कैंसर से इनका निधन हो गया।

ओमप्रकाश निर्मल ने विपुल मात्रा में लेखन सम्पादन एवं अनुवाद कर्म किये हैं। 'लोकसभा में लोहिया के सोलह खंडों का सम्पादन बद्रीविशाल पित्ती एवं अध्यात्म त्रिपाठी के साथ मिलकर किया है। इनके तीन प्रकाशित कहानी संग्रह : 'बेंत के निशान'; 'खोये हुए लोग' और 'कोढ़' व दो उपन्यास : 'बहता पानी रमता जोगी' और 'भागवन्ती'; एकांकी संग्रह : 'तीन कमरे एक दीवानखाना'; कविता संग्रह : 'नींद टूटने से पहले' और 'उतर आयी शाम' हैं।

तेलुगू कवि शेषेन्द्र शर्मा के चार काव्य संग्रहों : 'मेरी धरती मेरे लोग'; 'दहकता सूरज'; 'प्रेमलेख' और 'गुरिल्ला' का अनुवाद किया।

ओमप्रकाश निर्मल का जीवन एक संघर्षशील व सिद्धान्तों पर आधारित व्यक्ति की गाथा है। यही संघर्ष इनकी रचनाओं में फैला पड़ा है। 'कल्पना' के बन्द होने के बाद बेरोजगारी

का एक लम्बा दौर चारकमान स्थित किराये के मकान में गुजारा। खादी का कुर्ता पाजामा पहने निर्मल के संघर्ष के सैकड़ों किस्से हैदराबाद की सड़कों पर बिखरे पड़े हैं। चारमीनार विधानसभा क्षेत्र से संयुक्त समाजवादी दल की टिकट पर इन्होंने चुनाव भी लड़ा। रामायण श्रृंखला के चित्रांकन में निर्मल जी ने हुसैन को रामचरितमानस की पंक्तियों का भाव पक्ष समझाया था।

सन् 89 में इनके बहुमुखी साहित्यिक योगदान को राजस्थान साहित्य अकादमी, उदयपुर ने 'विशिष्ट साहित्यकार' सम्मान से सम्मानित किया है।

श्री मणि मधुकर

कवि, कथाकार, नाट्यशिल्पी एवं सम्पादक मणि मधुकर का जन्म 9 सितम्बर, 1942 को मुकुन्दगढ़, राजस्थान में वैद्य परमेश्वर प्रसाद जी शर्मा के घर पर हुआ। माता-पिता ने इनका नाम मणिराम शर्मा रखा। किशोरावस्था में ये मधुकर साधना सजन के नाम से रचनाएँ करते थे। एम.ए. हिन्दी की परीक्षा इन्होंने राजस्थान वि.वि. जयपुर से प्रथम स्थान लेकर उत्तीर्ण की। ये अपने स्वतंत्र आचरण एवं 'वोहेमियन' जीवन शैली के कारण आजीवन चर्चाओं के विषय बने रहे। इनका रचना संसार दो विपरीत जीवनानुभवों से आकार ग्रहण करता है। एक छोर पर महानगरों की ठंडी पड़ती संवेदना है तो दूसरी तरफ राजस्थान के जनजीवन की बेबसी और विडम्बनाएँ हैं। उनके कविता-कहानी-नाटक-वक्तव्यों में बीसवीं सदी के उत्तरार्ध के आदमी की पीड़ा, खीज, छटपटाहट और गुस्सा सघन होकर उभरे हैं लेकिन मणि मधुकर की विडम्बना यह है कि अन्तत: वे परिस्थितियों के गुंजलक से कोई रास्ता नहीं निकाल पाते। शीत युद्ध के दौर की दुनिया की सीमा और सामर्थ्य ही मणि मधुकर की शक्ति और सीमा है। साठोत्तरी दौर के रचनाकारों ने जिस भटकाव को अपनी नियति मान रखा था, उसका प्रतिनिधि उदाहरण मणि मधुकर का जीवन प्रसंग और रचना संसार है।

इन्होंने राजस्थानी और हिन्दी दोनों भाषाओं में लेखन कार्य किया है। राजस्थानी भाषा की कविता-कृति 'पगफेरो' पर साहित्य अकादमी पुरस्कार और 'रसगंधर्व' नाटक पर कालिदास पुरस्कार मिला। 'बलराम के हजारों नाम' कविता संकलन पर राजस्थान साहित्य अकादमी ने आपको पुरस्कृत किया है। सन् 1980 में युगोस्लाविया के विश्व कविता समारोह में इन्होंने भारत का प्रतिनिधित्व किया। प्रकाशन : उपन्यास : 'सफेद मेमने', 'सरकंडे की सारंगी', 'पत्तों की बिरादरी'। कहानी संग्रह : 'हवा में अकेले', 'भरत मुनि के बाद', 'त्वमेव माता', 'एकवचन-बहुवचन', 'चुनिन्दा चौदह'। नाटक : 'रसगन्धर्व', 'बुलबुल सराय', 'दुलारी बाई', 'खेला पोलमपुर', 'हे बोधिवृक्ष', 'इकतारे की आँख', 'इलायची बेगम'। एकांकी संग्रह : 'सलवटों में संवाद'। कविता संग्रह : 'खंड खंड पाखंड पर्व', 'घास का घराना', 'बलराम के हजारों नाम'। रिपोर्ताज : 'सूखे सरोवर का भूगोल'। इन्होंने आनन्द बाजार पत्रिका प्रकाशन समूह में सहायक सम्पादक का कार्य भी किया।

मणि मधुकर केन्द्रीय साहित्य अकादमी तथा राजस्थान साहित्य अकादमी की सरस्वती सभा के सदस्य रहे।

45 से अधिक पुस्तकों का प्रकाशन मणि मधुकर की सृजनात्मक विपुलता का प्रमाण है। 6 दिसम्बर, 1995 को दिल्ली में इनका निधन हुआ।

आलम खुदमीरी

सैयद आलम खुंदमीरी का जन्म 7 फरवरी, 1922 को हैदराबाद में हुआ। पिता का नाम सैयद मीराँ खुंदमीरी एवं माँ शम्सुन्निसा थीं। नाना हजरत सैयद अशरफ अपने जमाने के मशहूर आलिमों में शुमार किये जाते थे। नाना की निगरानी में बालक आलम खुंदमीरी ने उर्दू, अरबी एवं फारसी की तालिम घर पर ही हासिल की। मैट्रिक की परीक्षा 1937 में पास की तथा 1943 में एम.ए. की उपाधि दर्शनशास्त्र में अर्जित की। छात्र जीवन में ये भारत में जोर पकड़ रही वाम विचारधारा के सक्रिय प्रभाव में आये। इसी का परिणाम था कि इन्होंने हैदराबाद में 1939 में 'कॉमरेड एसोसियशन' की स्थापना की और संस्थापक अध्यक्ष बने। हैदराबाद में श्रमिक आन्दोलन की नींव रखने वाले नेताओं में भी इनकी गिनती होती है। अध्ययनकाल में ही इनकी शादी 1942 में सैयद खदीजा बानो से हुई। 1944 अक्टूबर में ये हैदराबाद स्टेट बैंक में प्रोवेशनरी अधिकारी हो गये। यह नौकरी इनकी रुचि के अनुकूल नहीं थी। अतः अवसर मिलते ही उस्मानिया वि.वि. के अन्तर्गत वारंगल कॉलेज में दर्शन शास्त्र के अध्यापक हो गये। 1945 में चारमीनार सिगरेट की फैक्टरी की तालाबन्दी के आन्दोलन में भी मख़्दूम मोहिउद्दीन के साथ मिलकर सफल नेतृत्व किया। इन दिनों ये हैदराबाद के अखबार 'पयाम' में सामयिक राजनीति पर अग्रलेख एवं आलेख लिखते रहे। 1956 में सोवियत रूस का हंगरी पर आक्रमण तथा तेलंगाना आन्दोलन में कम्यूनिस्ट पार्टी की भूमिका के सवाल पर वाम विचारधारा से इनका मोहभंग हुआ। विभ्रम के बेचैन पलों में ये पश्चिम के अस्तित्ववादी दार्शनिकों की चिन्तनधारा से प्रभावित हुए। कुछ समय आर्ट कॉलेज, सिटी कॉलेज और निजाम कॉलेज में अध्यापन का दायित्व निबाहते रहे। अन्त में ये स्थायी रूप से उस्मानिया विश्वविद्यालय के कला संकाय के अन्तर्गत आ गये। 1968 में इन्होंने "The concept of time in western and Islamic thought, with special reference to Iqbal" विषय पर पी-एच.डी. की डिग्री हासिल की। ज्ञानार्जन का इन्हें नशा था। अध्यापन के दौरान ही इन्होंने हदीस, फीका और तफ़सील की इल्म हासिल की। 1969 में जर्मन अकादमी के एक्सचेंज दावत पर ये हाइडलवर्ग, म्युनिख तथा बोन की यात्रा पर इस्लामी फलसफा और कानून विषय पर व्याख्यान देने गये। फिर तो विदेश प्रवास का अन्तहीन सिलसिला चल पड़ा। मिश्र, काबुल, बेरूत, कनाडा, स्पेन, त्रिनीडाड, न्यूयार्क में ये कई बार विषय विशेषज्ञ बन कर शरीक हुए। इस्लामी कानून के ये प्रगतिशील भाष्यकार थे। इन्होंने अपने जीवन का आखिरी आलेख अमेरिका में "The Contemperory debate on Islamic Prospective" विषय पर पढ़ा। वहीं बीमार पड़े और डॉक्टरों ने बताया कि

उनके दोनों गुर्दे बेकार हो गये हैं। बीमारी की दशा में ये 27 अप्रैल, 1983 को स्वदेश लौट आये। 27 सितम्बर को इन्होंने इस असार संसार को अलविदा कहा। मशीराबाद, हैदराबाद में इनकी कब्र है।

बदरीविशाल पित्ती से इनकी गहरी मित्रता थी। ये 1968 में 'कल्पना' के सम्पादक-मंडल में सम्मिलित हुए और 78 के अवसान अंक तक इनका नाम जाता रहा। ये आजीवन मार्क्सवाद, अस्तित्ववाद एवं इस्लाम की भूमिका पर विचार करते रहे। ये अपने समय के घायल सवालों से दामन छुड़ाकर कभी नहीं भागे। नैतिकता, व्यक्तिस्वातंत्र्य और तर्क की तुला पर ये मानव नियति का भविष्य खोजते रहे। मानवाधिकार के मोर्चे पर ये आजीवन सक्रिय रहे। 1975 की इमर्जेंसी का इन्होंने प्रखर विरोध किया। परिणामस्वरूप ये यूनिवर्सिटी की रीडर की नौकरी से निकाल दिये गये। आपातकाल के समापन के बाद ये हाईकोर्ट के फैसले से पुनः विश्वविद्यालय की सेवा में आ गये और दर्शन विभाग के अध्यक्ष एवं प्रोफेसर पद से रिटायर हुए। इनके विचारों का एक संग्रह "Secularism, Islam and Modernity" सेज प्रकाशन, नयी दिल्ली से प्रकाशित हुआ है।

सईद-बिन-मोहम्मद

सईद-बिन-मोहम्मद का जन्म 7 सितम्बर 1921 को हैदराबाद नगर से सौ किलोमीटर दूर महबूबनगर जैसे दृश्यात्मक शहर में हुआ। पिता मोहम्मद बिन सईद मौलवी तथा अरबी भाषा के अध्यापक थे। बालक सईद को प्रारंभिक शिक्षा परम्परागत ढंग की मिली थी। बचपन से ही सईद-बिन-मोहम्मद में रंग और रेखा का बोध पैदा हुआ। उन्हें अस्थायी अरब सैनिकों के आचरण पर निगरानी रखने का काम सौंपा गया था। 'मकी' में अरबों की वास्तविक जिन्दगी को इन्होंने छिप कर देखा। वे इन अरबों की जीवनचर्या पर चित्र बनाने लगे। धार्मिक वृत्ति के मुसलमान मानते हैं कि मूर्ति गढ़ना अथवा चित्र बनाना अल्लाह को नापसन्द है। अतः सईद ये चित्र छिप-छिपकर ही बनाते थे। स्कूल में ड्राइंग शिक्षक की नजर इनकी चित्रकला प्रतिभा पर गयी। स्कूली पढ़ाई के हिसाब से सईद की उम्र ज्यादा हो गयी थी। ड्राइंग के शिक्षक गंगाधर राव पाठक की अतिरिक्त रुचि एवं प्रोत्साहन के फलस्वरूप 1938 में मद्रास की लोअर एवं हायर ग्रेड की ड्राइंग की परीक्षा में ये शामिल हुए। इस दौरान इन्होंने स्थानीय स्तर पर कई चित्र प्रतियोगिताओं में पुरस्कार जीते। इससे सईद के मन में आत्मविश्वास का संचार हुआ और शीघ्र ही इन्होंने 'सेन्ट्रल स्कूल ऑफ आर्ट्स एंड क्राफ्ट्स' में दाखिला ले लिया। यह 1941 की बात है। इस डिप्लोमा पढ़ाई के दौरान खान बहादुर सईद अहमद एवं सुकुमार देउस्कर के संरक्षण में चित्रकला की बारीकियाँ सीखीं। 1945 में ये डिप्लोमा ऑनर्स की परीक्षा में सर्वप्रथम रहे। एक साल बाद वे वहीं कला विभाग में अध्यापक नियुक्त हो गये। ये आजीवन कला-शिक्षक रहे। हैदराबाद स्थित जवाहरलाल नेहरू टेक्नोलॉजिकॉल यूनिवर्सिटी के पेन्टिंग विभाग के विभागाध्यक्ष पद से अवकाश ग्रहण करने के कुछ दिनों बाद ही ये दुनिया से चल बसे।

ये प्रगतिशील रुझान के बुद्धिजीवी थे। मख़्दूम मोहिउद्दीन, सुलेमान आरीब, मकबूल फिदा हुसैन, बदरीविशाल पित्ती, राजबहादुर गौड़ के आत्मीय सहचर थे। इनके बनाये हस्ताक्षर शबीह बरबस दर्शकों का ध्यान खींच लेता है। इन्होंने स्वयं की मुखाकृति (सेल्फ पोर्ट्रेट) का भी सुन्दर अंकन किया है। इनके बनाए कुछ मशहूर चित्र है : 'रोटी (1952)', 'थ्री एनिमल', 'पैगम्बर' (1951), अबसेंट माइन्डेड (1955); पोर्टेट ऑफ इन ओल्ड वुमन, ए मेन विद जिन्ना कैप, ब्रुटलिटी, बरसाती रात। नई दिल्ली के संसद भवन में 'गौतमी पुत्र सातकर्णी-द्वितीय' टेंपरा शैली में भित्तिचित्र बनाये। इनके द्वारा 1957 में प्रथम स्वतंत्रता संग्राम की स्मृति का भी अंकन किया गया है। ये दार्शनिक मिजाज के प्रयोगधर्मी चित्रकार थे। नीला रंग इन्हें अत्यन्त प्रिय था। रंगों पर इन्होंने नज़्में भी लिखी हैं। उर्दू में लिखे इनके कविता संग्रह का नाम 'रंग-ओ-आहंग' है। जीवनकाल में ये कोई व्यक्तिगत प्रदर्शनी आयोजित नहीं कर पाये। ये धीमी रफ्तार से चित्र बनाते थे तथा वह चित्र बनते ही किसी कला प्रेमी द्वारा खरीद लिया जाता था। अत: इनके बनाये हुए चित्र, फ्रांस, लंदन, कनाडा, मिश्र, न्यूयॉर्क, पाकिस्तान तथा भारत के व्यक्तिगत संग्रहकर्ताओं के पास हैं। चित्रों का लेखाजोखा रखना सईद-बिन-मोहम्मद के मिजाज के प्रतिकूल था। 12 जनवरी, 1982 में इस कलाकार ने हैदराबाद में लम्बी बीमारी के बाद अपनी जीवन लीला समाप्त की।

कान्ता

कान्ता का जन्म श्रीमती पानबाई तथा राजा पन्नालाल पित्ती की चौथी सन्तान के रूप में 22 नवम्बर, 1934 को हैदराबाद में हुआ। जब ये दस साल की थीं तभी माँ पानबाई 14.02.1943 को चल बसीं। पिता पन्नालाल पित्ती व्यवसाय एवं सामाजिक कार्यों में व्यस्त रहते थे। अत: बड़े भाई बदरीविशाल पित्ती के संरक्षण एवं सुरुचि में ये बड़ी हुईं। हैदराबाद का पित्ती परिवार स्वतंत्रता सेनानियों का बसेरा था। आये दिन घर में राजनीतिज्ञों, साहित्यकारों एवं संस्कृतिकर्मियों के आगमन होते रहते थे। राममनोहर लोहिया, जयप्रकाश नारायण, जॉर्ज फर्नांडीस, मधु लिमये, भवानीप्रसाद मिश्र, मकबूल फ़िदा हुसैन और जगदीश मित्तल की चर्चाओं एवं सान्निध्य ने कान्ता में परिष्कृत सांस्कृतिक रुझान पैदा किये। राष्ट्रभाषा हिन्दी के प्रति बदरीविशाल पित्ती का अनुराग सच्चा था। उन्होंने अपनी सभी बहनों को हिन्दी में एम.ए. कराया था। ये 'कल्पना' के सम्पादन से शुरू से ही जुड़ी हुई थीं। इसीलिए दिसम्बर '67 में जब ये 'कल्पना' के सम्पादन-मंडल में शामिल हुईं तो घोषणा की गयी : "इस अंक से 'कल्पना' के सम्पादक-मंडल के एक सदस्य के रूप में कान्ता का नाम जा रहा है। वैसे यह एक औपचारिकता की पूर्ति भर ही है, क्योंकि 'कल्पना' के प्रारम्भ से ही उनका सहयोग हमें प्राप्त रहा है।" 'कल्पना' के अतिरिक्त दिल्ली से निकलने वाली यशस्वी साहित्यिक पत्रिका 'कृति' के सम्पादन में भी इनका सक्रिय सहयोग था। श्रीकान्त वर्मा की जीवनी से पता चलता है कि कान्ता जी का अत्यन्त आत्मीय एवं स्नेहिल सम्बन्ध

उनसे था। नवहिन्द प्रकाशन, हैदराबाद से इनकी दो कविता संग्रह 'जो कुछ भी देखती हूँ' (1960) तथा 'समयातीत' (1964) प्रकाशित हुई हैं।

इनके पहले कविता संग्रह की समीक्षा मुक्तिबोध ने की थी। रूसी कवयित्री अन्ना अख्मातोवा की रूसी कविताओं का इन्होंने अंग्रेजी से हिन्दी में अनुवाद किया था। ये कविताएँ बलदेव बंशी द्वारा सम्पादित 'तनाव' के फरवरी तथा मई '84 के अंक में प्रकाशित हुई थीं। कान्ता कविता के बारे में कहती थीं; "कविता अभिव्यक्ति कम, संवाद अधिक है। जो तादात्म्य स्थापित न कर सके, वह कविता क्या?" कान्ता जन्मजात कवयित्री थी। 25 फरवरी, 1986 को बम्बई में कैंसर से इनका देहान्त हो गया। कान्ता ने अकेलेपन के दु:ख को कविता में शब्दबद्ध किया है। वे कहती थीं, "अकेले में भी हूँ अकेली,/यह नहीं भाग्य लेख,/कविता का है स्वभाव।" कान्ता जी की छोटी बहन प्रभा ने 'काव्याकार' शीर्षक से दो खंडों में इनकी कविताओं का संकलन किया है। इनकी स्मृति में 'कान्ता पित्ती ट्रस्ट' की स्थापना बदरीविशाल पित्ती जी ने की थी। पित्ती परिवार द्वारा इस ट्रस्ट की गतिविधियों का अनुरागपूर्वक संचालन जारी है।

केदारनाथ शर्मा

केदारनाथ शर्मा का नाम 'कल्पना' के मुद्रक के रूप में जाता था। इनका जन्म 15 मई, 1922 को पोकरण, राजस्थान में श्री पन्नालाल जोशी के पुत्र के रूप में हुआ था। आरम्भिक पढ़ाई राजस्थान के नागौर में दादूपन्थी पाठशाला में हुई थी। सीनियर कैम्ब्रिज की पढ़ाई इन्होंने बम्बई से की थी। कुछ समय तक महात्मा गांधी के साथ काम भी किया था। वे स्वदेशी वस्त्र धारण करने से पहले सूट पहनते थे। पुलिस एक्शन के समय सन् 48 में वे हैदराबाद आये थे। आने के बाद पहली और एकमात्र नौकरी उन्होंने श्री बदरीविशाल पित्ती के पास की। पित्ती जी द्वारा प्रकाशित 'उदय' के विक्रय की जिम्मेवारी केदारनाथ शर्मा पर थी। वे इसे बेगम-बाजार चौराहे पर खड़े होकर बेचते थे। धीरे-धीरे अपनी कर्मठता के कारण ये बदरीविशाल जी के अत्यन्त आत्मीय हो गये। 'कल्पना' के प्रकाशन के बाद पूरे कॉमर्शियल प्रेस की जिम्मेवारी एवं प्रबन्धन का कार्य इनके कन्धों पर आ गया। पूरे प्रेस के कर्मचारियों पर इनका दबदबा रहता था। इन्हें पान खाने का शौक था। इत्र भी रोज लगाते थे। उनकी पसन्द का इत्र था हीना की रूह और खस की रूह। ढीला-ढाला स्टार्च लगा पायजामा और कुर्ता पहनते थे। स्टार्च इतना होता था कि इस्तरी किये कपड़ों से हाथ भी कट सकता था। उन्हें झूठ बोलने एवं बेईमानी से सख्त नफरत थी। गुस्से में केदारनाथ जी का गेहुँआ चेहरा लाल हो उठता था। वे अपने सिद्धान्तों के पक्के थे। सुबह उठने से लेकर सोने तक का उनका सारा काम निश्चित समय पर होना जरूरी था।

कॉमर्शियल प्रिंटिंग प्रेस में उनका कमरा अलग था। बीच में एक बड़ी-सी टेबल थी। टेबल पर टेबल-लैम्प लगा होता था। उस लैम्प की तेज रोशनी में केदारनाथ शर्मा 'कल्पना' के प्रूफ़ अपनी पैनी निगाहों से पढ़ते रहते थे। उनके पढ़े प्रूफ़ में शायद ही कोई गलती

रह जाती थी। काम के समय उनका ध्यान सिर्फ काम पर होता था। वैसे भी उन्हें फिजूलखर्ची और बेकार की बातों में समय बिताने से नफरत थी। गुस्से में उन्होंने एकाध बार प्रेस कर्मचारी पर हाथ भी उठा दिया था, लेकिन फिर उस कर्मचारी के कन्धे पर हाथ रख कर उसकी गलतियों को सहानुभूतिपूर्वक ठीक करते थे। लोहिया जी के भक्त थे और जीवन के अन्तिम समय तक समाजवादी विचारधारा के प्रति उनकी निष्ठा बनी रही। लोहिया के भाषणों को सुनकर लिपिबद्ध करने का ऐतिहासिक कार्य केदारनाथ शर्मा जी ने किया था। लोहिया जी जब लोकसभा चुनाव में खड़े हुए थे तो उनके भाषणों को सुनकर लिखने की जिम्मेवारी बदरीविशाल पित्ती जी ने केदारनाथ जी को सौंपी थी। राजासाहब ने इस कार्य को सही ढंग से पूरा करने के लिए उन्हें जर्मनी निर्मित GRUNDIG का टेप रिकॉर्डर दिया था। उससे वे लोहिया जी का भाषण रिकॉर्ड करने के पश्चात् सुन-सुनकर प्रेस के लिए तैयार करते थे। सन् '78 के बाद जब कॉमर्शियल प्रेस बन्द करने की नौबत आयी तो केदारनाथ शर्मा और बदरीविशाल पित्ती के बीच सम्बन्धों में कुछ खटास आ गयी थी। अन्तिम दिनों में ये हैदराबाद छोड़कर दिल्ली अपने छोटे पुत्र के पास आ गये थे। 4 सितम्बर, 2006 को दिल्ली में इन्होंने अपनी आखिरी साँस ली। ये जीवनपर्यन्त आर्य समाजी आस्था के तार्किक एवं बौद्धिक आचरण का निर्वहन करते रहे। 'कल्पना' में केदारनाथ शर्मा का नाम केदार शर्मा ही छपता था।

❑❑❑